KB212285

근대한국
개벽사상을 실천하다

종교와
공공성
총 서 2

근대한국
개벽사상을 실천하다

원광대학교
원불교사상연구원 편

종교와 공공성 총서 제2권을 발간하며

서구 근대문명은 인류에게 과학과 산업의 발전에 따르는 물질적 풍요와 함께 기본적 인권, 개인의 존엄, 자유와 평등을 바탕으로 한 시민사회의 발전을 가져다 주었다. 그러나 다른 한편으로는 자본의 독점과 빈부격차, 제국주의와 세계전쟁, 인간소외와 자연파괴 등의 부작용도 초래했다. 이러한 서구 근대문명이 확산되는 과정에서 한반도에서 탄생한 동학을 비롯한 근대한국 개벽종교는 이에 대한 주체적 대응으로 보국안민(輔國安民), 유무상자(有無相資), 해원상생(解寃相生), 성통공완(性通功完), 정신개벽(精神開闢) 등을 새로운 이념으로 제시했다.

동학에서 원불교에 이르는 근대한국 개벽종교는 서구적 문명과 근대의 한계를 지적하면서 한국의 토착사상에서 새로운 세계관의 단초를 모색하였는데, 그것을 나타내는 슬로건이 '개벽'이다. 동학의 '다시 개벽', 천도교의 '삼대개벽', 증산의 '삼계개벽', 원불교의 '정신개벽' 그리고 대종교의 '개천(開天)개벽'은 하나같이 민중이 중심이 되어 자기 수양을 바탕으로 타자 구제를 실천하여 "새로운 문명을 열자(개벽)"고 하는 인문 운동이었다. 이들은 한말 개화기에 서구적 근대를 지향하는 '개화파'나 유교적 전통을 고수하는 '척사파'와는 다른 제3의 길을 추구했기에 '개벽파'로 범주화할 수 있다.

근대한국 개벽종교가 제시한 개벽의 이념은 인간의 평등성, 주체적 자각,

공공세계 건설 등의 이념으로 발전시켜 왔다. 그리고 조선말기 이후에는 각종 신분차별과 빈부격차를 해소하기 위해 노력하였으며, 제국주의 침략에 맞서 다양한 차원의 독립운동, 공동체운동, 문화운동으로 확장시켰다. 이처럼 근대한국 개벽종교에서는 점진적으로 자유, 평등의 시민적 요소를 받아들이면서도 문명의 이기적 요소를 극복할 수 있는 교리의 체계화와 사회적 실천에 앞장섰다. 대한제국시기와 일제 강점기 때 전개된 정치적 독립운동과 경제적 자립운동, 조합운동, 신문화운동 등은 근대한국 개벽종교가 단순히 개인의 수양에만 머무르지 않고, 당대 정치와 사회에 적극 관여하여 인류 문명에 대한 비판적 대안을 제시했음을 의미하는 것으로 종교의 공공성의 면모를 드러냈다.

근대한국 개벽종교의 다양한 종교운동은 당시에 새롭게 직면한 국내외의 근대문명과 정치·경제 환경 속에서 전개된 종교적 실천이었으며, 근대문명에 대한 '주체적 대응'이었다. 이는 근대한국 개벽종교가 이념적 주장에 머물지 않고 '이념의 사회화'와 '이념과 현실의 통합' 측면에서 전통적 세계관의 창조적 계승, 서구 및 일본 제국주의에 대한 저항, 새로운 사회와 국가 질서의 추구를 통해 근대와 대면하였음을 의미한다.

이 책에 수록된 글은 근대한국 개벽종교의 서구 문명에 대한 '주체적 대응' 즉 '근대문명에 대한 한국의 자생종교의 응전사'에 대한 분석을 통해 근대시기에 한국종교들이 공공성을 어느 정도 내면화하였고 실천했는지를 구체적인 역사적 사실을 통해서 밝히는 것을 목표로 하고 있다. 이 연구서를 통해 근대한국 개벽종교의 공공성이 한층 더 구체적으로 드러나리라 생각한다.

이 책은 '개벽사상을 되살리다', '개벽사상을 공공하다'의 2부로 구성되어 있다. 제1부 '개벽사상을 되살리다'에서는 근대한국 개벽종교의 공공성이 지닌 시대인식과 근대한국 개벽종교가 추구한 개벽사상과 공공성의 현재적 의미를 고찰한다. 먼저 허남진의 "근대한국 개벽종교의 토착적 근대"는 근대한국 개벽종교가 어떤 현실에서 삶을 꾸려 갔고, 개항과 외세의 침탈이라는 격변을 맞아 어떤 방식으로 대응해 나갔으며, 그 과정에서 어떤 변화를 보였는지를 분석하고 있다. 이 글에서는 근대한국 개벽종교가 지향했던 새로운 시대의 이념과 문명을 '개벽'으로 규정하고 있다. 즉 근대한국 개벽종교는 서구적 근대문명과의 대면을 통해 전통사상의 한계와 시대적 과제가 무엇인지 정확하게 포착했고 이러한 극복을 통해 지향해야 할 지점을 '개벽'으로 구체화시켰다는 것이다.

박치완의 "탈식민적 관점에서 본 동학의 현대적 의미"에서는 아프리카에서의 신학문운동을 구체적으로 소개한 뒤에, 일본, 중국, 서구에 맞서 '조선의 주체적 근대'를 연 동학의 탈식민적·탈서구적 의미와 가치를 제3세계권의 신학문운동과 비교하고 있다.

류성민의 "근대한국 개벽종교의 공공성과 시대정신"은 근대한국 개벽종교들에 나타난 공공성을 분석하고, 그 공공성이 오늘날 윤리적으로 어떤 의미가 있는지를 천착한다. 근대한국 개벽종교들은 창교 당시를 획기적인 시대적 전환기로 인식하고 새로운 세계를 모색하는 종교적 신념과 실천 체계를 만들었는데 바로 여기에 공공성이 구현되고 있음을 밝히고 있다.

염승준의 "종교없음 시대의 종교성과 동학 시천주 개념의 내재적 초월성"은 나와 너의 경계를 넘어서 모두가 하나임을 가능하게 해주는 동귀일체의 형이상학적 초월성과 절대성을 상실하고, '각자위심'만이 만연하여 형이상학에 무관심한 현대사회를 '종교없음'의 시대로 정의하고, 미래사회가 필요로 하는 새로운 종교성으로 동학 시천주의 내재적 초월성을 제시한다. 아울러 이 내재적 초월성이 학계에 만연한 동학에 대한 다양한 이율배반적 해석들—신학, 사학, 동서양 철학, 그리고 북한의 유물사관에 기반한 상충된 해석—을 극복할 수 있는 이론적 해석의 도추가 되어야 한다는 점과, 자기 자신만을 위한 사적인 이기심에 기반한 불평등한 사회 정치적 위계질서에 균열을 가할 수 있는 실천성과 운동성을 내포하고 있음을 강조한다.

김석근의 "마음혁명을 통한 독립국가 완성과 국민 만들기"는 정산(鼎山) 송규(宋奎)가 쓴 『건국론(建國論)』에 담겨 있는 건국철학을 원불교라는 울타리에 얽매이지 않고, 제3자의 시선으로, 그리고 정치학적으로 낯설게 독해하였다. 그리고 토착적 혹은 자생적 건국이론을 염두에 두면서 동시대의 기독교적 건국이론과의 비교를 시도하였다.

조성환의 "동학의 생명사상과 원주의 생명학파"에서는 원주의 생명학파가 21세기 한국 사상으로서의 '개벽학'을 정립하는 데 하나의 모델이 될 수 있다고 보면서 윤노빈, 김지하, 장일순의 사상적 특징을 고찰한다. 이들은 모두 동학을 생명사상으로 해석하고, 생명 현상의 특징을 전일성으로 파악하여 각각 '생존철학', '개벽사상', '생명운동'을 전개했다고 한다. 아울러 이들이 추구한 생명운동은 근대가 초래한 문제들, 가령 민족 분단(윤노빈), 민중억압(김지하), 천인분리(장일순)와 같은 '반(反)생명적 경향'이 강한 서구 근대의 폐해를 극복하는 과정에서 제시된 '토착적 근대성'이라고 분석하고 있다.

제2부 '개벽사상을 공공하다'는 근대한국 개벽종교의 사회적 실천에 주목하는 글이다. 근대한국 개벽종교가 전개한 공동체운동, 경제운동, 독립운동, 건국운동, 구호사업을 중심으로 개벽사상에 담겨 있는 공공성을 어떻게 구현했는지를 고찰한다. 야규 마코토의 "근대한국 공공성의 전개와 연대"는 동학의 역사를 통해 한국적 공공성이 새롭게 전개되는 과정을 살펴보고 아

울러 공공하는 종교로서의, 다시 말해 타자와 대화하고 공동하고 개신하는 종교로서의 동학-천도교의 모습을 찾는다.

박맹수의 "'비서구적 근대'의 길로서 동학과 원불교의 공동체운동"에서는 근대한국 개벽종교 중에서 동학과 동학의 변증법적 전개라고 볼 수 있는 원불교를 분석 대상으로 삼아, 이 두 종교가 보여준 새로운 종교 공동체운동의 내용과 특징을 공공의 관점에서 해명하고 있다. '서구적 근대'가 초래한 병폐를 극복하고자 등장한 동학과 원불교가 사람을 포함한 만물을 가장 거룩한 존재로 모시는 '천지공심'의 실현을 지향했던 것은 '서구적 근대'와는 다른, 우리나라 나름의 독자적인 근대의 길을 모색하고자 했던 근대한국 개벽종교의 특징임을 지적하고 있다.

김민영의 "전남 영광 지역의 종교지형과 민족사회·경제운동"은 1910년대를 전후로 전남 영광 지역을 중심으로 일어난 근대한국 개벽종교의 민족사회운동, 경제운동의 전개와 함께 종교의 사회경제적 공공성에 주목하면서 식민지 자본주의 상품경제의 조선 침투에 대한 경계와 대응 및 계몽, 토산 장려 등의 논리를 제시한다.

김봉곤의 "근대한국 개벽종교의 민족자결주의 수용과 대한민국임시정부 수립"은 을사늑약(1905)부터 대한민국임시정부 수립(1919)까지, 근대한국 개벽종교가 식민지 권력에 어떻게 대응했는지, 그리고 제1차 세계대전 직후 등장한 민족자결주의를 어떻게 받아들였고, 대한민국임시정부 수립에는 어떠한 기여를 했는지를 분석하고 있다.

원영상의 "근대 개혁불교의 사회적 공공성"은 근대한국 개벽종교의 실천운동이 추구하는 가치, 그리고 그들이 선택한 전략과 전술에서 과연 사회적 공익을 우선시했는지, 또는 그들의 의식과 행위의 수준에서 공공정신을 어느 정도 내면화하고 실천했는지를 묻는다. 이러한 문제의식에서 원불교의 전신인 불법연구회가 해방 직후에 실천한 귀환전재동포구호사업을 민중을 위한 종교의 적극적인 역할로 평가하고 있다.

마지막으로 주요섭의 "동학과 한살림: 생명공공성의 차원 변화"는 오늘의 극적인 생태 사회 문화적 변화를 바라보면서 공공성의 지평을 생명세계로 확장한 한살림운동과 그 원형인 동학을 재조명하고 있다. 나아가서 생명공공성의 심화 확장의 가능성을 탐색하면서 그 모티브를 동학의 다시개벽과 향아설위에서 찾는다.

이번 '종교와 공공성 총서' 제2권『근대한국 개벽사상을 실천하다』는 원광대학교 원불교사상연구원에서 2016년 한국연구재단 대학중점연구소사업(과제명: 근대문명 수용과정에 나타난 한국종교의 '공공성' 재구축) 제2차년 동안의 연구 성과를 망라한 것으로, 지난해 출판한『근대한국 개벽종교를 공공하다』의 후속편에 해당된다. '종교와 공공성 총서' 시리즈는 동학에서 원불교에 이르는 근대한국의 종교를 '개벽종교'로 분류하고, 이들이 추구한 공공성을 사상사적, 실천적 관점에서 탐구한다. 처음에 발간된『근대한국 개벽종교를 공공하다』가 사상적 관점에서 19세기 말-20세기 초의 근대한국 개벽종교의 사상적 지형도를 그리는 데 촛점을 맞췄다면, 이번에 발간하는『근대한국 개벽사상을 실천하다』는 근대한국 개벽종교의 사회적 실천에 주목하였다. 구체적으로는 근대한국 개벽종교가 전개한 경제 운동, 생명운동, 독립운동, 구호사업을 중심으로, 이들이 서구적 근대와는 '다른 근대'를 아래로부터 어떻게 구현하려고 했는지를 고찰하였다.

덧붙여서 이 책은 총 9명의 연구원(허남진, 박치완, 류성민, 염승준, 김석근, 조성환, 야규 마코토, 박맹수, 김민영, 김봉곤, 원영상, 주요섭)들이 각자의 전문 분야에 따라 근대한국 개벽종교의 실천운동을 심도 있게 탐구한 결과이다. 따라서 각각의 연구 성과들은 서구가 아닌 비서구를 중심으로 근대를 읽을 수 있는 단초를 제공할 것으로 믿어 의심치 않는다. 특히 바쁜 시간에 옥고를 보내주신 류성민, 박치완, 주요섭 선생님께 깊은 감사를 드린다.

끝으로, 다양한 개별 연구들을 묶어 단행본 형태의 연구서로 간행하는 데에는 많은 어려움이 있었다. 기꺼이 총서 출판을 맡아 주신 도서출판 '모시는사람들'의 박길수 대표를 비롯한 출판사 가족 모두에게 특별한 고마움을 표한다.

2019년 5월 다시개벽을 꿈꾸며

전북 익산 서재에서

박맹수 모심

근대한국 개벽사상을 실천하다

제2부 개벽사상을 공공하다

제1부
개벽사상을 되살리다

근대한국 개벽종교의 토착적 근대

허남진 원광대 원불교사상연구원 연구교수

I. 머리말

지금까지 근대한국종교에 관한 연구는 주로 사상적 접근을 중심으로 진행되었다. 다만 동학의 경우는 종교학뿐만 아니라, 역사학, 철학, 사회학 등에서 다양한 주제로 상당한 연구가 축적되었다.[1] 동학을 제외한 근대한국종교에 관한 연구가 종교학 영역에 국한된 이유는 여러 가지가 있겠지만 종교적 측면에 한정된 인식 때문일 것이다. 근대한국종교를 서구 근대문명과 관련지어 사회사적 틀로 분석한 연구는 그리 많지 않다. 필자가 아는 바로는 윤승용의『한국 신종교와 개벽사상』(2017) 정도를 들 수 있겠다. 윤승용은 근대한국종교 중 서세동점의 위기에서 자신의 생활 터전인 한반도와 '우리'라는 집단의 정체성을 강조하고 개벽을 신앙 주제로 설정한 종교를 한국 개벽종교로 통칭하고,[2] 한국 개벽종교가 서구 근대에 대응하면서 형성한 정체성의 양상을 분석하여 한국 개벽종교의 '근대적 성격'을 규명하였다.

동학에서 원불교에 이르는 한국 개벽종교들은 서구적 근대의 한계를 지적하고, 민중을 중심으로 한 타자구제를 실천하는 이념을 제시하여 서구 근대성을 수용하기도 하고, 저항하기도 하면서 다양한 양상으로 전개되었다. 동학, 증산교,[3] 대종교, 원불교 등의 종교들이 연속성을 지녔다고 할 수 있는 근거는 당대를 위기 상황으로 규정한 시대 인식의 논리와 개벽을 중심으로 하는 이념적 지향을 공유한다는 데에 있다. 개벽을 완성하기 위한 구체적인 방법 역시 보국안민(輔國安民), 해원(解冤)과 상생(相生), 성통공완(性通功完), 정신개벽(精神開闢) 등 종교적, 대사회적 지향으로 각각 표상되었으나 그 사이에는 사상적 연관성이 다분하다.

학계에서는 근대화가 시작되는 시기를 의미하는 '근대'가 언제부터인지에 관한 논쟁이 활발했고, '유교적 근대성'을 중심으로 한국의 근대성을 해명하는 연구가 진행됐다.[4] 흔히 맹아론으로 일컬어지는 한국적 근대 찾기는 식민지 근대화론을 극복하기 위한 관심에서 비롯되었다. 근대의 시작에 대해 사회사 분야에서는 신분 질서의 붕괴를, 민중사에서는 민이 역사의 주체로 등장하는 민란을 근대의 계기로 보았다. 그런 가운데 사상사 분야에서는 주자학적 사고 체계에서의 이탈과 지식 패러다임의 전환을 꾀했던 실학을 한국적 근대 찾기의 전면에 위치시켰다.[5]

송호근은 인민이 통치의 객체이자 교화의 대상이라는 조선 사회의 가장 기본적인 명제가 유효성을 상실하는 시점과 그 역사적 배경이 한국 근대 찾기에 중요한 단서를 제공한다고 보고, 인민이 역사의 객체에서 주체로 전환하는 그 순간이 새로운 시간대를 의미한다고 주장한다. 그는 이 시간대가 반드시 근대라고 판단하기는 어렵지만, 그 이전의 중세적 질서와는 사뭇 다른, 우리가 근대라고 부르는 것과 유사한 변모를 갖추고 있으므로 근대라고 불러도 좋다고 지적한다.[6] 그는 구체적으로 1860년 수운 최제우가 창도한 동학에 와서야 인민의 위상 변화와 천부적 권리가 평등주의적 세계관에 표명될 수 있었다고 지적한다. 이러한 학문적 논의는 서구적 근대와 다른 한국적 근대 찾기와 다르지 않다.

서구적 근대와 다른 '비서구적 근대' 또는 '자생적 근대'라는 시각에서 한국 개벽종교를 바라보는 논의가 지금까지 전혀 없었던 것은 아니다. 박맹수는 유무상자(有無相資)의 호혜적 경제공동체를 실천한 동학을 자본주의적 근대와 다른 비서구적 근대를 모색한 운동으로 평가하면서, 당시 동학농민혁명은 반봉건주의, 반자본주의, 반식민지화를 동시에 충족시키는 근대화가 목표였다고 지적한다.[7] 조성환은 동학은 개화파가 지향한 서구적 근대화를 거부하고 외부적 힘을 빌리지 않고 자생적 근대를 열고자 했으며, 서양사상의 이식으로서의 근대화 즉 이성적 근대가 아닌 '영성'을 중시한 주체적 근대화 즉 자생적 근대화를 지향했다고 주장한다.[8] 한편 고석규는 1894년 동학농민혁명 당시 농민군의 지향은 '농민적 노선'에 의한 '아래로부터의 근대화'의 추구였다고 주장한 바 있으며,[9] 박민철은 동학 · 천도교를 한반도 근대성의 전형을 보여주며 근대성을 드러낸 첫 번째 철학적 사유로 평가하면서, 동학과 천도교에 대한 분석과 평가는 한반도 근대성에 대한 논의 그리고 한반도 근현대 철학의 지형도를 밝히는 중요한 분석 대상이 된다고 주장한다.[10] 물론 1894년 동학농민혁명의 목적이 체제 내 개혁 그 이상도 아니며, 학계에서 반봉건, 근대적 성격의 운동으로 인식해 왔던 것은 실학에서 근대성을 찾기 위한 노력과 다르지 않다는 지적도 있다.[11] 박규태는 근대성의 형성 지표를 '정체성에서의 중심축 이동'에서 찾아야 하며, 이러한 중심축의 이동은 다산 정약용과 최제우의 하늘 경험에서 찾을 수 있고, 한국의 자생적 근대의 가능성은 내부적 모순과 일제의 식민 지배 및 개화파를 중심으로 한 서구 근대성의 이식으로 철저하게 봉쇄되었다고 지적한 바 있다.[12] 도널드 베이커의 "18세기 조선이 서양 사상과 천주교를 거부함으로써 조기 근대화를 잃었다는 가정은 서양=근대=근대성의 모든 것이 가치 있다는 이해에 근거를 두고 있다."라는 지적은 다른 근대의 가능성을 보여준다고 할 수 있다.[13]

그렇다면 한국 개벽종교가 추구했던 근대는 무엇인가? 이러한 한국 개벽종교가 추구했던 근대를 추적해 보면 그들이 추구했던 공공성도 밝힐 수 있지 않을까? 바로 이것이 본 논문 문제의식의 핵심이다. 이 글에서는 개벽사상을 공유하는 한국개벽종교를 '토착적 근대'나 '자생적 근대'라는 핵심어를 통해 분석할 것이다. 다시 말해 개항기 조선 정부와 일제강점기 식민권력의 탄압에 대한 근대한국 개벽종교들의 대항 담론을 통해 근대한국 개벽종교가 추구했던 '토착적 근대'와 '토착적 근대종교'의 길을 살펴보고자 한다. 이러한 관점을 택하게 된 이유는 근대한국 개벽종교는 분명 근대의 산물이며, 서구 근대문명 수용 과정에서 조선이 지향해야 할 세계를 명료하게 드러내었고, 서구적 근대와 다른 길을 모색했기 때문이다.

이러한 물음의 답을 찾기 위해, 이 글은 한국 개벽종교가 추구했던 '근대'를 먼저 살펴보고, 이어서 한국 개벽종교가 근대적 종교로 정착해 가는 과정을 살펴본다. 그런데 근대한국 개벽종교를 토착적 근대운동으로 분석하기 위해서는 최근에 제기되는 '근대'라는 개념에 대한 개괄적 설명이 필요하다. 그래서 최근 서구적 근대에 대한 비판 담론에서 새롭게 제기되는 '대안적 근대', '다중적 근대', '중층적 근대'의 논의를 통해 토착적 근대나 자생적 근대의 가능성을 살펴볼 것이다. 이러한 분석을 토대로 '개벽'을 운도론적 사상이 아닌 주체적 근대의 모색을 위한 사상으로 위치시키고, 개항기 척사파와 개화파와 다른 한국 개벽종교가 지향했던 주체적 근대의 모습을 살펴본다. 마지막으로 일제강점기 한국 개벽종교의 서구 문명의 수용과 대응을 통해 한국 개벽종교가 걸어간 '토착적 근대종교'의 길을 살펴볼 것이다.

II. 서구 중심적 근대와 토착적 근대

1. 서구적 근대와 '다른 근대'

'근대=서구화'라는 등식으로 이해되는 '근대'라는 용어를 비판적으로 살펴보아야 한다. 우리는 서구 근대성을 논할 때, 마치 '서구'와 '근대성'이 단일하고 동질적인 성격을 띤 것으로 인식한다.[14] '근대성이 무엇인가'라는 질문에 자본주의, 산업화, 민주주의, 개인적 자아 존중, 과학적 세계관 흥기, 시민사회의 등장을 제시하지만, 이러한 근대성은 서구 역사적 과정을 거쳐서 형성되었고, 이러한 요소들은 특정한 역사적 시기(17세기 이후)에 특정한 지역(서구)에서 상호 연관되어 전개된 것이다. 그래서 근대성이라는 용어는 이 독특한 상호 연관의 관계망을 일컫는 개념이며, 근대성은 '이전 시기'와는 확연하게 다른 것, '지금'과 연속성을 지니고 있다고 여겨졌기 때문에 붙여진 명칭이다.[15] 합리주의적 계몽사상과 영국 산업혁명, 프랑스 시민혁명 등은 유럽에서 근대성의 발생과 성장을 이루어 낸 주요한 사건들이다. 정리하면, 지금까지 인식되었던 근대성은 역사적이고 서유럽적인 현상이다.[16] 그러므로 서구 근대성의 특징을 통해 우리의 근대성을 바라보고, 서구 근대성을 우리에게 그대로 적용하는 태도는 적절하지 않다.

주지한 바와 같이 '근대'나 '근대성'이라는 개념은 보편화할 수 없는 중층적 개념이다. 따라서 근대성 담론은 근대화의 서구적 기원을 충실하게 따르는 관점(서구 중심적 근대성)에서, '서구화=근대화'라는 공식에서 벗어나야 한다. 서구 근대와 전통의 만남을 통해 각기 다른 지역의 다양한 근대성들이 출현했다는 관점(복수의 근대성), 전 세계가 자본주의 체제의 위계질서로 편입되는 과정에서 나라마다 서로 다른 내용의 독특한 근대성을 형성했다는

관점(다중 근대성)까지 매우 다양한 스펙트럼을 보이기 때문이다.[17]

미야지마 히로시는 '유교적 근대'라는 개념을 통해 동아시아 전통사회의 특성을 유럽적 기준이 아니라 동아시아의 공통성에 기반을 두고 서구적 근대와 다른 동아시아사의 독자적 모델을 모색했다. 그는 서구적인 관점으로 전근대나 근대적인 것으로 규정하기는 불가능한 점이 많다고 주장하면서, 근대를 합리성, 시장 등 중세와는 구별되는 사회적 삶의 독특한 형태가 아니라, 현재의 삶과 직결되는 인간관계, 사회의 구성 원리 등이 형성된 시대로 규정했다.[18]

김상준은 근대성이 곧 서구성이고 근대화가 곧 서구화라는 등식을 부정하면서 '중층근대성론'을 주장한다. 그는 근대성을 단수가 아닌 복수로 이해하고, 근대성 이론의 대안으로서 제시되는 '다중 근대성'(multiple modernities) 이론의 한계를 지적한다. 그는 이러한 이론들이 제시하는 근대성 개념이 분명하지 않을 뿐만 아니라, 그 이론들 역시 근대성의 시작을 서구 근대성에 두고 있다고 비판한다.[19] 그는 근대성의 구조는 오랜 역사적 흐름 속에서 중층적으로 형성되어 왔을 것이라는 착상을 통해 '근대성의 역사적 중층구성론', 이를 줄여 '중층근대성론'을 주장한다.[20] 그는 종교사회학에서 제시하는 세속화 테제와의 차별성을 성(sacred) 차원의 존속에 두면서 "성속의 통섭전도, 즉 성이 속을 통섭했던 세계에서, 속이 성을 통섭(統攝, encompass)하는 세계로의 이행"이라는 근대성에 대한 대안적 개념을 제시한다. 여기서 성과 속은 (현세)초월적 가치와 제도를 나타내는 타세성(otherworldliness)과 (현세)내재적 가치와 제도를 포함하는 차세성(thisworldliness)의 구분을 말하는데, 근대의 표징인 과학화, 합리화, 민주화 등은 모두 통섭전도의 결과들이라는 것이다. 그러므로 막스 베버(Marx Weber)가 말하는 합리화, 자본주의, 사회분화는 통섭전도라는 대전환에 따른 역사적 결과의 한 가지 현상 형태일 뿐이며, "성과 속, 그리고 성속의 통섭 양상과 그 전도 양상은 구조적으로 상동이지만, 그 내용에서는 문명에 따라 각각 문화적인 차별성을 갖는다."라는 것이 그가 제시한 중층근대성의 내용이다.[21] 그는 중층근대성론 논의를 정리하면서 "통섭 I 의 시기에는 경화(硬化)된 성(聖)의 지배가 저항의 대상이 되었듯, 통섭 II 의 시기에는 굳어가는 속(俗)의 지배가 이의 제기와 저항의 대상이 된다."고 지적하면서 이단적 욕망의 계기에 주목한다.[22]

여기서 지적하고 싶은 것은, 근대는 서구 이외의 다른 지역에서도 전개되었으며, 그 지향성 및 자체적인 전통이 서구적 근대와 충돌하면서 세계사적으로 다양한 근대적 양상을 낳았다는 점이다. 예를 들어, 서구에서 근대국가가 국민국가의 형태로 정립되었다면, 제국주의에 대응하여 수립된 비서구 국가들은 일반적으로 민족국가의 형태를 갖추게 된다는 것이다. 결국, 다중근대, 복수 근대, 중층 근대 개념은 비서구적 근대의 여러 사례를 지칭하는 것으로 볼 수 있다.

그렇다면 한국의 토착적 근대 여부와 그 가능성을 묻고자 할 때 어디에서 찾아야 할 것인가? 신종화는 근대성이라고 번역해서 사용해 온 'modernity'라는 개념은 특정 시대에 살았던 주체들이 자신들의 시대적 고민과 문제를 인식하는 과정에서 사용되었다고 지적한다. 그는 이를 자신들이 처한 시대적 상황을 극복하려는, 스스로 깨달은 인간들의 실천적 노력과 그 결과물로 정의한다.[23] 그러므로 근대가 서구에만 있던 것이 아니며 당시 인간이 당면한 현재적 문제를 어떻게 규정했고, 그것을 해결하기 위한 방향과 이념을 어떻게 정립했는지를 고찰해야 한다는 것이다.[24] 이와 같은 근대 논의를 고려해 볼 때, 한국 개벽종교 특히 동학은 한편으로 조선 후기에 직면한 서구 자본주의 열강의 도전이라는 외부적 조건, 다른 한편으로 신분제와 착취 그리고 전통사상의 한계 등 조선 후기의 내부적 조건에서 탄생한 사상적·실천적 대응이라는 점에서 한국의 근대를 밝히고자 할 때 주요한 분석 대상이 된다. 위 논의의 내용을 수용해 보면, 한국 개벽종교가 당면한 현재적 문제를 어떻게 규정했으며, 그것을 해결하기 위한 방향과 이념을 어떻게 정립하였는가 하는 점을 고찰의 대상으로 삼을 수 있을 것이다. 이러한 토착적 근대의 탐구는 토착적 근대종교로서의 한국 개벽종교의 의미도 함께 읽을 수 있을 것이다.

2. 한국 개벽종교의 토착적 근대의 길

필자는 서구적 근대의 위기를 극복하는 대안 모델로서 한국 개벽종교의 서구 근대문명에 대한 대응을 토착적 근대화에 근거하여 논의하고자 했다. 이를 위해 본 연구의 이론적 토대를 제공하는 토착적 근대론에 대해 살펴보고자 한다.

기타지마 기신(北島義信)은 민중의 생활과 문화에 뿌리내린 종교가 전면에 나타나 비폭력을 축으로 한 공생(상생) 사회의 실현에 커다란 힘을 발휘한다고 보았다. 그는 1970년대 이러한 종교들은 민중의 사회생활과 정신생활을 일체화시켜 생활과 밀착된 토착문화(전통사상)를 주체화와 연대의 원천으로 삼을 수 있게 되자, 사회변혁에 커다란 힘을 발휘했다고 지적하면서, 서구적 근대를 극복하고 인간 해방과 연대, 상생을 지향하는 '안으로부터의 근대' 즉 토착적 근대론을 제시했다. 그는 서구 중심적 근대를 넘어선 '평등·공생(상생)의 근대' 실현의 시도를 토착적 근대운동으로 보았다.[25] 토착 사상에 기초하여 인간의 주체적 의식 변혁을 하고, 인간 평등의 입장에 서서 민중을 연대시켰던 동학의 개벽사상에서도 토착적 근대운동의 특성을

찾아볼 수 있다고 주장한다.[26]

조성환은 기타지마 기신의 '토착적 근대'에서 계발(啓發)되어 동학은 중국이나 서양의 힘을 빌리지 않고 주체적으로 새로운 공공세계를 발견했다는 점에서 한국적 '근대'의 발견이며, 그런 점에서 동학이 추구한 개벽은 서구적 근대와 대비되는 '자생적 근대' 또는 '토착적 근대'라고 표현할 수 있다고 주장한다. 그는 동학이 추구한 근대는 토착성에서 찾아야 한다고 주장하면서 동학이 전통적인 '하늘' 개념을 바탕으로 주자학적 세계관을 극복하면서 서구적 근대와는 다른 독자적인 '토착적 근대'를 모색해 나갔는지를, 동학의 우주론과 인간관을 통해 찾았다.[27]

개항 이후 개방화 과정이 진행되면서 '전통'의 유지와 '근대화'의 달성이라는 시대적 과제에 직면한 조선 사회는 양대 과제를 둘러싸고 대대적인 논쟁이 진행되었다. 개항은 전통과 서구 근대의 충돌, 문명과 문명의 출동이 벌어진 시기였다. 이러한 충돌의 정황에서 근대화의 모색은 서구 근대문명에 관한 인식의 편차에 따라 수용불가론(위정척사파), 부분적 수용론(동도서기론), 전면적 수용론(개화파) 등 다양한 대응 양상을 보였다. 당대 지식인들은 이질적인 서구 문명을 어디서 어디까지, 그리고 어떤 방법으로 받아들여야 하는지를 고민할 수밖에 없었다. 그 방법론적 틀을 일본에서는 화혼양재(和魂洋才)라고 하였고, 중국에서는 중체서용(中體西用), 조선에서는 동도서기(東道西器)를 주장하였다. 이러한 태도의 표현은 달랐지만, 아시아의 혼(魂), 체(體), 도(道)는 지키면서 재(才), 용(用), 기(器)는 수용할 수밖에 없다는 의미는 동일하다. 여기서 삼국이 받아들이고자 했던 재, 용, 기는 바로 서구의 물질문명이었으며, 반면에 지켜야 한다고 생각했던 혼, 체, 도는 전통적 사상일 것이다. 하지만 동도서기(東道西器)에서 동(東)은 '조선'을 의미한다기보다 중화(中華)를 의미했으며, 전통적인 도기론(道器論)을 바탕으로 도와 기를 대비적으로 파악하여 동양의 도와 서양의 물질문명을 통합시키고자 했다.[28] 한편, 위정척사파는 서양인은 오직 물질적인 것만 추구하는 오랑캐라고 비판하고 서구의 도전과 충격에 맞서서 전통적인 사상과 사회적 질서를 보존하고자 하였다.[29] 반면 개화파는 서구 문명을 지향하면서 서구적 근대화를 주장하였다. 이처럼 개화는 근대화, 근대화는 서구화, 서구화는 문명화로 인식했다.

하지만 당시 척사파, 개화파와 다른 길을 모색한 흐름이 존재했다. 그 흐름을 주도한 그룹은 개벽사상을 공유한 한국 개벽종교였다. 기타지마 기신은 야스마루 요시오(安丸良夫) 논의를 인용하면서, 사회개벽을 위해서는 지배적 이념을 넘어서는 관념적 권위가 필요하며, 그것을 가능하게 하는 것은 현세의 권력을 넘어서는 가치를 제공할 수 있는, 기존의 종교와는 다른 반체제적인 '이단적 종교'라고 주장한다.[30] 바로 이러한 이단적 욕망을 숨김없이 드러낸 한국 개벽종교는 최제우의 동학에서 출발하여 일부 김항의 정역(正易)사상, 증산 강일순의 증산사상으로, 이어서 소태산 박중빈의 원불교에까지 일관된 흐름으로 이어졌다. 박맹수는 한국 개벽종교들이 주장하는 개벽사상은 천지개벽(天地開闢)이 아닌 새로운 인간 창조를 통해 새로운 문명의 창조를 지향하는 '인문개벽'(人文開闢)이었고, 이를 체계적으로 제시한 이가 바로 최제우라고 주장하면서 서구 문물과 지배 체제를 모두 거부하고, 전통사상을 바탕으로 새로운 세상을 열어 가려는 움직임이 대두했다고 주장한다.[31] 이 같은 한국 개벽종교는 성신쌍전(聖身雙全), 영육쌍전(靈肉雙全)을 주장하면서, 인간 문명의 새로운 전환 즉 인문개벽을 통해 시대의 변혁을 도모했고 다시개벽, 삼계개벽, 개천개벽, 정신개벽 운동을 전개했다.

이와 같이, 최제우는 물질 중심의 서구 문명을 거부하고 조선의 혼[전통사상]을 기반으로 한 새로운 문명을 대안으로 제시한 것이다. 척사파와 개화파는 지식인 주도인 위로부터의 개혁이었던 반면, 동학이 지향했던 것은 반자본주의, 반식민주의(반침략), 평등주의, 평균주의를 동시에 지향하는 비서구적 근대를 내포하는 운동이었다.[32] 다시 말해 부르주아계급에 기반을 둔 개화당 정권의 개화는 자본주의화, 서구화였으며, 동학은 영성을 중심으로 식민지화, 자본주의화가 아닌 반봉건주의 근대화를 지향하였고, 그렇기 때문에 그들이 지향한 근대는 반봉건주의, 반자본주의, 반식민지화였다.[33] 한편 배항섭은 동학농민혁명의 지향은 '근대 지향' 혹은 '반근대 지향'으로도 규정할 수 없는 매우 독자적인 영역이 있었다고 지적하면서 민중 의식은 서구적 근대를 지향한 엘리트들의 그것과 다른 것이었고, 서구 중심적 시각으로는 포착할 수 없는 '근대'나 '반근대' 너머의 고유한 영역과 성격이 있다고 지적한다.[34] 여기서 서구 중심적 시각으로 포착할 수 없는 근대, 그것은 바로 토착적 근대로 지칭할 수 있지 않을까?

동학의 출현은 전통종교들의 무력감에서 탈피하기 위한 것이었다. 일반적으로 개벽사상은 시대의 모순과 분열을 극복하여 절망에 빠진 민중들에게 새로운 시대의 희망을 주고 새로운 문명을 건설하고자 하는 사상을 의미한다. 19세기 후반 조선은 봉건세력의 부패라는 내적 모순과 서구 문명의 침탈이라는 외적 모순, 그리고 이것을 극복하여 새로운 시대상을 제시해 줄 사상이 없는 사상의 빈곤에 빠져 있었다. 동학은 바로 이러한 총체적인 모순을 극복하기 위해 창도된 것이다. 동학은 전통적 종교나 밖에서 들어온 서학 등 어느 것에도 만족하지 못했다. 그러면서 전통사상에 바탕한 우리 나름의 구원론을 구축하려는 간절한 바람이 있었다. 그래서 동학은 동도의 변혁을 추구하였고, 전통사상을 비판적으로 계승하면서도 서학을 주체적으로 수용하여 동도(조선)를 치유하는 새로운 문명을 이룩하고자 한 것이다. 그래서 동학사상은 전통을 극복하면서도 서구 근대를 주체적으로 수용한 전통의 비판적 계승과 창조라는 특징을 담고 있다.[35] 이는 해월 최시형이 "우리 도는 유도와 비슷하고 불도와 비슷하고 선도와 비슷하지만 실은 유도도 아니고 불도도 아니고 선도도 아니다."[36] 라고 한 말에서 확인할 수 있다.

동학의 개벽은 이전의 사회질서를 타파하고 새로운 세계를 만드는 사회 개벽의 성격이 강하지만 내적으로는 수심정기(守心正氣), 성경신(誠敬信)이라는 실천 방법을 통해 이타적이고 보편적인 마음으로 전환함으로써 '도성덕립(道成德立)'된 정신의 개벽에 기반을 둔다. 사회개벽은 정신의 개벽이 선행되어야 한다는 것이다.[37] 즉 수련과 성경신의 실천을 통한 인간의 주체적인 변화와 자각을 통해 주체적으로 만들어 나가는 개벽이었다. 최제우는 새 문명을 만들어 내는 주체 역시 인간이며, 그 변화는 자기 내면에서부터 시작되어야 한다고 본 것이다.

동학은 전통 성리학적 질서를 비판한다는 점에서 척사파와 구별된다. 하지만 '척양척왜'(斥洋斥倭)라는 동학농민혁명의 슬로건에서 확인할 수 있듯이 외세의 침략을 부정한다는 점에서는 공통성을 지닌다. 최제우는 "아서라 이세상은 요순지치라도 부족시오 공맹지덕이라도 부족언이라."[38]하여 중화적 전통을 거부하였다. 또한, 동학은 전통적 풍속과 예의 및 오륜을 무시한다고 하여 서학을 배격하였고, 「논학문」을 통해 서학과의 차별성을 분명히 밝혔다.[39] 최제우는 서학과 분명히 다른데도 유생과 조선 정부에서 서학으로 인식하자 서학이 아니라는 것을 분명히 밝혀야 했다.

洋學은 우리 도와 같은 듯하나 다름이 있고 비는 것 같으나 실지가 없느니라. 그러나 운인즉 하나요 도인즉 같으나 이치인즉 아니니라." 묻기를 "어찌하여 그렇습니까." 대답하기를 "우리 도는 무위이화라. 그 마음을 지키고 그 기운을 바르게 하고 하늘님 성품을 거느리고 하늘님의 가르침을 받으면, 자연한 가운데 화해나는 것이요, 서양사람은 말에 차례가 없고 글에 순서가 없으며 도무지 하늘님을 위하는 단서가 없고 다만 제 몸만을 위하여 빌 따름이라. 몸에는 기화지신이 없고 학에는 하늘님의 가르침이 없으니 형식은 있으나 자취가 없고 생각하는 것 같지만 주문이 없는지라. 도는 허무한데 가깝고 학은 하늘님 위하는 것이 아니니, 어찌 다름이 없다고 하겠는가."[40]

묻기를 "도가 같다고 말하면 서학이라고 이름합니까." 대답하기를 "그렇지 아니하다. 내가 또한 동에서 나서 동에서 받았으니 도는 비록 천도나 학인 즉 동학이라. 하물며 땅이 동서로 나뉘었으니 서를 어찌 동이라 이르며 동을 어찌 서라고 이르겠는가. 공자는 노나라에 나시어 추나라에 도를 폈기 때문에 추로의 풍화가 이 세상에 전해 온 것이어늘 우리 도는 이 땅에서 받아 이 땅에서 폈으니 어찌 가히 서라고 이름하겠는가."[41]

여기서 동학의 '동(東)'은 '동국(東國)'의 '동(東)' 다시 말해 '조선'을 의미한다. '동학'은 처음부터 서학을 염두에 두었다. 하지만 서양과도 다르고 중국과도 다른 '동국(東國)의 학(學)'으로서의 '동학'을 강조한다. 그는 도(道)는 서도(西道), 동도(東道)가 있는 것이 아니며 하나의 천도(天道)이지만, 실천으로서의 학(學)은 동서의 구분이 있을 뿐 아니라, 중국과의 구분도 있어야 한다고 본 것이다.[42] 이처럼 동학은 서학에 대응하면서도 유학과는 다른 조선의 새로운 학(學)을 제시한 것이다.

이상과 같이, 동학은 서학에 대항할 뿐만 아니라 중화주의를 중심으로 한 척사파도 인정하지 않았다. 그러므로 최제우가 지향했던 새로운 문명 즉 '다시개벽'은 전통사상을 바탕으로 서학을 비판하고 유학의 대안으로 나타난다. 유학은 지식층이 중심이 되어, 이끄는 것인데 반하여 동학은 주체적 자각과 평등적 관계를 통한 민중이 개벽의 주체로 설정되어 있다. 다시 말해 서구 근대성, 서학을 주체적 입장에서 수용하면서 우리의 전통사상을 시대정신에 맞게 재해석하기 위한 기획이었다. 이러한 최제우의 '다시개벽'은 증산 강일순의 삼계개벽과 해원상생, 홍암 나철의 개천개벽과 홍익인간, 소태산 박중빈의 정신개벽의 지향점과 다르지 않다.

그렇다면 한국 개벽종교들이 지향한 근대는 어떤 세계인가? 그것은 내면적 자각을 통해 '토착문화(전통사상)'를 '창조적'으로 재해석하고 '평등적 주체'들이 '함께' 만드는 세계인 것이다.

III. 토착적 근대종교로서 한국 개벽종교

이상의 논의를 통해 서구적 근대는 다양한 근대의 하나이며 한국 개벽종교가 추구했던 개벽은 서구 근대와 다른 토착적 근대 혹은 자생적 근대화 운동으로 볼 수 있다. 이것을 종교에 대비해 보면 서구 근대성을 전적으로 수용한 종교는 근대 문명종교로, 토착적 근대성을 드러내는 종교는 토착적 근대종교로 지칭할 수 있을 것이다. 윤승용은 근대한국 개벽종교를 개혁된 전통종교나 서구 문명종교를 무조건 수용한 종교가 아닌 서세동점의 위기와 근대 식민지 상황에서 민족의 얼을 보존하고 당시 민중의 고난의 삶을 담은 종교라는 점에서 제3의 근대종교로 평가한다. 그는 그 이유로 민중이 창조적으로 형성한 한국 개벽종교는 당시의 시대적 과제까지 주체적으로 해결하기 위해 이끌어 낸 '민중의 종교'로서, 전통종교와 서구 종교를 지양하고 민중의 전통적인 신앙들을 창조적으로 개혁하여 근대를 주체적으로 수용했다는 점을 들고 있다.[43]

1. 천도교

동학은 전통종교의 한계와 시대적 모순을 겪으면서 새로운 영성을 제기했고, 일제강점기에 동학이 직면했던 새로운 환경은 종교의 자유, 정교분리 등이 보장된 근대 사회였다. 1871년 교조신원운동에서 확인할 수 있듯이 동학의 공인은 동학이 희생을 치르고서라도 확보하지 않으면 안 되는 절박함이 있었다. 1905년 의암 손병희의 천도교 개신은 자유로운 활동을 할 수 있는 종교로 동학을 전환한 것이었다. 고건호는 개벽론을 '개화의 방법론'이나 '근대성의 수용 방식'으로 인식하고 교정쌍전(敎政雙全)의 논리가 정교분리로, 사회개벽의 과제가 문명개화로 순수한 종교단체의 성립으로 귀결된다고 지적한 바 있다. 다시 말해 동학 시대의 천도교 시대로 나눌 수 있는 교리적 차별성을 개벽론의 근대적 변용에서 찾았다. 그는 정치운동의 지향이 강했던 '사회개벽' 즉 사회개혁적 개벽론이 지양되고 문명론적 개벽론으로 강조되기 시작했다는 것이다.[44]

하여간 동학이 천도교로 개신되면서 근대종교 범주에 포함된 것에는 몇 가지 시대적 요인이 있다.[45] 그중 '정치적 자유와 문명개화'를 위해서는 종교가 필요하다는 인식이 있다. 일본의 쓰다 마미치(津田眞道), 니시 아마네(西周), 모리 아리노리(森有禮) 등 근대 일본 개화론자들은 종교를 문명개화의 방편으로 인식하였다.[46] 김윤식 역시 유학의 종교화를 시도하면서 종교를 문명화의 수단으로 인식하였다.[47] 천도교도 마찬가지로 문명개화에서 종교의 역할을 강조하였고, 종교의 자유와 더불어 도덕문명을 건설하고자 했다. 그래서 천도교로의 개신 과정에서 지향했던 노선은 개화자강이었다. 그 과정에 동참했던 인물들은 손병희가 일본 체류 기간에 만난 오세창, 권동진, 박영효 등 개화파 지식인이었다. 이러한 개화파 인사들의 만남을 통해 천도

교로의 개편 과정에서 나타난 노선은 문명개화와 자강을 통한 근대적 국가 건설 운동의 성격이 강했다.[48]

하지만 천도교가 전적으로 서구적 근대 문명종교를 지향했던 것은 아니었다. 천도교는 문명개화의 담론을 적극적으로 수용했지만, 동학의 보국안민과 교정쌍전을 통한 근대의 건설이라는 동학의 공공성은 포기하지는 않았다. 즉 근대적 문명종교로 개신하면서도 국민국가 건설이라는 시대적 과제를 동시에 해결하고자 했다. 특히 천도교 문명개화 운동으로서 천도교 지도자를 중심으로 설립된 대한자강회는 조선 혼이 주체가 되어 서구 문명을 흡수하고 자강과 독립을 이룰 것을 운동의 목적으로 설정했다.[49] 천도교는 교정쌍전에 입각한 새로운 정치체제 수립을 위한 문명개화 운동을 확산시켰고, 근대국가 수립 운동 과정에서 입헌군주제를 공론화시켰다.[50]

손병희는 국내의 청년들을 일본에 유학시켜 세상의 물정을 알게 하고, 『삼전론(三戰論)』, 『명리전(明理戰)』 등의 교리서를 보급하여 교도들에게 사회진화론과 문명개화 사상을 교육했다. 그는 1903년 『삼전론』을 발표하여 개화의 시기에 보국안민하는 방법은 사상 전투인 '도전(道戰)', 경제 전쟁인 '재전(財戰)', 외교전인 '언전(言戰)'의 중요성을 강조하였고, 같은 해 『명리전』을 발표하여 서구 자본주의 문명을 수용하는 것이 운수의 순환법칙에 따르는 필연이라 주장하였다.[51]

개벽이란 부패한 것을 맑고 새롭게, 복잡한 것을 간단하고 깨끗하게 함을 말함이니, 천지 만물의 개벽은 공기로써 하고 인생 만사의 개벽은 정신으로써 하나니, 너의 정신이 곧 천지의 공기이니라. 지금에 그대들은 가히 하지 못할 일을 생각지 말고 먼저 각자가 본래 있는 정신을 개벽하면, 만사의 개벽은 그다음 차례의 일이니라.[52]

위의 인용문에서 확인할 수 있듯이, 손병희에게 개벽은 천지개벽이 아니라, "부패한 것을 맑고 새롭게, 복잡한 것을 간단하고 깨끗하게 하는 것"으로 보았다. 그는 인내천의 원리에 기초한 영적 각성 즉 정신개벽을 강조했고, 이를 바탕으로 만사의 개벽으로 나아가려 했다.

손병희는 '성신쌍수(性身雙修)'를 사회적으로 적용해 문명개화와 실력 양성을 최우선으로 하는 '사회개벽'을 주장했다.[53] 이러한 손병희의 개벽사상은 이후 이돈화가 정신개벽, 민족개벽, 사회개벽 등 '3대 개벽'으로 체계화한다. 그는 개벽을 신사회 건설로 해석하여 인간 스스로의 정신개벽과 주체적 노력에 의한 신사회 건설을 주장한 것이다.

그러므로 천도교에서 개벽을 완성하는 사회적 지향의 지침은 교정쌍수 혹은 성신쌍전이다. 종교와 정치(사회)의 관계, 교정일치는 천도교 사회운동을 특징짓는 용어이다. 동학에서 성과 속, 성과 신은 구별되지 않고 개벽의 구체적인 실천의 방식이다. 천도교에서 종교와 정치는 일치되지만, 서로 다른 차원의 일치이다. 즉 종교 내에서의 개인 구제와 종교 외곽 단체에서의 사회개혁의 일치이다. 천도교에서는 개인 구제와 사회 구제가 각기 다른 영역에서 이루어졌고 개인 구제와 사회개혁은 이원화된 것이다.[54]

천도교는 자본주의를 기초로 하는 근대문명의 도전에 응전하기 위해 기존의 것을 변혁하고 서구 근대가 의미하는 역사성을 읽어 내 주체적으로 시대를 구성하고자 한 조선의 힘이었다.[55] 이처럼 천도교는 '성신쌍전', '교정일치'론으로 천도교적인 교화와 정치, 경제 등 모든 사회제도의 개혁을 통해 개벽의 세계를 건설하자는 것이었다. 이는 천도교가 서구적 근대종교의 길이 아닌 토착적 근대종교의 길을 모색한 것으로 해석할 수 있다.

2. 대종교

나철에게 대종교는 국가의 분열을 막고 국혼을 일깨워 민족을 통합시킬 수 있고, '구세제인'(救世濟人)의 이상을 달성하기 위한 대안이었다. 나철의 대종교는 단군이 창시한 고유의 종교를 부활시킨 것으로 나철은 대종교의 교조가 아니라 중흥 조로 인식된다. 그래서 1909년 1월에 대중적 포교를 시작한 것을 개교나 창립이 아닌 '중광'(重光)이라는 이름으로 종교적 정체성을 밝혔다.

대종교에서 개벽이라는 용어는 직접 사용되지 않았지만[56] 하늘이 새롭게 열리는 개천(開天), 새 세상에 대한 열망을 분명하게 보여주고 있으므로 개벽종교로서 분류될 수 있다. 그렇다면 개천개벽(開天開闢)의 실제적인 내용은 무엇인가? 대종교의 개천개벽은 홍익인간과 이화세계의 실천으로 연결된다. 홍익인간은 모든 생명에게 이롭게 함을 점차로 넓혀 간다는 의미로, 그 정신에는 상생, 만민공화, 평등, 공동체에 대한 봉사와 공공 원리의 존중 등 공동체의 가치들이 내포되어 있다. 이런 점에서 홍익인간은 공공성, 소통과 연대성으로 재해석 될 수 있으며, 홍익인간 이념이 실현된 것이 바로 이화세계(理化世界)가 된다.[57] 다시 말해 개천개벽은 외래 사상으로 위축된 개천사상을 다시 연다[開天]는 의미이다. 대종교 초기 활동에는 다른 한국 개벽종교에 비해 사대부층의 참여 비율이 상대적으로 높았고 전통적인 교육을 받은 지식층이 많았다.[58] 그래서 대종교는 반봉건보다는 반외세 운동이 중심이 되었다.

대종교의 공공성은 대종교의 구체적인 생활강령인 『오대종지포명서』(五大宗旨佈明書)에 구체적으로 드러난다.[59] 『오대종지포명서』는 1909년 10월 3일(음) 고경각에서 먼저 반포되었고, 이후 1910년 4월 25일 단군 승천절을 맞이하여 교인과 일반인에게 공표되었다. 이러한 대종교의 오대종지는 《대한매일신보》 1910년 4월 27일 기사[60]와 《황성신문》 5월 25일 기사에는 다음과 같이 '오대종지'의 내용이 공개되었다.

> 本敎 五大宗旨佈明書ᄂ 次第呈覽ᄒ려니와 吾敎를 信奉ᄒᄂ 五宗旨가 本敎諸哲의 歷代隨究와 時宜叅釋이 雖或不同ᄒ나 今日 我大宗師白峰神兄의 切急ᄒ신 佈明宗旨ᄂ 一曰 敬奉祖神이요 二曰 感通靈誠이요 三曰 愛合族友요 四曰 安固基土요 五曰 勤務産榮이니 凡我七千萬의 兄弟姊妹가 俱是我天祖의 神聖ᄒ 遺族으로 今日苦海禍水에 脫却同歸ᄒ야 共同福利를 享受ᄒ랴면 今日我大宗師神兄의 佈明ᄒ신 五大宗旨를 各其信奉ᄒ소서.[61]

이때 반포된 오대종지는 경봉조신(敬奉祖神), 감통영성(感通靈誠), 애합족우(愛合族友), 안고기토(安固基土), 근무산업(勤務産業)이다. 1911년 1월 '공주시교당 사건'을 겪은 직후에는 기존의 '오대종지'의 상당 부분을 수정했다. 이러한 변화는 일제의 탄압을 피해 교단을 존속시키려는 대응이었다. 그렇지만 '오대종지'는 현실에서 대종교인이 어떻게 해야 하는지를 잘 보여준다. 특히 오대종지 중 근무산업은 농업경제에서 벗어나 경제적 근대화가 필요하다는 주장으로, 나철이 한말의 애국 계몽 운동에 참여하면서 식산흥업론(殖産興業)의 문제의식을 공유한 결과이다. 이는 나철의 근대적 지향을 명확하게 드러내는 대목이다. 마찬가지로 대종교의 노선은 소중화적 정체성에서 벗어나 개항기 척사파와 동도서기의 개화파와 달리 지키고 보존해야 할 대상과 투쟁해야 할 주체는 조선 민족으로 설정되었다.[62]

《황성신문》에는 오대종지와 함께 『단군교설필기』(檀君敎說筆記)가 다음과 같이 게재되었다.

宗教의 範圍는 何教를 勿問ᄒ고 一切 人類의 化生ᄒ 厥初에 天賦ᄒ신 靈覺性을 順修ᄒ야 人人마다 善을 作ᄒ고 惡을 避ᄒ야 天予ᄒ신 福利를 共同保守케ᄒᆷ이오 政治와 法律의 範圍는 民生의 智慾이 長養 되는ᄃᆡ로 一切行動을 制限ᄒ야 各其權利을 無相侵害케ᄒᆷ이니 所以로 何教이던지 宗教家의 思想範圍는 政治家의 以上에 存在ᄒ야 決코 人類의 私慾競爭에는 參涉 이 無ᄒ다 斷言ᄒᆯ지며.[63]

위의 내용에서 확인할 수 있듯이, 나철은 대외적으로 정교분리 원칙을 표방하였고 김교헌도 정교분리론의 입장에서 대종교의 포교 활동에 힘을 기울였다. 나철은 대종교 중광 직후부터 정치에 관여하지 말 것을 자주 주장했다. 그가 발표한 「봉교과규」(奉教課規)에는 "반드시 본분을 지키고, 관청의 부세(賦稅)와 역(役)을 공경하여 좇으며, 각자 맡은 일에 진력할 것"을 촉구하기도 했다. 나철이 발표한 「세모소감」(歲暮所感)에서도 "금년 초봄부터 정치사상이나 관리와의 교섭을 사절하고 사회의 일에 간여하지 않고 폐문수도할 것"이라 선언하면서, 정교(政教)가 분리된 뒤에야 종교의 진리가 저발(著發)하고 사람의 진성(眞誠)이 심화한다고 주장하였다.[64] 1910년 8월 10일 나철은 교인들에게 '대종교는 시국에 무관하니 입신양명을 당부'하고 '종교와 정치는 엄정 분립하는 것을 정론(正論)'으로 한다는 '4신'(四愼)을 발표하기도 했는데 그 내용은 다음과 같다.

教는 時局에 無關하니 安身立命함. 新法에 注意하여 犯科가 無케 함. 財産保管은 所有權과 法律을 信賴함. 惑 冤枉을 被하면 誠心으로 解決함.

하지만 대종교는 개인 구원에 그치지 않고 그 이상을 정치적으로 구현하여 단국(檀國)을 재건하려 했기 때문에 어느 종교보다 정치 지향적일 수밖에 없다. 그래서 1915년 8월 15 〈조선총독부령 제83호〉에 따라 대종교는 유사종교로 분류되어 종교 활동이 금지되었다. 나철은 만주에서 급히 귀경하여 1915년 '신교 포교규칙(神敎 布敎規則)에 준한 신청서'를 제출했으나 총독부는 대종교는 신도가 아니라는 이유로 신청서는 거절되었다.[65] 이런 점에서 나철의 정교분리 주장은 자주독립의 역량을 키우고, 대종교를 보호하기 위한 방편이었다.[66]

초기 대종교는 민족과 국가를 구분하는 근대적 인식에 토대하고 있었고, 구성원들의 평등성 인식도 있었다. 정영훈은 이러한 대종교의 노선에 대해 "나철의 사상과 대종교는 애국종속론을 통해 약육강식의 세상을 사랑으로 공존 · 포용의 자세를 촉구하고 근무산업론을 통해 경제적 근대화를 주장하는 등 반봉건, 근대화, 민주화 방향으로의 지향"이었다고 평가한다.[67]

동학이 동도를 중심으로 동도의 변혁을 통해 토착적 근대의 지향점을 제시했듯이, 대종교 역시 조선의 독립뿐만 아니라 조선어와 조선의 역사를 주변화시키는 일제의 민족정체성 말살정책에 저항하기 위해 '조선의 혼'이나 '조선의 얼'을 주장하는 모습은 '혼의 식민지화' 혹은 '혼의 탈영토화'에 대한 저항으로 읽을 수 있다.

IV. 맺음말

동학에서 원불교에 이르는 근대한국 개벽종교들은 중국적 유교와 서구적 근대의 한계를 지적하고, 민중을 중심으로 한 타자구제를 실천하는 보국안민(輔國安民), 유무상자(有無相資), 해원상생(解冤相生), 성통공완(性通功完), 홍익인간(弘益人間), 정신개벽(精神開闢) 등 새로운 이념을 제시하여 서구 근대성을 수용하기도 하고, 그에 저항하기도 하면서 다양한 모습으로 등장하였다. 그들이 공유하고 추구한 개벽사상은 민중이 인지하였던 한국 근현대사의 성격과 그의 대응 방안이 응집되어 있으며, 지배계급과 민중 간의 계급 모순을 고발하고 그것을 타파하려는 민중 해방의 이념에 바탕을 두었다.

한국 개벽종교는 개화와는 또 다른 '근대'를 주장했다고 볼 수 있다. 즉 서구적 근대가 아닌 전통사상을 바탕으로 새로운 시대를 연다는 다른 근대의 길이다. 지식층이 주도하는 '위로부터의 근대'를 지향하고 유교적 전통을 고수하는 척사파, 서구적 근대화를 지향한 개화파와 다르게 한국 개벽종교가 지향한 근대는 아래로부터 즉 민중이 개벽의 주체가 되어 개척하는 토착적 근대화의 모색이었다. 이들은 척사파와 개화파와 다른 제3의 길을 추구한 것이다. 그래서, 비서구적 근대화 운동인 '토착적 근대화'의 한 선례로 평가된다. 하지만 초기 동학과 다르게 손병희를 중심으로 한 후기 동학인 천도교와 같이, 문명개화를 중심으로 한 서구 근대문명을 주체적으로 수용하는 양상이 나타나기도 했다.

본 논문은 조선 정부와 일제 식민 권력의 종교 탄압에 대한 근대한국 개벽종교들의 대항 담론을 통해 근대한국 개벽종교가 추구했던 '토착적 근대'와 '토착적 근대종교'의 모색을 살펴보기 위해 기획되었다. 개벽사상을 기반으로 하는 한국 개벽종교는 문명개화와 독립 투쟁에 이르기까지 다양한 개벽운동의 주체로 등장하여 서구적 근대화나 식민지적 근대화에 저항하며 '토착적 근대화' 운동을 주도했으며, '토착적 근대종교'로서 자기 정체성을 정립하고자 했다. 이처럼 한국 개벽종교는 정교분리 등 서구적 근대문명의 수용과 저항을 통해서 전적으로 수용하지 않고 주체적으로 수용하여 서구적 근대 문명종교가 아닌 민중과 민족이 요구하는 당시의 시대적 과제까지 결집한 '토착적 근대종교'로서의 특징을 보여준다.

한국 개벽종교가 추구한 개벽은 '누구에 의해' 전개된, '무엇을 향한' 것인가? 한국 개벽종교들은 각기 나름의 방식으로 서구적 근대와 마주했고, 이러한 대면을 통해 전통의 한계가 무엇이고, 시대적 요구와 과제가 무엇인지 정확하게 포착했으며, 이러한 극복을 통해 지향해야 할 지점을 제시했다. 한국 개벽종교가 지향했던 새로운 시대의 이념과 문명을 담은 것이 개벽이다. 본 논문에서는 한국 개벽종교가 어떤 세계에서 삶을 꾸려 나갔고, 개항과 외세의 침탈이라는 격변을 맞아 어떤 방식으로 대응해 나갔으며, 그 과정에서 어떤 변화를 보였는지의 분석을 시도하였다. 이러한 분석을 시도한 이유는 한국 개벽종교가 추구했던 '근대'와 '종교 정체성'에는 근대를 새롭게 바라보고 극복할 수 있는 무기들이 숨어 있을 수 있기 때문이다. 그래서 한국 개벽종교들이 추구한 이념과 실천을 통해 한국적 공공성 혹은 자생적 공공성을 찾아내는 작업은 단순히 과거의 이야기가 아니라 현재의 문제를 해결할 수 있는 이념과 실천의 지향점을 찾아내는 작업이 된다. 그렇다면 한국적 공공성은 무엇일까? 필자는 본 연구를 통해 한국 개벽종교가 지향한 한국적 공공성은 그들이 추구한 개벽사상에 담긴 '주체', '연대', '상생', '창조'의 핵심어에서 찾을 수 있다고 생각한다.

　본 논문은 한국 개벽종교의 토착적 근대와 토착적 근대종교로의 길을 드러내는 작업이었다. 하지만 동학, 천도교, 대종교로 한정하여 분석하였다는 점에서 한국 개벽종교의 전체적인 모습을 드러내지 못한 것은 한계라고 생각된다. 토착적 근대라는 틀로 전체 한국 개벽종교를 정리한다는 것은 쉽지 않았다. 또한, 본 논문은 신종교 태동 당시 사상적 접근과 이에 대한 기존 연구 결과의 내용 서술에 치중했다. 이후 현대에 이르기까지 토착적 근대종교의 모습, 운동, 역할 등 다양하고 구체적인 내용을 분석하는 작업은 필자에게 남겨진 다음 과제가 될 것이다.

박신현

들뢰즈의 감응에서 운동성의 문제

나는 東에서 태어나 東에서 道를 받았다. 내가 받은 도는 하늘로부터 받았기 때문에 天道라고 할 수 있지만, 學이라는 입장에서 말한다면 東學이다. 하물며 땅은 東과 西의 구분이 분명히 있는데, 西를 東이라 할 수 있으며 東을 西라 할 수 있겠는가! - 崔水雲, 「論學文」, 『東經大全』

사람은 곧 자신이 살고 있는 장소이고, 장소는 곧 그곳에 살고 있는 사람이다. - E. 렐프, 『장소와 장소상실』

I. 머리말: 제3세계권에서 학문하기의 '슬픔'

만일 누군가가 서구의 근대화론이나 세계화론에 딴죽을 걸고 나선다면, 많은 사람들은 이를 시대의 인식을 역행하는 것이라 비난할 가능성이 높다. 최근 세인들의 주목을 한 몸에 받고 있는 제4차 산업혁명에 비판을 제기하는 것도 마찬가지일 것이다. 이렇게 소위 '주도적인 글로벌 담론들'은 지구촌 전체 국가와 시민들을 상대로 '글로벌 공공선'을 추구하는 것인 양 다소 과대 포장되어 있다. 글로벌 담론들의 감춰진 의도를 각 로컬의 상황에 맞게 주체적으로 해석해 내는 것이 중요한 까닭이 여기에 있다. 로컬에 의해 주체적으로 해석되어 토착화되지 못한 외부의 개입 담론들은 환영(幻影)과 하등 다를 것이 없다. 주체적으로 해석되지도 토착화되지도 못한 개입 담론들은 십중팔구 로컬의 눈과 정신을 혼탁하게 할 가능성이 높다. '자유'도 '인권'도, '인본주의'도 '민주주의'도 그 본의와 정반대로 악용되는 사례가 얼마나 많은가?

이런 이유 때문에 글로벌 거대담론 속에서 이를 유포하고 전파한 당사자의 은폐된 간계(奸計)가 무엇인지를 정확히 파악해야 한다. 이렇게 탈로컬적 거대담론을 발신·유포한 국가가 대체 어느 로컬인지 잘 살펴보아야 한다. 또한 우리는 이를 아무런 저항 없이 순수하게 수용하는 로컬은 어디이며, 반대로 이에 저항하거나 반발하는 로컬은 또 어디인지를 비교 분석하는 혜안도 갖추어야 한다. 요는 지구촌의 로컬 현실이 각이(各異)하다는 뜻이다. 북반구의 생활수준은 남반구에서는 감히 상상할 수도 없을 정도로 '호화판'이다. 하루에 한 끼 정도를 먹는 저개발 국가의 시민들에게 디저트를 마음껏 골라 먹는 선진국의 식문화는 분명 사치에 해당할 것이다. 중국, 한국을 비롯한 동반구에서는 상대적으로 성장의 논리가 우세한 편이지만, 서반구에서는 현상태를 유지하기도 버겁다고 아우성이다. 그러니 국가마다 정치·경제적 현안도, 이의 해법도 다를 수밖에 없다. 미국에서 민주주의는 대외 제재용으로 가끔 악용되는 경우가 많지만, 중국에서의 민주주의는 인권의 보호막으로 언급되는 경우가 대부분이다. 프랑스에서의 보편적 인권 개념은 주지하듯 북한이나 인도에서는 통용되지 않으며, 개명천지인 오늘날 카스트제도가 작동되는 로컬이 인도이다.

지구촌의 현실은 이렇듯 개별각상(個別各像)이다. 로컬 국가마다 정치·경제적 상황은 물론이거니와 사회문화적으로도, 기술적으로도 주어진 현실적 환경이 판이하다. 그런즉 근대화론과 세계화론이 지구촌의 '보편 담론'이 되기에는 아직 넘어야 할 산이 많다는 것은 자명하다. 4차 산업혁명을 통해 경제성장의 재점화를 꿈꾸는 다보스주의자들도 있지만, 아직 전기의 혜택도 누리지 못하는 국가의 입장에서 보면 이는 화중지병(畵中之餠)에 불과할 뿐이다.[1] 이들에게 거의 매일 '글로벌 뉴스'를 화려하게 장식하는 AI, I.T, 자율전기자동차 등은 그저 먼 나라의 이야기로 들릴 것이다. 아니 그런 일이 있는지 자체도 인식하지 못하고 있을 확률이 높다.

"우리는 결코 근대였던 적이 없다."고 반론을 제기하는 한 서구철학자의 외마디가 십분 공감되는 것도 이 때문인지 모른다.[2] '근대'를 자율적으로 성취한(아니면 그렇게 믿는) 국가들에서는 탈근대, 소비자본주의, 신자유주의를 소리 높여 외칠 수 있다. 이에 그치지 않고 그러한 그들의 담론이 마치 저개발 로컬국가가 저개발 상태에서 벗어나는 지름길이라도 되는 것인 양 호도(糊塗)하는 측면도 없지 않다. 하지만 아직 저개발 상태, 전근대 상태에 머물고 있는 국가들에게 이들의 실(實)지고 육기(肉氣)로 넘치는 장밋빛 청사진은 무용지물에 불과하다. 따라서 근대화론자들, 경제성장론자들, 세계화론자들이 주창하는 담론들은 모두 제3세계권의 입장에서 보자면 충분히 상대적인 세계관이라 할 수 있고, 의도적으로 왜곡된 세계관의 전파일 가능성도 높으며, 타자를 고려하지 않은 절름발이 세계기획이라 할 수 있다.

이들의 세계기획이 제3세계권에서 종종 '저항'의 표적이 되는 것도 이때문이다. 제3세계권에서 '탈서구(de-western)', '탈자본(de-capital)', '탈식민(de-colonial)'을 외치게 된 것이 결코 우연이 아니란 뜻이다. 이를 누가 감히 '야비한 행동(barbare)'이라고 비난할 수 있겠는가. 역사를 돌이켜보면, 야비하고 무지한 것은 비서구, 즉 제3세계가 아니라 되레 서구, 즉 제1세계였다는 것은 더이상 부연이 필요치 않을 것이다.[3] J. 로블렝이 『노에시스』특집호 서문에서 정확히 적고 있듯, "야만은 서구가 그들의 필요에 의해 발명한 것이다."[4]

이렇게 서구가 발명한 야만은 "유럽의 관점에서 그들과 멀리 떨어져 있는 로컬 문화들을 정의한 것으로써, 이성과 자유의 형식을 가진 유럽 문화만이 보편적 차원(dimension universelle)의 것이라는 〔억지〕주장과 다르지 않다. 그러나 1914년 소위 '전쟁의 세계화(monialisation de la guerre)'와 식민지화 그리고 20세기의 극심한 독재의 역사는 유럽의 야만적 이미지와 분리되지 않는다."

로블렝의 위 언급은 결국 우리로 하여금 "유럽적 사고의 위계 구조에 근원적 의문을 제기케 한다. 이는 곧 그동안 보편적인 것으로 여겨진 것(l'universel censé)이 결과적으로는 특수한 로컬에 국한해서만 의미가 있는 것이란 뜻이기도 하다. (…) 이것이 바로 보편적인 것의 야만(une barbarie de l'universel)이 아니고 무엇인가."⁵ 로블렝의 이러한 서구·서구인의 야만성에 대한 일침은 J.F. 마테이의 논문 제목에서도 그대로 반복되고 있다. 마테이에 따르면, "문화의 야만이 야만의 문화"를 구축한다. 그러니 무지하고 야만적인 것은 비서구가 아니라 서구라는 초유(初有)의 논리가 정당화된다. E. 사이드의 『오리엔탈리즘』의 불어판 부제('서구에 의해 만들어진 동양')에서도 정확히 암시하고 있듯, 비서구('동양', 더 구체적으로는 '중남미', '아프리카'가 대표적이라 할 수 있음)는 이렇게 서구에 의해 임의로 야만이란 꼬리표를 달게 된 것이다.⁶

이렇게 '야만의 비서구'를 조작해 냄으로써 서구는 '문화', 나아가 '문명'이라는 인류 보편의 개념을 전유(專有)하게 된 것이며, 결국 그렇게 '바르바리(barbarie, wild, uncivilized, savage)', 즉 야만은 서구, 서구인에게 그들이 '세계의 중심'이라는 일종의 거짓 믿음으로 고착된다. 그리고 '야만'이라는 '비서구'가 기획·구획되고, '차이'가 생산되면서 세계는 '근본적 이타성(altérité radicale)'으로 서로 갈등하고 분열하는 원인이 된다. 그리고 이러한 조작적 분류·차별은 결과적으로 '야만'을 아예 "절대적 차이"로 과죄(科罪)하기 위해 "개인이나 특정민(peuples)을 지목하게 되는데,⁷ 세계지도를 펼쳐 놓고 볼

때 '아프리카인'이 바로 대표적인 서구 식민 지배, 근대적 전체주의의 희생 양이라 할 수 있다.[8]

그런즉 이제 우리는 다시 물어야 한다, 아프리카인은 야만인인가? 그런데 서구에서는 오늘날에도 여전히 그들의 헤게모니 장악이 마치 온 인류를 위해 정당한 행위인 양, 공공선을 실천하기 위해 불가피한 선택인 양 기만하면서 지구촌을 계속 지배·관리하려는 욕념(欲念)을 버리지 못하고 있다. 몰염치하게 지배·관리의 정당성까지 스스로 부여하며 전쟁도 불사하는 그들이다. 21세기인 오늘날에도 소위 '비인도적·폭력적 식민주의'가 하늘을 찌르고 있다.

문제는 이러한 서구의 야만적 행위가 냉전체제 붕괴 이후 '하나의 자본주의(dans le capitalisme mondialisé)'로 통합되면서 더 강력한 영향력을 행사하고 있다는 점이다. 허나 야만적 자본과 디지털 신기술을 동원한 서구의 세계 지배력 강화는 제3세계권의 입장에서 보면 신제국주의, 신식민주의라는 탈인본적 악령을 부활시키는 것과 다름 없다. 제3세계권에서의 탈서구, 탈자본, 탈식민의 움직임은 이런 점에서 보면 '본능적 정당방위'라 할 수 있다. '워싱턴 컨센서스'의 발동과 거의 동시에 제3세계에서 탈서구, 탈자본, 탈식민에 관한 관심이 증폭되기 시작했다는 것은 역설적으로 이제는 '서구의 관점(view from nowhere)[9]', 즉 '글로벌-보편'의 관점에서 벗어나 '로컬의 상대적 관점(view from somewhere)'을 바로 세워야 한다는 로컬 의식의 자각에서 발원된 것이라는 데 의의가 있다. 이들의 로컬 의식은 반서구적 관점(un-thinking the West)으로 표출되고 있다.[10] 하지만 반서구적 관점은 야만적 서구의 관점을 바로 잡기 위해 필요한 것이기 때문에 문자 그대로 '반(反)-서구'가 이들의 궁극 목표일 수는 없다. 무편(無偏)하지 않았던 서구의 관점을, M. 메를로-퐁티(Maurice Merleau-Ponty, 1908-1961)의 용어를 차용해 말하자면, 세계에로(au monde) 되돌려 놓기 위해 서구와는 다른 방식으로 사유하는 것이 필요했던 것이다.

이렇게 제3세계권 학자들이 로컬의 관점에서 세계를 '다시 보기 시작했다'는 것은 결국 서구의 왜곡된 세계 인식과 구획 짓기, 즉 서구 중심적 관점, 백인 중심적 관점의 단순 비판에 그치지 않고 모든 로컬의 관점이 반영될 수 있는 새로운 방법을 모색해 보려는 것이다. 이러한 그들의 새로운 제안은 글로벌 공공선에 기초한 민주적이고 정당한 권리 주장이라는 데 호소력이 있다. 전 세계적 차원에서 제기되는 이와 같은 신학문운동을 이렇게 다소 길게 소개한 일차적 이유는 필자 스스로에게 "나는 어디서, 무엇을 하고 있는가?"를 되돌아보기 위해서이고, 두 번째로는 동학(同學)들에게 한국과 같이 제3세계권에서 학문하기의 '슬픔'이 어떤 것인지[11]를 함께 반성하면서 주체적 학문운동을 전개해야 하지 않겠느냐는 제의를 해 보기 위해서다.

이런 문제의식과 취지하에 제2장에서는 아프리카에서의 신학문운동을 구체적으로 소개할 것이며, 제3장에서는 일본, 중국, 서구에 맞서 '조선의 주체적 근대'를 연 동학(東學)의 탈식민적·탈서구적 의미와 가치를 제3세계권의 신학문운동과 비교하면서 새롭게 조명해 보기로 한다.[12]

II. 로컬문화에 대한 자기 인식과 아프리카의 철학적 독립선언이 주는 교훈

V. S. 벨렘은 자신의 논문 「서구식으로 사유하지 않기」라는 글에서 아프리카철학은 '비서구(un-West)', '반서구(anti-white)', '적대적 서구(against whiteness)'의 관점에서 접근하지 않고서는 출발 자체가 불가능하다는, 다소 '강한' 전략을 편다.[13] 아프리카철학자들의 아프리카의 로컬문화 인식은 굳

이 벨렘을 언급하지 않더라도 대부분이 이렇게 다소 '극단적이고 문화 상대적인' 입장을 취하는 편이다. 하지만 이는 자신들의 인종적·민족적 존재의 항변이자, 식민화된 로컬문화에 대한 자기 인식에 근간한 일종의 자기방어이자 정당성의 호소이기 때문에 필자와 같은 제3자가 그것은 '극단적이고 치우친 것' 아니냐고 반문할 자격이 있는지 모르겠다. 사실 아프리카철학자들이 이렇게 사고의 극단성까지 노출하게 된 데는 그만한 이유가 있다. "아프리카에는 역사가 없다."는 헤겔 류의 아프리카 역사 왜곡에 더는 이성의 자제력이 발동되지 않았을 수도 있고, 더더욱 신자유주의적 세계화 물결로 인해 아프리카 대륙이 탈영토화·재식민화되는 과정을 두 눈 뜨고 지켜볼 수만은 없는 양심과 양식이 발동되었기 때문이라고 볼 수도 있다. 중요한 것은 이 과정에서 "철학은 소크라테스나 플라톤이 거주했던 그리스에서 발원한 것이 아니라 에티오피아에서 시작된 것"이라는 인류학적 발견을 비롯해, 현대철학의 중심 무대 위에 '아프리카'를 새로운 주연으로 등극시켰다는 점이다.

그렇다면 아프리카철학자들의 이와 같은 신학문운동을 지켜보면서 우리가 반면교사로 삼아야 하는 것은 무엇일까? 우리와는 직접적 연관이 없기 때문에 두 눈을 질끈 감아 버리면 그만일까? 그건 아닌 것 같다. 이를 지켜본 우리는 필시 다음과 같은 질문을 던져야 정상적인 반응이라 할 수 있다: "Korea에서는 과연 로컬-한국문화, 로컬-한국인문학, 로컬-한국철학이 적극적으로 연구·실천되고 있는가, 아니면 예나 지금이나 글로벌 담론의 주위를 맴돌며 직분을 다한 것이라 착각하고 있는가?"라고 말이다. 그런데 필자의 판단에 따르면 불행히도 한국의 인문학자, 철학자들은, 소수의 한국학 전공자들을 제외하고는 대부분 스스로에게 이와 같은 질문을 던지지 않는 것 같다. 한국에서의 인문학과 철학의 연구 경향이 전반적으로 '서구적 보편성'에 경도되어 있는 게 아마 일차적 원인일 것이다. 솔직히 프랑스철학 (西學)이 전공인 필자도 예외가 아니다. 단적으로 말해 '서구적 보편성'을 '한국적 보편성'과 혼동하는 것이다. '서구적 보편성'이 한국인의 입장에서 볼 때는 여러 로컬들 중 '특수한 로컬의 보편성'에 지나지 않는다고 말할 자신이 없는 것인가?[14]

한국의 인문학자, 철학자가 이와 같이 서구적 보편성에 의심을 갖지 않는 두 번째 이유는 만일 이를 스스로에게 질문하게 되면 곧 자신의 현존재와 자신이 그동안 공들여 쌓아 온 학문의 근간이 뒤흔들리기 때문에 이와 같은 물음을 던지는 기회를 갖지 않는 것인지도 모른다. 허나 그렇다고 이와 같은 근본 물음이 사라지는 것일까? 전 세계가 '경제'를 중심으로 회돌이 하면서 이런 직문(直門)은 이제는 연구자 내부에서 제기되지 않아도 외부에서 밀어닥친다. 심지어는 인문 지식을 시장에 내놓고 저울질하며 줄을 세우는 시대가 되지 않았는가. 단적으로 말해 인문학, 철학의 용도 자체를 의문시하며 모든 것을 자본과 시장이 좌지우지하는 전대미문의 사태에 직면해 있지 않은가.[15] 니체가 일찍이 '문명의 의사(le médecin de la civilisation)'라고 했던 철학자의 역할을 한국에서는 영원히 기대할 수 없는 풍토인 것인가?

이런 문제의식을 갖고 있었던 필자에게 최경섭의 「엄밀한 학이 아닌 지역학으로서 철학」이란 논문은 그 제목만으로도 울림이 아주 큰 것이었다. 왜냐하면 그는 '보편학'의 마지막 보루라고 해도 과언이 아닌 후설(Edmund Husserl, 1859-1938)의 현상학을 감히 '지역학'이라 평가하는 데 주저하지 않았기 때문이다.[16] 자크 데리다(Jacques Derrida, 1930-2004)의 표현을 빗대자면,[17] 최경섭의 주장은 현상학은 보편학도 엄밀학도 아닌 "'독일'의 한 철학적 주장"일 뿐이라는 논리다. 이를 더 확대해석하자면, 철학자들의 자유영혼을 좀먹는 '보편철학'은 존재하지 않는다는 말이 성립된다. 돌려 말해, 모든 철학은 지역(칠)학이라는 것이다. 모든 철학이 지리-지역철학이라면, '보편적인 것'은 당연 외부에서 날아든 것이 아니라 지역에서 발원하고 솟은 것이어야 한다. 이는 곧 모든 철학에는 '땅의 정령(genius loci)'이 배어 있다는 말이기도 하다.[18] 서구가 오판했던 것처럼, 철학이 모든 로컬 지리와 문화를 초월해 무시간·무공간적으로, 즉 어디서나 언제나 보편적으로 타당한 것을 추구한다고 생각하면 착각이라는 것이다. 인문학, 철학은 수학이나 기하학처럼 탈시간적·탈공간적 무대 위에 전시된 '이념'이 아니다. S. 하딩의 책 제목이 정확히 짚고 있듯,[19] 실제로 인문학이나 철학도 그리고 과학도 마찬가지지만 결코 만인(everyone, all human beings in the global village)을 대상으로 생산된 것이 아니라는 사실을 직시해야 한다. 이것이 최근 지식의 역사를 새로 해석한 결과다. 해서 우리는, 서론에서도 제기했듯, 대체 '어떤 로컬'에서 '보편담론'을 발신하는지 정확히 인식하고 해부해야 한다.[20]

역사가 있는 곳에 문화가 있고, 문화가 있는 곳에 철학이 존재한다는 명제를 받아들인다면, 지리-역사가 존재하듯 지리-철학이 존재한다는 것은 너무도 당연한 논리다.[21] 그리고 이 지리-철학은 동일한 사회와 국가 내에서도 (인도, 중국, 미국, 베트남, 인도네시아, 프랑스 등 다인종·다문화 사회에서 일반적으로 나타나는 현상이긴 하지만), 문화·역사적으로 볼 때 동질성보다는 이질성이, 같음보다는 차이가 존중되어야 한다는 것과 궤(軌)를 같이 한다. 글로컬 시대인 오늘날은 이질성, 차이(더 나아가 다양성과 복합성), 즉 보편주의의 폭력 하에서 침묵했던 것들이 철학의 무대 위로 올라와 동질성, 같음과 함께 새로운 무대를 여는 것이 화두다. 같은 맥락에서 인문학, 특히 철학은 글로벌 보편성이 아닌 지역의 특수성을 세계 지식계에 소개하는 기회가 주어졌고, 아프리카철학자들이 그 선봉에 서 있다.

어느 로컬 할 것 없이 철학은 존재하고, 그래서 각기 '고유한 것'이다. 그렇게 로컬에서 장기간에 걸쳐 축적된 지식(지혜)은 모두 인류의 자산이다. '지리철학', '지역철학'이란 새로운 정의에 따르면, '서구철학'이란 용어도, 마치 '동양철학'이 그렇듯, 사실 어폐(語弊)가 있는 조합이다. 왜냐하면 영국철학, 프랑스철학, 독일철학 등은 각기 뿌리도 지향하는 바도 엄연히 다른데, 이를 대괄(大括)하여 우리가 '서구철학'이라 명명하고 호명한 것이기 때문이다. 앞서 후설의 현상학을 예로 들었듯, H. 스피겔버그(Herbert Spiegelberg, 1904-1990)가 '현상학적 운동의 세계지도'[22]를 그린 것도 이런 시각에서 보면 아주 상식적인 발상이라 할 수 있다. 현상학이 그 출발지인 독일을 벗어나 프랑스, 미국에서 문화지리, 즉 '사유 전통'을 반영해 변용된 것은 너무도 당연한 결과이며, 이는 철저히 로컬 지리와 문화가 반영된 해석이라 할 수 있다.

"철학이 장소, 지리를 반영한다."는 것은 20세기 중반까지만 해도 거의 '요설'이나 '억견'처럼 치부되었다. 아니 아무도 이런 발상 자체를 하지 못했던 것 같다. 하지만 20세기 중후반에 접어들면서 해체주의, 후기구조주의, 페미니즘, 탈식민주의 연구가 부상하면서 '문화지리', '경제지리', '정치지리', '지리문학', '지리철학', '지리시학' 등의 연구들이 본격화 되었고, 아프리카철학의 독립선언도 바로 이러한 배경하에서 세력을 얻은 것이라 볼 수 있다.[23]

아프리카철학은 이렇게 아프리카의 안과 밖에서 독립 · 자존의 길을 모색해 왔고, 현재에도 계속 모색 중이라는 점을 우리는 타산지석(他山之石)으로 삼아야 할 것이다. 한국의 인문학계, 철학계도 한국 고유의 로컬 지식의 논의 무대를 안팎으로 활성화할 때가 되었다. 이를 위해서는 한류를 〈Korea〉 고유의 '불가해한 문화'로 세계에 수출(?)하려고만 조급증을 낼 것이 아니라[24] 다스 굽타의 표현대로라면, 한류는 언제든 부침(浮沈)이 예상되는 물질문화에 불과하기 때문에, 세계적 브랜드 가치가 있는 'Korea의 정신문화'가 '무엇'인지부터 학계의 공의를 모았으면 한다. 한류를 수출(?)한답시고 '떡볶이'를 내세워 문화수출국이란 포장을 한다는 것 자체가 부끄러운 일이다.[25] 정신문화는 수출되고 수입되는 매매의 대상이 아니다. 동일한 형태와 규격으로 생산되는 상품에 '문화'라는 이름표가 붙을 수 없다. 널리 대중적으로 소비되는 문화(la culture généralisée)란, 앞서도 로블렝과 마테이를 언급하며 지적했듯, '문화의 야만'을 대변할 뿐이며, 그러한 야만이 '인류의 고귀한 문명을 파괴(T. W. Adorno)'하는 주범이라는 것을 잊어선 안 된다.

무엇보다도 문화는 시장에서의 '거래품'과 구분되어야 한다.[26] 재삼 강조하지만, 문화는 시장에서 소비되는 그런 물건과 같은 유(類)의 존재가 아니다. 인류의 공적 문화유산이라 할 인문학, 철학이 위기에 직면해 있다는 것은 따라서 성급한 시장주의자들의 판단일 뿐이기에 우리가 이에 부화뇌동(附和雷同)할 필요가 없다. 현금의 인문학-철학의 위기는 시장의 효율성과 디지털 신기술이 삶터, 일터, 꿈터에 개입하기 시작하면서 불거진 일종의 '거짓 문제(faux problème)'와 같다. 역설적으로 말해 이제야 비로소 비서구적으로, 아프리카철학자들이 그랬듯, 한국 로컬 고유의 주체적 시각으로 한국인문학, 한국철학을 깊이 연구해 세계에 소개할 때가 도래했는지 모른다.

한국인문학, 한국철학을 가꾸고 일구는 주체는 당연 우리 자신(Korean)이다. 서구의 문화, 문명은, 아프리카철학자들에게 그랬듯,[27] 우리에게도 존재의 식민성을 강요하는 측면이 강하다. 존재의 식민성은 식민주의의 연장이며 폭력의 연장이다.[28] 우리에게는 이에 더해 중국과 일본이 추가되어야 한다는 것은 불행한 일이 아닐 수 없다. 이러한 이중삼중의 식민성 하에서 그렇다면 한국인문학, 한국철학의 자주독립을 외친다는 것은 문자 그대로 '요원'하기만 한 일인가?

고백컨대 필자는 한국인문학, 한국철학의 자주독립이 가능한가? 라는 물음에 대해 회의적이다. 한국인문학, 한국철학의 자주독립이 요원하기만 하다는 것은 '슬픔' 정도에 그치지 않고 '비극' 그 자체라 해야 하지 않을까 싶다. 한반도의 정령은 아예 무시·간과하고 근 100여 년간이나 서구적 개념과 이론틀에 기대 인문학, 철학이란 것을 해 왔으니 한국에서 인문학, 철학이 국적 없이 글로벌 담론에 휘둘리는 신세를 면하기 어려운 것은 너무도 당연한 결과가 아닌가? 제 땅에서 '이상한 이방인(l'étrange étranger)'[29]이 되지 않으려면, 벨렘을 비롯한 아프리카의 철학자들이 그랬듯, 이제 반-서학(反西學)으로서 동학(東學)을 연구할 때가 되지 않았는가?

III. 다일상보성에 기초해서 본 동학의 세계철학적 가치와 함의

근대성, 진보, 계몽, 성장, 발전 등과 동의어에 가깝다고 해도 과언이 아닌 서구적 보편주의(european universalism)에 관한 제3세계권에서의 비판과 저항의 움직임은 '보편성', '보편적인 것'의 개념 속에 인권에 대한 서구의 억압, 폭력, 학살 및 식민주의, 제국주의 등을 통해 그들(le Blanc)이 저질렀던 패악이 오롯이 반영되어 거듭나지 않고서는 거대담론으로서의 역할을 포기하라는 '사형선고'나 다름없다.

탈식민주의와 탈근대성 이론의 영향을 받은 Y. 물리에 부탕과 E. 델리웰이 기본적으로 타자를 용인하지 않는 '유럽적-보편적 이성'을 비판하면서 '혼종적 이성(raison métisse)' 개념을 거천(擧薦)한 이유도 여기에 있다.[30] 즉 서구적 보편주의는 이제 더이상 문명, 역사, 근대를 주도하는 사유의 나침반일 수 없다는 것이다. 여기서 중요한 것은 '혼종적 이성'에 있는 것이 아니라 어떻게 서구적 타자-배제의 논리를 극복하고 타자-포용의 논리를 통해 인류에게 희망의 미래를 선물할 것인지에 있다. 서론에서 우리는 제3세계권 학자들의 신학문운동의 목표가 "모든 로컬의 관점이 반영"될 수 있도록 하는 데 있다고 언급하면서, 이것이야말로 "공공선에 기초한 민주적이고 정당한 권리"라 강조한 바 있다. 이는 서구적 보편성, 서구적 보편주의에 대한 비판과 저항이 아프리카의 로컬문화나 동양(중국, 인도 등)의 로컬문화를 또다시 배타적으로 돋을세워서는 결코 문제가 해결될 수 없다는 말과 같다.

아래에서 우리가 구체적으로 다가서 보려고 하는 동학(東學)의 경우도 마찬가지다. 동학의 보편성(또는 특수성)을 서구의 보편성(또는 특수성)과 어떤 논리와 인식론으로 풀어내야만 동학의 현대적 가치와 함의를 널리 서구에도 알릴 수 있을지가 필자의 고민이다. 앞서 누차 강조했듯, 보편성, 보편주의는 서구의 전유물이 아니며 공동체가 존재하는 곳이면 어디에나 실재(de facto)한다. 기본적으로 자연과 인간 그리고 세계를 대상으로 한 철학은 모든 로컬에서 '보편적으로' 실천되었다. 인도에는 인도적 보편성이 있고, 중국에는 중국적 보편성이 존재한다.[31] 그리고 당연히 한국에는 한국적 보편성이 존재하며, 또 실재한다.

문화연구가 영국에서 닻을 올린 지가 반세기가 훌쩍 넘었음에도 근년 들어 다시 문화들 간의 대화의 문제가 새롭게 제기되는 이유는, 글로벌 역사(World/Global History)의 집필 운동이 그렇듯,[32] 역설적으로 로컬문화(특히 서구에 의해 식민화된)에 관한 새로운 인식의 필요성과 궤를 같이한다. '보편적인 것'이 서구에 의해 획일화의 길을 걸어옴으로써 문화들 간의 교류와 대화가 오히려 차단되었다고 판단하기 때문에 이제 새롭게 로컬의 관점에서 문화가 교류하고 대화하는 길을 모색해 보자는 것이다. 인류의 공통 세계(le monde commun)는 공공선, 공공성이 지렛대가 되어야 함에도 이를 실천궁행하지 못했기 때문에 이제 다시 이를 실천하려면 모든 로컬이 제 목소리를 내고, 이를 담아낼 수 새로운 인식론이 마련되어야 한다는 것이다.[33]

모든 로컬이 제 목소리를 낸다는 것은 서구의 헤게모니적 세계관에서 탈피해 '다중심적 세계(multiverse)'를 새로운 세계의 상으로 세워야 한다는 주문과 맞물려 있다. 주지하듯, 세계가 '다중심적'이어야 한다는 주장에는 이론의 여지가 있을 수 없다. 인종도 언어도 문화도 다양성이 그 본질이다. 한글은 미어(美語)가 아니다. 다중심적 세계관을 받아들이기 위해서는 "모름지기 학문/철학이란 서구적 보편성에 이르러야 한다."는 오래된 고질적 편견부터 버려야 한다. 왜냐하면 다중심적 세계는 기실 모든 문화적 로컬리티가 세계의 중심이라는 논리와 다르지 않기 때문이다. 말을 바꾸면 '하나의 중심(서구)'이 있고, 이를 둘러싸고 '많은 다른 주변(비서구)'이 있는 것이 아니라, 서구를 포함해 모든 로컬이 세계의 중심이란 뜻이다.

이러한 필자의 생각을 이미 구체적으로 고민한 학자가 있으니, 그가 바로 탈식민주의 연구로 정평이 나 있는 라틴계 미국인 W. 미뇰로(1941~) 교수다. 그는 서구의 획일적 보편성의 대안으로 무엇을 어떻게 제시하고 있는가? 그것은 바로 다중심적 세계관에 기초한 〈diversality(多一相普性)〉이다.[34]

미뇰로가 제안한 다일상보성은 서구의 비장소적 관점(zero-point of nowhere), 즉 자신들만이 세계의 중심이라는 허황된 보편적 시각이 인식론적 토대가 아니라 항상 어떤 장소-로컬(point of somewhere)이 인식의 출발점이어야 한다는 데서 출발한 것이며, 바로 이 로컬이 세계의 중심이란 의미다. 미뇰로는 이를 "그 어떤 추상적 보편자(any abstract universals)나 식민적 권력(managerial power)을 극복한, 하지만 식민 지배를 받았던 하위주체적 관점(subaltern perspective)에서 촉발된 로컬지역들 간의 상호 연결 프로젝트(a project of inter-connections)"라고 정의하고 있다.[35]

다일상보성은 이런 관점에서 볼 때 '보편적인 것'을 이중으로 새롭게 보완·대리한다고 볼 수 있다. 그 하나는 로컬문화의 각자성(各自性), 즉 특수성이 문화의 고유성이라는 것이고, 다른 하나는 각자성(특수성, 고유성)이 상호 연동성(또는 상호 연계성)과 결합해 '세계'를 새롭게 디자인한다는 데 있다. 다일상보성은 그 밑그림이 서구의 추상적 보편성에서처럼 미리 주어져 있는 것이 아니다. 다일상보성은 모든 지역의 각자성이 발현될 수 있는 인식틀을 모색해야 한다는 것이 제일의(第一義)이다. 서구의 보편성이 비역사적이고 무국적인 데 기초한 것이라면 미뇰로의 다일상보성은 모든 지역의 역사와 문화의 각자성을 담아내는 '자연-풍경화'와도 같은 것이라 말할 수 있다. 그런 그의 지적 풍경화를 E. 모랭식으로 표현하면 '복합적 사유'가 될 것이다.[36] 역사적 존재, 문화적 존재로서 인간은 자신의 보편성을 바로 자신의 로컬역사와 로컬문화에서 자양분을 받아 완성해 간다. 로컬역사와 로컬문화는 공동체 구성원에게 세계관의 토대를 제공하며 우주관의 원형질(hylé)이기도 하다. 그런즉 세계의 극(極)은 당연 서구적 하나(uni-centric)가 아니라 지역적 여럿(multi-pluri-centric)일 수밖에 없다.

이러한 새로운 세계 인식틀이 바로 로컬 존재론과 형이상학의 바로미터가 되어야 한다는 것이 미뇰로의 다일상보성의 요체다. 다일상보성은 이런 점에서 특정 종족(또는 민족) 또는 특정 국가를 위한 지식·이론 체계가 아니라 델뤼엘이 예시한 것처럼 인류를 위한 공적 공간(l'espace public)을 예비하기 위한 것이자 모든 지구촌 시민들을 위한 공통 공간(l'espace commun) 마련에 그 핵심이 있다.

보편적인 것은 돌출된 것이 아니다. 혼종적이고 하위주체적인 것보다 우월한 것도 아니다. 보편적인 것은 역동적인 것이다. 그것은 공적 공간(l'espace public)에서 새로운 정치적 주체의 출현, 이 주체들의 토대, 비역사적인 것으로부터의 탈출을 허용하는 〔저항〕운동(반드시 선형적이지도 점진적

일 필요가 없는)을 나타낸다. 〔이러한 주체들이 활동하는〕 공통 공간(l'espace commun)에서 새로운 주체를 수용하기 위해서는 공통 공간 자체에 이의를 제기하고 공통 공간을 재창안함으로써만 가능하기 때문에 출구, 해방은 필연적으로 충돌이 야기될 수밖에 없다. 〔어쩌면 이런 까닭에〕 보편적인 것은 '우리'는 누구인가(de ce que nous sommes)라는 물음에 대한 재발명이요 재창조인지 모른다.[37]

델뤼엘의 공적 공간, 공통 공간 안에서는 '나' 또는 '네'가 주인이 아니라 '우리(Nous, We)' 모두가 주인이다. '우리'는 당연 서구인, 동양인, 아프리카인, 한국인 등을 모두 포괄한 개념이라는 것은 두말할 필요가 없다. 이 '우리'를 인식론적·존재론적으로 재발명하고 재창조해야만 과거처럼(아니 현재도 마찬가지지만) 더는 서구의 주도적 지배 담론 때문에 고립되고 희생된 종족·민족·집단·국가가 생기지 않을 것이다. 동학(東學)의 현대적 의미도 바로 이와 같은 새로운 인식틀, 즉 "인류 공생(le vivre ensemble)의 물음"을 제일 철학의 기치로 했을 때[38] 비로소 세계철학과의 연동·연계되면서 그 각자성(특수성), 고유성은 물론이고 보편성를 인정받게 될 것이라는 게 필자의 생각이다.

아래에서는 지면 관계상(정확히는 필자의 공부의 부족으로 인해), 서학(西學)과의 관계에서 학문적 자주독립이라는 문제의식으로부터 출발한 동학(東學)의 각자성이 '민본주의'에 있음을 강조하는 것으로 논의를 전개해 볼까 한다.[39]

1) 1860년에 창도된 동학의 각자성(세계철학의 무대를 전제할 때 한국철학의 독립성, 자주성이라 할 수 있는)은 교조 최제우(崔濟愚)의 '동학(東學)'의 명명에

명시적으로 표현돼 있다. 즉 동학은 서교(西敎, 천주교)의 도래에 대항하여 "동쪽 나라인 조선의 도(道)"를 학문적으로 일으켰다는 데서 그 의의를 찾을 수 있다. 제사「논학문(論學文)」에서도 이미 확인했듯, '조선의 도(道)로서 동학'은 비록 수운(水雲)이 하늘에서 받은 깨달음이라면서도, 그가 깨달은 장소(지역)가 조선반도이기 때문에 동학이라 명명하지 않을 수 없다(學則東學)고 적시(摘示)하고 있다. 이를 앞장에서의 논의와 연결시켜 보면 동학은 〈로컬(조선)에 대한 자기인식에 기반한 한국철학(Koreanology)〉이라는 새로운 정의가 정당화된다. 단적으로 말해, 동학, 즉 동도(東道)는 서학, 즉 양학(洋學), 양도(洋道)와 자연 풍토 및 지적인 토양을 달리하는 만큼 세계·우주·인간·사회에 관한 이념이 다를 수밖에 없고, 바로 이 '차이'를 학문적으로 오롯이 담아내기 위해 '동학(朝鮮學)'이라 공표했다는 점이 중요하다. 이는 분명 학문적으로 '완전한 자주독립 선언'과 같다고 평가할 수 있으며, 이것이 바로 동학의 각자성이다.[40]

이러한 동학의 각자성, 독립성, 자주성은 W. 미뇰로 등이 최근 서구철학에 정면 도전하며 '탈식민적 사유(de-colonial thinking)'를 전개하는 것과 비교할 때 그 선도성(先導性)을 높이 평가하지 않을 수 없다. 미뇰로는 2008년 한 포럼에서 "나는 내가 생각하는 곳(I am Where I think)"이라고 강조한 바 있다.[41] 그가 이렇게 "사유의 '장소'"를 강조한 것은 철학이란 모름지기 인간 주체가 거하는 바로 '그곳'에서 시발된다는 점을 환기시키는 것과 같다. 철학은 천상의 메시아가 베푸는 은혜로운 단비가 아니란 뜻이다. 미뇰로가 이렇게 세계의 지성계를 향해 '탈식민적 전환'을 요청하는 것은 탈서구, 탈자본, 탈식민 없이는 로컬에서의 철학 활동 자체가 불가능하다고 보았기 때문이다.[42] 제2장에서 언급한 바 있듯, 지리-철학은 역사가 있고 문화가 있는 곳이면 어디나 존재한다. 철학은 결코 서구의 전유물일 수 없다는 인식전환이 필요한 것도 이때문이다.

지리-철학을 다시 세우는 일은 서구에 의해 식민화된 지리-영혼을 탈식민화하는 일과 맥을 같이 한다. 따라서 그 시급성과 필요성은, 특히 제3세계권의 입장에서, 최소한 문화적 자존심이 있는 국가라면, 아무리 강조해도 지나친 것이라 할 수 없다. 게다가 탈식민의 문제는 단지 제3세계권에 국한된 문제라고 할 수 없을 정도로 오늘날 지구촌에 전방위적으로 퍼져 있다. G2, G7, G20을 제외한 지구촌의 많은 국가들이 같은 처지일 것이다. 그런데 여기서 중요한 것은 동학은 제3세계권 학자들처럼 서구-자본-식민으로부터' 벗어나는 것만을 목표로 삼지 않았다는 데 있다. 동학은 세계철학사에서도 그 유례를 찾아보기 힘든 일종의 "'독립적이고 자주적인 학문 운동'이라는 사실이다. 수운의 동학에는 이렇게 이미 '글로벌 비전과 디자인'이 포함돼 있었던 것이다. 특히 공맹의 사상에서 자유롭지 않은 조선에서 공맹은 물론이고 서학까지도 품고 극복하는 천학(天學), 천도(天道)[43]를 학문적 기틀로 세웠다는 것은 동학이 단지 로컬-한국철학에 그치지 않고 '세계철학'의 꿈을, 포부를 오롯이 담고자 했다는 의미와 통한다. 이 때문에 동학은, 김용휘의 책 제목이 시사하듯, 후손인 우리 모두가 더 갈고 다듬어 우선 그 각자성을 전 세계에 전파해야 할 책무가 후손인 우리에게 있지 않으냐는 것이다. 동학이 "세계철학적 가치와 함의를 가진 '우리 학문'"[44]이라는 자부심을 이제는 가질 때가 된 것이다.

2) 동학은 유럽-기독교의 지령(地靈)을 받아 탄생한 서학과 달리 동양, 조선의 지령(地靈)을 수령해 탄생한 것이지만, 세계철학을 단극(unipolar) 중심에서 다극(multipolar) 중심으로, 다시 말해 세계철학의 지형도를 새롭게 그릴 수 있는 길을 예비했다는 데 또한 중요한 의의가 있다. 그뿐만 아니라 당

시 조선 사회의 지배 담론이었던 유교, 불교, 도교를 통합해 그 체용(體用)을 인학(人學, 人間學, science of Human, Humanities), 민학(民學, 民衆學, science of populace, civilians)으로 삼았다는 것 또한 서구철학에서는 시기적으로 그 자취를 찾아볼 수 없을 만큼 값진 것이라 할 수 있다.

학문, 제도, 종교가 인간을 압살한 것이 서학의 역사라면 과장된 표현일까? 수운의 동학은 서학과 달리 학문, 제도, 종교가 인간(백성)에게 봉사하고 백성이 세계의 주인인 세계를 제시한다. 이것이 동학과 서학의 가장 큰 차이라 할 수 있다. 앞서 우리는 세계화, 신자유주의의 '탈인본적 악령'의 위험과 폭력에 대해 언급한 바 있다. 서구의 헤게모니가 다일상보성을 통해 거듭나야 하는 것 중에서 최상의 자리에 위치하는 것이 뭐겠는가? 그것은 바로 휴머니즘이란 개념(주의) 속에 간과된 '비서구인'이다. 19세기 말 20세기 초중반에 휴머니즘을 그렇게 온 세계가 들썩이게 주장했음에도 정작 서구인들은 그들 백인을 제외한 '인간'은 철저히 '비인간', '동물(짐승)'로 취급했다. 이는 용서받을 수 없는 죄악 중 최악의 죄악이라 비판받아 마땅하다. '인종 학살'이며 '인종 청소'란 용어의 사용 주체가 대체 '누구'인가? 그런데도 버젓이 '휴머니즘'을 이야기할 수 있느냐는 것이다. 심지어 그들은 무고한 식민지의 시민을 원숭이와 함께 '전시'했던 자들이다. 현대의 자본주의에서는 같은 논리로 '인간'을 '매매의 대상'으로 여긴다. "팔 수 있는 것이면 무엇이든 상업화하고 산업화하여 사유화(私有化)하는 것이 서구-미국식 세계화의 본령이다."[45]

이렇게 서구는 인간을 문명인(백인)과 야만인(유색인)으로 구분해 과거에도 차별을 일삼아 왔지만 현재에도 그 차별은 계속되고 있다. 이렇게 '식민적 권력 매트릭스'는 '글로벌 식민성'으로 강화된다.[46] 인간을, 백성을 지고의 가치로 섬긴 동학이, 타자의 윤리학이 '제일철학'으로 운위되는(E.

Levinas) 오늘날, 민학(민본주의)의 가치를 통해 세계철학을 '다시개벽'할 때가 되었다는 게 필자의 생각이다.[47] 조금 더 적극적으로 표현하면, 동학은 21세기가 요구하는 새로운 휴머니즘의 모태와 기틀을 제공할 수 있음은 물론이고 실천적 강령까지도 구유(具有)하고 있는(「동학농민군의 12개조 군호(軍號)-기율(紀律)」)[48] 최상의 도덕철학이요 윤리학이라 할 수 있다. 현대의 자본주의에서처럼 인간이 매매되는 곳에서, 신자유주의에서처럼 국민이 사라진 곳에서, 이제 더는 우리가 서구철학에 답을 구할 수는 없지 않은가. 역설적으로 말해 그러하기에 "사람 섬기기를 한울같이(事人如天)" 한, "사람이 곧 한울(人乃天)"이라고 가르쳐 온 동학이 현대의 기술-자본 문명의 치유철학으로서 배역을 맡아 제 역할을 수행할 때가 되었다는 것이다.

3) 창도 당시부터 동학은 이미 한울(하늘)에 대한 공경인 경천(敬天)과 시천주(侍天主) 신앙을 중심으로 모든 백성이 내 몸 안에 천주(한울님)를 모시는 입신(入信) 과정을 통해 백성이 군자(君子)가 되고, 나아가 보국안민(輔國安民)의 주체가 될 수 있다고 가르쳤다. 그리고 사인여천 사상은 단지 인간뿐만 아니라 자연의 모든 동물·미물과 산천초목에 이르기까지 한울에 내재한 것으로 보는 물물천 사사천(物物天 事事天)의 범천론적 사상으로 확대되어 조선 백성들의 마음을 사로잡을 수 있었다. 또한 인내천 사상은, 동학이 서민층이 주축이 되어 탐관오리를 혁파하고, 반왕조적인 사회개혁운동을 실천하고, 외세 배척(반세계화)으로 확산될 수 있는 배경이 되기도 했다.[49]

어떤가? 이보다 더 인간을, 백성을 사랑하고 섬기며 사회 변화를 꾀한 종교가, 아니 철학이 지구촌에 존재하는가? 서론에서 『우리는 결코 근대인이었던 적이 없다』(갈무리, 2009)는 책을 펴낸 브뤼노 라투르의 외마디가 공감이 간다고 했다. 이 책을 통해 라투르가 제동을 걸고자 한 것은 후기구조주의자들, 탈근대론자들, 해체주의자들의 수사학이었을 것이다. 라투르가 주목한 '근대'는 이성, 계몽, 과학, 진보와 동의어라 해도 무방하다. 그렇다면 라투르가 이 책에서 전하고자 하는 메시지가 뭐겠는가? 그것은 바로 이성, 계몽, 과학, 진보가 말뿐인 허구라는 것이다. 이를 동학의 교의(教義)에 맞추어 재해석하면 '다시개벽'이 필요하다는 말이 될 것이다.

〈다시개벽〉은 어디 Korea만 그 대상국이겠는가? '근대'가, '전통'이, '역사'가, '문화'가 제자리를 잡아야 하는 지구촌 전체가 '다시개벽'의 대상이 아니겠는가? 동학의 개벽사상이 다시개벽될 때 '동학의 유토피아'는 서구화, 자본화, 식민화에 짓눌린 로컬들이 재영토화의 길로 들어서는 참 계기가 될 것이다. 그리고 이렇게 '다시개벽'을 맞은 로컬들이 각자 세계의 독립적이고 자주적인 극(polar)을 이룬다면(諸各性), 그렇게 되찾은 다일상보성이 활성화된다면, 바로 그것이 평등과 자유, 정의와 인권이 구현된 '멋진 신세계'를 실천하는 것이 아니고 무엇이겠는가? 이를 함께 건설하는 일, '동학하는'[50] 일이 그토록 어렵단 말인가?[51]

4) 다일상보성의 관점에서 재평가할 때 동학은 이상과 같은 각자성, 고유성을 바탕으로 하면서도 동시에 초지리·초로컬적 이념을 담고 있기 때문에 이미 보편적·세계적인 철학의 면면을 두루 갖추었다고 평가하기에 충분하다.[52] 관건은 전근대, 근대의 늪과 절망에 빠진 모든 로컬에서 이를 '글로벌 공공선(global public good)'의 모델로 받아들여 실천하는 데 달려 있다하겠다. 이를 제 로컬에서 실천하기만 한다면, 필자의 판단으로는, 인류는 더 이상 지금처럼 얼굴색으로, 종교로, 신분으로, 직업으로, 재산으로 나뉘어 상살(相殺)하는 일은 최소한 막을 수 있을 것이다.

동학은 "아래로부터의 혁명"[53]의 대표적 철학 모델이다. '민본동학철학'의 실천은 식민의 그늘이 있는 로컬이면 모두 수요가 있을 것으로 예상되는 사상이다. 글로벌 식민성을 조장하는 신자유주의의 대안이 동학이다. 이를 친행(親行)할 때, 그렇게 모두가 '동학을 공공할' 때 19세기 말 조선의 동학의 이상은 각 로컬의 현실에서 뿌리를 내려 문자 그대로 '신세계'를 지구촌 시민들에게 선물하게 될 것이다.

IV. 맺음말: 오늘, 우리의 연구는, 과연 '누구'를 위한 것인가?

한국철학의 뿌리를 고민하다 보면, 대개 조선을 경유해 고조선으로 시대를 훌쩍 뛰어넘는 것이 상례인 것 같다. 이렇게 가운데 몸통이 비어 있다는 것은, 기점이 '신화'라는 것은 "철학의 '역사'"를 논하기에 어려움이 따른다는 말과 같다. 게다가 기록이 충분한 조선의 경우도 또 다른 벽과 직면하게 되는데, 중국과의 사상적 관계 설정이 바로 그것이다. 이런 이유 때문에 버젓한 '한국철학사' 한 권이 존재하지 않는 나라에서 우리는 100여 년이 넘도록 대학에서 '철학을 가르치며 또 배우고' 있다.

문제는 이 과정에서 한국의 역사, 한국문화의 전통이 점점 잊혀져 가고 있다는 점이다. 세계화의 물결로 서구적 사고방식, 생활 패턴, 대중문화가 심지어는 한국인의 정신까지 물들이는 세태가 되었다. 한국에서 학문의 식민성 문제가 제기된 것은 어제오늘의 일이 아니건만 인문학자, 철학자들은 자기비판은 뒷전이고 오직 서구의 신경향적 연구라면 두 손을 들고 맞이하기에 여념이 없다. 도시계획자들이 도시를 '경제 관계'의 장(場)으로만 인식하기 때문에, 다시 말해 노동과 생산의 관계로만 도시를 계획하기 때문에 정작 공동체 구성원인 시민의 아픔과 고통을 간과하고 역사와 문화를 진공 상태의 이론으로 환원해 버리듯,[54] 서구적 세계 인식은 각 로컬을 역사와 문화를 중심으로 접근하지 않고 오로지 정치·경제적 타산으로 접근하기 때문에 오늘날과 같은 계층 간 갈등, 사회적 불평등, 양극화의 문제를 야기하는 것이다.

다시 벨렘의 말을 빌려 강조하건대, '서구식으로 사유하지 않기'는 이런 점에서 불가피한 선택이었다고 해도 과언이 아니다. 물론 로컬의 관점에서 철학을 다시 세우는 일이 생각처럼 그리 쉬운 것은 아니다. 하지만 필자는 벨렘과 미뇰로의 연구를 통해 동학이라면 최소한 세계철학계에 도전장을 던져볼 만하다는 생각을 갖게 되었다. 동학은 조선-대한민국의 '땅의 정령'이 온전히 반영된 우리 고유의 철학이다. 게다가 동학에는 조선의, Korea의 백성, 시민을 위한 민본주의의 전형이 살아 꿈틀대고 있다. Korea의 사유의 지도에서 동학(Koreanology)이 이렇게 중심에 놓일 수 있다는 것은 한국인의 자긍심이자 자부심의 원천으로 손색이 없다.

동학의 대상이 조선 민중이었던 것처럼, 한국철학은 당연 한국, 한국인을 연구 대상으로 삼아 폭을 넓히고 깊이를 심화해 가야 한다. 이는 '사실'의 표현이자 동시에 '당위'의 요청이다. 이제 더는 '보편'이라는 서구의 유령과 씨름하며 시간을 낭비하지 말고 동학 고유의 정신과 비전을 몸에 익혀 새로운 한국철학의 열매를 맺을 때가 되었다.

아프리카철학자들이 그랬듯, 오늘 우리에게도 탈서구, 탈자본, 탈식민은 "보편적인 것의 야만"에 대한 정당방위라는 것을 되새길 때다. 조선의 동학은 21세기 한국철학으로 거듭날 수 있는 배아를 이미 품고 있다. 한국철학은 우선 먼저 한국인의 학(學)이며, 한반도학이다. 각자성, 독립성, 자주성 없이는 세계철학에 다가설 수 없다. 필자는 한 논문에서 이차함수 $y=f(x)$까지 끌어들여 한국철학의 세계성(보편성 = y)은 한국의 지역성(x)이 결정한다는 주장을 편 바 있다.[55] 필자의 이러한 주장은 우리는 바로 '이곳-한국'에서 철학을 하고 있다는 아주 상식적인 이야기를 애써 전한 것이다. 역설적으로 말해 현재 우리는 상식적으로 철학을 하고 있지 않다는 뜻이다. 〈Can Koreans Think?〉라고 묻지 않을 수 없다.[55]

"백성을 사랑하고 정의를 위한 길"[57]을 열어젖히기 위해 지금으로부터 125년 전 반봉건, 반침략, 척왜양(斥倭洋), 반근대, 반세계화를 외쳤던 동학혁명군은 꿈을 이루지 못하고 우리에게 '역사'로 남게 되었다.[58] 조선팔도의 온 백성들에게 사랑을 받은 동학의 숭고한 정신은 온데간데없고 정신·물질적으로, 정치·경제적으로 제 식민성이 기승을 부리고 있는 장소가 오늘 한반도의 현주소이다. 최근 남북통일회담을 한다며 미국을 끌어들이고, 그것도 모자라 중국, 일본, 러시아까지 끌어들여 우리 스스로에게 식민의 족쇄를 채우고 있다. 조선의 그때와 하등 다르지 않은 상황들이 전개되고 있는 것이다. 동학혁명군의 후손으로서 부끄러울 뿐이다.

근대한국 개벽종교의 공공성과 시대정신

: 근대한국 개벽종교의 공공성이 지닌 종교윤리적 의미를 중심으로

류성민　한신대학교 종교문화학과 교수

I. 머리말

이 글은 근대한국 개벽종교들[1]에서 나타난 공공성을 분석하고, 그러한 공공성이 오늘날 윤리적으로 어떤 의미가 있는지를 천착하는 데 목적이 있다. 구한말과 일제강점기에 성립된 한국 개벽종교들은 당대를 새로운 시대의 전환점으로 이해하였고, 바로 그러한 이해를 바탕으로 우리가 오늘날 '공공성'이라 규정할 수 있는 이념을 제시하고 활동하였다. 말하자면 그 종교들은 당대의 사회문제와 국가 운명, 더 나아가 세계적 상황까지 관심을 가지면서 각종 종교적 이념을 제시하고 그에 따른 활동을 전개하였으며, 그 이념과 활동에서 공공성을 보여주었다. 예컨대 보국안민(輔國安民), 해원상생(解冤相生), 정신개벽(精神開闢), 홍익인간(弘益人間) 등의 종교적 이념은 그러한 공공성을 잘 드러낸다. 또한 이러한 이념에 따른 활동에서도 당대의 주요한 사회적 문제였던 남녀와 적서의 차별, 반상의 구별에 근거한 위계적 신분질서, 민중들의 삶을 위협했던 부정부패 등을 청산하고자 하는 의지가 드러났고, 봉건 체제와 일본 제국주의 강점 등을 문제 삼으면서 세계 평화를 위한 노력에도 힘을 기울였다. 곧 종교가 사회와 국가 및 지구적 문제에 관심을 가져야 한다는 것이 당시 한국 개벽종교들의 공통된 주장이었고, 특히 새로운 종교적 신념에 근거한 새로운 윤리를 제시하는 데 주안을 두었으며, 그것이 공공성으로 나타난 것이다. 그리고 그 바탕에는 당대를 인식하는 시대정신이 있었다.

한국 개벽종교들은 개교(開敎)를 하던 당대를 획기적인 시대적 전환기로 파악했다. 비록 타율적 측면이 강하지만 문호의 개방으로 서구 문물이 도입됨으로써 사회적 변화가 가속화되었고, 구한말의 국내외 정치적 혼란과 일제의 한반도 강점과 같은 민족적 수난도 새로운 시대의 도래를 열망하는 중요한 요인이 되었다. 그렇기 때문에 당대 개벽종교들의 신념과 활동에는 현실 변혁적이고 미래지향적인 특징이 있었다. 후천개벽(後天開闢)이나 정신개벽(精神開闢) 등의 이념은 그러한 개벽종교들의 특징을 잘 보여준다. 따라서 근대한국 개벽종교들의 공공성은 현실 변혁적인 동시에 미래지향적인 성격을 지녔다고 할 수 있으며, 이 글은 그러한 점을 종교 윤리적 관점에서 규명하는 데 초점을 맞추고 있다.

이러한 관점에서 보면, 한국 근대종교의 공공성은 당대 현실 이해에 바탕을 둔 '지향성(指向性)' 혹은 '지양(止揚)'의 관점에서 이해하는 것이 적절하다고 판단된다.[2] 새로운 사회, 국가, 세계의 지향을 위한 종교적 이념의 확립과 그 실천에서 근대한국 개벽종교의 공공성이 표출되었기 때문이다. 또한 그러한 지향은 기존의 제도와 규범, 윤리 등에 대한 비판과 새로운 모색을 포함하기 때문에 지양이기도 하다.

이 글에서는 한 걸음 더 나아가 그러한 근대한국 개벽종교들의 공공성이 오늘날에는 어떠한 의미가 있는지를 천착하려고 한다. 주지하다시피 오늘날도 우리 사회는 갖가지 사회문제를 노정하고 있고, 이른바 '적폐청산'을 거론할 만큼 많은 불합리한 제도와 관행이 성행한다. 바로 이러한 현실에서 근대한국 개벽종교들의 공공성의 의미를 되새겨 보자는 것이다. 이는 근대에 형성된 한국의 개벽종교들이 오늘날 과연 창교 당시의 공공성을 여전히 지니고 있는지, 그리고 그에 걸맞은 실천을 하고 있는지를 되묻는 작업이기도 하다.

II. 근대한국 개벽종교의 등장과 공공성

동학/천도교를 기점으로 증산교, 대종교, 원불교 등 조선 말기에서 일제 강점기까지 등장한 근대한국 개벽종교들은 모두 당대를 획기적인 시대적 전환기로 인식한 지도자들을 통해 형성되었다. 동학을 창시한 최제우는 당대를 '(다시) 개벽(開闢)'의 시대로 인식했다. 최제우에게 개벽[3]은 종교적 신념이자 그에 따른 새로운 세상을 이룩하기 위한 실천 지향적 이념이기도 했다.[4] 전자는 그의 종교적 체험에 의한 것으로서 '한울님(혹은 '하날님', '天主', '上帝')'의 계시를 통해 당대를 개벽으로 인식한 것이며, 후자는 조선 후기의 외세(중국에 대한 사대주의와 서구의 서학)를 지양하고, 동시에 성리학에 토대를 둔 봉건 정치체제를 지양하면서, 한민족 중심, 민(民) 중심의 새로운 세계를 지향하는 실천 이념이었으며, 그것이 동학농민혁명으로 계승되었다고 할 수 있다. 그렇기 때문에 그의 개벽사상을 민족주의적이라고 평가하는 것도 타당하다고 할 수 있지만,[5] 그것은 종교적 신념이자 당대의 시대 인식에 따른 현실적 대안 사상이며, 그 사상의 실천에서 그 점이 더욱 분명하게 드러난다. 최제우의 뒤를 이은 최시형(崔時亨)은 최제우의 시대 인식과 미래 지향을 다음과 같이 설파했다.

대저 道는 用時用活하는 데 있나니 때와 짝하여 나아가지 못하면 이는 死物과 다름이 없으리라. 하물며 우리 道는 五萬年의 未來를 表準함에 있어, 앞서 때를 짓고 때를 쓰지 아니하면 안 될 것은 先師의 가르치신 바라, 그러므로 내 이 뜻을 後世萬代에 보이기 爲하여 特別히 내 이름을 고쳐 盟

펼코자 하노라.[6]

    이렇듯 동학의 '다시개벽'은 그 등장 당시를 인식하는 신앙이자 미래를 지향하는 실천 이념으로서 그러한 신앙과 미래지향성에서 공공성이 드러난다고 할 수 있다. 최제우가 영부(靈符)를 통해 "질병에 시달리는 사람들의 병을 고쳐" 주는 것은 개벽의 시기에 한울님(하날님)에게 받은 영부에 대한 신앙과 질병의 치료라는 미래지향성을 보여준 것이다. 곧 치유 자체가 새로운 미래의 삶을 가능하게 하는 것이기 때문이다. 또한 최시형이 반상(班常)과 적서(嫡庶)의 차별을 비판한 것도 개벽의 시대에서 한울님에 대한 신앙과 그 이후의 사회에 대한 지향성을 보여주는 것이라 할 수 있다.[7]

    최제우의 종교체험과 실천 의식은 시천주(侍天主), 보국안민(輔國安民), 다시개벽(開闢), 유무상자(有無相資) 등의 핵심적 종교 이념[8]으로 정립되고 발전되어 오늘날의 천도교로까지 전승되었다. 모든 사람들은 자기 안에 '천주'를 모시고 있다는 시천주 사상은 반상, 남녀, 적서, 귀천 등 갖가지 구별이 당연시되던 봉건사회에서 모든 인간의 평등을 선언하는 가히 혁명적 주장으로서, 모든 인간의 평등한 권리를 지향하는 공공성이라 평가할 수 있다. '보국안민'은 세계열강의 위협과 침탈을 당하는 조선 말기의 국가 현실과, 그러한 현실에서 잦은 민중의 봉기와 민란이 일어날 정도의 도탄에 빠진 국민의 현실을 개벽하는 이념으로서, 그리고 나약한 국가를 도와 강한 국가로 나가게 하고 불안하고 빈궁한 국민을 평안하게 하는 방향으로 이끌고자 하는 이념으로서, 당대에 가장 절실했던 정치사회적인 공공성을 보여준다. 또한 부와 지식과 명예 등에서 가진 자와 없는 자, 많이 있는 자와 적게 있는 자의 불평등이 상존하고 점점 더 커지는 당대의 현실에서 서로 돕고 나누는 '유무상자'는 공생과 공영을 지향하는 공공성이라 할 수 있다.

그런데 중요한 점은, 그러한 공공성이 '다시개벽'이라는 종교적 신념을 통해 제시되었다는 사실이다. 최제우는 '한울님'의 말을 듣고 문답하는 종교 체험을 했고, 그 체험을 통해 '다시개벽'이라는 종교적 신념을 확립함으로써 새로운 세계로의 지향을 염원하게 되었는바, 앞서 언급된 공공성은 바로 이러한 종교적 신념에서 비롯된 것이라 할 수 있다. 동학의 2대 교주인 최시형이 '교조신원운동'을 전개하면서 동시에 불법적 수탈의 금지와 서양 세력의 배척을 주장한 것도[9] 종교적 신념과 사회 및 국가 모두의 공공성을 추구한 사례다.

동학은 동학농민혁명의 실패 이후 혼란과 분화를 겪었고, 제3대 교주 손병희가 1905년 천도교로 '현도(顯道)'하였다. 오늘날까지 천도교의 종지(宗旨)인 인내천(人乃天)은 손병희가 주창한 이념으로 "사람이 곧 한울"이란 뜻이며, '시천주'를 새롭게 이해한 종교적 신념이다. 이러한 종교적 신념이 3.1 독립운동의 주도와 항일 투쟁, 교육 및 출판문화 운동 등 민족운동으로 전개되었다.[10]

요컨대 동학·천도교는 '다시개벽'의 종교적 신념에서 '시천주', '인내천' 등 종교적 교의의 연원을 찾았고, 그것으로 당대의 현실을 인식함으로써 기존의 세계에서 벗어나 새로운 세계를 지향하기 위한 실천이념을 제시하였다. 그 실천이념을 통해 더욱더 평등하고 공영하는 사회와 국가, 외세에서 자유롭고 독립적인 민족, 나눔과 공생을 지향하는 공동체를 이루고자 하는 정치-사회적 공공성을 지향했다.

증산 강일순이 창시한 증산교에서는 '천지공사(天地公事)'를 통해 당대를 개벽의 기점으로 인식했다. 곧 선천(先天)과 후천(後天)을 가르는 기점이 곧 개벽이며 그 시작이 '천지공사'이다. 따라서 증산교에서 '천지공사'는 우주의 질서와 삼라만상의 모든 관계가 새롭게 변화하는 시점이자 윤리체계가 전면적으로 전환하는 계기로 이해된다. 전자가 증산교의 신앙(종교적 신념)이라고 한다면 후자는 그 실천 체계의 하나이다. 곧 '선천'은 '원(寃)'이 원인이 된 상극(相克)이 지배원리가 된 세계라면, '후천'은 그 '원'을 풀어(解寃) 상생이 지배하는 세계로서 그것을 가능하게 하는 것이 '천지공사'이며, 이것이 증산교의 핵심적인 종교적 신념이다. 그리고 '해원'을 위한 방법이 '척(慼)'을 풀고 더 이상 '척'을 짓지 않는 것으로 설명되는바, 그것에서 구체적인 실천 체계가 형성된다. 예컨대 '척'을 짓는 원인은 속임, 살인, 전쟁, 반상 차별, 억울한 원한, 부자의 살기와 재앙 등인데,[11] 그러한 원인이 제거된 '지상천국'은 증산교에서 지향하는 이상세계가 된다.

> 후천에서는 또 천하가 한 집안이 되어 위무와 형벌을 쓰지 않고도 조화로써 창생을 법리에 맞도록 다스리리라.… 백성은 억울과 탐음의 모든 번뇌가 없을 것이며 병들어 괴롭고 죽어 장사하는 것을 면하여 불로불사하며 빈부의 차별이 없고… 지상선경으로 화하리라.[12]

이러한 주장도 증산교의 종교적 신념이며, 결국 증산교의 '개벽'은 우주 질서와 삼라만상의 새로운 변화라는 종교적 신념-구체적인 윤리적 실천-지상천국에 관한 종교적 신념으로 이어지는 연속적인 과정이자 미래로의 지향성을 담보한다. 여기서 증산교의 공공성과 관련하여 주목되는 것은 구체적인 실천 체계이다.

증산교에서 제시하는 '천지공사'의 윤리적 실천은 주로 '상제'의 9년 동안(1901-1909)의 행적에 근거하는데, 대부분의 내용이 당대 현실의 대대적 개혁을 지향한 것이었다. 곧 개개인의 인격 성숙과 도덕적 성품의 함양에서부터 인간관계의 기본적 원리와 실천 규범, 그리고 동식물을 포함한 자연(생태)에 관한 것까지 모두 당대의 현실적 문제를 개혁할 방안을 제시한다.[13] 예컨대 덕성의 함양과 부도덕한 언행의 금지 및 잘못이나 허물에 대한 반성과 개과(改過) 등 도덕적 성품을 함양하여 성숙한 인격을 형성하는 것과 "남을 잘되게 하라."는 말로 표현된 전형적 이타주의를 인간관계의 기본적 원리로 삼아 부모에 대한 효도와 부부 사이의 정절, 그리고 부모와 자식 간의 천륜 등 가정 윤리를 확립하는 것을 강조한다. 또한 병자, 상놈, 서자, 무당, 머슴 등 당대의 사회적 약자에 대한 관심과 사랑을 실천하는 규범들이 그 실천에 망라되어 있고, 그러한 사회적 약자가 생겨나는 사회의 구조적 모순에 대한 개혁까지 제시되어 있다. 자연에 관한 것으로는 자연의 변화에 순응하는 것, 사람과 동물들이 호생(互生)하는 것, 자연을 통한 인간의 구제 등 인간과 자연 및 생태의 윤리적 관계를 구체적으로 언급한다. 이는 증산교에서 제생의세(濟生醫世)에 인간을 포함한 모든 생명체를 대상으로 하는 것과도 상응한다.[14]

이러한 실천 규범들 중 반상, 적서, 남녀, 빈부 등 당대의 주요 차별을 해소하고자 한 것과 조선 말기 부정부패를 척결해야 한다는 것은 대표적인 당대 현실의 개혁을 주창한 것이라 할 수 있고, 그 연장선에서 모든 생명의 존중으로 이어진다. 그런데 중요한 점은 그러한 규범들이 종교적 신념에 그 바탕을 두고 있기 때문에 종교적 실천 규범들로 천거될 수 있었으며, 그 점에서 증산교의 공공성이 드러난다.

증산교의 대표적 종단의 하나인 대순진리회[15]는 음양합덕(陰陽合德), 신인조화(神人調化), 해원상생(解冤相生), 도통진경(道通眞境)을 종지로 하고 그 실천을 위한 신조로서 사강령(四綱領: 安心, 安身, 敬天, 修道)과 삼요체(三要諦: 誠, 敬, 信)를 제시한다. 또한 그 목적(目的)으로 무자기(無自欺)를 통한 정신개벽, 지상신선 실현(地上神仙 實現)을 위한 인간 개조, 그리고 지상천국 건설

(地上天國 建設)을 통한 세계개벽을 제시한다. 이러한 교리와 사상은 『전경』 (典經)의 내용을 중심으로 체계화한 것이고, 증산교의 종교적 신념과 구체적인 실천 규범을 집약하고 있으며, 앞서 언급한 종교적 공공성과 사회적 공공성을 모두 담고 있다고 할 수 있다. 대순진리회에서는 오늘의 현실을 염두에 두고 이러한 공공성을 실현하기 위한 구체적 사업으로 종교적 공공성에 주안을 둔 포덕(布德), 교화(敎化), 수도(修道)와 사회적 공공성 실현에 초점을 맞춘 '3대 중요사업'(三大 重要事業)으로 구호자선사업, 사회복지사업, 교육사업 등을 제시한다.

나철(羅喆)이 창시한 대종교는 중광(重光)으로 교단의 창단을 선포한 것에서 알 수 있듯이 전통적인 민족적 단군신앙에 의거하여 새롭게 교리를 형성하였고,[16] 그 내용이 경전인 『삼일신고』(三一神誥)에 집약되었다.[17] 중광은 곧 개천(開天)의 정신을 되살리고자 하는 종교적 의지의 표현으로서, 당대를 그 정신이 심히 훼손된 시대로 보는 인식이 전제되었다고 볼 수 있다.

> 애닯다! 모든 사람들은 차츰 사특하고 어리석음에 얽히고 마침내 어질고 슬기로움에는 어두워지며, 마음속의 완악한 불길이 세상 물욕을 끓이고, 서로 다투는 허망한 생각의 먼지가 본성의 마음 구멍을 가려….[18]

이러한 구절은 일제 강점이 시작된 당대 한민족의 현실을 직시한 것으로 해석할 수 있고, 그러한 상황에서 벗어나야 한다는 시대적 소명의 수용이라 할 만하다. 따라서 대종교에서 개천의 중광은 홍익인간이라는 개천의 의미를 되살리고자 하는 종교적 신념이며, 당대 현실의 인식이 바탕이 되어 광복이라는 민족적 과제에 대한 비전이 중광사상으로 전개되었다고 이해할 수 있다.[19]

일제가 대종교를 종교로 인정하지 않고 탄압한 것과 대종교의 항일 독립운동은 그러한 종교적 신념이 구체적인 실천으로 전개된 귀결이다. 비록 홍익인간이라는 신념이 한민족뿐만 아니라 모든 인간을 대상으로 하는 것이었지만, 당대 현실에서는 최우선의 실천 과제가 광복이었던 것이다. 특히 일제가 대종교의 포교를 금지하는 등 사실상 국내에서의 모든 활동을 금지시켰을 뿐만 아니라 그로 인해 대종교 총본사를 만주(간도 화령현)로 옮긴 (1914) 이후에도 국내에서는 '포교규칙'(1915년 조선총독부령 제83호)을 통해 대종교를 종교로 인정하지 않았고, 매우 활발하게 포교를 하던 만주에서도[20] 일본이 중국을 압박하여 이른바 '쌍방상정취체한인변법강요(雙方商定取締韓人辨法綱要, 1925년 체결)'와 그 시행령을 통해 대종교를 해산하려고 하는 등 지속적인 박해와 탄압을 했다.[21] 1931년의 만주사변 이후에 대종교는 사실상 활동이 전면 금지됨으로써 지하화되었고 국내에서는 임오교변(壬午敎變, 1942)으로 대종교 지도부가 대거 처형된 가운데 해방을 맞이하였다.

대종교에서는 오늘날까지 '홍익인간'과 '이화세계'를 교의로 하고, 그 교의를 구체화한 교리로서 '삼신일체(조화주 환인, 교화주 환웅, 치화주 단군의 일체 사상)', '반망즉진(返妄卽眞)', '삼진귀일(三眞歸一)', '성통공완(性通公完)'을 제시한다. '삼신일체'와 '삼진귀일'은 대종교의 종교적 신념이며 그 신념에 바탕을 두고 '홍익인간'과 '이화세계'를 위한 구체적인 실천적 이념이 '반망즉진'과 '성통공완'이라 할 수 있다. 특히 '성통공완'은 인간의 진정한 본성을 회복하여 그에 따라 '홍익인간'의 이념을 완성하는 것이다.[22] 종교적 신념에 의거하여 참된 본성을 찾는 인격적 성품의 완성과, 그러한 성품을 통해 이웃과 국민과 모든 사람에게까지 이로움을 끼쳐 그 완성에 이르고자 하는 것에서, 대종교가 여전히 공공성을 중요한 종교적 실천 체계로 삼고 있음을 알 수 있다.

원불교는 '물질이 개벽되니 정신을 개벽하자.'라는 개교표어로 일제강점기에 창시되었다. 당대를 물질이 개벽되는 시기이자 정신의 개벽이 이루어져야 하는 시기로 인식하고, 이를 후천개벽의 시기로 규정한 것이다. 정신의 개벽은 원불교의 종교적 신념의 토대로서 당대의 현실 진단에 근거한다. 원불교를 창시한 소태산은 당대 현실의 문제를 병으로 설명한다. 곧 인생의 향락과 욕망을 충족하기 위해 돈만을 중시하는 돈의 병, 개인과 가정과 사회와 국가에서 모두 자신의 잘못을 알지 못하고 남의 탓으로 돌리는 원망의 병, 남에게 의존하여 살려고 하는 의뢰의 병, 배울 줄 모르는 병, 가르칠 줄 모르는 병, 공익심이 없는 병 등이 그것이다.[23]

이러한 병을 치유하기 위한 신념이 '사은(四恩)'으로 제시되었는데, 곧 만물의 존재와 생존을 가능케 하는 '천지은(天地恩)', 사람의 생육과 보호를 가능케 하는 '부모은(父母恩)', 유기적으로 인간의 생명을 존속시켜 주는 '동포은(同胞恩)', 그리고 사회와 세계의 질서와 평화를 지켜 주는 '법률은(法律恩)'이다. '사은'의 신념을 구체적으로 실천하기 위한 규범이 자력양성(自力養成), 지자본위(智者本位), 타자녀교육(他子女教育), 공도자숭배(公道者崇拜)로 정리된 사요(四要)이다.

원불교 창시 당시의 시대 인식과 그에 근거한 종교적 신념과 구체적 실천 체계는 '오는 세상'(혹은 '돌아오는 세상')에 관한 전망에서 밝힌 '크게 문명한 도덕세계'의 비전으로 더 구체화된다.

대종사 또 말씀하시기를 오는 세상의 모든 인심은 이러하리라. 지금은 대개 남의 것을 못 빼앗아서 한이요, 남을 못 이겨서 걱정이요, 남에게 해를 못 입혀서 근심이지만, 오는 세상에는 남에게 주지 못하여 한이요, 남에게 지지 못하여 걱정이요, 남을 위해 주지 못하여 근심이 되리라. 또 지금은 대개 개인의 이익을 못 채워서 한이요, 뛰어난 권리와 입신양명을 못 하여서 걱정이지마는, 오는 세상에는 공중사(公衆事)를 못 하여서 한이요, 입신양명할 기회와 권리가 돌아와서 수양할 여가를 얻지 못할까 걱정일 것이며, 또 지금은 죄 짓기를 좋아하며, 죄 다스리는 감옥이 있고, 개인·가정·사회·국가가 국한을 정하여 울과 담을 쌓아서 서로 방어에 전력하지 마는, 오는 세상에는 죄 짓기를 싫어할 것이며, 개인·가정·사회·국가가 국한을 터서 서로 융통하리라.[24]

'오는 세상'에 관한 이러한 언급 외에도 『대종경』의 「전망품」(展望品)에는 이른바 극락이자 선경(仙境)이라 할 수 있는 새로운 세계가 상세히 소개되어 있다.[25] 특히 계급에 따른 약육강식의 세계가 변하여 악하고 거짓된 사람이 오히려 곤궁하게 되고 바르고 참된 사람이 풍요로워지는 세계가 이루어질 것,[26] 자신의 유산의 대부분을 일반 사회의 교화와 교육과 자선에 쓰게 될 것,[27] 그리고 남녀노소의 차별이 없는 세계가 될 것이라는 전망은 당대 사회의 면밀한 성찰이 반영되었음을 알 수 있다. 요컨대 원불교에서는 물질개벽 이후 정신개벽으로 이어지는 당대의 현실을 직시하면서 미래를 지향하는 종교적 신념에 바탕을 둔 공공성을 제시하며, 무엇보다 당대 현실의 모순을 철저히 개변하고자 하는 구체적 실천 규범으로 공공성을 실현하고자 했다.[28]

원불교의 이러한 공공성 실현은 '저축조합운동', '영산방언공사', '전재동포구호사업' 등 구체적인 사업들로 나타났고, 교육사업이나 사회복지사업 등은 오늘날까지 지속적으로 이루어지고 있다.[29]

오늘날 원불교는 정전(正典)과 대종경(大宗經)으로 이루어진 『원불교교전』[30]에 의거하여 교리 체계를 확립하였고, 그 체계 안에 종교적 신념과 그 실천 체계를 종합하였다. 곧 '일원상'을 신앙의 대상으로 하고, '사은'과 '사요', '생활불공'은 신앙으로 하며, 일상수행과 정기훈련, 상시훈련 등 다양한 수행체계를 수립하였다. 특히 수행체계에서는 윤리적 차원에서 그 공공성을 논할 수 있는 내용을 포함하는데 대표적인 것을 보면 다음과 같다.

7. 배울 줄 모르는 사람을 잘 배우는 사람으로 돌리자. 8. 가르칠 줄 모르는 사람을 잘 가르치는 사람으로 돌리자. 9. 공익심 없는 사람을 공익심 있는 사람으로 돌리자.[31]

1. 연고 없이 살생을 말며, 2. 도둑질을 말며, 3. 간음을 말며, 4. 연고 없이 술을 마시지 말며, 5. 잡기(雜技)를 말며, 6. 악한 말을 말며, 7. 연고 없이 쟁투(爭鬪)를 말며, 8. 공금(公金)을 범하여 쓰지 말며, 9. 연고 없이 심교간(心交間) 금전을 여수(與受)하지 말며, 10. 연고 없이 담배를 피우지 말라.[32]

… 한 사회가 병들어가는 증거를 대강 들어 말하자면, 각자가 서로 자기 잘못은 알지 못하고 다른 사람의 잘못하는 것만 많이 드러내는 것이며, 또는 부정당한 의뢰 생활을 하는 것이며, 또는 지도 받을 자리에서 정당한 지도를 잘 받지 아니하는 것이며, 또한 지도할 자리에서 정당한 지도로써 교화할 줄 모르는 것이며, 또한 착한 사람은 찬성하고 악한 사람은 불쌍히 여기며, 이로운 것은 저 사람에게 주고 해로운 것은 내가 가지며, 편안한 것은 저 사람을 주고 괴로운 것은 내가 가지는 등의 공익심이 없는 연고이니….[33]

위의 인용문은 대종사의 가르침에 근거한 윤리적 가르침으로 원불교의 수행체계에 포함된 것의 일부이며, 종교적 신념에 근거한 것이다. 중요한 점은 그 대부분이 당대뿐만 아니라 오늘날까지 유의미한 윤리적 규범이고 자기 자신에서 다른 사람, 사회, 국가 등으로 그 지향성이 분명하게 드러나는 공공성을 보여주고 있다는 것이다.

지금까지 근대에 성립된 네 개벽종교의 등장 당시의 종교적 공공성과 그 의미, 그리고 오늘날의 교리체계로의 확립 등을 살펴보았다. 한국 개벽종교들은 구한말과 일제강점기라는 시대적 전환기에 등장했지만, 그러한 시대를 인식하여 개벽과 같은 종교적으로 승화된 신념체계를 구성하였다. 당대 현실을 철저히 비판적으로 인식하여 개혁이나 혁명의 이념들을 제시하고 구체적인 실천 규범으로 정립하였으며, 이상적인 세계로서의 미래에 대한 종교적 전망을 통해 그러한 실천 규범에 종교적 당위성을 부여하였다. 결국 그 개벽종교들의 공공성은 당대를 비판적으로 인식하고 변혁을 지향하면서 나타난 것이라 할 수 있으며, 그렇기 때문에 당대의 시대정신을 공공성으로 표출한 것이라고 본다.

III. 근대한국 개벽종교의 공공성과 시대정신

1. 현실 인식과 미래지향의 공공성

앞서 정리한, 조선 말기에서 일제강점기에 창시된 근대한국 개벽종교들 (동학/천도교, 증산교, 대종교, 원불교)은 당대를 결정적인 시대의 전환기로 인식하고 그 현실에 대한 비판적이고 냉철한 인식을 바탕으로 하여 미래의 비전을 제시하였다. 그리고 바로 그러한 현실에 대한 비판적 인식과 미래지향성에서 구체적인 실천 규범을 제시하고 활동하였는데 그 과정에서 네 종교의 공공성이 드러난다. 이를 정리하면 다음과 같다.

개벽종교	시대 인식 이념	시대 비판	미래상
동학	다시개벽	봉건정치체제 지양, 일제의 지배 비판	병자, 반상과 적서 차별이 없는 세계. 한민족이 선도적 역할을 할 세계
증산교	후천개벽(천지공사)	상극에 의해 지배	상생에 의해 지배(지상천국)
대종교	중광(개천)	개천의 뜻이 훼손(일제의 강점)	해방, 홍익인간의 세계
원불교	정신개벽(후천개벽)	여섯 종류의 병	돌아오는 세계(극락과 선경과 같은 세계)

위의 표에서 볼 수 있듯이, 당대 인식을 표현하는 용어는 다소 다르지만, 네 종교에서 모두 당대가 과거와 미래를 가름하는 획기적이고 결정적인 시대임을 강조한다. 그리고 그러한 인식이 종교적 신념으로 제시되었다. 말하자면 새로운 시대로의 전환기라는 시대 인식이 창교자들의 종교적 신념으로 제시되었고, 그러한 신념이 당대에 대한 시대 비판을 통해 구체적인 실천 체계로 확립되어 대중의 지지를 받으면서 새로운 종교들로 등장하게 된 것이라 할 수 있다.

그런데 중요한 점은 당대를 획기적인 변화의 시대로 인식하는 것 자체가 변혁 혹은 혁명이나 개혁의 의지로 표현되었다는 사실이다. 어느 시대에서든 당대를 변혁의 시기로 인식하지 않고는 변혁의 의지를 가질 수 없다는 점을 새로 등장한 네 종교들에서 확인할 수 있다. 또한 그 변혁 의지가 당대 현실에 대한 면밀한 비판정신으로 이루어졌음을 네 종교에서 제시하는 미래상에서 찾을 수 있다. 봉건제의 모순과 부정부패 때문에 수탈당하고 핍박받는 민중들을 볼 수 있는 안목, 서로 속이고 죽이며 전쟁을 일삼고 억울한 사람이 만연하고 재앙이 지속되는 현실에 대한 비판적 의식, 일본 제국주의에 의해 강점되어 홍익인간의 이념으로 건국된 국가와 한민족이 속절없이 허물어지는 현실의 직시, 천지와 부모와 동포와 법률의 은혜를 모르고 돈 욕심과 원망과 의뢰에 빠져 살고 배우지도 가르치지도 않으면서 공익심마저 없는 병든 사회 현실에 대한 처절한 경험과 인식이 없이는 변혁의 의지도 있을 수 없었을 것이다.

그렇다면 이러한 근대한국 개벽종교들의 현실 인식과 미래지향의 공공성을 인식한다면 다음과 같은 물음이 있어야 하지 않을까. 우리는 오늘 우리가 살고 있는 시대를 어떻게 인식하고 있는가? 오늘 우리의 시대정신은 무엇인가? 우리 사회 현실에 대한 비판정신이 없다면 우리 사회의 문제와 과제가 보일 수 있을까? 근대 개벽종교 창교자들의 종교적 경험과 신념을 공유한다면, 그들의 시대정신으로 오늘의 시대를 보아야 하지 않을까? 창교자들의 종교적 신념을 믿고 오늘의 시대를 비판적으로 본다면 변혁을 해야 할 것은 무엇인가? 청산해야 할 것은 무엇인가? 오늘날에도 여전히 창교 당시의 미래에 대한 비전을 공유하고 신앙한다면, 그러한 미래가 도래하도록 하기 위해 오늘날의 개벽종교가 우선해야 할 일이 무엇인가?

2. 개인에서 사회와 국가, 전 세계와 우주(그리고 자연)를 지향하는 공공성

서구에서 근대의 시작과 더불어 가장 중시된 것의 하나가 개인(individual)이다. 근대에 이르러서 인권이 모든 인간의 평등 이념으로 확장되고, 개개인의 자유가 보장되도록 제도화되기 시작했다. 근대한국 개벽종교들도 개인의 존중에서 반상과 적서, 빈부 등 당대의 각종 차별에 문제제기를 할 수 있었다. 그렇지만 한국 개벽종교들에서는 개개인을 존중하되 그 개인들을 민중이나 민족이라는 더 큰 사회 단위의 일원으로서의 개인으로 인식했고, 나아가 국가와 세계로까지 종교적 이념의 확대와 실천을 지향했다. 물론 인간뿐만 아니라 동식물 등 모든 생명들도 인간과 더불어 존중해야 한다는 인식도 있었다.

주지하다시피 개인의 자유와 평등은 사회와 국가가 보장해야 하는 가치이다. 국가의 법적, 제도적 장치가 없이는 개인의 자유는 쉽게 훼손되고 불평등이 구조화되기 때문이다. 네 개벽종교의 창시자들이 공히 개인의 자유가 제한되고 불평등이 만연한 당대를 비판하고 반상과 적서와 남녀의 차별을 철폐하고자 한 것 그 자체가 사회제도의 문제를 제기한 것이며, 더 나아가 외세, 특히 제국주의에 의한 침탈과 지배를 배격한 것도 같은 맥락에서 이해할 수 있다. 동학농민혁명과 보국안민, 항일 독립 투쟁, 지상천국 건설, 성통공완, 부모와 동포와 천지와 법률의 은혜에 대한 보은 등은 모두 개인에서 사회와 국가를 거쳐 전 세계와 우주 자연에까지 공공성을 확장하고자 하는 신념의 표출인 것이다.

3. 나에서 남으로 지향하는 공공성

대체로 근대한국 개벽종교들에서 공히 강조한 것이 타인에 대한 관심이었다. "남을 잘되게 하라!"는 표어에서 볼 수 있듯이 상생(相生)은 내가 잘되어 남을 돕거나 관심을 가지는 것이 아니라 남이 잘되어 그 남도 나를 잘되게 함으로써 가능한 것이다. 근대한국 개벽종교들은 이런 상생을 종교적 신념이자 실천규범으로 강조하였다. 이는 사실상 거의 모든 종교들에서 주창된 이른바 황금률(Golden Rule)의 근대한국 개벽종교적 표현이라 할 만하다.

그리고 그 '남'이 부모, 가족, 이웃, 사회와 민족, 모든 인류, 더 나아가 모든 생명체로 확대되어 가는 지향을 근대한국 개벽종교들에서 확인할 수 있다. 이러한 지향성이야말로 공공성을 가장 잘 드러낸다고 본다.

또한 '남'을 '나' 이외의 모든 사람이라는 피상적인 대상으로 여기지 않고, 당대 현실에서 그 어떤 남보다 더 사회적 관심과 배려가 필요한 남을 우선하였다는 점도 간과해서는 안 될 것이다. 가난한 남, 여성이라는 남, 서자라는 남, 과부와 고아라는 남, 상놈이라는 남, 부정부패에서 희생되고 있는 남, 일제의 침략과 수탈과 탄압에 시달리는 우리 민족이라는 남, 사람들에게 무차별 희생되는 동물이라는 남, 인간에게 파괴되는 자연(생태)이라는 남 등, 근대한국 개벽종교들에서의 '남'은 우선적으로 약자와 소수자, 억압당하고 수탈당하며 신음하는 남이었다.

4. '여기'에서부터의 공공성

이 글에서 다룬 네 종교들은 '한국 민족종교'로 범주화되기도 한다.[34] 우리 나라에서 우리 민족이 창시하고 우리 민족을 중심으로 형성하였다는 점에서도 가히 민족종교라 지칭할 수 있지만, 당대의 구체적인 역사 현실에서 우선적으로 우리 민족의 신념과 실천을 강조한 종교들이기 때문일 것이다. 비록 모든 인간을 포함한 삼라만상과 전 세계와 우주로까지 그 신념을 확장하고자 하는 의지가 있었고 그 점이 교리와 사상체계로 정립되기도 했지만, 그 출발이 당시의 한국 사회에서였고 주 대상이 한민족이었으며 당대의 시대정신을 중시했기 때문에 '민족종교'의 면모를 지닐 수 있었다고 할 수 있다.

앞서 언급했듯이, 근대한국 개벽종교의 창시자들은 당대의 사회와 민족의 현실에 대한 정확하고도 비판적인 인식을 바탕으로 종교적 신념을 제시하고 그에 적합한 실천 체계와 규범을 정립하였다. 당대의 '여기'가 그러한 신념을 전파하고 실천을 이루는 장(場)이었던 것이며, 그렇기 때문에 그 신념과 실천에 나타난 공공성은 '여기'에서부터 시작되는 것이기도 했다.

5. 공생공영으로의 지향

공생공영이라는 말은 다소 피상적이고 선언적인 의미로 여겨지기 십상이다. 모든 사람들이 함께 살면서 만물이 함께 번성한다면 얼마나 좋을까. 인간과 동식물과 모든 자연과 우주가 더불어 존재하고 더불어 아름다운 꽃을 피운 세상을 이룰 수 있다면 그야말로 낙원이요 천국이 아닐까?

그런데 중요한 사실은 종교적으로 제시되는 이상향은 미래에 대한 환상이나 현실도피적인 지향을 위한 것이 아니라는 점이다. '지상천국'이든 '돌아오는 세계'든 아니면 죽거나 종말 이후의 새로운 세상이든 간에 모두 인간이 염원하는 최상의 상태를 상정하는 것은, 그러한 상태를 위한 현실에서의 노력을 중시하는 종교적 신념 때문이다. 지금 여기에서의 삶을 부정하고 회피하면서 당장 저기로 가고자 하는 욕망은 근대한국 개벽종교들의 종교적 신념에 의한 이상향과 전혀 관계가 없다. 이른바 '시한부 종말론'과 근대한국 개벽종교들에서의 이상적인 세계상과는 관련이 없다. 오히려 그러한 미래의 세계상이 현실을 직시하고 비판할 수 있는, 그래서 개혁하고 변혁하기 위한 의지를 갖게 하는 것으로 개벽종교의 이상향을 이해해야 한다고 본다.

IV. 맺음말

이 글은 근대한국 개벽종교들이 창교 당시를 획기적인 시대적 전환기로 인식하고 새로운 세계의 형성을 지향하는 종교적 신념과 실천 체계를 형성하고자 했으며, 그 속에 공공성이 드러나 있음을 밝히고자 했다. 그래서 공공성을 지향 혹은 지양의 관점에서 이해하고자 했다. 말하자면, 당대를 전면적 전환의 시기로 인식한 개벽종교의 창시자들은 새로운 세계를 이루기 위해 당시까지 지속된 모순을 지양하고, 이상적인 미래상을 지향하고자 하는 노력을 경주하였고, 그러한 노력이 종교적 신념을 근거로 한 것이었기 때문에 그 실천에서도 종교적 의미가 부여될 수 있었다. 이 글에서는 그러한 실천에 공공성이 나타났음을 주로 윤리적 관점에서 분석했는데, 그 특징을 다음과 같이 정리해 보았다.

우선 개벽종교들의 공공성은 현실 비판과 미래지향이란 점에서 가장 두드러진 특징이 있었다. 현실 비판과 미래지향은 사실상 동전의 앞뒷면이라 할 수 있다. 미래지향이 없는 현실 비판은 비판을 위한 비판에 지나지 않고, 현실 비판이 없는 미래지향은 현실도피적 환상에 지나지 않는다. 근대에 등장한 개벽종교들은 봉건사회의 부조리한 현실을 냉철하게 비판하고 그러한 현실을 극복하기 위한 실천을 하면서 미래의 이상을 제시하였다. 그리고 그러한 현실 비판과 미래지향은 종교적 신념으로 승화되면서 공공성을 지닌 종교운동으로 전개될 수 있었다.

이러한 개벽종교들의 공공성은 구체적으로 개인에서 사회와 국가, 더 나아가 세계(자연과 우주)로 지향되고, 나에서 남으로 지향되었으며, 당대의 우리 사회와 민족이라는 '여기'에서부터 시작되었다. 그리고 종국에는 모든 인류와 자연이 공생공영으로 가는 길을 지향했다. 개인의 인간적 삶에 장애를 초래하는 다양한 질병에 관심을 가지면서 남녀, 적서, 반상, 빈부 등 각종 차별을 비판하고, 그러한 차별이 야기되는 사회의 제도와 관행을 문제 삼았다. 한반도에 대한 외세의 침탈과 일제의 강점을 비판하고 저항하였을 뿐만 아니라 모든 인류가 자연과 더불어 살면서 번영하는 이상적 세계의 비전을 제시하기도 했다.

개벽종교들의 이러한 공공성은 봉건사회의 억압과 일제의 탄압에도 우리의 민족종교로 수용되었고, 동학농민혁명과 항일 투쟁, 사회개혁운동, 각종 복지사업 등을 지속하게 한 원천이라 할 수 있다. 개벽종교들은 창교 당시의 공공성을 오늘날에도 종교적 신념과 그 실천으로 계승하고 있다. 천도교, 대종교, 증산교, 원불교는 하나의 종교나 여러 종단으로 오늘날까지 한국의 개벽종교이자 민족종교로 존립하고 있다.

그러나 시대는 크게 변했다. 개벽종교들은 이러한 변화된 시대를 인식해야 한다. 예컨대 남북의 분단과 갈등, 신자유주의로 극명하게 드러난 자본주의의 모순, 점점 더 악화되는 자연의 파괴와 생태계의 혼란에서부터 최근 사회적 이슈로 등장한 우리 사회의 갖가지 적폐, 빈부격차의 증가로 인한 문제, 비정규직 문제, 성소수자 문제 등 새로운 문제들도 계속 나타난다. 오늘날 개벽종교들도 이러한 변화된 시대에 대한 더 철저한 비판적 인식이 필요하지 않을까? 그 인식을 통해 오늘날에도 유의미한 공공성을 실현해야 하지 않을까? 그 인식을 바탕으로 미래를 지향한 공공성을 드러낼 수 있어야 하지 않을까?

종교없음 시대의 종교성과 동학 시천주 개념의 내재적 초월성

염승준 원광대학교 한중관계연구원 동북아시아인문사회연구소 소장

I. 머리말

기업이 노조를 와해시키기 위해 매달 수천만 원 용역비를 '노조 파괴 전문가'에게 제공하고 자문을 받아 노조를 지치게 하고 힘을 빼는 "Burn-out" 전략. 이는 한병철이 『피로사회』에서 밝힌 것처럼 근대 자본주의 체제의 전형적 특징으로, 공장주와 노동자 사이에 발생하는 착취와 피착취의 불평등한 관계가 한국 사회에서 여전히 현재 진행형임을 입증하는 한 단면이다. 이런 불평등한 관계는 노사 관계에서만이 아니라 같은 노동자 사이에도 발생한다. 더욱 많은 자본의 축적을 위한 정규직과 비정규직의 구별과 그 구별을 통한 복지나 경제적 처우에서의 차별과 배제는 부당한 사회적 위계질서에 저항하기 위해 필요한 노동자 간의 연대조차 왜소화시킨다.

한국 사회의 갑 · 을, 정규직 · 비정규직, 흙수저 · 금수저의 구별과 차별은, 이매뉴얼 월러스틴(Immanuel Wallerstein, 1930-)의 '역사적 체제로서의 자본주의 분석'에 따르면 16세기부터 계급적, 인종적 차별 구조를 메커니즘으로 시대와 지역을 불문하고 전 지구적으로 확장하여 차별과 배제의 방식을 달리하면서 지속되는 서양 근대 자본주의 체제에 종속된 현상이다.[1]

1860년 동학을 창시한 수운 최제우(水雲 崔濟愚, 1824-1864)는 자본주의 체제에서 자유롭지 못했던 당대 또는 미래 오늘날 우리의 마음을 간파한 것일까? 그는 「논학문」에서 "서양인들은 말에 차례가 없고 글에 조리가 없으며,

도무지 천주를 위하는 기미가 없고 오직 자기 자신만을 위한 대책을 기도할 뿐이다."[2]라고 서양인을 특징지었다.

최제우의 서양인에 대한 비판에 따르면 서양인은 '천주', 즉 '한울님'이 하신 말씀인 '동귀일체(同歸一體)'[3]를 망각했고 이기적인 '각자위심(各自爲心)'[4]에 사로잡혀 나와 타인, 주체와 객체, 인간과 자연을 분리하고 경계 지어 하나로 보지 못한 채 '자위신지모(自爲身之謨)'[5]만 할 뿐이라는 것이다.

현상세계의 일체의 구별과 차별을 넘어선 초월성, 절대성, 무한성을 특징으로 하는 형이상학적 차원의 '천주', '한울님', '동귀일체'의 정신을 상실하고 '각자위심'으로만 살아가는 서양인에 대한 최제우의 비판은 비록 초월성의 의미를 달리할지라도 카를 슈미트(Carl Schmitt, 1888-1985)의 당대 서구 비판과 일치한다. 그는 『정치신학』에서 18, 19세기를 "초월의 이미지가 모두 사라져, 비교적 명료한 범신론이나 모든 형이상학에 대한 적극적인 무관심"[6]의 시대로 규정했다.[7]

본 논문에서는 나와 너의 경계를 넘어서 모두가 하나임을 가능하게 해 주는 '동귀일체'의 형이상학적 초월성과 절대성을 상실하고, '각자위심'만이 만연하여 형이상학에 무관심한 오늘날의 자본주의 체제가 일상의 모든 영역을 규정하는 시대를 '종교없음'의 시대로 정의하고 종교없음 시대의 종교성 양상의 논의를 간단히 설명한다.

'종교와 종교성', '종교의 세속화'에 관한 논의를 통해 종교없음 시대의 종교성은 더이상 이원론적 세계관에 입각한 신비스러운 미지의 존재, 압도적인 위력을 가진 초인적 존재, 초월적이고 절대적인 존재를 인간 밖에 설정하는 서양철학과 종교의 특징인 '외재적 초월주의'가 아니다. 절대성과 초월성 같은 신적 특성이 유한한 인간 안에 내재해 있다는, 즉 동학의 '시천주', '내유신령(內有神靈)', '각지불이(各知不移)'의 특징을 핵심 요소로 삼는 '내재적 초월주의' 형태로서만 미래의 희망으로 지속될 수 있다. 외재적 초월주의에서 신과 인간의 질적 차이를 강조함으로써 형성되는 수직적 위계질서가 현실 사회에 적용될 경우 불평등한 사회질서의 기반이 될 수 있다. 초월성을 인정하지 않는 밋밋한 자연주의의 한 형태인 범신론의 경우, 현실세계의 차별이나 나와 너 사이의 경계와 장애에 저항할 수 있는 실천적 원동력이 부재하여 현실의 차별이 더욱 만연되고 심화될 뿐이다. 반면에 신과 인간의 동일성을 강조하여 신의 특징인 초월성, 절대성, 무한성을 인간 내면의 특징으로 삼는 내재적 초월주의로서의 종교성이 미래 종교의 희망이 된다. 그것은 유한한 인간 주체가 스스로 자신 안에 있는 초월성과 절대성을 기반으로 불평등한 수직적인 위계질서와 착취와 피착취의 불평등한 관계를 평등의 관계로 전환시킬 수 있기 때문이다.

또 본 논문에서는 신분과 계급 등의 차별을 극복할 수 있는 동학의 내재적 초월주의의 힘인 실천성과 운동성의 이해를 돕기 위해『종교의 미래(The Religion of the Future)』, 『정치』, 『주체의 각성』 등의 저자로 국내외 정치 사회학계에 잘 알려진 로베르또 망가베이라 웅거(Roberto Mangabeira Unger)의 '맥락 초월적 주체'와 '주체의 각성' 개념을 동학의 시천주의 '내재적 초월주의'의 특성과 비교하여 설명하였다.

동학이 유·불·도 삼교의 종합이며 기독교 사상까지도 흡수한 통합적 사상으로 평가받고 있지만, 그만큼 동학의 핵심 개념들의 해석이 상충되고 모순되는 경우가 많다. 동서양 철학사와 종교사는 투쟁의 역사라 할 만큼 논쟁적이다. 따라서 동서양 철학사와 종교사에서 등장한 유일신론·유물론·관념론·경험론 그리고 유교 담론의 '이기이원론(理氣二元論)'·'이기일원론(理氣一元論)'·'주리론(主理論)'·'주기론(主氣論)' 가운데 어떤 특정 이론과 관점을 매개로 동학의 '내유신령(內有神靈)'의 '신령(神靈)'이나 '외유기화

(外有氣化)'의 '기(氣)'와 같은 개념들을 해석할 때, '라쇼몽 효과'처럼 동학의 실체가 무엇인지 알 수 없게 된다. 동학 연구자들 각자의 특수한 관점에 따른 동학 핵심 개념에 대한 상충된 이율배반적 해석은 동학 본래의 체계적이며 통합적이며 보편적 성격을 이해하는 데에 있어서 도움이 되지 못한다.

따라서 본 연구에서는 내유신령(內有神靈)과 각지불이(各知不移) 등의 개념을 논거로 동학의 시천주를 '내재적 초월주의'로 규정하는 한자경의 『한국철학의 맥』[8]을 이론적 기반으로 삼아 내재적 초월주의를 서양의 종교나 전통종교와 상충되는 요소들을 종합하고 통합할 수 있는 나침반으로 제시한다. 내재적 초월주의와 다른 방식으로 동학을 해석하려 할 때, 특히 신학계에서 서양 종교의 천주 개념과의 유사성에만 착목하여 동학의 천주 개념을 '외재적 초월주의'나 '외적 일신론'의 차원으로 해석하거나 또는 그와 정반대로 일체의 형이상학적 차원의 절대성과 초월성을 간과하고 밋밋한 자연주의인 범신론적이나 유물론적으로 해석할 경우,[9] 그것이 이론적인 해석의 차원을 넘어 불평등한 사회 정치적 위계질서에 저항할 수 있는 역량인 실천성과 운동성을 부정하는 결과를 초래한다는 점이 본 연구에서 강조하고자 한 바이다.

II. 종교와 종교성, 종교의 세속화

1. 종교없음(Religious Nones)과 종교성

'종교없음(Religious Nones)'은 일반적으로 두 가지 측면에서 해석된다. 첫째는 "나는 종교가 없다."라고 말하는 사람이 많다는 뜻으로, 이 말은 특정한 종교에 속해 있지 않고, 속하고 싶지 않으며, 일상에서 종교적인 의무나 활동을 당연시하지 않는다는 것이다. 즉, 사회적 조직으로서 종교 활동 인구의 절대적인 감소를 의미한다. 둘째는 종교의 종교성 쇠락을 비판하는 것이다. 종교 조직이 '종교의 참된 지향(종교성)'에 반하여 조직을 위한 조직이나 개인의 이차적 이득을 위한 도구로 활용되는 것을 비판한다. 이러한 시각은 모두 종교가 사회생활의 다양한 부문에서 종교 본연의 역할을 소홀히 하며 이익집단화 되는 세속화된 내용을 표현한 것으로 이해할 수 있다. 세속화된 종교 조직을 거부하고 불신하는 것이 종교없음으로 설명된다.

그러나 역설적이게도 현재 세속화된 종교의 부정은 '참된 종교'의 종교성 갈구로 설명될 수 있다. 현재의 종교를 부인하는 많은 사람들은 자신이 생각하거나 느끼는 '종교성'에 근거하여 올바르지 못한 종교적 행태를 비판한다. 사람들은 여전히 종교적 존재나 관념에 대한 내적 충동을 느끼고, 영혼의 불멸(나는 누구인가?)이나 신의 존재(신은 존재하는가?)와 같은 근원적이고 종교적인 문제를 고민하고 탐색한다. 이런 의미에서 종교없음의 회의적 시대는 역설적으로 본래의 종교성을 회복하기 위해 필연적으로 거쳐야 할 과정으로 보인다.

2. 종교의 시작과 종교성

아르놀트 하우저(Arnold Hauser, 1892-1978)는 『문학과 예술의 사회사』에서 "현상 배후의 근원적 존재, 초월적 힘에 대한 기대"가 없는 구석기시대를 종교가 없는 시대로 규정한다. 이 시대는 '죽음의 공포'와 '굶주림에 대한 불안'으로 가득 차 있었으며, 외부의 적과 식량의 결핍, 고통 또는 죽음을 '마술'이라는 수단으로 방어하고자 했지만, 인간에게 닥쳐오는 행운이나 불행을 그 현상의 배후에서 점지해 주는 현상 너머의 어떤 초월적 힘과 연결 짓지는 않았다고 보기 때문이다. 하우저의 견해대로라면, 현세와 피안, 감각적인 것과 정신적인 것, 일원론과 이원론적 세계관의 구분 또는 현상 배후에 근원적 존재인 절대자 상정 여부에 따라 종교없음과 종교있음을 구분하는 시대의 기준이 된다.

> 마술 중심의 세계관은 일원론적으로 현실을 단순한 상호연결의 형태로, 빈틈이나 단절이 없는 연속체의 형태로 파악하는데 반해, 애니미즘은 이원론적이어서 그 지식과 신앙을 이원적인 체제로 정립한다. 마술은 감각 본위로서 구체적인 것을 고수하는 반면, 이원론적인 애니미즘은 정신적인 것, 추상적인 것에 기운다. 전자의 경우 현세의 생활이, 후자의 경우 피안의 세계가 관심의 초점이 된다. 구석기시대 예술이 사물을 있는 그대로 실물에 충실하게 그려내는 데 반해 신석기시대 예술은 일상적인 경험의 세계와 양식화되고 이상화된 초현실세계를 대립시키는데, 그 근본 원인은 바로 이러한 세계관의 차이에 있는 것이다.[10]

하우저에 따르면 축복과 저주를 가져다주는 신비스러운 존재, 압도적인 위력을 가진 초인적 존재, 초월적이고 절대적인 존재에 관한 종교적 관념은 농경문화와 목축문화가 시작되고 나서야 생성되었고, 종교 및 종교예술과 문화의 생성은 이러한 인류 문화의 변화와 진화에 따라 생겨난 것으로 본다. 그의 견해대로라면 종교가 있는 시대와 없는 시대를 구분할 수 있는 기준은 유물사관에 따른 것이면서 동시에 현상 배후의 세계, 즉 이원적 세계관의 유무와 초월적이고 절대적인 존재에 대한 관념의 유무이다.

종교의 시작을 인류 문화의 변화와 진화와 초월적 존재에 대한 관념과 '이원론적 세계관'에서 봤다는 점에서, 그가 말하는 종교성은 이원론적 세계관에 입각한 서양 유일신관과 맥을 같이하는 것으로 보인다. 그런데 여기서 의문이 생긴다. 마술은 왜 종교가 될 수 없는 것일까? 죽음의 공포와 굶주림에 대한 불안을 자신이 발현할 것으로 기대하는 '마술'로 해결하려는 인간 자신에 대한 믿음은—구석기시대의 이성의 기능에 대한 논의는 논외로 하고—종교성의 씨앗이 될 수는 없는 것인가?

'초월적 존재에 대한 관념'이나 '이원론적 세계관'이든 별로 효과가 없어 보이는 구석기시대 일원론적 세계의 한 현상으로 이해한 '마술'이든 종교성의 시작이 모두 죽음과 불안이라는 근원적 인간 실존과 연관된다는 점에서, 하우저의 종교있음과 없음의 시대구분과 무관하게 종교성은 동서고금을 초월해서 존재해 온 것으로 볼 수 있다.

3. 웅거의 '안심용 형이상학' 비판과 동학 '시천주'의 종교성

하우저의 견해와 달리 웅거는 구석기·신석기시대든 중세·근세·현대든 그리고 미래든 어느 시대를 불문하고 "우리 실존의 모든 것은 그 너머를 가리킨다."는 통찰을 통해서, 현세와 피안을 구분하는 이원적 세계관에 입각한 종교와 달리 "인간 실존의 모든 것"과 "그 너머"는 이원적으로 분리된 것이 아니라는 점을 강조한다. "우리 실존의 모든 것"은 형이하자(形而下者)인 현상세계와 그 세계 "너머", 즉 형이상자(形而上者)의 세계를 가리킨다는 점에서 상이한 듯 보이는 이 두 세계는 구분할 수는 있으나 분리된 세계는 아니며 상호 연결된 세계일 수 있다.

그러나 현세와 피안을 이원론적으로 구별할 때 종교는 "안심용 형이상학(feel-good metaphysic)"으로 전락한다. 웅거는 『The Religion of the Future』에서 인간 스스로를 "하찮은 존재" 취급하고 절대자와 초월자에게서 위로와

위안을 받는 "안심용 형이상학"으로서의 종교를 비판한다.

> 우리 실존의 모든 것은 그 너머를 가리킨다. 그런데도 우리는 죽어야 한다. 우리는 우리 존재의 근거를 파악할 수 없다. 우리의 욕망은 만족을 모른다. 우리의 삶은 우리의 본성을 원만히 표현하지 못하면, 우리의 환경은 번번히 우리로 하여금 하찮게 취급됨(belittlement)을 겪게 만든다.
>
> 종교는 인간 조건의 이러한 불치의 결함들의 의미를 해석하려는 노력인 동시에 그들 결함에 대응하는 하나였다. 종교는 만사가 궁극적으로는 괜찮다고 우리에게 말해왔다.
>
> 그러나 만사는 괜찮지 않다. 인류의 종교적 의식의 전환은 이러한 결함을 부인하려는 충동을 포기하는 접근법으로 시작할 수 있다. 종교는 이런 무서운 사실들에 대해 우리를 위로하기를 중단할 것이다. 우리의 희망은 변형된 상태로 살아남을 수 있을 것이다.[11]

그는 미래에 종교가 희망으로 살아남을 수 있기 위해서 인간 조건의 불치의 결함을 부인하려는 충동과 안심용 형이상학이 행하는 종교의 위로하기의 기능을 중단하는 "변형된 상태"로만 가능하다는 사실을 강조한다.

종교 및 종교성의 근원적 성격뿐만 아니라 이와 함께 종교는 공통적으로 인간 유한성의 단적인 표현인 '우리는 죽어야 한다.', '우리는 존재의 근거를 파악할 수 없다.' 등의 인간 조건의 불치의 결함에서 오는 불안과 공포를 위로하는 기능을 담당하는데, 이런 "안심용 형이상학"으로서의 종교는 종교의 참된 역할을 상실한다.

웅거의 비판과 같은 맥락에서 박노자는 「한국종교의 보수성을 어떻게 볼까」[12]에서 한국종교와 한국 개신교의 전통적인 기도는 '신에게 빌어서, 제물을 바쳐서 복을 얻는다는 교환형 접신', '일종의 시혜–수혜적 절대자와의 관계'[13]와 다름없는 것으로 결국 자신의 공포심이나 불안 심리를 잠재우는 심적 장치로 전락했고, 현재 한국종교는 이러한 심적 장치를 이용하여 기복주의로 확산되었으며, 종교의 상품화가 가속화되었다고 비판한다. 현재의 종교가 자본주의 체제의 종속 현상인 착취나 소외, 경제적 불안, 불평등, 경쟁 등에 지치고 피로해진 사람들에게 '힐링'이나 도피 등을 통한 개인적 해결이 가능하다는 환상을 제공한다는 것이다. 삶에 지친 개인이 교회에 들러 기도하거나 사찰에서 명상을 하면 다시 기운을 받고 또다시 처절한 생존 투쟁의 제자리로 돌아가는 것이 한국에서의 서민 신도·교도의 일상이라고 분석한다.

웅거와 박노자 모두 공통적으로 '이원론적 세계관'에 입각한 안심용 종교에 종속된 현상인 기복화된 종교, 자본주의에 포섭된 상품으로서의 종교를 비판하지만 이러한 비판이 종교 자체나 종교성에 대한 부정일 수는 없다. 웅거는 인류가 "종교적 의식의 전환"을 통해 인간 실존의 근본적 결함을 부인하려는 충동을 포기할 때 그리고 "만사가 괜찮다"고 위로하기를 그만 둘 때, 종교는 인류의 '희망'으로 미래에도 지속적으로 '변형된 상태'로 살아남을 수 있다고 주장하며, 박노자도 종교가 불평등한 사회적 구조를 변혁시킬 수 있는 '희망 공장'의 역할을 할 수 있다고 기대한다.

따라서 현재의 '종교없음'은 사회적 조직으로서 종교의 쇠퇴나 세속화를 의미하는 것이지 '종교성' 자체를 부정하는 것은 아니다. 오히려 종교성의 회복이나 실현을 위한 "부정의 단계"로 보는 것이 합당해 보인다. 현재의 부정은 새로운 것의 출현을 가능하게 하며 "인류의 종교에 대한 의식의 전환"을 가능하게 한다.

그럼 미래 한국 사회에서 종교성은 어떻게 성립하고 발현될 수 있을까?

안심용 형이상학, 기복신앙, 위안용 도구라는 종교의 오해를 벗기 위해서 주목할 내용은 종교적 신앙심이 '이원론적 세계관'에 입각한 "외적 초월적 존재에 대한 경이"가 아닌 "내적 초월적 존재에 대한 경이"에서 발견되어야 하며 이것은 곧 "우리 안에서 무한한 것과 절대적인 것에 대한 요구의 발견"[14]이라는 점이다.

웅거가 말하는 "우리 안에서 무한한 것과 절대적인 것에 대한 요구의 발견"은 근대한국 자생종교인 동학의 시천주(侍天主) 개념에서 찾을 수 있다. 최제우의 '시천주'의 의미는 우리 모두의 마음에 '신령(神靈)'을 간직하고 있기에 인간 누구나 본래 신이며 인간 몸에 본래 신이 모셔져 있어서 인간 밖에 있는 어떤 초월적 절대자를 설정하거나 대상화할 필요가 없다는 것이다.

"천주"[15]나 "신비한 영"은 이원론적 세계관에 입각한 인간 밖의 절대자나 초월자가 아니라 각각의 개체 안에 신령으로 존재하기에 인간 밖의 초월자에게 옮겨가는 이동이 필요없다. 최제우는 이를 "각지불이(各知不移)"로 설명하는데 이는 세상사람 누구나 각각 깨달으면 신비한 영을 마음에 간직할 수 있다는 것이다.

> 시(侍)는 안으로는 신비한 영이 있고 밖으로는 기화가 있음이다. 세상사람 누구나 각각 깨달아 마음에 간직하는 것이다.[16]

신비한 영을 우리 모두의 마음에 간직하고 있으니 굳이 인간 마음 밖에서 신을 찾을 필요가 없다는 것이다. 신령(神靈)이 곧 인간의 마음이다. 최제우는 「흥비가」에서는 인간의 마음을 '일심'과 '궁궁'으로 본다.

> 매관매작 세도자도 일심은 궁궁이오

전곡 쌓인 부첨지도 일심은 궁궁이오

유리걸식 패가자도 일심은 궁궁이오.[17]

「흥비가」에 따르면 현실적 사회적 차별에도 "매관매작 세도자"나 "유리걸식 패가자"가 일심과 궁궁의 경지에서 하나의 마음으로 평등한 존재일 수 있다. 조선시대 신분제로 공고해진 세도자, 부첨지, 패가자의 분별과 경계 짓기로 형성된 지배와 피지배의 사회적 위계질서에 저항할 수 있기 위해서 우리 모두가 평등한 존재임을 각성하게 해 주는 "일심"의 차원에서 일체의 차별, 신분과 계급의 경계 그리고 그 경계를 통한 배제가 없는 무한한 "궁궁"의 경지를 우리는 요청해야 한다.

사회과학자들에게 낯설고 사회 및 정치적 차원과는 무관한 것으로 이해될 수 있는 웅거의 "맥락-초월적 주체"와 "주체의 각성" 개념이 정치이론의 핵심 개념인 "민주적 실험주의의 기획"[18]과 "급진적 실용주의"의 토대가 되듯이, 동학의 시천주, '내유신령(內有神靈)', '일심', '궁궁', '태극(太極)'[19]과 같은 형이상학적 종교 개념이 조선왕조 봉건제의 낡은 신분 질서, 즉 양반 상놈의 신분 차별, 적서 차별, 남녀 차별에 저항할 수 있는 평등 의식의 원천이며, 자본주의 체제가 야기하는 차별과 배제의 메커니즘을 부정할 수 있는 사상적 자원이 된다.[20]

웅거는 『정치: 핵심 텍스트, 운명을 거스르는 이론』에서 "맥락-초월적 주체"[21]를 인간은 비록 사회적 위계질서와 같은 맥락 안에서 살아가지만 인간 주체가 갖는 초월성으로 인해서 위계질서 안에서 고착화 될 수 없으며 기존의 질서와 관습을 넘어설 수 있는 것으로 설명한다.

그는 다른 저서인 『주체의 각성』에서 종교가 미래의 희망일 수 있기 위해서는 '인류의 의식의 전환'이 선행되어야 한다고 주장한다. 인간을 자연의 일부나 물질로 이해하는 밋밋한 '자연주의'나 인간과 신의 관계를 유한자와 무한자의 수직적 관계로 이해하는 '외적 초월주의'의 형태로 종교가 지속될 때, 신성한 가치들은 공허하고 추상적인 관념의 차원으로 전락하고 그러한 가치에서 소외된 인간은 '부동심'[22]과 '평정'을 우선시하고 "사회의 실천적 구조와의 대결을 회피하고, (중략) 일상생활의 숨막히는 구조에서 도피한 다음 (중략) 구체적인 맥락에서 벗어나고, 정신을 결여한 일상과 반복의 세계를 각성시키려는 의향이나 능력 없이 그저 부유(浮遊)"[23]하게 될 것이라고 경고한다.

웅거의 경고는 동학의 시천주의 내재적 초월성을 간과하고 외재적 초월주의나 형이상학적 초월성과 절대성을 부정하는 형이하학적 자연주의 또는 범신론으로 종교를 해석할 경우 종교가 현실세계의 불평등한 위계질서를 공고히 만드는 데에 빌미를 제공할 수 있다는 점을 시사한다는 점에서 주목할 만하다.

III. 시천주 개념의 내재적 초월성

1. 『한국철학의 맥』의 내재적 초월주의와 외재적 초월주의

한자경은 『한국철학의 맥』에서 서양의 외재적 초월주의와 동양의 내재적 초월주의를 신과 인간의 관계에 관한 철학적 분석을 통해 구별한다. 고대 그리스의 플라톤(Platon, BC 428?-BC 348)의 '제작설'과 중세 교부철학자 아우구스티누스(Aurelius Augustinus, 354-430)의 '무로부터의 창조'를 말하는 '창조설'은 공통적으로 창조자와 피조물의 질적 차이를 강조하여 무한한 절대자로서의 신을 유한하고 상대적인 피조물들 저편의 외적 초월자로 간주한다. 아우구스티누스가 '무로부터의 창조'를 주장한 것은 인간을 비롯한 피조물이 갖는 유한성의 책임을 무한자인 신의 책임으로 전가하지 않기 위해서이다. 피조물은 신 자신으로부터의 창조가 아니어야 한다는 주장은 결국 신과 인간의 질적 차이를 강조한 것이며 무한하고 절대적이며 초월적인 신이 유한하고, 상대적인 피조물과 질적으로 달라야 한다는 것이다.

무한과 유한, 신과 인간의 질적인 차이를 강조하는 이원론적 관점과 달리 한국의 웅녀신화를 비롯한 중국의 반고신화, 인도의 우파니샤드에서 신과 인간의 관계는 동일성이 강조되는 만큼 일원론적으로 설명된다. 그러나 동양 종교 안에서도 신과 인간의 관계에서 인도의 우파니샤드나 중국 반고신화와 달리 한국의 웅녀신화만이 갖는 고유한 정체성이 있다. 유한성과 무한성 가운데 어느 하나도 부정되지 않은 채, 유한이 그 자체 무한으로 여겨지고 있다는 점이다.

> 인도의 범아일여에서는 유한한 개체가 자신의 유한성을 버리고 하나의 무한으로 돌아간다는 점에서 유한이 부정된다면, 반고신화에서는 무한이 무수한 유한한 개체로 화함으로써 무한이 개체 속에 상실되어 버린다고 말할 수 있다. 전자에서는 무한만 남고 유한이 부정되는데 반해, 후자에서는 유한만 남고 무한이 부정되는 측면이 있다.[24]

인도의 범아일여에서는 브라만이 일체 존재를 만들고 그 만물 안으로 들어가 개체의 본질인 아트만으로 존재함으로써 "유한한 개체가 자신의 유한성을 버리고 하나의 무한으로 돌아간다."는 점에서 유한이 부정되고, 반고신화에서는 반고라는 거신의 특징인 "무한이 무수한 유한한 개체로 화함으로써 무한이 개체 속에 상실되어 버린다." 전자의 경우는 웅거가 말한 "맥락-초월적 주체", 즉 현실세계 안에서 능동적으로 불평등한 위계질서에 저항할 주체가 부정되며, 후자의 경우는 무한성의 상실로 인해 유한한 주체가 불평등한 사회적 위계질서를 무너뜨리고 각각의 국한된 경계를 넘어설 수 있는 초월적 역량이 부정된다.

인도와 중국 신화에 나타나는 신과 인간의 관계를 분석하면 인간 주체의 유한성과 신의 무한성 가운데 하나가 부정되는 데 반해서, 신의 도움이 없이 스스로의 주체적인 노력으로 인간이 되는 웅녀신화의 경우 신의 창조나 제작의 능동적 활동성에 의지하지도 않고 유한자의 주체적 노력 없는 자연주의의 형태도 아니다. 곰이 주체적이고 능동적인 활동을 통해 스스로 인간이 된다는 점에서 유한한 주체가 부정되지 않으면서 유한성 안에 내재되어 있던 무한한 신적 능력을 발현한 것이다.

이상의 내용으로『한국철학의 맥』에서 말하는 내재적 초월주의는 "유한이나 무한 어느 하나도 부정하지 않은 채, 유한이 그 자체 무한으로 여겨지는 것"[25]을 특징으로 한다.

> 유한한 인간 존재를 만들어 내는 자를 무한한 신이라고 한다면, 웅녀가 스스로 자기 자신을 인간으로 만든다는 것은 결국 인간 자신 안에 무한한 신적 능력이 잠재되어 있다는 것을 의미한다.[26]

내재적 초월주의에서 인간의 유한성이 포기 될 수 없는 것은 현실세계 속에서—웅거의 표현으로는 인간은 역사적 맥락 안에서 살아가는 맥락적 존재라 할 수 있다.—차별과 구별을 초월할 수 있는 주체가 곧 인간이기에 인간 주체의 유한성이 부정되면 웅거가 비판한 것처럼 신의 구제와 구원만을 기다리는 안심용 형이상학을 면하지 못할 것이고, 인간의 유한성과 분리된 무한성은 추상적이고 공허한 것으로 현실세계에 어떤 영향도 미칠 수 없는 무기력한 것에 불과하다. 또 반고신화의 경우처럼 신의 무한성이 자연으로 무화되어 부정되고 마는 밋밋한 자연주의의 경우, 무한성을 상실한 유한한 인간은 현실세계의 부조리한 차별을 넘어설 수 없는 현실 순응적인 무기력한 존재로만 이해될 수밖에 없다.

2. 시천주의 내재적 초월성과 시천주 개념 해석상의 논쟁

외재적 초월주의와 내재적 초월주의를 가늠하는 판단 기준이 신과 인간의 관계 분석을 통한 질적 차이와 동일성의 강조 여부에 있다면, 동학의 시천주 개념의 내재적 초월성의 판단도 동일한 기준을 적용하여 신과 인간의 관계 분석을 통해서 판단하여야 한다. 최제우가 「논학문」에서 밝힌 자신의 신비체험은 그가 신과 인간의 관계를 어떻게 이해하고 있는지를 확인할 수 있게 해 준다.

> 몸이 추워 떨리고 밖으로는 신령과 맞닿는 기운(接靈之氣)이 있고 안으로는 신비로운 가르침(降說之敎)이 있었다. 보려 해도 보이지 않고 들으려 해도 들리지 않아 마음은 더욱 이상스러웠다. 마음을 지키고 기운을 바르게 하여(守心正氣) "어째서 이렇게 되었는가?"라고 물었다. 말하기를 "내 마음이 곧 네 마음이다(吾心卽汝心). 사람들이 어찌 이 진리를 알겠는가? 사람들은 천지는 알지만 귀신은 모른다. 귀신이 바로 나다."라고 하였다.[27]

최제우는 신령과 맞닿는 기운은 '밖', 즉 외적인 것으로 묘사하지만 신령과 접촉의 순간에 마음을 지키고 기를 바르게 하는 수심정기를 행함으로써

"내 마음이 곧 네 마음"이라는 영의 가르침을 받아 "영이 곧 인간 자신의 마음"이라는 것을 깨달은 것이다.

한자경은 최제우의 체험이 "안과 밖의 경계, 안과 나의 밖의 영의 경계가 허물어지면서, 안과 밖, 나와 영이 하나가 되는 것을 의미하는 것"[28]이며 "영은 우주적인 초월적 존재이면서, 동시에 나와 분리되지 않은 바로 나 자신인 것"으로 해석한다. 신령은 인간 밖의 외적 초월자가 아니라 그 자체 인간 마음과 다를 바 없는 내적 초월자인 것이다. 이 점이 바로 동학의 종교성을 내재적 초월주의로 읽을 수 있는 지점이다. 초월적 존재가 나와 분리되지 않고 나와 초월적 존재의 경계가 없기에 신과 인간의 관계에서 천주가 곧 나이고 내가 곧 천주인 불이(不二)의 관계가 형성된다.

최제우는 실제로 「도덕가」에서 인간 밖에 상제를 '옥경대'에 있는 것으로 이해하는 외재적 초월주의의 서학자들의 견해를 '허무지설'로 비판한다.

> 천상에 상제님이 옥경대에 계시다고
> 보는 듯이 말을 하니 음양 이치 고사하고
> 허무지설 아닐런가.[29]

그는 「논학문」에서도 신비한 영이 세상사람 누구나 마음 안에 간직하고 있는 것임을 강조한다.

> 시(侍)는 안으로는 신비한 영이 있고 밖으로는 기화가 있음이다. 세상사람 누구나 각각 깨달아 마음에 간직하는 것이다.[30]

오지영은 최제우의 시천주의 신을 인간 밖에 두고 인간을 그 하위에 두는 서양의 외재적 초월주의에 반대하여 "사람이 하늘이요 하늘이 사람"이라는 내재적 초월주의를 강조한다.

> 도는 같은 것, 이치는 다른 것이다. 고인의 소위 천도라 함은 인류 밖에 따로 최고무상의 신 한 분을 설하여 그를 인격적 상제로 모셔 두고 인류는 그 하위에 거하여 배복하며 자기의 생사화복을 모두 그의 명령 아래 정한 바라 하는 것이요, 나의 이른바 천도는 이에 반해 사람이 하늘이요 하늘이 사람이라고 한 것이다.[31]

그의 다음 문장들을 통해서도 동학이 내재적 초월주의임을 확인할 수 있다. 천주가 저 허공 중에 별개의 신이 아닌 "사람 자체에 자재한 자신"을 말하는 것이다.

> 시천주라 함은 세상 사람들이 이른바 저 허공 중에 별개의 신을 두고 이름이 아니오, 사람 자체에 자재(自在)한 자신(自神)을 두고 이름이라.[32]

> 인내천이라 함은 하느님이 저 허공 속에 있다고 하는 말을 부인한 것이요, 하느님이 우리 사람에게 있다고 인정한 말씀이다.[33]

최제우의 체험과 오지영의 시천주 개념의 설명을 통해서 인간과 천주, 한울님과의 관계를 내재적 초월주의로 볼 수 있는데도 최제우의 천주와 한울님을 "외적 일신론"으로 해석하고자 하는 경향이 신학계의 연구자들을 비롯하여 여전히 지속적으로 나타난다.

그 대표적인 예로 신일철은 「최수운의 역사인식」[34]에서 '천주'를 '내 몸에 모시는' 즉 모시는 자와 모심을 받는 자로 이원적으로 구분하여 '시천주'를 '외재적 일신론'으로 파악한다. 이런 해석 때문에 그는 동학의 3대 교주인 손병희(1861-1922)의 인내천이 '범신론'이기에 최제우의 천주와 인내천을 무관한 것으로 본다. 신일철의 견해대로라면 손병희는 최제우의 '외적 일신론'으로서의 신을 인내천으로 범신론화한 것이며 동학의 근본교리가 인내천이 아닌 시천주라는 것이다.

한자경은 시천주와 인내천의 연관성을 부정하는 신일철의 해석이 최제우의 신비체험을 곡해하는 잘못된 주장임을 분명히 밝히고 그 이유로 두 가지 점을 지적한다. 첫째, 신인철은 최제우가 깨달은 초월과 내재, 신과 인간, 무한과 유한의 불이(不二)의 관계를 제대로 통찰하지 못했다. 둘째, 그는 현상적인 자아 너머의 초월적 신비적 영을 자아 자신 안에 내적으로 모신다는 '내적 초월'을 간과했다.[35]

신일철의 경우처럼 시천주의 내재적 초월성을 간과하게 되면 '동귀일체'를 가능하게 하는 실천적 역량은 신비로운 마음이 아닌 다른 것에서 찾을 수밖에 없게 된다는 것이 논리적인 귀결이다. 실제로 신일철은 최제우의 '기(氣)'를 정주의 주기설이나 노장의 존재론과 동일시하면서 '만유제일의 평등적 원리'를 '주기설'로 설명한다.[36]

신일철은 "수운의 신유학적 존재론의 구상이 주리설을 멀리하고 주기설에 기울어지고 있다."고 말한다. 그는 "주리설은 리가 주재하는 상하 주종의 질서를 합리화하여 신분 차등의 세계관적 근거가 된다면, 주기설은 리에 의한 주재를 인정하지 않는다는 점에서 만유제일의 평등적 원리를 이끌어낼 수 있게 된다."고 말함으로써 최제우의 평등사상을 정주학의 주기설과 연결시킨다.[37]

최제우의 기를 노장의 주기설과 동일시하면서 "수운의 신유학적 존재론의 구상이 주리설을 멀리하고 주기설에 기울어지고" 있고, "주리설은 리가 주재하는 상하 주종의 질서를 합리화하여 신분 차등의 세계관적 근거가 된다면, 주기설은 리에 의한 주재를 인정하지 않는다는 점에서 만유제일의 평등적 원리를 이끌어낼 수 있게 된다"[38]고 주장하는 신일철의 해석에 대해, 한자경은 "성리학에 태극인 리가 본연지성으로 일체 평등의 근거이며, 기는 오히려 기질지성으로 만물의 차별화의 원리가 된다는 점은 차치하고라도, 동학의 지기는 신령이나 한울님에서 비롯되는 기운이라는 점에서 정주나 노장의 자연주의적 지기와는 구분되어야 함"을 분명히 강조한다. 유교나 노장의 존재론에서의 기(氣)와 달리 최제우는 「논학문」에서 자신의 기의 허령함을 강조하기 때문이다.

> 기는 허령하고 아득하여 기가 이르지 않는 사물이 없고 기가 명하지 않는 사물이 없다. 그러나 형태가 있는 듯하면서도 형용하기 어렵고 들리는 듯 하면서도 보기 어려운 것이니, 이것이 혼원(渾元)의 일기(一氣)다.[39]

우주 만물의 생성과 존재의 궁극 근원으로서의 태극이나 무극은 일체의 상대를 끊은 절대이며 그것과 그것 아닌 것을 구분하는 경계가 없다는 점에서 무한이 된다. '태극생양의(太極生兩儀)'[40]를 통해 음과 양이라는 상대적인 두 기의 생성은 천차만별의 개체를 형성하고 그 각각의 개체들은 기의 통·색과 정·편 그리고 청·탁 등의 차이를 만든다. 절대와 무한의 태극과 무극이 음과 양의 기로의 '근본 분열'을 통해 차이를 만든다는 것이다. 따라서 각각의 개체가 태극과 무극의 형이상학적 차원을 내재화하지 못할 때 현실 세계는 차별과 구별만이 남게 된다.[41]

개체는 기의 산물로서 보면 균질적이지 않은 우주 전체 기 중의 일부분이 화합하여 형성된 것으로서 각각이 전체의 단지 일부분일 뿐이며 다른 것과 구분되는 차이성과 특수성을 갖는다.[42]

유·불·선 삼교의 종합이면서 기독교 사상까지도 흡수한 통합적 사상이라고 평가되는 동학의 시천주 개념의 다양한 해석들이 유교의 주리론과 주기론, 동서양 철학과 종교에서 등장한 관념론과 유물론, 유신론과 범신론 중에서 하나를 선택하여 해석될 때, 동학사상의 해석은 각각의 주의나 주장들이 갖는 상호 이질적이고 대립된 주장들 때문에 "체계성 없는 혼합주의식 주장"으로 전락할 수밖에 없다.

신일철의 경우처럼 시천주와 인내천의 관계를 연속선상에서 보지 못하고 단절된 것으로 보는 것, 신학계를 중심으로 너와 내가 하나임을 가능하게 해주는 '신령'의 형이상학적 차원이 아닌 노장의 존재론으로 최제우의 '기'를 해석하는 것 등, 동학에 대한 이러한 방식의 해석과 이론적 담론이 끊임없이 지속되는 이유를 한자경은 우리가 '유교적 자연주의', '유물론적 경험주의', '세속주의', '기독교의 외재주의'에 빠져 있기 때문에 내재와 초월을 대립 개념이나 모순 관계로 생각하기 때문이라고 본다. 즉 인간과 신, 무한과 유한, 초월과 내재 사이의 '불이(不二)'의 관계를 통찰하지 못했기 때문이다.

우리는 흔히 유교적 자연주의, 유물론적 경험주의 내지 세속주의에 빠지거나 아니면 기독교적 외재주의밖에 없다고 생각하기 때문에 내재와 초월을 대립 개념으로 이해하며, 따라서 내적 초월을 모순적인 것처럼 간주하는 우를 범한다. … 이런 주장은 최제우가 깨달은 바 초월과 내재, 신과 인간, 무한과 유한의 불이(不二)의 관계를 제대로 통찰하지 못한 탓이라고 본다.

한마디로 현상적인 자아 너머의 초월적 신비적 영을 자아 자신 안에 내적으로 모신다는 '내적 초월'을 간과하는 것이다.[43]

신학계의 해석대로 최제우의 '천주' 개념을 '외적 일신론'으로 최제우의 '지기(至氣)' 개념을 노장의 주기론으로 해석하는 것은 동학의 고유의 내재적 초월성―한자경에 따르면 내재적 초월성이 한국 무교, 유교, 불교 그리고 동학에 이르기까지 일관되게 유지되고 있는 '맥'이다.―을 간과하게 된다. 이러한 방식의 해석이 이론적 차원의 해석과 담론의 문제라면 그 심각성은 그다지 중요한 사안이 아닐 수 있다. 문제는 동학 시천주의 내재적 초월성과 절대성을 간과하고 서양의 외재적 일신론으로 해석하거나 또는 초월성과 절대성과 같은 형이상학적 측면을 완전히 배제한 채 범신론적으로 해석할 경우 우리가 경험하는 현실세계의 계층적인 위계질서의 불평등한 관계를 무너뜨리고 평등의 관계를 지향하는 데에 장애가 되고 우리가 우리 자신의 실천적 역량 자체를 부정하는 것이기 때문이다.

IV. 맺음말

동학과 동학농민혁명 관련 선행연구를 분석해 보면 다양한 학문 분과의 연구 범위와 주제를 대체로 다음과 같이 범주화할 수 있다. 첫째, 종교학과 신학계를 중심으로 한, 동학의 천주와 천주교의 천주 개념의 동일성과 차이성에 대한 논쟁이다. 둘째, 역사학계를 중심으로 한 동학농민혁명의 실천 주체가 누구인지에 대한 논쟁이다. 관점의 차이에 따라 혁명의 주체를 부농, 빈농, 농민, 동학도로 상이하게 보며 행위 주체가 누구인지에 따라 혁명 명칭이 동학농민혁명, 갑오농민혁명 또는 전쟁으로 달리 규정되는 실정이다. 셋째, 근대성 담론을 중심으로 동학이 한국 전통종교나 철학과의 단절이라는 점에서 근대성을 성취했다는 주장과─이러한 주장은 자신들의 종교 선교를 목적으로 한국 전통종교와의 단절을 강조하는 천주교와 기독교 측의 해석들이다.─그와 반대로 동학이 유·불·도 삼교를 종합했다는 점에서 전통을 계승했다는 상충된 관점이다. 넷째, 영국, 독일 등의 혁명사와의 비교연구이다. 북한 학계와 아울러 유물사관이나 이데올로기에 입각한 역사학계의 연구는 동학의 종교성을 관념적이라는 이유로 종교성과 혁명성의 내적 연관성도 부정한다. 다섯째, 동학농민혁명과 종교외피설에 관한 끝나지 않는 논쟁이다. 이는 유물론과 관념론의 논쟁이기도 하다. 여섯째, 문학계에서의 동학 연구이다.

종교학, 신학, 철학, 정치학, 역사학, 문학 등 여러 학문 분과에서 관심을 가지고 동학과 동학농민혁명을 광범위하게 다루지만, 관점의 차이에서 오는 해석은 분과학문 간의 장벽으로 인한 견해의 차이만을 확인할 뿐이지 선행연구를 통해 동학과 동학농민혁명의 실체를 알 수 없고, 그 둘의 내적 연관성이 어떤 것인지도 논란이 끝나지 않았다. 특히 동서양 철학의 역사를 전장(戰場)으로 비유할 수 있는 만큼 동학의 핵심 개념들을 관념론, 유물론, 경험론 그리고 유교 담론의 주리론과 주기론으로 해석 할 경우, 각각의 주의 주장들은 이율배반적이어서 상호 무관심한 채 아무런 체계 없이 혼재될 뿐이다.

따라서 동학 또는 동학농민혁명에 관한 상충되고 모순되는 주장들의 옳고 그름을 구분하기 위해서라도 나침반이 필요한 상황이다. 본 연구에서 그 나침반으로 내재적 초월주의를 제시했다. 내재적 초월주의가 나침반일 수 있는 것은 그것이 외재적 초월주의나 자연주의에 비해 이론적 해석 차원의 우위에 따른 것이 아니라 도덕적이고 실천적인 차원에서의 우위 때문이다.

외재적 초월주의는 안심용 형이상학으로 전락하고, 유물론과 자연주의는 인간의 주체적 능동성을 부정하여 현실세계의 불평등한 위계질서에 저항할 수 있는 역량을 상실하게 하는 데 반해, 내재적 초월주의 인간관은 현실세계의 분별과 차별의 역사적 맥락을 떠날 수 없는 인간의 한계상황을 순진하게 부정하지 않으면서 동시에 그 맥락을 초월할 수 있음을 강조한다. 불평등한 사회와 인류를 평등하게 만들 수 있는 주의가 내재적 초월주의인 것이다.

동학의 종교성과 혁명성이 분리된 것이 아니라 통합된 것이라는 사실이 학계의 상식이 되었다 할지라도 동학농민혁명 관련된 종교외피설은 끊임없이 제기된다. 박민철은 「북한 철학계의 동학·천도교 이해와 그 특징」에서 "북한 철학계의 해석은 종교 사상을 해석하는 원칙으로 유물론이라는 규정성이 강하게 작동하고 있음을 보여준다."[44]고 밝히고 있다. 북한 학자인 량만석은 "무극을 물질적 실체"라고 유물론적으로 이해하고 "사물현상들의 운동 변화가 자연적으로 스스로 진행된다는 것과 운동 변화의 원인이 사물 자체 내에 있다는 의미"[45]는 비록 외재적 초월주의는 아니지만 유물론적 관점에서 초월성과 내재성을 상실한 밋밋한 자연주의적 해석일 뿐이다. 종교성과 혁명성이 분리되지 않고 통합되었다는 것이 학계의 상식이 되었다는 견해를 무색하게 하는 주장들이다.

한반도 내에서조차 동학과 동학농민혁명에 관한 해석이 상이한 주장들로 혼재된 혼합주의적 양상을 벗어나지 못하고 있다. 남북한 학계의 지식인들이 공통적으로 동귀일체와 시천주가 내포하는 동학의 형이상학에 무관심하고, 신학계의 주장대로 유교와 같은 한반도 전통종교의 종교성을 지배계급의 정치 이데올로기로서의 기능만으로 부각시킬 때, 불평등한 세상을 평등한 세상으로 만들 수 있는 우리의 실천적 역량도 상실된다.

근대성 담론에서 전통과의 단절이 근대성의 성취임을 강조하는 상황에서 브루스 커밍스(Bruce Cumings, 1943-)가 천년을 이어 온 한반도의 미덕을 강조한 것에 주목해야 한다. 그는 한반도의 토착관념, 불교, 유교가 혼합된 세계관인 '미덕(美德)'[46]이 현대에 이르기까지 지속적으로 계승되고 있음을 강조한다. 그 미덕의 초월성과 도덕성이 한국철학과 종교의 맥으로서, 유학자는 도덕적 간언을, 차별받는 민은 각성하여 불평등한 신분제에 저항을, 그리고 학생과 학자들은 한국의 민주화를 위해 저항을 하여 권력자에게 진실을 말하게 하고 윤리적 자세를 갖도록 했다는 것이다.

"이게 나라냐"라는 시민의 함성과 2017년도 한국의 촛불혁명은 "잘못되어 가는 나라를 도와 도탄에 빠진 백성들을 편안히 한다."는 동학의 보국안민(輔國安民)의 정신의 계승일 것이다. 우리는 촛불혁명의 주체가 누구인지, 그러니까 그가 부자인지 가난한 자인지 그의 종교가 무엇인지 묻지 않는다. 혁명의 주체는 그런 구분과 경계 짓기와 무관하다. 우리 모두의 심층 마음에 일심으로 내재된 한반도 고유 전통이 미덕이고, 혁명은 그 미덕을 구체적으로 현실세계에서 실현하고자 한 실천운동일 것이다.

마음혁명을 통한
독립국가 완성과 국민 만들기

: 정산 송규의 『건국론(建國論)』 독해와 음미

김석근 아산정책연구원 한국학연구센터장

I. 머리말: 시각과 방법

이 글에서는 정산(鼎山) 송규(宋奎, 1900~1962)가 쓴 『건국론(建國論)』에 담겨 있는 건국철학을 독해하고 그 건국철학이 어떤 함의를 지니고 있는지를 검토해 보고자 한다. 이미 알려진 것처럼 정산 송규는 '원불교'(←'불법연구회')라는 명칭과 삼동윤리(三同倫理)를 제정한 원불교 제2대 종법사이기도 하다. '종교인'으로서 그가 '건국' 문제를 다루는 『건국론』을 저술했다는 점, 그 저작 시점이 1945년 10월, 그러니까 해방 직후라는 점, 그 논의가 상당히 구체적인 차원까지 들어가 있다는 점, 그리고 그 저작을 원불교 및 정계의 주요 인사들에게 배포했다는 점 등에서 주목을 끌기에 충분하다.

그동안 『건국론』에 대한 관심과 연구는, 다소 주관적이긴 하지만, 상당한 정도로 이루어졌다고 하겠다. 이들을 검토하면서 필자는 『건국론』연구사에서 나름 중요한 세 개의 포인트를 발견할 수 있었다. 1) 문고판 출간 (1981), 2) 『원불교사상』15집(1992)[정산종사 특집이라 할 만함][1] 3) 정산종사탄생100주년기념사업회의 작업. 학술대회(1997) 및 논문집 간행. 그 외에 석사학위 논문,[2] 박사학위 논문[3]도 나왔으며, 본격적인 '해제'와 영인[4]이 나옴으로써 앞으로 연구는 한층 활성화될 것으로 여겨진다.

한편 연구 내용과 성격이라는 측면에서도 필자는 마찬가지로 세 가지 연구 경향을 읽어 낼 수 있었다. 첫째, 원불교의 종학, 교학사적인 관련 연구로서, 저술 배경, 내용, 성격과 구조 등을 다루고 있다. 둘째, 평화통일, 통일운동, 중립화, 중도주의 통일론 등에 대한 현재적 함의나 미래지향적 시사(示唆)에 초점을 맞춘 논의이다. 셋째, 당시 정치 현실이나 넓은 의미의 '정치학'적 관점에서의 접근과 분석, 그 시대 정당들의 건국 정강과 그 비교,[5] 그리고 다른 사상가(조소앙, 정마명 등)와의 비교 연구가 그것이다. 이 글은 세 번째 흐름에 '공감'하면서도 다른 한편으로 약간의 '불만' 같은 것도 없지 않다. 사상가, 종교인의 '건국론' '건국철학'을 기성 정당의 정강 및 정책과 같은 '차원'에서 다룬다는 것이 과연 적실한가 하는 것이다.[6]

따라서 이 글에서는 조금 다른 전략이나 연구 방법론을 취하고자 한다. 원불교라는 울타리에 얽매이지 않고서, 제3자의 무심한 시선으로, 그리고 정치학적으로 조금은 낯설게 바라보고자 한다. 부연하자면 우선 '개념'(용어) 혹은 '개념사'적인 접근을 시도해, 정산의 정교한 '용어' 구사에 주목할 것이다. 예컨대 '인민' '민중' '대중'의 사용, '동포'와 '민족' 사용, '민족' '국민' 동시 사용 등. 둘째로, 필자의 1차년도 연구[근대한국종교에서의 '민족'(民族)과 '민중'(民衆)]와의 연속성, 즉 Nation, Nation State, 그리고 Nationalism과의 관련성 여하에 주목하고자 한다.[7] '건국'의 구체적인 과제라 할 수 있는 State Building과 Nation Building의 문제를 정산은 어떻게 생각하고 있었나 하는 것이다. 그래서 정산의 '국가'와 '국민' 인식에만 초점을 맞추어 보고자 한다.[8] 셋째, 토착적 혹은 자생적 건국이론(예: 범부 김정설),[9] 그리고 동시대의 기독교적 건국이론[10]과의 비교 연구도 염두에 두고자 한다. 끝으로, '정치와 종교'라는 관점에서 보는 정산, 소태산의 '정치와 종교'의 연속성에 주목하고자 한다.[11]

II. 예비적 검토: 텍스트, 사상적 배경, 자리매김

이 장에서는 효율적인 논의를 위해서, 그리고 이 글에서의 논의가 『건국론』[12] 연구에 어떤 의미가 있는지 가늠해 보기 위해서라도 몇 가지 측면들을 정리해 두고자 한다. 『건국론』에 대한 기존 연구 성과의 간략한 요약과 정리라 해도 좋겠다.

우선, 텍스트로서의 『건국론』과 그 판본 문제, 참고문헌에서 볼 수 있듯이, 현재 『건국론』과 관련해서는 다양한 '판본'이 나와 있다. 애초에 『건국론』은 손글씨로 쓴 국한문 혼용체, 교과서 크기로 전체 40쪽 분량이었다(목차 4쪽과 본문 36쪽). 필사본은 영인에 힘입어 박맹수,[13] 정화진,[14] 『평화통일과 정산종사 건국론』[15]에서 참조할 수 있다. 『圓佛敎敎故叢刊(第4卷): 初期 敎書篇』(1968)에는 부록으로 『건국론』을 복간(復刊)하고 있다. 원문 오독과 오자가 있으나 원문에 충실하게 전재했다. 『(문화문고1) 정산종사 건국론』[16]은 활자화되었다는 점에서 의미가 크지만,[17] 텍스트상으로 약간의 문제가 없지 않다. '공산' '공산주의' '인민' 등 용어를 바꾸어 놓았기 때문이다. '공산주의' → '평등주의', '공산' → '평등'이나 '균등'으로. 그리고 '좌익' '우익' '좌우중' 등의 구절은 누락되어 있다. 텍스트에 사용된 '개념/용어'의 치밀한 분석' 및 심층적인 연구에 심한 '장애'가 되지 않을 수 없다. '왜곡'의 우려마저 없지 않다. 그런 만큼 1) 영인 작업에 이어 2) 원본 그대로의 활자화 작업이 필요하다고 본다. 더 나아가자면 3) 주석 작업과 4) 현대어 번역도 이루어져야 할 것이다.

둘째, 『건국론』의 역사적, 사상적 배경과 관련해서는 다양한 견해가 제시되어 있다. 우선 『건국론』과 관련해서 원불교, 해방 공간, 동도서기에 대한 이해가 필요하다고 보는 견해가 있다. ① "『건국론』의 종합적 이해를 위해서 다음의 3가지 배경의 이해는 꼭 필요하다고 본다. 첫째는 원불교 교단사적인 맥락이다. 둘째는 해방 전후 한국 현대사의 혼란스러운 상황이다. 셋째는 19세기 한중일 삼국의 개화사상이라 할 수 있는 동도서기류의 사상적 흐름이다."[18] 원불교의 교법정신에 근거한다는 점을 지적하면서 서구 시민사회의 주요 이념인 자유평등의 비판적 수용, 성리학적 경세론의 재인식, 실학주의적 경향을 지적하는 견해도 있다. ② "건국론에 담긴 사상적 기반의 일단을 좀 더 구체적인 하위 요인으로 제시해 보면 다음과 같다. 먼저 원불교의 교법정신에 근거하고 있는 점이다. … 두 번째로 서구 시민사회의 주요 이념이었던 자유·평등의 비판적 수용이다. … 세 번째로 성리학적 경세론의 재인식이다. … 끝으로 실학주의적 경향이다. … "[19]

한편 『자치통감(資治通鑑)』과 원불교의 일원의 진리관이 합일해서 『건국론』을 낳게 되었다는 견해도 있다. ③ "정산이 9세시에 공부한 『통감(資治通鑑)』이 『건국론』 구성의 기본 시작 형성에 큰 영향을 준 것으로 보게 되었다."[20]; "송정산이 『건국론』을 저술하게 된 배경으로 유시에 공부한 『통감』에서 얻은 역사적 관점과 교훈이 일원의 진리관과 합일되어 『건국론』을 집필하게 되었을 것"[21]이라 한다. 또 다른 견해로는 원불교의 '현세종교성'이 사상적 배경을 이루고 있다고 한다. ④ "그렇다면 『건국론』 저술의 사상적 배경이 무엇인가 하는 의문이 남게 된다. 필자의 생각으로는 원불교의 현세종교성이 『건국론』 저술의 사상적 배경이라고 생각된다. 즉 원불교의 이상세계는 현세에 있다. 즉 죽은 뒤의 세계나 미래에 있지 아니하고 현실을 이상세계로 변화시키고자 하는 것이다."[22]

정산이 어디까지나 종교인이었던 만큼 원불교 교단사적인 맥락, 원불교의 현세종교성과는 무관하지 않다고 해야 할 것이다. 또한 시기가 해방 직후였던 만큼 이른바 '해방 공간'하에서 이루어진 작업이라는 점 역시 분명하다. 또한『통감』, 성리학적 경세론의 재인식, 실학주의적 경향, 동도서기, 서구 시민사회의 주요 이념 자유평등의 비판적 수용 등의 견해는 당연히 경청해야 할 고견이라 하겠다. 하지만 설득력을 높이기 위해서는 '심증'(心證) 차원을 넘어서는 적절한 '물증'(物證) 확보가 요망된다고 하겠다.

셋째, 지금까지『건국론』은 다양한 차원에서 자리매김되어 왔다.『건국론』을 이해하는 데 도움이 되는 귀중한 견해들이라 할 수 있으므로, 참조를 위해서 한 자리에 모아 두는 것도 그리 나쁘지 않을 듯하다.

① "해방 이후 건국 초기의 혼란한 사회상황을 성안으로 직접 주시하시면서 기초하신 옥고" "오직 나라의 전도를 위한 깊으신 성려(聖慮)와 성지(聖智)로써 투시(透視)하사 달관(達觀)과 직관(直觀)으로 밝히신 원리원칙들이요 대경대법이며 성자의 뜨거운 대자대비가 어려 있는 묘법이시다."[23]

② "새나라 민주 한국 건설의 방략(方略) 대요를 1권의 책자로 제시해 주신 뜻 깊고 소중한 일대경륜(一大經綸)의 서(書)"[24]; "대세계주의자(大世界主義者)이신 정산 종사께서도 조국은 있는지라 나라 위해 외쳐주셨던 이 큰 경륜(經綸)의 서(書)"[25]

③ "『건국론』은 종교에 바탕하여 국가건설을 위한 구체적인 진단과 처방전"[26]

④ "『건국론』은 곧 통일민족국가수립론"[27]; "송정산의『건국론』은 당연히 중도우파적 로선에 가깝다." "어떻든 1945년 10월에 집필된『건국론』은 '해방공간'에서 김구, 김규식 중심 임시정부 계통과 안재홍 중심의 국민당의 초기 로선과 비슷한 것"[28]

⑤ "『건국론』은 원불교적인 이상세계의 실현을 위한 국가건설론"[29]; "원불교 교의와 사회개혁의 실천경험을 바탕으로 해방공간의 정치현실에서

현세적 이상세계를 실현하기 위한 정책 대안이며 원불교적인 민족국가건설론이라고 할 수 있다."[30]

⑥ "소태산이 제시한 일원상의 진리에 입각한 사회개혁 및 국가건설의 길"[31]

이상의 견해들에 대해서 필자로서는 전반적으로 비평, 논평할 수 있는 수준에 이르지 못했다. 그런 이유로 이미 앞에서 밝혔듯이 이 글에서는 정산의 '국가'와 '국민' 인식에만 초점을 맞추어 보고자 한다. 핵심적인 요소에 주목해 보자는 것이다. '건국'의 구체적인 과제라 할 수 있는 State Building과 Nation Building의 문제를 정산은 어떻게 생각하고 있었나 하는 것이다. 덧붙여 두자면 다양한 측면에서 구체적인 연구가 다각도로 이루어진다면 어느 시점에선가는 정산 『건국론』의 적절한 자리와 의미가 오롯이 드러날 수 있지 않을까 하고 기대해 본다.

III. 정산의 『건국론』 독해: 독립국가 건설을 위한 철학적 모색

1. 자유와 독립: 불편불의한 조선의 정신과 독립국가의 완성[32]

1) 정산의 기본 자세

정산은 『건국론』을 저술하게 된 기본적인 입장과 생각을 담담하게 적었다. "8월 15일 이후로 여러 대표의 선언도 들었고 그 지도 방식도 보았으며 인심의 변천 상태도 대개 관찰한 나머지, 어느 때는 혹 기뻐도 하고 어느 때는 혹 근심도 하며 어느 때는 혹 이렇게 하였으면 좋지 아니할까? 하는 생각도 자연 나게 되므로, 그 자연히 발로되는 생각 일면을 간단히 기술하고 이름을 건국론이라 하였다." 하지만 "나는 종전에 정치에 대한 아무 훈련도 없는 자요 현재 어느 정당에 무슨 관연(關緣) 있는 자도 아니다. 오직 조선 건국을 위하여 같이 기뻐하고 같이 근심하며 건국전도(建國前途)를 충심으로 축복하는 한 사람은 된다고 생각한다."[33] "비록 천견자(淺見者)의 두서없는 한 진술이요 명세한 정치 이론은 아니나" "어느 한편으로는 조선현시(朝鮮現時)에 혹 적당한 요목도 없지 않을 것이라 생각한다." "건국사업(建國事業)에 더욱 힘써 주시기를 간절히 바라는 바이다."[34]

정산은 어디까지나 종교인이었으며, '정치'나 '정당'과 관련이 있는 자는 아니었다. '명세한 정치 이론'을 전개하려는 것도 아니다. 하지만 조선 건국을 위하여 기뻐하고 근심하면서 건국의 전도를 축복하고자 하는 사람이라 밝힌다. 여기서 중요한 것은, 선험적인 교리(혹은 섭리)의 제시와 주장이라기보다는 현상을 바라보면서 갖게 된 생각의 발로를 피력하고자 했다는 점이다. 그것은 '기독교'적인 건국론과 확연히 구분되는 측면이라 하겠다.

2) '자유'[해방(광복)]와 '독립'

흔히 '해방' '광복'으로 불리지만, 정산은 "조선의 자유를 오게 하는 것"이라 했다. "세계의 침략자를 숙청하고 조선의 자유를 오게 하는 것은 연합 제국의 용감한 전쟁과 따뜻한 동정에서 나온 선물이다."(14쪽) 조선의 자유를 스스로 쟁취한 것이 아니라는 점을 담담하게 인정하는 것이다. 그런데 '연합국' 내지 '연합 제국'은 말 그대로 국가들의 연합이다. 한 국가만 있는 것이 아니다. 여러 국가를 어떻게 대우할 것인가. "우리는 공평한 태도와 자력의 정신으로서 연합국을 똑같이 친절할지언정 자기의 주의나 세력 배경을 삼기 위하여 어느 일개 국가에 편부(偏付)하여 다른 세력을 대항하려는 이 어리석고 비루한 생각은 절대로 말아야 할 것이다."(15쪽), "공평한 태도"와 "자력의 정신"이 필요하다, "과거 경술(庚戌)년 이전에 친로 친중 친일파 등 세력 투쟁에서 그 결과는 무엇이 있었던가를 왜 생각해 보지 않는가?"(16쪽).

여기서 '중립주의'(中立主義)가 나온다. "조선의 정세를 살필진대 중립주의(中立主義)가 아니고는 도저히 서지 못할 것이며 연합국의 다 같은 원조가 아니면 건국사업이 순조롭게 진행하지 못할 것이다."(15쪽)[35] 그러면 어떻게 해야 할 것인가. "우리는 내부의 단결을 주로 하고 불편불의한 조선의 정신을 새로이 찾아야 할 것"(15쪽)이다. 그러지 못하고 이리저리 흔들리거나 어느 한쪽에 기울어진 사상에 따라 행동하면, 그것은 "스스로 외국 간섭을 원하는 것이요 건국사업을 방해하는 공작이라 아니할 수" 없다. "만약 우리로 인하여 연합국 사이에 혹 어떠한 감정이 생긴다든지 또는 국내에 무슨 불상사가 있는 때에는 어떻게 할 것인가."(15쪽)

그런데 '자유'는 '독립'과 이어진다. 독립은 '건국사업' '건국공사'(건국공작)와 연결되어 있다. 건국사업을 통해서 제대로 된 독립된 국가를 만드는 것이다. "그러므로 건국공사는 먼저 이 근본 문제를 해결하는 데 있다고 생각한다. 조선의 독립이 더디고 속한 것도 오직 우리의 단결 여하에 있나니"(14쪽)

건국하기 위해서는 우방의 원조가 필요하다. 하지만 그것은 "한때의 차력(借力)"일 뿐이며 "영원히 위의 힘은 아니"라는 것, 힘을 키워야 한다는 것, '실력 양성'이 필요하다.[36] "우리나라를 완전히 만들기로 하면 먼저 실력 양성에 착수하지 아니하면 안 될지니 실력 양성은 정신에 있어서는 정치교육이 항상 신의에 근본하여 민중으로 하여금 정부에 대한 신뢰를 갖게 하는 것이요 시책에 있어서는 국방 건설 경제가 항상 실지화하며 인적 양성과 물적 개발을 조금도 게을리 아니해서 우리의 국토를 우리의 힘으로 넉넉히 유지하여 자립자위(自立自衛)하고 자작자급하는 지경에 도달하게 하자는 것이니 이러한 후에야 비로소 독립국가의 완성이라 할 것이다."(24쪽) 기억해 두어야 할 측면 하나로 정산은 '독립국가 완성'에 배치되는 것들로 외국 간섭과 '외국의 압정'[37]을 들고 있다. 다시 말하면 외국 간섭과 외국의 압정을 벗어나야 비로소 독립국가를 완성할 수 있다는 것이다.

3) 중도주의와 중립주의 관계 여하

정산에 따르면 "중도주의는 과와 불급이 없는 것이니 즉 상대 상대편에 서로 권리 편중이 없는 동시에 또한 각자의 권리를 정당하게 잘 운용하자는 것"이다. "관리는 관리에 대한 권리, 자본주의는 자본주에 대한 권리, 노무자는 노무자에 대한 권리가 서로 공평 정직하여 조금도 강압 착취와 횡포 자행(橫暴恣行)하는 폐단이 없게 하는 법이니 모든 정책을 이와 같이 사정(査定)하는 것을 중도주의"(21쪽)라 했다.

'과'(過)와 '불급'(不及)이 없는 것을 중도주의라 한다. 그렇다면 정산의 중도주의는 이른바 '중용'(中庸)의 다른 이름이라 할 수 있다.[38] 지나치거나 모자라지 않고 그 지점, 상황에 딱 들어맞는 것이라 하겠다. 그런데 정산은 앞에서 본 대로 대외적으로는 '중립주의'를 취한다고 했다. 그렇다면 '대외적으로는 중립주의, 대내적으로는 중도주의'라는 도식이 성립된다고 할 수 있을는지. 또한 '중도'의 의미 역시 구체적으로 어떤 것인지 궁금하다. 좌익과 우익 사이를 '중도'라 할 수 있는지도 그렇다. 필자가 읽은 한에서 견해를 밝혀 보자면, 정산에서 중도주의는 곧 중용이라 할 수 있으며, 그런 의미에서의 중도주의는 중립주의보다 더 큰 범주라 하겠다. 현실적인 국제관계에서 조선이 중립주의를 취하는 것, 그것이야말로 중도주의의 한 표현이라고 할 법하기 때문이다. 그것이 그 시대 조선에서는 '중용'이라는 식으로.

2. 건국사업(건국공사): State Building과 Nation Building

1) '국가'와 '민족'과 '국민'

정산은 "완전한 국가, 강력한 민족"이라는 구절을 사용한다. "하물며 최령한 사람으로서 더욱이 만년 대업을 경영하는 건국에 있어서 먼저 이 근본되는 마음 단결이 없고야 어찌 완전한 국가, 강력한 민족을 감히 바랄 수 있으리오."(12쪽) 정산은 '나라'와 '국가'라는 용어/개념을 사용한다. 거의 일치하거나 혹은 아주 가까운 의미라 할 수 있다.

그런데 주목해야 할 것은, 그가 '민족'과 '국민'이란 용어/개념을 같이 구사한다는 점이다. 정산의 '민족'은 엄밀하게 말하자면 이중적인 의미를 지니고 있다. 강력한 민족, 그들은 완전한 국가의 구성원이기도 하다! "완전한 국가, 강력한 민족"이라 한 것이 증거가 된다. 그런데 정산은 다른 한편으로 '인민', '민중', '대중'이란 용어도 쓴다. 하지만 그가 구사하는 '인민', '민중', '대중'은 모두 'people'에 가깝다. ('계급'이란 용어도 쓴다.)

동시에 그는 '동포'(同胞), '민족'이란 용어도 쓴다. 그들은 the ethnic group, the ethnicity(the ethnos) 개념에 가깝다. 당연한 것이지만 '국민'(國民)은 '국가'(나라)를 전제한다. (민족은 국민이 될 수 있다.)[39] 국가 없는 '국민'은 없다.[40] 그것은 the nationality에 해당한다. the ethnicity와 the nationality는 일치될 수도 있고, 구분될 수도 있다(예컨대 조선족. 그들의 국적은 중국이다). 요컨대 정산은 '민족'과 '국민'의 차이를 충분히 인지하고 있다.

2) '국가'에 대한 인식

정산은 국가(國家)에 대해서 이렇게 말한다. "국가에 대하여. 국가에는 다스리는 이와 다스림을 받는 이가 있게 되고 교화하는 이와 교화를 받는 이가 있게 되며, 다스리는 이와 다스림을 받는 이들이 각각 그 도를 잘 행하고 못함에 따라 나라의 흥망이 좌우되고, 교화하는 이와 교화 받는 이들이 각각 그 도를 잘 행하고 못함에 따라 나라의 성쇠가 좌우되나니라. 그러므로, 나라의 지도자들은 정전에 밝혀 주신 지도인으로서 준비할 요법을 먼저 갖추는 동시에 반드시 그 도를 잘 이행하여야 나라의 운명과 민중의 앞길에 지장이 없을 것이요, 국민은 또한 국민의 도를 잘 이행하여야 그 나라가 흥성하고 그 국민이 한 가지 행복을 누리게 되나니라."[41] 국가와 나라는 거의 같은 뜻으로 쓰인다. 국가가 있어 '나라의 지도자들'과 '국민'이 있다는 것이다.

그런데 정작 중요한 것은 '국가'와 '개인'의 문제이다. 개인이 모여서 '국가'라는 공동체를 이룬다. 그런 의미에서 '개인'과 '국가'는 하나의 짝을 이룬다. 정산은 이렇게 말한다. "3. 개인 명예에 편착하지 아니하고 국가의 명예를 잘 드러내는 것이요, 4. 개인의 세력을 다투지 아니하고 국가의 세력을 잘 키우는 것이요, 5. 개인의 이해(利害)에 몰두하지 아니하고 국가의 이해를 잘 생각하는 것이요, 6. 개인의 선불선(善不善)이 국가의 가치에 높낮음이 되는 이치를 알아서 외인소시(外人所視)에 비루(鄙陋)한 행동을 아니하는 것이요."(19쪽) 정산은 '개인'과 '국가'(공동체)의 관계를 익히 알고 있으며, 서로 배치될 수 있다는 것까지 알고 있다.

그뿐만 아니라 정산은 '정부'와 '국가'도 분명하게 구분한다. 또한 '개인, 가정, 사회, 국가, 세계'라는 범주를 인지하고 있다.[42] "사람과 사람이 서로 어울리면 사회가 이룩되나니 몇몇 사람이 모인 단체로부터 국가나 세계가 다 크고 작은 한 사회인 것이며"(법어 제5장, 1 사회에 대하여). 이미 드러났겠지만, 정산은 '국가'(독립국가)의 중요성을 인식하고 있다. 하지만 그가 '국가주의자'는 아니었다. 종교인으로서의 그는 오히려 '대세계주의자'(大世界主義者)라 할 수 있다. 하지만 개별 국가(국민국가)의 위상과 존재를 부인하지 않는다. 그에게도 '조국'(祖國)은 있다.[43] 이미 『건국론』 자체가 좋은 물증(物證)이 된다.

3) '민중'에서 '국민'으로

정산의 예리하고 정확한 식견이 드러나는 부분은 다음 인용문이라 할 수 있다. 필자 개인적으로 탄복해 마지않았던 부분이다. 국가와 국민, 그리고 국민과 민중의 관계 여하를 분명하게 인식하고 있기 때문이다.

> 조선 민중이 아직도 일반적 정신 수준이 저열한 것은 장구한 시일에 국가적 훈련이 없었던 관계이다. 그러므로 국가의 정론을 세운 후에는 국민 훈련법을 시행하여 매년 정기 또는 임시로 전국을 통하여 도·군·면·리 등 구역의 순서를 따라 어느 계급을 물론하고 일제히 단기 훈련을 받게 하며 강사는 사히 종교의 각계 명사를 동원하고 도는 지방인사를 이용하며 강연제목은 애국정신과 공중도덕의 주지하(主旨下)에서 수시 공선(公選)해서 시폐(時弊)를 교정하고 인심을 진흥하며 또는 극장 가요 등을 동원하여 이에 협력시켜서[교육종교 등과도 서로 연결이 되게 함] 이와 같이 오래 계속하면 일반적 정신이 점차 향상될 것이며 정신의 향상을 따라 국가의 기초가 또한 견고한 힘을 얻게 될 것이다.(23쪽)

그동안 조선 '민중'은 '국가적 훈련'을 받지 못했다는 것, 국가의 정론을 세운 다음 '국민적 훈련법'을 시행해야 한다는 것이다. 그가 말하는 '국가적 훈련'과 '국민 훈련법'의 의미는 곧 건국의 요체라 할 수 있는 State Building과 Nation Building이라 할 수 있겠다. 그들 둘을 거쳐야, 그렇게 해야 비로소 '민중'에서 '국민'으로의 도약이 가능하다.

다시 말하면 국가와 국민에 대한 '훈련'이 필요하다는 것이다. 국민으로서의 훈련은 곧 국민되기라 할 수 있다. 그제야 '민중'은 '국민'이 될 수 있다.[44] '민중'에서 '국민'으로의 도약이라 할 수 있다. 계급을 넘어서는 '국민'의 전망이라 해도 좋겠다. 일본 제국주의하에서는 조선인들은 '국민'이 아니었다. '신민'(臣民)에 머물러 있을 뿐이었다. 물론 '내선일체'(內鮮一體), 창씨개명(創氏改名), 더 나아가 '국민총동원법'(國民總動員法)으로 외형상 '국민'으로 간주되었다고 볼 수도 있겠지만 '조선인'(동포, 겨레, 민족)으로서의 아이덴티티가 없어진 것은 아니었다. 해외에서 활발하게 전개된 민족 '독립' 운동 역시 그 좋은 실례라 하겠다.

4) '동포'[민족]에서 '국민'으로

개인적으로 『건국론』을 처음 읽었을 때 가장 두드러지는 부분은 제8장 2절 「同胞에게 부탁하는 말」이다. 그야말로 명문(名文)일 뿐만 아니라 『건국론』의 에센스라 할 수 있지 않을까 한다. 정산은 이렇게 말한다.

현하 문명국가의 민족을 본다면 평소에는 혹 사상도 달리하고 세력 투쟁도 하다가 나라에 일이 있으면 혼연히 귀합하여 철석 같은 일환(一丸)이 되며 평소에는 혹 사사에 집착하고 이욕에 몰두하다가도 나라에 일이 있으면 번연개오(飜然改悟)하여 국가의 경제에 집중하며 평소에는 혹 도박 음주하고 무위방일하다가도 나라에 일이 있으면 긴장(緊張)한 정신으로써 몇 배의 노력을 실행하여 기어이 국가를 부식(扶植)하고 난관을 돌파하거늘 지금 조선에 있어서는 모든 것이 이와 정반대로 되고 있으니 이것이 우리의 각성이 적은 원인이요 훈련이 부족한 관계라고 아니할 수 없는 것이다.(44~45쪽)

문명국가의 '민족'은 나라에 일이 있으면 한 덩어리[一丸]가 되며, 국가경제에 집중하며, 긴장·노력해 나라를 굳건하게 한다. 나라(국가)에 대한 인식이 '국민'을 만들어 준다. 그것이야말로 민족이 국민으로 되는 것이다. "국민들도 법률은 국가의 생명인 줄을 잘 알아서"(45쪽), '애국'해야 한다. 나라/국가를 사랑해야 한다는 것이다. 그런데 우리는 '각성'이 적고 '훈련'이 부족하다. "공연히 충동성(衝動性)을 장려하여 혹은 평지에 풍파를 일으키고 혹은 사랑하는 동포를 원수같이 대적함으로써 무슨 건국사업이나 하는 듯이 아는 자 적지 아니한 듯하니 이것이 어찌 우스운 일이 아니리오."(45쪽)

　　'각성'과 '훈련'을 바탕으로 동포(민족)가 '국민'으로 나아가는 것, 그것이 '참다운 건국'이라는 것이다. "참다운 건국은 있던 풍파라도 안정시키고 숙원세수(宿怨世讎)라도 은혜로써 돌려 어느 계급을 물론하고 같이 악수하여 동심합력하는 데에서 실력이 발생되나니"(45쪽) "같이 악수하여 동심합력하는" 것, 즉 '국민의식'이 필요하다. 그 나라의 구성원이라는 의식, 나아가 나라의 주인이라는 의식이기도 하다. 앞에서 보았듯이 '국민의식'은 '국민'이 되기 위해서 꼭 필요한 것이다. "3. 국민의 도. 국민은 곧 그 나라의 주인이니 모든 국민이 각각 그 도를 다하면 나라가 흥성하고 민중이 행복을 얻으려니와, 만일 그 도를 다하지 못한다면 그 나라는 쇠망할 것이요 그 민중은 불행을 면치 못하나니라."[45]

5) 건국의 요체: '국가' 만들기와 '국민' 만들기[46]

　　건국(建國), 즉 나라를 세운다는 것은 다른 말로 표현하자면 '국가' 만들기, 즉 State Building과 '국민' 만들기, 즉 Nation Building이라 할 수 있다. 실은 그들 둘은 서로 긴밀하게 이어진 다. Nation State, 이른바 '국민국가'. 그럴 때 '애국'(愛國)이, 그것을 떠받쳐주는 정신으로서의 '애국정신'이 가능해진다. 그런 '정신'을 제대로 가르쳐야 한다. '애국정신'은 '공중도덕'과 서로 짝을 이루고 있다. 동전의 양면과도 같은 것이다. 그들을 어떻게 기를 것인가. 역시 '교육'이 필요하다(제4장 교육).[47] 지금까지는 너무 '과학' 중심의 교육이 주류를 이룬다. "재래의 학교는 대개 과학을 위주하고 정신에 대한 교육이 너무 박약하였으니 이를 개선하여 애국정신과 공중도덕을 본위로 하는 충분한 교과(충의도덕신앙 등)를 편성하여 초등교과로부터 대학에 이르기까지 그 정신으로써 일관된 교수를 하면 이것이 곧 국민정신 통일의 근본인 동시에 영원히 강력한 국가의 기초를 얻게 될 것이다."(26쪽)

이렇듯이 '국민'과 '국가'는 서로 이어진다. 그런 이어짐은 단순히 '정신'만은 아니다. 먼저, 예의(禮義) 교육도 그렇다. 종래 예의가 부족한 교육을 개선해 "가정, 사회, 국가에 당한 일반적 예의를 대략 정선하여 초등교과로부터 일제히 교수하게 하면 이것이 곧 국민 예의 보급과 작법통일(作法統一)의 근본이 될 것이다."(27쪽) 바야흐로 국민 예의와 국민 작법이 필요하다는 것이다. 말하자면 '국민의례'의 필요성, '국민의례준칙' 같은 것이라 해도 좋겠다.[48] 더 나아가면 자연스럽게 '국민윤리'로 이어지게 될 것이다.

마찬가지로 중요한 사실 하나는 '훈련'과 '준비'도 필요하다는 것이다. "16. 훈련이 없고는 실행하기 어렵고 준비가 없고는 성공하기 어렵나니 그러므로 훈련기와 준비기가 있는 것이다."(요언 21조 50쪽) 그는 정치, 경제 측면에서 건국 과정을 3기로 나누고 있다. "1. 훈련기: 각 계급 병력기(並力期), 2. 정리기: 국가집중기, 3 완성기: 생활평균기."(47쪽)

이 같은 정산의 건국철학과 구상은 거의 비슷한 시대를 살았던 범부(凡父) 김정설(金鼎卨, 1897~1966)의 건국철학과도 닮아 있다.[49] "우리가 한 국민으로서 살고 있느냐 아니냐 이것이 문제예요. 지금 당당한 대한민국이 수립되었는데 무슨 소리냐 그럴 것입니다. 물론 대한민국 국민이 당당하게 있습니다. 그런데 어느 정도로 우리가 국민의식, 즉 우리가 어떠한 통일된 국가의식, 통일된 국민의식을 가지고 있는가 그것이 문제입니다. 건전한 국가생활을 하는 데서만 국민의식이 있는 것이요, 무국가생활, 국가없는 생활을 하는데 있어서는 국민의식이 명확하게 성립이 안 돼요."[50] 하지만 시기적으로는 역시 정산의 건국철학이 상당히 앞서 있다. 정치권의 주요 인사들에게 『건국론』을 배포한 만큼, 김범부가 그 영향을 받았을 가능성도 완전히 배제할 수는 없겠다.

IV. 치교병진(治敎竝進)과 정교동심(政敎同心): 정치와 종교

앞 장에서는 정산의 『건국론』 독해를 통해서, 그의 건국철학의 요체는 '국가' 만들기와 '국민' 만들기[State Building과 Nation Building]에 있다는 것을 알 수 있었다. 민중에서 국민으로, 그리고 '동포'[민족]에서 '국민'으로라는 패턴, 그리고 국가적 훈련과 국민적 훈련법 등은 사회과학적인 맥락에서 보더라도 전혀 손색이 없는 구상과 철학이었다. 종교에 몸담은 정산은 어떻게 그 같은 정치적 구상과 철학을 내놓을 수 있었을까. 바야흐로 문제는 정치와 종교의 관계 여하에 관한 것이라 할 수 있으며, 이 장에서는 그런 측면에 주목해 보고자 한다.

1. 치교(治敎)의 도: 국가와 국민은 어떻게 연결되어야 하는가?

종교인답게 정산은 종교의 중요성을 인정하고 있다. 다시 말해서 정치와 교화, 정치와 종교의 관계에 주목한다. "다스리고 교화하는 도에는 여러 가지가 있을 것이나 강령을 들어 말하자면 첫째는 도로써 다스리고 교화함이니, 모든 사람으로 하여금 각각 자기의 본래 성품인 우주의 원리를 깨치게 하여 불생 불멸과 인과 보응의 대도로 무위이화의 교화를 받게 하는 것이요, 둘째는 덕으로써 다스리고 교화함이니, 지도자가 앞서서 그 도를 행함으로써 덕화가 널리 나타나서 민중의 마음이 그 덕에 화하여 돌아오게 하는 것이요, 셋째는 정으로써 다스리고 교화함이니, 법의 위엄과 사체(事體)의 경위로 민중을 이끌어 나아가는 것이라. 과거에는 시대를 따라 이 세 가지 가운데 그 하나만을 가지고도 능히 다스리고 교화할 수 있었으나 앞으로는 이 세 가지 도를 아울러 나아가야 원만한 정치와 교화가 베풀어지게 되나니라."[51]

그는 '정치와 교화'나 '정치와 종교'의 중요성을 충분히 인정한다.[52] 도(道)로써 다스리고 교화하고, 덕(德)으로 다스리고 교화하며, 정(政)으로 다스리고 교화한다는 것이다. 지난날에는 이들 셋 중에 하나만 가지고도 다스리고 교화하는 것이 가능했지만, 앞으로는 이들 셋을 아울러서 나아가야 한다고 한다. 요약해서 말하자면 도치(道治), 덕치(德治), 정치(政治)의 병행(박은주 1998; 이성전, 2007; 이성전, 2016 참조)이라 할 수 있겠다. '도'와 '덕'에 의한 정치, 즉 도덕주의적 정치에 그치지 않는다. 이런 측면에서는 도덕에 의한 정치에 치우치는 주자학적 정치관을 넘어서 있다고 하겠다. 그는 '정'에 의한 정치도 상정한다, 즉 "법의 위엄과 사체(事體)의 경위로 민중을 이끌어 나아가는 것"을 인정하는 것이다. 현실성이 더해진 것이라 해도 좋겠다.

2. 종교 장려: 정신 통제와 양심 배양

정산은 『건국론』에서 '종교 장려'를 적극 주장하고 있다. "조선 민중의 대개를 본다면 종교에 대한 신념이 너무나 박약해서 정신 통제와 양심 배양의 힘이 너무나 박약해서 정신 통제와 양심 배양의 힘이 부족하므로 순역경계를 당함에 자행자지 무소기탄(無所忌憚)의 마음을 쓰게 되어 그로 인하여 국민의 범죄율이 많게 되며 또는 종교를 믿는 자 중에도 혹은 미신에 침혹하고 혹은 편심에 집착해서 국민의 참다운 생활과 대중의 원만한 도덕을 널리 발휘하지 못한 바 있나니 이를 신중히 검토하여 국민 지도에 적당한 종교 등을 장려하여(그 反面에 不正當한 宗敎 등은 改善 또는 금지함도 可함) 정치와 종교가 서로 표리(表裏)가 되어 치교병진(治敎竝進)하면 이것이 또한 국가의 만년대계의 하나가 아닌가 한다."(24~25쪽)

정산에 따르면 종교 신념은 정신 통제와 양심 배양에 도움이 된다는 것이다.[53] 그리고 "정치와 종교가 서로 표리(表裏)가 되어 치교병진(治敎竝進)" 해야 한다[54]고 주장한다. 그것은 "국가의 만년대계의 하나"라 한다. 그러면 구체적으로 어떤 종교가 좋을까? 역시 기독교적 건국론(한경직, 김재준)과는 다르다고 해야 할 것이다. 그는 원불교를 내세우지 않는다. 대신에 그는 정당한 종교를 선택하라고 한다. "신중히 검토하여 국민 지도에 적당한 종교 등을 장려(그 反面에 不正當한 宗敎 등은 改善 또는 금지함도 可함)"하라는 것이다. 하지만 '국교'(國敎)를 택하자는 것은 아니다. 일종의 '종교 다원주의'적인 입장이라 할 수 있겠다.

이처럼 정치와 종교가 서로 표리(表裏)가 되어 '치교병진'(治敎竝進)한다는 입장은 정산이 제시한 적 있는 '정교동심'(政敎同心)과도 일맥상통한다. 원불교 제2대 종법사로서의 정산은 교단을 이끌어 갈 4대 경륜을 발표했다. 그 안에 '정교동심(政敎同心)'이 포함되어 있다.

원기 46년 12월, 병상에서 물으시기를 "내가 전에 세웠던 네 가지 계획을 기억하느냐." 시자 사뢰기를 "교재정비(敎材整備) 기관확립(機關確立) 정교동심(政敎同心) 달본명근(達本明根) 네 가지였나이다." 말씀하시기를 "그 내역을 설명하여 보라." 시자 사뢰기를 "교재정비는 정전과 대종경을 완정하고 예전 성가 등 모든 교서를 편수하여 대중 교화의 재료를 완전히 갖추자는 것이오며, 기관 확립은 교화 교육 자선 생산의 모든 기관을 더욱 충실히 세워서 인재와 경제와 사업의 근거를 완전히 갖추자는 것이오며, 정교 동심은 국가나 세계의 지도자들과 합심하여 정치 교화 양면으로 평화 세계 건설에 함께 힘쓰자는 것이오며, 달본명근은 이 모든 사업에 힘쓰는 중에도 각자의 수양에 등한하지 말아서 우리의 본래사를 요달하며 항상 그 근본을 잘 밝혀서 불망기본하자는 것으로 아옵나이다."[55]

3. 정치와 종교: 수레의 두 바퀴

그러면 구체적으로 정치와 종교 두 범주 사이의 관계는 어떠해야 할 것인가. 종교인으로서의 정산 역시 그 문제는 피해갈 수 없었다. 그 사안에서 정산은 이렇게 말한다. "요사이 세간에서 우리를 좌냐 우냐 하여 말이 많다 하나, 이는 종교의 대의를 모르는 말이니, 종교 즉 도덕은 정치의 체가 되고 정치는 도덕의 용이 될 뿐이니라. 우리 사대 강령에 무아봉공은 고금 좌우를 통한 도덕 정치의 근본이니, 진정한 주의자는 무아의 이치를 철저히 깨쳐서 사심 없이 봉공하는 이요 명예나 권력에 추세하여 망동하는 이는 한 국가의 건설에 주인이 될 수 없나니라. 정치의 근본은 도덕이요 도덕의 근본은 마음이니, 이 마음을 알고 이 마음을 길러 우리의 본성대로 수행하는 것이 우리의 본분이며 소임이니라."[56]

정치와 종교가 서로 완전히 무관한 것은 아니다. 정산에 따르면 종교(도덕)는 정치의 체, 정치는 도덕의 용이라 한다. 정치의 근본은 도덕이며, 도덕의 근본은 마음이라 한다. 정치와 종교의 분명한 경계를 두고 구분된다. 하지만 실제에서는 정치가 종교(도덕)와 무관하지는 않다. 서로 분야는 다르나 그 이면에는 서로 떠나지 못할 연관성이 있다는 것이다.[57] 이는 마키아벨리와의 '정치'관과도 다른 것이다.

정산은 이른바 '정교분리'(政教分離) 입장을 취하고 있는 셈이다. 이런 입장은 '국교'(國教)를 인정하지 않는 근대국가 원칙과 합치된다. 동시에 정치와 종교가 일치하는 신정정치(神政淨治, theocracy)와는 다른 것이다. 원론적으로 유대교, 이슬람, 티벳불교 등의 사례와는 구별된다. 또한 종교(기독교)가 (이론적으로) 정치에 우위를 차지했던 유럽의 중세, 정치가 종교에 우월한 입장에 서 있던 일본제국주의 체제, 전체주의 국가와도 다르다.

그러면 정산의 '치교병진'과 '정교동심' 그리고 정치와 종교 인식은 어디에서 그 연원을 찾을 수 있을까. 역시 소태산 박중빈의 '정교동심'론을 이어받은 것으로 여겨진다.[58] 소태산의 후계자로서 비할 데 없는 신임을 얻은 정산으로서는 당연히 큰 영향을 받았을 것이다. 소태산은 이렇게 말한다. "종교와 정치가 비록 분야는 다르나 그 이면에는 서로 떠나지 못할 연관이 있어서 한 가지 세상의 선불선(善不善)을 좌우하게 되나니라."[59] "종교와 정치가 세상을 운전하는 것은 수레의 두 바퀴 같나니, 만일 두 바퀴가 폐물이 되었다든지, 또는 한 바퀴라도 무슨 고장이 있다든지, 또는 그 운전사의 운전이 서투르다면 그 수레는 잘 운행되지 못할 것이니라."[60] 비유하자면 "종교와 정치는 한 가정에 자모(慈母)와 엄부(嚴父) 같나니 종교는 도덕에 근원하여 사람의 마음을 가르쳐 죄를 짓기 전에 미리 방지하고 복을 짓게 하는 법이요, 정치는 법률에 근원하여 일의 결과를 보아서 상과 벌을 베푸는 법이라. … 창생의 행과 불행은 곧 종교와 정치의 활용 여하에 달려 있는지라 제생 의세를 목적하는 우리의 책임이 어찌 중하지 아니하리오."[61]

말하자면 종교와 정치는 분야는 서로 다르지만 그 이면에는 서로 떠나지 못할 연관이 있으며, 그것은 마치 수레의 두 바퀴와도 같다. 비유하자면 '자모(慈母)'와 '엄부(嚴父)' 같다는 것이다. 종교와 정치는 창생의 행불행을 좌우한다. 그렇기 때문에 바람직한 '정치'는 참다운 도덕에 근본한 '선정덕치'(善政德治)일 수밖에 없다.[62] 자모와 엄부의 비유는 동남풍(도덕)과 서북풍(법률)의 그것과 유사하다.[63]

4. 정치와 종교, 무엇이 '근본'인가

> 종교와 정치는 세상을 운전하는 수레의 두 바퀴와 같으므로 어느 하나라도 기울어지면 완전한 세상이 될 수 없으며 종교는 自能力과 自覺力을 얻도록 하여 모은 일을 저지르기 전에 미리 방지하는 것이요, 정치란 自能力과 自覺力을 가지고 모든 일을 행한 후에 昧非를 밝혀서 상벌을 베푸는 법이다.[64]

정치와 종교는 수레의 두 바퀴와도 같다. 만약 두 바퀴 중에서 어느 한쪽으로 기울어지면 수레는 앞으로 나아갈 수 없다. 정치와 종교가 해야 할 일을 제대로 하지 못하면 완전한 세상을 만들어 갈 수 없다는 것이다. 만약 그렇지 못하면 어떻게 해야 할까. "기미를 통찰하고 고금을 짐작하여 부패해진 저 종교와 정치를 새로운 방법을 써서 다시 그 시대의 활물로 만드는 자가 곧 새 세상의 구주이시다."[65] 새로운 세상을 여는 구세주가 필요하다는 결론으로 이어진다.

아무튼 "종교는 자능력과 자각력을 얻도록 하여 모은 일을 저지르기 전에 미리 방지하는 것"이요, "정치란 자능력과 자각력을 가지고 모든 일을 행한 후에 매비(昧非)를 밝혀서 상벌을 베푸는 법"이라면, 과연 어느 것이 더 근본이라 해야 할 것인가. 두 수레바퀴 중에서 어떤 것이 더 근본적인가? 이 물음에 대해서 종교인으로서의 정산은 역시 종교에 중점을 두지 않을 수 없을 듯하다. "종교는 근본을 닦는 집이요, 정치는 끝을 다스리는 기관이라 근본과 끝을 아울러 밝히면 원만하고 문명한 세상이 되리라. 종교와 정치는 인생에서 이와 같은 중요한 관계가 있으며 일시라도 여의고는 살 수 없는 것이다."[66] 둘 모두 없을 수는 없지만 "종교는 근본을 닦는 집", "정치는 끝을 다스리는 기관"이라는 것이다.

언젠가 한 교역자가 정계에 투신할 뜻을 보이자 정산은 이렇게 말해 주었다. "기위 성불제중의 대업에 서원한 사람이 이 일을 놓고 다시 무슨 일을 취하리오. 도인들은 정치가가 되는 것보다 그들을 인도하는 스승이 되어야 하나니라."[67] 교역자(성직자)는 정치인들을 인도하는 '스승'이 되라는 것이다. 정치인들에게 도인이 되라고는 하지 않는다. 그들로 하여금 '선정덕치'(善政德治)할 수 있도록 하라는 말이다.

V. 맺음말: 건국과 마음혁명

정산이 건국론을 구성하는 것은 크게 두 가지였다. 1) 자유와 독립을 지니는 독립국가의 완성, 즉 'State-building(국가 만들기)', 그것은 세계 속에서 독립된 국민국가로 우뚝 서는 것이기도 했다. 2) 종래의 인민, 민중, 대중 차원에서 벗어나 국민으로 올라서는 것, 종래의 동포와 민족에서 벗어나 분명한 국가의식을 갖는 국민으로 서는 것, 곧 'Nation-building(국민 만들기)'. 'State-building'과 'Nation-building'이라는 용어를 쓰지는 않았지만, 정산은 그 의미는 충분히 알고 있었다. 그의 건국론은 그 두 개의 과제를 동시에 포괄하는 것이었다. 그래서 비로소 '애국'(愛國)이, 그것을 떠받쳐주는 정신으로서의 애국정신이 가능해진다. 그런 정신을 제대로 가르쳐야 한다고 보았다. 그래서 정산은 교육을 중시하고 훈련과 준비가 필요하다고 보았다.

정산이 제시한 건국론은 근대적 의미의 Nation, Nation State, Nationalism이란 측면에서 볼 때, 역사성과 보편성을 동시에 갖는 것으로 여겨진다. 그가 생각한 건국은 근대적인 의미에서의 Nation State, 즉 '주권'을 가지는 '근대 국민국가'를 지향하는 것이었다. 19세기 말엽 좌절된 '근대 국민국가'의 꿈을 해방 이후 제대로 형성하자고 주장하는 것이기도 했다. 그 내실은 대내적 과제로서의 국민적 통일, 그리고 대외적 과제로서의 국가적 독립이라할 수 있겠다. 그의 건국론은 근대적 의미의 '국민', 그 국민을 국민답게 만들어 주는 '국민의식', 그리고 국민의식을 바탕으로 성장하는 '국민적 통일'과 '국가적 독립'의 주장으로서의 '국민주의'에 부합하는 것이었다.[68] 게다가이들은 제2차 세계대전 이후 식민지에서 벗어나 해방되어, 새롭게 태어난신생국가들, 다시 말해서 아시아, 아프리카 지역에서 새롭게 등장한 국가들이 공통되게 지녔던 정치적 과제에 대한 일종의 표준적인 방안의 제시라는의미도 있었다.

이 같은 함의를 갖는 건국론이라면, 정산은 과연 어디서부터 건국사업을시작해야 한다고 보았을까. 다른 말로 하자면 무엇을 근본으로 삼아야 한다고 보았을까. 정산은 '정신'과 '마음'을 강조한다. 『건국론』의 요지에 대해서이렇게 말했다. "정신으로써 근본을 삼고, 정치와 교육으로써 줄기를 삼고, 국방·건설·경제로써 가지와 잎을 삼고, 진화의 도로써 결과를 얻어서 영원한 세상에 뿌리 깊은 국력을 배양하자는 것"(11쪽)이다. 『건국론』에서는'서언'에 이어 제2장에서 '정신'을 다루고 있다. 제2장은 5개 하위 항목으로구성되어 있는데(1. 마음團結. 2. 自力確立. 3. 忠義奉公. 4. 統制明正. 5. 大局觀察), 그 첫 번째가 '마음단결'이다. "건국은 단결로써 토대를 삼고 단결은 우리의 심지(心地)가 명랑함으로써 성립되며 명랑은 각자의 흉중(胸中)에 갉아 있는 장벽을 타파함으로써 얻게 되는 것" "그 장벽만 타파한다면 단결은 자연히 될 것이다." 그는 마음 단결에 장애가 되는 10개 항목을 예시하기도 했다.[69]

그가 제시한 10개 항목은 보기에 따라서는 "조선 사람들의 습관상 병점(病點)을 특기한" 것으로 볼 수도 있겠다. 조선 사람들이 고쳐야 할 나쁜 습관을 신랄하게 비판했다는 데 의미가 있다.[70] 그것을 과감하게 떨쳐내고 나아가서는 제시한 "5대 정신이 우리의 마음 가운데 충실하여야만 국가가 영원히 완전"하게 될 것이라 한다. 또한 "지도부에서는 그 같은 정신 진흥에 주의하여야 할 것이요, 선전 교육 훈련 등 각 기관을 통하여 모든 대중으로 하여금 '철수철골(徹髓徹骨)한 국민성'이 되기에 노력해야 할 것"이라 한다(20쪽). 마음의 장벽을 넘어서 새로운 국민성으로 삼아야 한다는 것, 그것은 민중을 넘어서 '국민'이 되고, 동포를 넘어서 '국민'이 되는 것이기도 하다, 제대로 국민의식을 가진 국민이 되어야 국가가 영원히 완전할 수 있다는 것이다. 역시 국가 만들기와 국민 만들기의 진수를 말하고 있는 셈이다.

그 끝간 데서 정산은 '마음혁명'을 말한다. "외부의 혁명을 하기 전에 먼저 마음혁명을 하게 하는 것이요"(41쪽), 그리고 동포들에게 말한다. "동포 여러분! 이때를 당하여 우리 최대 급무는 각자의 마음을 반성하여 항시 그 개선에 전력할 것이요 각 지도급에서는 민중에 대하여 매양 바른 지도를 잘 실시하여야 할 것이다. … 나는 생각하기를 주의의 선불선(善不善)이 그 근본은 마음의 선불선에 있다고 생각하며…."(42쪽) 요컨대 각자의 마음을 반성하여 항시 그 개선에 전력하는 '마음혁명'을 하라는 것이다. '마음혁명'을 통한 '독립국가' 완성과 '국민' 만들기, 이것이야말로 정산이 종교인으로서 제시한 '건국론'의 가장 큰 특징이 아닐까 한다.

동학의 생명사상과 원주의 생명학파

: 윤노빈·김지하·장일순을 중심으로

조성환 원광대학교 원불교사상연구원 책임연구원

I. 머리말

이 글에서 말하는 '원주의 생명학파'란 생명을 키워드로 근대가 초래한 문제들을 해결하려고 했던 원주 출신[1]의 세 명의 사상가, 윤노빈(1941-)과 김지하(1941-)와 장일순(1928-1994)을 말한다. 이 세 사람은 서울대학교에서 공부하고, 동학사상으로 학문적 교류를 했다는 공통점을 지니고 있다.[2] 이들은 모두 동학의 본질이 생명사상이라는 점에 착안하여, 그것을 바탕으로 오늘날 한국이 안고 있는 문제를 해결하려 했다는 점에서는 최제우와 최시형 그리고 이돈화(천도교)를 잇는 현대 한국의 '신동학파'라고 부를 수 있다.

한편 이들은 사회활동에 있어서는 차이를 보이는데 윤노빈은 '월북철학자'로서, 김지하는 '민주화운동가'로서, 장일순은 '한살림 창시자'로서 각각 알려져 있다. 이하 본문에서는 이 세 사람의 사상적 특징을 간단하게 살펴보고자 한다. 그에 앞서 이들의 사상적·활동적 차이를 이돈화와 함께 표로 개관하면 다음과 같다.[3]

이돈화	윤노빈	김지하	장일순
(1884~?)	(1941~)	(1941~)	(1928~1994)
『신인철학』 (1930)	『신생철학』 (1974)	「인간의 사회적 성화」 (1985)	「한살림선언문」 (1989)
천도교 이론가	비교철학자	개벽사상가	생명운동가
서양철학수용/해석	서양철학상대화	개벽종교 해석	산업문명 극복
동학의 생명사상			

II. 윤노빈의 생존철학

윤노빈의 사상은 1974년, 그의 나이 33세 때 낸 『신생철학』에 응축되어 있다. 이 한 권의 책이 그가 북한에 넘어가기 전에 남긴 유일한 저작이다.[4] 그러나 이 책에는 윤노빈이 생각하는 철학의 제 문제, 가령 고통이나 인식, 악이나 언어 등에 관한 견해가 체계적으로 서술되어 있다. 그리고 맨끝에 실린 「동학사상의 세계사상사적 의미」라는 논문 제목에서 알 수 있듯이, 이러한 문제들을 생각하는 데 동학사상이 일종의 나침반 역할을 하고 있다. 나아가서 『신생철학』이라는 제목에서 추측할 수 있듯이, 그 동학사상의 본질을 생명사상으로 파악하고, 자신의 독특한 '생존철학'을 전개했다. 이러한 시도, 즉 동학사상을 생명사상으로 이해하고 그것을 바탕으로 서양철학을 상대화하는 철학적 작업은 이미 이돈화의 『신인철학』(1930)에서도 행해지는데,[5] 그런 점에서 윤노빈은 이돈화를 이으면서 그것을 김지하에게 전해주었다고 할 수 있다. 이하에서는 주로 '생존' 개념을 중심으로 윤노빈 사상의 특징을 고찰하고자 한다.

1) 철학의 지역성

윤노빈은 김지하나 장일순과는 달리 철학이 전공이다. 그래서 한국 철학이 안고 있는 문제에도 많은 관심을 보인다. 가령 『신생철학』제3장 「고통」에서는 '민족적 고통'을 서술한 다음에,[6] 당시 한국철학의 현실을 다음과 같이 비판한다.

그러나 그보다 앞서야 할 것은 한국철학이 처해 있는 한국적 상황에 어떻게 철학이 대답하여야 하는 문제다.… 한국의 철학 교사들은 다른 나라 철학자들이 출제한 문제를 스스로 해결하려고 하였다기보다도 답안 자체마저 외국으로부터 원조받거나 밀수입하려고 하였다. 남이 제출한 문제를 남의 입장에서 푸는 사람은 '노예'다.… 노예는 하루 종일 '자기의 문제'보다는 '타인의 문제'를 푸는 데 골몰하도록 억압된 생활을 강요당한다.… 한국의 철학 교사들이 외국 철학의 문제를 정성 들여 풀어본다는 것이 무의미한일만은 아니다. 그러나 한국 사람은 외국 철학자들이 겪는 '고민'과는 '다른고통'에 직면해 있다.(116-117쪽)

여기에서 윤노빈은 '근대 이래', 즉 서양철학이 수입된 이래로 한국철학에 그림자처럼 따라다니는 한국철학의 정체성 문제를 지적한다. 이른바 철학을 전공하는 사람들이 외국에서 생겨난 철학적 문제에만 몰두하고 있기 때문에, 달리 '한국철학'이라고 부를 만한 것이 없다는 것이다.[7] 이와 같이 남의 문제의식을 자기의 문제의식으로 착각하는 상황은 화이트헤드적으로 말하면 "잘못 놓여진 문제의식의 오류"[8]라고도 할 수 있고, 케냐의 작가 구기와 지 웅오의 말을 빌리면 "정신의 식민지화"[9]라고도 할 수 있다.

이러한 현상에 대해 윤노빈은 일종의 '철학의 지역성'을 말한다. 즉 철학이라는 것도 지역성을 띠며, 그 지역에서 가장 '고민하는' 문제를 다루어야한다는 것이다. 이러한 입장은 윤노빈보다 100여 년 전에 동학을 창시한 최제우(1824~1864)가 동학과 서학의 차이를 설명하면서 "나의 도는 여기에서받아서 여기에서 전한다."고 대답한 것과도 상통한다.[10]

'철학의 소비자'에서 '철학의 생산자'로 전환해야 한다는 취지로 끝나는 윤노빈의 「한국철학론」(115~118쪽)은 그의 철학 전반, 그리고 그것을 담은 『신생철학』 전체에 흐르는 기본 정신과도 같다.

2) 사회적 생존

윤노빈에 따르면 당시에(1974) 한국인이 안고 있는 가장 큰 문제는 생명의 분열이다. 본래 연결과 협동의 존재방식으로, 즉 '통일적으로' 있어야 하는 생명의 존재방식이 어떠한 인위적인 이유로 분열·분할·분단된다는 것이다(118쪽). 윤노빈은 분단되어 있는 생명의 존재방식을 '존재'라고 하고, 본래의 전일적인 존재방식을 '생존'이라고 한다.

'생존'은 윤노빈의 『신생철학』의 출발점으로, 그가 서양철학을 상대화하는 실마리이기도 하다. 바꿔 말하면 철학의 소비자에서 철학의 생존자로 전환하는 핵심어가 생존이다. 윤노빈이 말하는 생명의 존재방식으로서의 '생존'이란 '계신다'는 의미이다. 즉 인간은, 최제우가 '시천주'나 '내유신령(內有神靈)'이라고 말했듯이, 단지 '있는(존재)' 것이 아니라 '계시는(생존)' 존재이다. 그것도 '혼자 계시는' 것이 아니라 '함께 계신다.' 즉 사회성을 띠고 있다. 이 '함께 계시는' 혹은 '사회적 생존'은 윤노빈의 『신생철학』이 동학을 바탕에 깔면서 전근대와 근대의 문제를 극복하려고 하는 철학적 처방이다. 가령 '생명의 단절화'는 근대에 주로 부각된 문제로, 식민지 경험을 한 제3세계는 대부분 이 문제를 안고 있다. 대표적인 것이 민족의 분단이다. 한편 '생명의 존재화'는 주로 전근대가 안고 있는 문제라고 할 수 있다. 가령, 동학은 민중이 "인간답게 있기 = 계시기 = 생존하기" 위해서 일어난 운동으로, 인내천(人乃賤)을 인내천(人乃天)으로 바꾸기 위한 혁명이다(335쪽).

윤노빈은 인간이 공생의 존재방식을 회복한 상태를 해방과 자유라고 한다. 그리고 해방과 자유를 회복하기 위한 행위를 '도덕'이라고 한다. 동학의 최시형(1827~1898)이 도덕을 '활인기(活人機)'라고 하고, 천도교의 손병희(1861~1922)가 '도전(道戰)'이라고 한 것은 실로 이 점을 잘 나타내고 있다(351

쪽). 윤노빈의 이러한 도덕관은 일종의 생존도덕이라고도 할 수 있는데, 생존도덕관에 따르면 최제우가 자신이 데리고 있던 두 노비를 해방시킨 행위야말로 도덕적 행위라고 할 수 있다. 아울러 동학운동으로 야기된 유학과 동학 사이의 갈등은 윤리도덕과 생존도덕 사이의 도덕 투쟁이라고 할 수 있다.

III. 김지하의 개벽사상

1970년대의 윤노빈이 주로 민족문제(남북분단)에 천착했다면, 1980년대의 김지하는 그것을 이어받으면서 주로 민중문제에 관심을 기울였다. 이것은 김지하가 직접 몸을 던진 민주화운동과도 무관하지 않을 것이다. 자기 자신이 실제로 국가권력에 의해 억압받은 민중의 한 사람이었기 때문이다. 그리고 윤노빈이 철학이라는 범주로 서양철학을 상대화시키면서 자신의 생존철학을 전개했다고 한다면, 김지하는 최제우 · 최시형과 강증산[11]이 제창한 개벽 개념을 축으로 '개벽사상'을 설파한다. 즉 생명사상을 전개하는 실마리가 정치한 철학적 개념이기보다는 종교 사상, 그중에서도 민중종교인 것이다. 그리고 개벽의 관점에서 동학의 본질을 민중의 생명운동으로 분명히 위치 지우고 있다. 즉 동학과 증산학을 생명을 중심으로 하는 문명전환운동, 말하자면 '생명개벽운동'으로 평가하는 것이다.

1) 제3세계의 개벽운동

김지하의 동학 이해는 1985년에 쓴 「인간의 사회적 성화」[12]에 상세하게 서술되어 있다. 50쪽 이상에 달하는 이 논문은 동학의 '13자 주문'에 대한 '생명철학'적 관점에서의 주석서라고 할 수 있다. 또한 이 글은 어떤 의미에서는 『신생철학』의 서평이나 속편이라고도 할 수 있다. 무엇보다도 "인간의 사회적 성화"라는 표현 자체가 이미 윤노빈의 『신생철학』에 나오고 있고, 『신생철학』 앞머리에 실린 「해제」에서 김지하 자신이 윤노빈을 "친구이자 스승"(4쪽)이라고 밝혔기 때문이다. 그래서 「인간의 사회적 성화」는 윤노빈이 북한으로 건너간 3년 후에, 윤노빈에게 배운 동학 이해를 김지하가 자신의 문제의식을 중심으로 정리한 것이라고 할 수 있다.

김지하 나름의 문제의식은 「인간의 사회적 성화」의 서두에 다음과 같이 분명하게 나오고 있다.

> ('생명의 세계관'에 기초한 협동적 생존의 확장운동이) 전 세계적 차원에서 비교적 자각된 형태의 민중운동으로 나타나게 된 것은 서양 제국주의에 의한 전 지구적, 전 중생적인 보편적인 죽임, 즉 죽임의 보편화에 저항해서 아시아, 아프리카, 라틴아메리카의 민중, 제3세계의 민중이 벌인 여러 가지 해방운동에서였습니다. 그리고 그 같은 운동은 오늘, 보편적 죽임, 죽임의 보편화가 절정에, 최악의 상태에 도달한 오늘 제3세계 민중운동을 통해서 분명히 나타나고 있습니다. 그러나 이 경우에 있어서도 뛰어난 차원에서의 자각적인 전 민중운동으로, 전 민중적인 생명운동으로는 되지 못하고 있으며, 더욱이 전 우주생명적인 생명회복, 근원적 생명으로의 복귀운동으로서는 아직 이르지 못한 것이 사실입니다. … 우리 민족의 경우 그것은…서양 및 일본 제국주의의 침략이라는 복합적이고 보편적인 죽임에 저항하여…민중 생명을 회복하고자 하는 동학운동, 인내천혁명, 즉 인간의 사회적 성화의 집단적 실천으로 나타났었습니다. (「인간의 사회적 성화」, 136쪽) [13]

여기에서 김지하는 제3세계에서 일어난 해방운동을 '생명회복운동'(윤노빈의 말로 하면 '생존확장운동')으로 파악한 다음에, 한국의 동학을 그 사례로 소개한다. 나아가서 동학운동을 '인간의 사회적 성화'의 집단적 실천으로 평가하고 있다. 여기에서 김지하가 동학의 의의를 설명하면서 사용하는 용어, 가령 '생명회복', '인내천혁명', '인간의 사회적 성화' 등은 이미 윤노빈의 『신생철학』에 나오는 표현인데, 윤노빈이 주로 동학의 철학적 혁명성을 강조한다면, 김지하의 경우에는 민중운동으로서의 동학을 강조한다. 즉 동학농민운동을 동아시아를 넘어 제3세계에서 동시다발적으로 전개된 민중해방운동의 하나로 보는 것이다.

더욱 주목할 만한 것은 동학운동을 정치적인 저항운동이나 독립운동으로보다는 '생명운동'과 '주체운동'[14]으로 평가하는 점이다. 바꿔 말하면, 죽임의 문명에서 살림의 문명으로의 전환을 지향하는 '개벽운동'으로 파악하는 것이다(동학적으로 말하면 선천개벽에서 후천개벽으로의 전환).[15] 즉 김지하는 한편으로는 동학운동을 제3세계의 해방운동으로 위치지우면서 다른 한편으로는 제3세계의 해방운동을 동학이 전개한 개벽운동의 제3세계 사례로 파악하고 있는 것이다. 이것을 기타지마 기신의 '토착적 근대'라는 틀로 설명하면, 김지하는 한국을 비롯하여 제3세계에서 일어난 해방운동을 '생명과 평화'를 지향하는 새로운 근대를 열고자 한 민중운동으로 파악하였다고 할 수 있다.[16]

2) 개벽운동의 전개

김지하는 아마도 한국의 모든 사상가 중에서 '개벽'이라는 개념을 가장 빈번히 사용한 사상가일 것이다. 그가 윤노빈이나 장일순과는 달리, 증산교나 원불교까지 언급하는 것은 이러한 이유에서이다. 증산교와 원불교는 동학을 이어서 '개벽'을 주창한 이른바 개벽종교[17]이기 때문이다. 이러한 관점에서 김지하는 동학과 증산교와 원불교의 특징을 각각 동세개벽(動世開闢)[18]과 정세개벽(靖世開闢)과 화엄개벽(華嚴開闢)으로 파악한다. 개벽사상의 연속적 전개로 보는 것이다.[19]

가령 증산학을 설파한 강증산에 대해서는 "강증산 선생은 자신의 목표를, 동학의 동세개벽 이후의 민생의 재건과 그들의 활인(活人), 즉 죽임에서 민중 생명의 살림에 두게 된 것입니다."[20]라고 서술한다. 즉 동학(최제우·최시형)에서 강증산으로의 전개를 동세개벽에서 정세개벽으로의 이동으로 파악하는 것이다. 그리고 여기에서 말하는 '활인'은 최시형이 '살인'과 대비해서 사용한 개념인데,[21] 김지하는 그것을 한글로 '살림'이라고 번역하고, 강증산의 개벽운동을 '활인운동'의 연장선상에서 이해하고 있다. 동학과 강증산은 생명운동, 활인운동이라는 점에서는 같지만, 동학운동에는 아직 민중 봉기라는 정치성이 남아 있다고 한다면(동세개벽), 강증산의 경우에는 동학농민혁명의 파국을 경험했기 때문에 그런 방식은 취하지 않는 정세개벽의 방향으로 나아갔다[22]는 것이다.

IV. 장일순의 생명운동

윤노빈이나 김지하와 비교했을 때 장일순의 가장 큰 특징은 생존이나 생명의 대상을 사람에서 사물로까지 확대했다는 점에 있다. 그가 최제우나 강증산보다도 최시형에 끌린 이유가 여기에 있다. 최시형은 경물(敬物)사상을 주창하면서, 인간이나 민중 차원을 넘어서 '사물'에까지 생명운동의 영역을 넓혔기 때문이다. 장일순의 경우에는 그것이 '한살림'이라는 실천운동, 즉 생활협동조합이라는 생활 속의 생명운동으로 구체화되었다. 말하자면 생명의 소비자에서 생명의 생산자로의 전환을 감행한 셈이다.

1) 종교운동에 대한 자각

김지하는 1965년 여름에 원주에서, 출옥한 지 얼마 안 되는 장일순과 만난 적이 있는데, 그때 장일순은 다음과 같이 말했다고 한다.

지금 베트남에서는 불교와 호치민 세력이 연대하고 있네. 남미에서도 가톨릭이 혁명 세력과 함께 전선에 선 데도 있어. 카밀로 토레스 신부가 그 예야. 이것은 아마도 새 시대의 <u>새로운 조류</u>라고 생각해.

지금 가톨릭에서는 1962년부터 지난해 1964년까지 3년간 제2차 바티칸 공의회를 열고, 인간의 개인 구원과 사회적 구원을 함께 추진하는 문제를 검토했다고 하네. 아직 그 결과는 알 수 없으나 몇 년 안에 큰 변화가 있을 것 같아. 벌써 여러 해 전에 교황들의 사회와 정치와 노동문제들에 대한 칙서가 발표된 일이 이미 있으니까.

감옥에서 많이 생각하고 또 나와서 생각한 것인데, 이제는 정치가지고는 아무것도 안돼. 정당 같은 것으로는 소용 없어. 종교를 우회해야 하네. 종교를 배경으로 하는 새로운 대중운동에 사활이 걸렸네. 이미 동양에서는 인도의 간디와 비노바 바베의 예가 있지. 힌두교와 인도철학을 배경으로 영국 식민주의에 저항하며 정치·경제·문화적으로 천민(賤民) 계급을 해방하는 여러 운동을 전개한 예가 있으니까. 우리도 그 길을 따라가야 하지 않을까? 나는 불교도 중요시하지만 우선 가톨릭, 그것도 새로운 혁신적 가톨리시즘에 기대를 건다네. 전 교황 요한 23세께서 영면하시기 직전에 이런 말을 했다지 않나! : "답답하다. 창문을 활짝 열어라!"

지금 가톨릭은 어둡고 답답해. 그러나 이제 창문을 열기 시작하면 개인 구원과 사회변혁의 새로운 에너지원(源)이 될 거야. 그 힘을 타고 개혁과 민주화와 통일의 길을 찾아 보세. 그 과정에 우리 나름의 <u>새로운 사상</u>과 노선과 세력과 근거가 나타나지 않겠나![23]

여기에서 장일순이 말하는 '새로운 조류'나 '새로운 사상' 등은 제3세계에서 일어난 민중운동으로, 이에 대해서는 김지하도 「인간의 사회적 성화」의 서두에서 언급한다. 다만 김지하가 민중의 생명운동이라는 측면을 강조한다면(이 점은 윤노빈도 마찬가지이다), 장일순은 종교운동이라는 측면에 주목한다. 즉 사회변혁은 반드시 개인구원과 동반되지 않으면 안 된다는 것이다. 바꿔 말하면, 일종의 '사회적 영성'에 의한 '성속 합작'[24] 운동이 되어야 한다는 것이다.

이러한 인식은 장일순에게 "따라야 할 새로운 길"을 제공한다. 그것은 단순한 정치운동에서 종교와 힘을 합친 사회운동으로의 전환이다. 그 실례가 지학순(1921~1993) 주교와의 협동조합운동이나 수해복구운동(1973)이다. 즉 가톨릭과의 성속 합작을 시도한 것이다.

한편, 김지하는 당시(1965년 원주)에 장일순의 이야기를 듣고, "그러나 나는 잘 알 수 없었다. 판단 이전에 많이, 깊이, 넓게 생각하고 또 생각해 보리라 다짐했다. 혹 이것이 내가 찾는 '내면의 평화와 외면 사회의 변혁의 통합' 곧 '요기 싸르'의 길은 아닐까?"라는 감상이었다고 한다. 이러한 반신반의의 반응이야말로 김지하와 장일순의 관계를 잘 보여준다고 생각한다. 왜냐하면 김지하는 장일순의 인식에 공명하면서도 결국에는 한 사람의 사상가로 일관한 데 반해, 장일순은 시민과 함께 한살림운동(생활 속의 영성운동)을 전개해 나갔기 때문이다.

2) 생명운동으로의 전환

장일순은 1965년에 이어서 1977년에도 새로운 사상적 전환을 한다. 이번에는 생명에 대한 자각이다.

> 난 사실은 77년부터 결정적으로 바꿔야 되겠다고 생각을 했네. 땅이 죽어가고 생산을 하는 농사꾼들이 농약중독에 의해서 쓰러져 가고, 이렇게 됐을 적에는 근본적인 문제서부터 다시 봐야지. 산업사회에서 이윤을 공평분배하자고 하는 그런 차원만 가지고는 풀릴 문제가 아닌데, 그래서 나는 방향을 바꿔야 되겠구나, 인간만의 공생이 아니라 자연과도 공생을 하는 시대가 이제 바로 왔구나 하는 것 때문에 이제 방향을 바꿔야 하겠다고 생각을 했지.[25]

여기에 나타나는 자연에 대한 관심도, 종교와의 연대와 함께, 장일순을 윤노빈이나 김지하와 구별시켜 주는 또 하나의 특징이다. 동학적으로 말하면, 윤노빈과 김지하가 인내천(人乃天)의 영역에 머물러 있었다고 한다면, 장일순은 물내천(物乃天)의 차원에까지 이른 것이다. 장일순이 최제우나 강증산이 아니라 최시형을 가장 존경하는 이유도 여기에 있다. 최시형은 천지부모[26]와 만물시천주(萬物侍天主)[27] 사상에 바탕을 둔 경물사상을 주창했기 때문이다.

이 시점에서 장일순의 종교사상은 가톨릭에서 동학으로 중심축이 이동했다고 할 수 있다. 그리고 초보적인 형태의 '한살림운동'이 시작되었다고 해도 과언이 아니다(실제의 한살림운동은 1986년 무렵부터 시작된다). 왜냐하면 '한살림'의 '한'은 '大一'의 의미인데, 이 '큰 하나'는 천지(天地) 전체(=자연)를 가리키기 때문이다. 그래서 거기에는 인간뿐만 아니라 만물까지도 포함되지 않으면 안 된다. 장일순이 자연과의 공생의 길을 생각했다는 것은, 인간뿐만 아니라 자연 전체를 살리려고 한 것이고, 그런 점에서 전생(全生)을 추구했다고 할 수 있는데 전생(全生)이야말로 '한살림' 정신이기 때문이다.

V. 맺음말

이상, 윤노빈과 김지하와 장일순의 사상적 특징을 간략하게 고찰해 보았는데, 요약하면 세 사람은 모두 동학을 생명사상으로 해석하고, 생명현상의 특징을 '전일성'으로 파악하여 각각 '생존철학', '개벽사상', '생명운동'을 전개하였다. 나아가서 그것으로 근대가 초래한 문제들, 가령 민족 분단(윤노빈), 민중 억압(김지하), 천인분리(인간과 자연의 분단. 장일순)와 같은 생명 단절의 문제를 해결하려고 하였다. 그런 의미에서 이들이 추구하고자 한 생명의 전일성은 새로운 근대성이라고 할 수 있다. 그것은 동아시아의 사상 전통에 뿌리를 두면서, 서구 근대의 폐해를 극복하는 과정에서 제시된 '토착적 근대성'이다.

뿐만 아니라 이들은 장차 한국학이 나아가야 할 방향을 제기한다. 최근 들어 19세기 말~20세기 초에 한반도에서 탄생한 자생사상인 개벽종교에 주목하여 이들을 '개벽학'이라는 범주로 서술하고, 나아가서 이 시대가 필요로 하는 새로운 학문을 '개벽학'으로 정립하려는 움직임이 보이는데, 원주의 생명학파는 이러한 작업의 선구적인 경우라고 할 수 있다. 그런 의미에서 21세기 한국 사상으로서의 개벽학을 정립하는 데 하나의 모델이 될 수 있다. 원주의 생명학파의 미래 가치는 여기에 있다고 생각한다.

제2부

개벽사상을 공공하다

대한국 개벽종교는 서구적 문명과 근대의 한계를 상에서 새로운 세계관의 단초를 모색하였는데 그의 다시 개벽, 천도교의 삼대개벽, 증산의 삼계개벽, 원불교의 인물이 중심이 되어 자기 수양을 바탕으로 타자 구제를 인문 운동이었다 이들은 한말 개화기에 서구적 제3의 길을 추구했기에 개벽파로 범주화할 수 있다

근대한국 공공성의
전개와 연대

: 동학·천도교를 중심으로

야규 마코토(柳生眞) 원광대학교 원불교사상연구원 연구교수

동학에서 원불교에 이르는 근대한국 개벽종교는 서구적 한계를 지적하면서 한국의 토착사상에서 새로운 세계관의 단초를 나타내는 슬로건이 개벽이다 동학의 다시 개벽, 천도교의 원불교의 정신개벽, 그리고 대종교의 개전 개벽은 하나같이 민중이 중심이 되어 자기 수양을 바탕으로 타자 구제를 실천하여 새로운 문명을 열자고 하는 다른 제3의 길을 추구했기에 개벽파로 범주화할 수 있다

동학에서 원불교에 이르는 근대한국 개벽종교는 서구적 지적하면서 한국의 토착사상에서 새로운 세계관의 것을 나타내는 슬로건이 개벽이다 동학의 다시 개벽 천도교의 정신개벽, 그리고 대종교의 개전 개벽은 하나같이 민중이 중심이 되어 자기 수양을 바탕으로 타자 구제를 실천하여 새로운 문명을 열자고 하는 인문 운동이었다 이들은 전통을 고수하는 척사파와는 다른 제3의 길을 추구했기에

I. 머리말

이 글은 수운 최제우(水雲 崔濟愚, 이하 수운) 생전부터 3.1운동 전후까지의 동학·천도교의 한국적 공공성의 전개를 살펴본다.[1] '공공(公共)'의 개념은 같은 동양 한자문화권의 중국이나 일본보다 한국에서 많이 사용되었다. 역대 왕들은 경연(經筵) 자리에서 신하들과 자주 토론하고 또 행차 길목에서 격쟁(擊錚)을 받거나 신문고를 설치하거나 해서 되도록 백성의 하소연을 들을 기회를 늘리고자 노력했다. 그리고 유학자들도 학문적 문제를 활발하고 공개적으로 논의했을 뿐만 아니라 법(法), 왕토(王土), 창름부고(倉廩府庫) 등을 임금, 왕실, 혹은 특권층이 독점하는 것에 반대하고 그것들을 '공공(公共)하도록' 즉 그 혜택이 공평하고 널리 미치도록 촉구했다. 중국·일본에서 보기 드문 한국적 '공공' 개념의 특색으로 '천하고금공공(天下古今公共)'이라고 하는, 공간성뿐만이 아닌 시간성을 함께 띤 공공 개념을 들 수 있다.

이렇듯 한국의 '공공성'은 조선시대 이전에도 존재했지만 19세기에 이르러 새로운 전개를 보였다. 그 전 시대에는 유교적 교양을 지닌 양반 사대부들이 공론(公論)의 담지자였다. 하지만 특히 동학 등장 이후 양반 사대부들보다 낮은 사회적 지위에 놓이고 주변으로 밀렸던 사람들도 그 역할을 맡기 시작했다.

동학은 '다시개벽(開闢)'이나 '후천개벽(後天開闢)'을 내세우면서 유교·불교 등 '선천(先天)' 시대의 사상·종교나 그것으로 지탱되던 패러다임의 종언을 선언했다. 그리고 '시천주(侍天主)' 즉 사람은 누구나 한울님을 모시는 고귀한 존재라는 영성적(靈性的) 자각을 통해 전근대에서는 통치와 교화의 객체였던 일반 백성, 혹은 천대받고 무시당하던 여성, 천민(賤民) 등에게도 존엄성과 평등성이 있음을 설파함으로써 공공적 주체로 부상시켰다.

그리고 그것으로 동학-천도교는 '공공(公共)하는 종교'가 되었다. 그것은 동학-천도교의 역사 속에 잘 나타나 있다. 김태창은 '공공하는 종교'를 '공공성'이라고 하는 무언가 실제적인 것이 미리 존재하고 그것을 실현하는 종교가 아니라고 설명한다.[2] 그보다는 증오·반목·대립·분쟁의 한가운데서, 그것을 통해, 그것과 마주 대하면서 끈질기게 대화하고 공동(共働; 함께 일하기)하고 개신(開新; 새로운 차원을 열기)하는 종교라는 것이다. 동학의 '공공성'은 조성환의 「한국 근대와 공공성」[3], 「개벽과 근대」[4] 등에서 이미 논의되었다. 다만 그 논의는 주로 동학의 논리적인 면에 치중되었기 때문에 구체성이 부족하다는 아쉬움이 있다. 그리고 기존의 동학 연구는 민족주의운동의 시각에서 보는 것이 대부분이었고 반일/친일의 도식에 갇혔던 감이 없지 않다. 그러나 동시대 자료를 통해 볼 때 동학-천도교는 민중·민족을 위하되 반드시 한 나라, 한 민족의 틀에 갇혀 있지 않았으며 오히려 타자와의 대화를 계속했음을 알 수 있다.

따라서 이 글에서는 동학의 역사를 통해 한국적 공공성이 새롭게 전개되는 과정을 살펴보고 아울러 공공하는=타자와 대화하고 공동하고 개신하는 종교로서의 동학-천도교의 모습을 찾아보고자 한다.

II. 동학의 공공성 전개

1. 유무상자(有無相資)적 생명 공동체

동학의 공공성은 처음에는 은밀하게 나타났다. 물론 수운의 '시천주'와 '다시개벽'의 가르침 속에 봉건사회를 타파하는 사회변혁적인 계기가 내포되었지만 적어도 수운이 살던 당시에는 그 계기도 어디까지나 교단 내부에 머물고 있었다. 하지만 동학은 당시 유교사상의 이른바 정녀불경이부(貞女不更二夫)의 윤리 규범으로 어렵게 살아야만 했던 과부들, 천시(賤視)받던 백정들, 그리고 가난한 사람들도 받아들여 서로가 서로를 귀하게 대하고 서로도왔기 때문에 그러한 사회의 밑바닥에 있던 사람들에게 급속히 확산되었다. 그러나 동학교도의 숫자가 급속히 늘어나고 조직화가 진행되면서 양반 지주층은 점차 위협을 느끼기 시작했다. 아래 인용문은 유생들이 돌린 동학 배척 통문이지만 초기 동학교단의 모습과 그것에 대해 유생들이 느낀 위기의식이 여실히 드러난다.

> 그런데 이야기가 전해 오고 있으니 이미 들은 적도 있을 것이다. (동학이) 천주에게 주문을 외우는 법은 서양을 따라 갖다 붙인 것이고 부적과 물에 의한 병 치유법을 만들어 놓고서 황건적(黃巾賊)을 답습한 것이다. 하나는 귀천이 균등해져서 위엄에 차이가 없는 것이다. 백정들이 가고, 남녀가 섞여서 엷은 천으로 가릴 뿐이니 과부들이 다니고, 재물을 좋아하고 있는 자와 없는 자가 서로 도와주기(有無相資) 때문에 가난한 자가 기뻐한다. 하나는 널리 무리(徒黨)를 거두기를 으뜸가는 공업(功業)으로 삼는 것이다. 한 마을에 있어서는 한 마을 사람을 모두 동학교도로 만들려 하고, 한 지방(鄕)에 있

어서는 한 지방 사람을 모두 동학교도로 만들어서 차차 전파되고 파급되는 추세가 하늘을 찌르는 것만 같은 것은 (황건적의 교조인) 장각(張角)이 무리들을 삼십육방(三十六方)으로 깔아 놓은 것과도 비슷한 것이 있다. 그리고 교주를 높이 받듦은 마치 악당의 우두머리[渠帥]와 같으니 이것은 장차 (공권력의) 통치권[司牧之權]을 물리치고 자기들끼리 제멋대로 하려는 것일 따름이다.[5]

여기서 말하는 "귀천이 균등해져서 위엄에 차이가 없는 것" "남녀가 섞여서(차별·차등이 없고)" "있는 자와 없는 자가 서로 도와주기" 안에 이미 동학의 근대적인 한국적 공공성이 드러난다. 그러나 당시의 유생들은 이와 같은 동학교도의 교제 속에 조선왕조를 지탱하는 유교 질서가 해체되는 위험성을 보고, 조정은 동학을 사학(邪學)으로 몰고 수운을 체포하고 좌도난정지율(左道亂政之律)의 죄명을 씌워서 1864년 3월 10일에 대구 경상감영 관덕정(觀德亭)에서 처형해 버렸다.

2. 교조신원운동과 동학농민혁명

해월 최시형(海月 崔時亨, 이하 해월)은 동학 도통의 계승자로 정부와 유생들의 탄압을 피해 가면서 수운의 유고를 엮어서 경전을 간행하고 동학의 포교와 조직 재건·재정비에도 힘을 기울였고, 또 그도 스스로 한 사상가로 동학사상을 발전시켰다. 그는 수운 이래의 '유무상자'의 전통을 계승했다. 동학 탄압이 계속되는 가운데 교도 중에는 체포되거나 재산이 몰수되면서 궁핍(窮乏)한 사람도 적지 않았지만 해월은 '법헌(法軒)' '북접법헌(北接法軒)' 등의 명의로 자주 여유가 있는 사람이 곤궁한 사람을 도우라는 내용의 통문을 보냈다. 이러한 상부상조는 동학교도 개개인에게 안심과 신뢰감을 주고 결과적으로 서로의 결속을 더욱 굳건히 하는 효과가 있었다.

1890년대부터 해월은 교도들을 동원해서 교조신원운동(教祖伸寃運動)을 전개했다. 삼례(參禮)·보은(報恩)·금구(金溝) 등지에서 교도들을 집결시켜 취회(聚會; 집회)를 열고 교도 대표단이 서울에 올라가 경복궁(景福宮)에서 복합상소(伏閣上疏) 운동을 벌이기도 했다. 교조인 수운의 원죄가 씻어지면 그것은 곧 동학의 정당성을 조정이 인정했다는 말이 되기 때문에 교조신원운동은 동학의 공인, 신앙의 자유 요구의 성격도 띠고 있었다.

조정은 동학 금지령 철회를 거부했지만 동학 단속을 명목으로 관리들이 함부로 백성의 재물을 침탈하고 폭행을 가하는 일은 금지하기로 약속했다.[6] 비록 수운의 누명을 씻을 수 없었다 하더라도 교조신원운동은 동학의 힘을 대외적으로 크게 과시하게 되었다. 그리고 동학교도 스스로도 이 운동을 통해 자기들의 사회적 역량을 자각하기에 이르렀다.

하지만 조정은 약속을 제대로 지키지 않았다. 그 이후에도 관리들의 '동학당' '동도(東徒)' 체포 및 침탈은 여전히 끊이지 않았다. 그래서 교도들은 하는 수 없이 대응책을 강구하지 않을 수 없었다. 접포(接包)마다 서로 협력해서 어떤 사람이 관리에게 잡혀갔을 때에는 즉시 그 사람을 구해 냈다. 이것은 자구책으로 시작된 일이긴 하지만[7] 동학교도들 사이에 실력행사를 마다하지 않는 분위기가 형성된 점은 간과할 수 없다. 이와 같은 경험과 역량의 축적이 동학혁명의 원동력이 되었다.

3. 민중의 대변자로서의 동학군

전봉준은 동학농민혁명의 지도자로 잘 알려져 있는데 1892년의 삼례취회(參禮聚會) 때 이미 전라우도(全羅右道) 대표로 의송단자(議送單子)를 올릴 만큼 유력한 지도자로 두각을 나타냈다. 1894년 1월에 그는 폭정을 자행하던 고부군수(古阜郡守) 조병갑(趙秉甲)을 처단한다는 명분을 내세워 봉기했다.(古阜蜂起)

후임 군수인 박원명(朴源明)의 회유책으로 봉기군은 일단 해산했지만 안핵사(按覈使)로 파견된 이용태(李容泰)가 동학교도로 지목한 백성들에게 가혹한 탄압을 가하자 전봉준과 손화중(孫化仲) 등의 대접주(大接主)들은 3월에 무장(茂長)에서 다시 봉기했다.

동학농민군은 전봉준을 동도대장(東徒大將 또는 東道大將)으로 추대하고 보국안민(輔國安民)의 구호를 내걸고 지도부와 조직을 갖추었다. 그리고 창의문(倡義文)을 선포하여 대외적으로 봉기의 대의를 표명했다. 아울러 동학군의 강령·행동 지침인 사대명의(四大名義)[8]와 12개조 기율(紀律)[9]을 공포했다. 이것은 바야흐로 본격적인 농민혁명의 시작을 알리는 것이었다.

봉기 당초 동학군의 장비는 죽창이나 화승총 정도밖에 없었으나 높은 사기와 교묘한 전략·전술로 황토현(黃土峴)·황룡촌(黃龍村) 전투에서 관군을 격파한 후 크루프포, 회전식 기관총 등을 포획했다. 그리고 동학군은 계략으로 관군 본대를 편방에 유인해 놓고 그 틈을 타서 4월 27일에는 왕실의 발상지이자 호남의 수부(首府)인 전주성(全州城)에 무혈입성했다.

뒤늦게 쫓아온 관군과 전주성을 장악한 동학농민군이 공방전을 벌이는 사이에 동학군 토벌을 구실로 청군과 일본군이 조선국에 진주(進駐)해 오는 사태가 일어났다. 이에 초토사(招討使) 홍계훈(洪啓薰)과 전봉준은 전주화약(全州和約)을 맺고 동학농민군은 전주성에서 철수했다. 이에 따라 홍계훈은 철수하는 동학농민군의 안전을 보장하는 것과 동시에 폐정 개혁[10] 실시를 조정에 아뢰게 되었다. 그 개혁안의 내용을 보면 권력자와 결탁한 보부상(褓負商)이나 밀거래하는 암상인[潛商] 등의 폐해를 막도록 하는 점, 불합리의 징세에 대해 낱낱이 열거하며 금지를 요구한 점 등이 눈에 띈다. 하지만 여기에는 본래 벽두에 쓰일 법도 한 동학에 관한 내용이 전혀 보이지 않는 것도 주목할 만하다. 이것은 동학이 이미 자기 교단·조직의 공인과 자유를 요구하는 차원을 넘어서 관·정부에 대해 일반 농어민의 이익까지 대변하는 수준으로 성장했음을 의미하기 때문이다.

4. 일본 자료를 통해 다시 보는 동학농민혁명

동학이 '척왜양창의(斥倭洋倡義)'의 기치를 내건 것은 잘 알려져 있다. 이 글귀만 보면 동학은 배외적(排外的) 종교운동으로밖에 보이지 않는다. 그러나 이것은 어디까지나 일본과 서양 세력의 침탈·군사적 침략에 반대한다는 뜻이지 당시 한반도에 거주하던 일본인·서양인까지 무분별하게 몰아내자는 엄격한 배외주의와는 엄밀히 구별되어야 한다.

동학혁명(당시는 동학당의 난이라 불렸다)의 동정을 예의 주시하던 일본에서는 현장에 수많은 밀정과 신문사 특파원들이 파견되었고 그들의 현장 보고가 일본 본토의 신문에도 수시로 보도되었다. 그 신문 기사를 보면 동학군이 일반 농민에게 폐를 안 끼치려 했을 뿐만 아니라 배외주의와도 거리가 멀었다는 점을 알 수 있다. 예를 들면 제1차 동학농민혁명 당시에 재조선 일본 영사관 나리사와 키시로(成相喜四郎)가 서울에서 전주까지 염탐한 복명서를 그대로 게재한 1894년(明治27) 7월 14일 자《미야코신문(都新聞)》의 기사 '내란지방(內亂地方)의 실황(實況)'에서 조선 재류 일본인에 관한 부분만을 발췌해 보면 다음과 같다.

공주(公州)의 상황은 민란[民擾]으로 인한 별다른 소란도 없었고 거주민들도 두려움을 느끼지 않고 있어서 매우 태연해 보였다. 하지만 마침 여기에서 약회시(藥會市)가 열리는 시기를 맞이하는데도 민란 때문에 방해되고 장이 안 열린다고 하여 여기 상인들이 불편해 하고 있었다.[11]

(6월) 13일에 전보국(電報局)을 삼례(參禮)로 옮겼다고 하니까 공주를 출발하고 거기로 향하는 김에 황산(黃山)을 찾아갔다. 일본인 16명이 재류하고 있었다. 그들은 한때 장사를 쉬었을 뿐 별로 피해를 입은 것 같지 않았다. 한때는 인천으로 돌아가려고 준비했었으나 점차 적(賊)의 세력이 퇴축(退縮)될 테니까 계속 재류하고 있다고 한다. (……)[12]

전주 부근 및 도상이 농업은 민란[民擾]으로 인해 별로 피해를 입은 것 같지 않았다. 김매기도 이미 끝났고 농민들은 경과가 잘 되기를 기뻐하고 있었다. 또 들은 바에 의하면 각지 모두 민란 때문에 농사를 짓지 않았다는 등의 모습은 보이지 않았다.[13]

이것을 보면 동학군은 일반의 농민에게 폐를 끼치지 않고 농민들은 평상시같이 농사를 지을 수 있었다. 그뿐만 아니라 당시 한반도에 거류하던 일본 상인들도 별로 피해가 없었기 때문에 피신할 필요도 없었음을 알 수 있다. 다만 공주의 약초시장이 안 열렸기 때문에 약초 상인들이 불편을 겪었을 뿐이었다.

심지어는 전봉준이 일본인과 면회한 기록까지 남아 있다. 일본군전사편찬 준비 서류 안에 성명 미상의 일본인이 전봉준(그때는 金鳳均이라는 가명을 썼다)과 만나서 필담을 나누었는데 그 내용을 일본 육군 포병소좌(砲兵少佐)

와타나베 테츠타로(渡邊鐵太郞)가 군부에 보고한 '동학당전문(東學黨銓聞)'이라는 글이 있다.

> 이달(9월-인용자) 2일 용산(龍山)을 떠나 광주(廣州)·이천(利川)·죽산(竹山)·진천(鎭川)·청주(淸州) 등지를 거쳐 9일에 전주에 도착하고 동학당(東學黨)의 수령(首領)으로 세상에 소문난 김봉균(金鳳均, =전봉준)을 만나러 전라감영(全羅監營)을 찾아갔다. 다음날 밤 김의 심부름꾼(使人)에게 안내를 받아서 포정국(布政局) 뒷방에서 3시간 동안 나와 필담을 나누었다. 김봉균은 일명을 전명숙(全明叔)이라 한다. 내가 면회했을 때에는 김(金)이라 칭했으므로 아마도 김이 진짜 성이고 전(全)은 가짜 성인 것 같다.[14]

사실 명숙(明叔 또는 明淑)이 전봉준의 초명(初名)이다. 그러나 그와 만난 일본인은 전봉준이 대외적으로는 그 가명을 쓰고 자신에게는 본명을 밝혔다고 착각한 것 같다. 전봉준은 정체불명의 일본인 방문자에게 그렇게 좋게 오해시킴으로써 상대방이 마음을 놓게 하고 일본 측의 속사정을 털어놓게 하는 심리작전을 썼다고 생각된다.

덧붙어 말하면 이 '동학당전문'에는 전봉준이 자기를 일부러 찾아온 그 사람을 위해 해월에게 소개장을 써 주었다는 사실까지 기록되어 있다.

> 연고가 있어 길을 바꾸고 보은(報恩)·화녕(化寧) 등지를 지나 나는 상주(尙州) 능암리(綾巖里)에서 최시형(崔時亨)을 방문했으나 부재했기 때문에 김의 소개장과 편지 한 통을 남기고 갔다.[15]

5. 동학군 '대통령' 손병희

통설에 따르면 전봉준들이 거느리는 '남접(南接)'과 해월이 직접 지도한 '북접(北接)'이 대립되었다고 한다. 하지만 앞에서 본 기사는 그 통설에서는 전혀 이해할 수 없는 내용이다.[16] 상식적으로 생각해서 만약 남접과 북접이 대립했었다면 해월에게 소개장을 써 준다는 것은 있을 수 없는 일이다.

양자의 결정적인 대립이 없었다고 하면 전봉준들의 '남접'과 '북접'의 지향은 근본적으로 같았다고 보아야 할 것이다. 의암 손병희(義庵 孫秉熙, 이하 의암)는 동학농민혁명 당시 해월에게서 직접 '대통령(大統領)'에 임명되고 북접군(北接軍)을 거느리고 전봉준과 합세해서 싸우기도 했다. 훗날 3·1독립운동으로 체포되어 재판에 회부된 그의 진술을 보면 양자 사이에 모종의 갈등이나 노선 차이가 전혀 보이지 않는다.

문: 동학당이 청일전쟁 당시 폭동을 일으켰을 때 피고(被告)도 가담했던가?

답: 그렇습니다. 나는 그 두목(頭目)으로 주관하고 있었습니다.

문: 왜 당시 그와 같은 폭동을 일으켰는가?

답: 그 당시의 정부는 무고한 사람을 처벌하고 재산을 빼앗으며 부녀를 겁탈했던 까닭에 정부를 쓰러뜨려 새로운 정부를 수립할 목적으로 폭동을 일으켰습니다.

문: 그 무렵 동학의 수령(首領)은 누구였던가?

답: 최시형이 수령이었습니다. 그 사람은 노년(老年)이었던 까닭에 나를 대통령(大統領)으로 뽑았으므로 사실상 내가 수령 노릇을 하고 있었습니다. 그리고 그 밖에 전라도에서 전봉준이 봉기했으므로 그와 연락했습니다.

문: 그때 피고들은 새로운 정부를 세워서 어떤 정체(政體)를 만들 작정이었던가?

답: 그 당시는 정체를 논하는 시대가 아니어서 단지 착실한 사람을 뽑아서 정부를 조직케 할 생각이었지 이조(李朝)를 뒤집는 것은 목적이 아니었습니다.

문: 피고는 동학의 대통령인 까닭에 당시의 정부를 쓰러뜨려 자기 힘으로 정부를 이끌겠다는 포부가 있었던 게 아닌가?

답: 대통령이라 함은 거병하고 군사를 거느림을 말하는 것이지 뒤에 스스로 정부를 쓰러뜨렸다고 해도 내가 정부를 조직할 생각은 없었습니다.[17]

이것을 보면 의암도 전봉준과 마찬가지로 동학군과 함께 부패한 정부를 쓰러뜨리는 생각했음을 알 수 있다. 게다가 그가 해월에게 임명받았다고 하는 '대통령(大統領)'의 지위는 아마도 중국에서 무관 벼슬의 이름으로 쓰이던 '통령(統領)'[18]에 유래하는 말로 현대식으로 말하면 '동학군최고사령관' 정도의 의미인 것 같다. 그런데 일본인 판사가 현대식으로 대통령=president의 뜻으로 해석해서 의암에게 동학 정권을 수립하고 수장이 되려는 의도가 있었을 것이라고 의심한 것이다.

다만 의암은 비록 정치 지도자가 될 생각은 없었다 하더라도 아무런 정치적인 뜻이 없었던 것은 아니다. 오히려 그는 동학교단이 거의 괴멸된 상황에서 구한말의 국내외 정세를 살피면서 교단 재건과 정치 개혁을 동시에 이루기 위해 분주했다.

III. 의암의 '공공하는 종교운동'

1. 의암의 일본 망명과 폐정개혁 활동

동학농민군은 1894년 11월의 공주 우금치전투에서 일본군 및 조선 관군의 우세한 화력 때문에 괴멸적인 타격을 입었다. 1895년에는 전봉준 등 핵심 지도자 다수가 체포되고 처형당했다. 동학군이 해산되고 뿔뿔이 흩어지면서 의암과 김연국(金演局) 등은 해월을 받들어 충청·강원도의 산간 지역에 피신했다. 의암은 그 사이에 해월에게서 '북접대도주(北接大道主)'에 임명되고 후사를 부탁받았다.[19] 1898년에는 해월까지도 체포·처형당하자 의암은 당국의 수색과 탄압을 피해 가면서 동학교단을 거느리고 재건해야 하는 중임을 짊어지게 되었다.

1901년 의암은 원산(元山)에서 부산(釜山)을 거쳐 일본 나가사키(長崎)로 건너갔다. 그리고 일본에서 이상헌(李尙憲)이라는 가명을 쓰면서 권동진(權東鎭)·오세창(吳世昌)·조희연(趙羲淵)·이진호(李軫鎬)·조희문(趙羲聞)·박영효(朴泳孝) 등 국사범으로 몰려 먼저 망명했던 개화파 인사들과 사귀고 그들 중 일부를 동학에 입도(入道)시켰다. 한편으로 의암은 박인호(朴寅浩)·김명배(金蓂培) 등으로 하여금 서북 지방에서 포교하게 했다. 또 그는 나라의 앞날을 생각해서 문명 학술을 배우기 위해 동학교도 자제들 수십 명을 유학시켰다.[20]

1903년에 의암은 『삼전론(三戰論)』을 저술하여 독자적인 문명관과 정세 판단을 피력했다. 여기서 그는 "서로 적대해 봤자 전공(戰功)에 이익(利益)됨이 없으니 이것은 이른바 오수부동(五獸不動)이라는 것이다."[21] 즉 지금 열강은 서로 군사력을 겨루고 있지만, 그것이 극에 이르면 각국은 서로가 서로를 견제하면서 꼼짝도 할 수 없게 되므로, 이와 같은 시대에 필요한 것은 '삼전(三戰)' 즉 도로 백성을 덕화(德化)시키는 '도전(道戰)', 농업·공업·상업을 발달시키는 '재전(財戰)', 언어에 통달하고 언론·외교를 통해 이기는 '언전(言戰)'의 세 가지라고 지적했다.

러일전쟁이 가까워지자 의암은 러시아가 한갓 부동항(不凍港)을 구하고자 하는 전쟁에 일본은 나라의 존망이 달려 있으니 서로 전쟁에 임하는 절박함이 하늘과 땅 차이라고 지적하면서 일본의 승리를 예측했다. 그리고 도쿄에 40여 명의 동학지도자를 불러 "일본·러시아의 싸움은 만주·한국을 차지하기 위한 싸움"이라고 지적했다. 그리고 어느 쪽이 이기든 간에 승자에게 한국이 멸망당하는 것은 불 보듯 뻔한 일이라고 말하면서 "일본 당국과 한국 정치의 밀약을 굳게 맺은 후에 일본을 위해 러시아를 치고 한 번 국권을 장악한 후 제정(諸政)을 개혁하는 것이다. 우리 한국이 재생할 길은 이것밖에 없다."[22]고 주장했다.

의암은 일본 육군성에 1만 엔의 군자금을 기부함과 동시에 진보회(進步會)를 조직하고 이용구(李容九)로 하여금 주간(主幹)하게 했다. 그러나 진보회의 정체가 동학임을 알아차린 대한제국 당국이 탄압을 가하여 왔으므로 일본군의 보호 아래 가까스로 명맥을 유지하던 구 독립협회 계열의 일진회(一進會)와 합동하고 구 일진회 회장인 윤시병(尹始炳)을 본회장(本會長)으로, 이용구를 총회장(總會長)으로 삼고 진보회원들을 일진회에 가입시켰다.[23] 그렇다 하더라도 실질적으로는 숫자가 많은 구 진보회원이 일진회를 장악했다고 해도 과언이 아니다.

오늘날 단순한 친일 단체로만 치부되기 쉬운 진보회=일진회이지만 "이에 13부(府)에 지부(支部)를 두고 (……) 크게 전국 정계를 점령해서 백성의 병통[民瘼]을 제거하고, 행동은 관리로서 백성의 재물[民財]를 탈취한 사람에 대해 사실을 조사[查實]하고 크게 징계함과 동시에 일일 반환하게 하고 명목이 없는 잡된 징세[無名雜稅]를 혁파해서 총대(總代)를 정하고 나쁜 정치[稗政]을 탄핵하는 등 크게 민권(民權)을 떨쳤다."[24]고 하듯이 동학혁명 당시의 집강소(執綱所)를 상기시키는 활동을 전개했던 것이다.

2. 의암의 독립국가 연대 구상

러일전쟁은 의암의 예상대로 일본의 승리로 끝났다. 하지만 이용구·송병준(宋秉畯) 등이 일본의 한국 보호국화에 찬성하는 성명서를 발포(發布)하리라고 의암은 생각지 못한 것 같다. 이용구는 "대한(大韓)으로 하여금 일본의 보호를 받게 하고 이윽고 완전 독립하는 것이 시의(時宜)에 맞는 일"이라고 주장했으나, 의암은 보호와 독립은 서로 용납할 수 없는 일이라 하여 "어째서 보호라는 이름으로 독립을 할 수 있단 말인가?"라고 반박하고 두 사람은 결별하기에 이르렀다. 마침내 의암은 1905년에 동학을 '천도교(天道敎)'라고 개칭하고 일진회와의 관계를 끊고 일진회 회장 이용구와 회원들에게 출교(黜敎) 처분을 내렸다.[25]

하지만 의암도 이씨조선·대한제국이라는 왕조 국가와 이씨(李氏) 왕(황)실에 대한 시각은 아주 냉담했다. 그는 '정부를 전복하지 않으면 인민의 행복은 얻을 수 없다.'고까지 생각했기 때문에 한일합방과 고종의 죽음에 대해서도 아무런 감회도 없었거니와 '국가(國家)'라는 관념조차 없다고 말했다.

> 문: 피고는 한일 합병 때 어떤 감상을 품었던가?
> 답: 나는 별로 찬성도 아니고 불찬성도 아니었으니 중립을 지켰고, 지방의 교도들에 대해서도 이제 입을 열지 말라고 일렀습니다.

문: 하지만 한일합방에 대해 나름대로 생각을 품고 있었을 거라고 여겨지는데 어떠한가?

답: 우리들은 청일전쟁 당시 정부를 전복하지 않으면 인민의 행복은 얻을 수 없다는 생각에서 선언(宣言)하려는 뜻을 가졌으나 성취하지 못했습니다. 다만 한 번쯤은 정부가 전복될 시기가 올 거라고 생각했던 까닭에 별다른 감상은 없었습니다. 그래서 나는 중립의 태도를 지키고 있었습니다.[26]

답: 나는 어린 시절부터 천도교를 믿었으며 나의 뇌리에는 국가라는 관념은 없습니다. 다만 민족이라는 것이 있을 뿐입니다. 다만 한일합병 직후에는 일시동인(一視同仁)이라 표방했는데 합병 후 조선은 항상 압박을 받고 있으니…….[27]

답: (식민지) 행정에 대해서는 불만이 없지만 일본인이 조선인을 부를 때 '요보(ㅋボ)'라고 하여 열등시(劣等視)하는 것은 불만입니다. (……) 또 나는 이 동양에 수많은 국가를 세워놓고 동양 전체를 일단(一團)으로 삼고 한 명의 지식이 높은 자를 주권자(主權者)로 삼아서 서양 세력과 맞서지 않으면 일본 한 나라를 가지고서는 서양 세력에 대항할 수 없다고 생각합니다. 더 나아가 세계를 일단으로 삼고 침략이라는 것을 끊어 없앤다면 각 민족이 서로 이루고 행복한 세계를 이룰 수 있을 거라고 생각하고 있습니다. 또 조선과 일본과는 국정(國情)이 서로 다르지만 중국[支那]과는 서로 닮은 까닭에 조선이 독립된 후에 중국 여론에 호소하고 동양을 일단으로 만드는 것이 좋겠다고 생각한 적도 있었습니다.[28]

의암은 "나의 뇌리에는 국가라는 관념은 없다."고 단언했다. 독립운동을 주도한 그의 머릿속에 국가라는 관념이 없다는 말은 매우 역설적이다. 하지만 그에게 실제로 국가라는 관념이 없었던 것은 아니었다. 오히려 의암은 1906년에는 『준비시대(準備時代)』를 발표하고 새로운 국가 제도 구상을 밝히기도 했다. 그에게 '국가'란 오직 '인민의 행복' 실현을 위한 방편에 지나지 않는 것으로, 이씨조선·대한제국·대일본제국도 모두 그것을 위해서는 아무런 소용이 없고, 조선 인민이 행복하게 살지 못하고 무시당할 바에야 차라리 독립해서 새로운 나라를 세우는 것이 옳다는 것이 의암의 판단이었다.

의암은 당면 과제로 동양은 서양 제국주의 세력의 침략에 노출되어 있기 때문에 조선은 일본과 독립하면서 중국 등도 포함한 독립국가연합[東洋第一團]을 구축하고 한 명의 '지식이 높은 자'가 주권자로서 통괄하는 구상을 했다. 그것은 말하자면 각국이 고도의 자치를 가지는 연방제나 EU와 같은 국가연합 체제인 것이다.

그리고 장차 그 국가연합의 범위를 넓혀 "세계를 일단으로 삼고 침략이라는 것을 끊어 없앤다면" 좋다고 의암은 말했다. 그는 요즘 말하는 '글러컬(glocal)'한 비전을, 그리고 그 안의 한 독립된 단위로서 조선을 자리매김하려 했던 것이다.

3. 3.1독립운동의 종교 연대를 가능케 한 의암의 '공공신앙'

의암이 동학과 일진회와의 관계를 끊고 종교단체인 천도교로 개편시켰다고 해도 정치적 동학에서 계승한 공공적 역할을 포기한 것은 아니다. 그것을 잘 보여주는 것은 아래와 같은 일본인 나가시마(永島) 판사와 의암과의 공방이다.

문: 피고는 천도교를 생명으로 삼고 있다고 했는데 남을 훈화(薰化)시켜야 할 지위에 있으면서 정치의 와중에 뛰어들어 조선의 독립을 도모하는 것은 피고의 사상과 위배되는 일이라고 생각되는데 어떤가?

답: 그것은 종교가 만족하게 행해지기 위해 조선의 독립을 꾀한 것이므로 종교가 만족스럽게 행해지지 않는 한 어떻게든 종교인이 정치에 관여하게 될 것이라고 생각합니다.

문: 하지만 역사상 진정한 종교는 정치와 뒤섞이지 않았던 것은 분명하지만 천도교는 정치에 관한 비밀결사이기 때문에 이번에 조선 독립을 꾀한 거라고 여겨지는데 어떠한가?

답: 국가가 종교를 돕지 않고 정치와 관계없이 자립할 수가 있습니까? 그렇지 않은 한 종교는 정치를 따라가서 그 목적을 이루기 위해 조선의 독립을 도모했습니다. 나는 조선이 독립국이 되더라도 벼슬길에 오를 생각은 없습니다. 내가 독립 후에 벼슬길에 올랐다면 정치상의 야심[物心]이 있었다는 말을 듣게 되더라도 어찌할 도리가 없지만 나는 종교의 목적을 이루는 일 이외에는 아무것도 없습니다.[29]

이 취조에서 조선 독립을 도모하는 천도교는 진정한 종교가 아니라 종교를 빙자한 정치적 비밀결사가 아니냐고 따지는 일본 판사에게 의암은 "종교가 만족하게 행해지기" 위해 조선 독립을 도모한 것이고 종교가 만족스럽게 행해지지 않는 한 종교가가 정치에 관계하게 된다고 주장했다. 이것에 대해 카와세 타카야(川瀨貴也)는 "손병희에게 주안(主眼)은 어디까지나 종교 활동에 있었지 정치활동이 아니었던 것이다. 북접의 흐름을 이어받은 천도교는 종교적 차원을 정치적 차원보다 높이 평가하고, 스스로의 종교 활동을 자유롭게 행할 수만 있다면 된다고 생각했던 구석이 보인다."[30]고 지적한다.

하지만 여기서 의암이 말하는 '종교'를 천도교라는 한 종교단체의 일로만 생각하면 그의 발언은 이해할 수 없게 된다. 왜냐하면 천도교 활동을 자유롭게 하는 것만이 목적이라면 독립선언을 선포하고 식민지 당국에게 탄압을 자초하는 것은 유해무익한 일이다. 오히려 시천교가 그랬듯이 대일본제국의 통치에 적극 협조하는 편이 더욱 효과적이었을 것이다. 게다가 3.1독립운동은 천도교가 중요한 역할을 맡았다고는 하나 천도교뿐만이 아니라 기독교, 불교 등의 종교들이 연대하여 참여한 종교 연합 운동이었다. 만약 '자기들(=천도교)의 종교 활동'만을 위한 것이었더라면 타종교에게 호소할 필요도 없거니와 비록 호소했다고 해도 타종교 쪽이 응하지 않았을 것이다.

의암과 나가시마 판사는 똑같이 '종교'라는 말을 썼어도 그 뜻하는 바가 완전히 다르다. 나가시마는 역사상 진정한 종교는 정치와 뒤섞이지 않았다고 하면서 천도교를 가리켜 정치적 비밀결사라고 단정했지만 그는 식민지 법무관료로서 당연히 아래와 같은 총독부 유고에 보이는 종교관을 공유했을 것이다.

종교 신앙[信敎]의 자유는 문명열국(文明列國)이 하나같이 인정하는 바라. 각각 그 숭배하는 교지(敎旨)에 따라서 안심입명(安心立命)의 경지를 구하고자 하는 것은 본래 그런 것이긴 하지만 (……) 또는 종교 신앙을 빙자하여 멋대로 정사(政事)를 의논하거나 혹은 괴이한 의도를 꾀하거나 한다면 곧 좋은 풍속[良俗]에 해독을 끼치고 안녕(安寧)을 방해하는 것이므로 마땅히 법을 받들어서 처단하지 않을 수 없다. 하지만 유교·불교·여러 종교[諸敎]·기독교를 막론하여 그 본지(本旨)는 결국 인심(人心)과 세태(世態)를 개선함에 있는 까닭에 본디 시정(施政)의 목적과 위배되지 않을뿐더러 도리어 그것을 도와 보탬이[裨補] 되어야 될 것임을 믿어 의심치 않는다.…… [31]

즉 종교의 본지는 개인의 '안심입명'과 사회의 '인심과 세태의 개선'에 있다고 규정하는 것으로, 종교 신앙이 그 범위 안에 머무르는 한, 달리 말하면 종교가 민심의 안정과 풍속의 개량을 담당하고 식민지 행정을 보완하는 데에 머무는 한 신앙의 자유를 보장해준다는 것이다. 하지만 한번 '정사를 의논'하거나 '괴이한 의도를 꾀'하거나 한다면 그것은 곧 '좋은 풍속에 해독을 끼치고' '안녕을 방해하는 것'으로 종교의 분수를 뛰어넘은 정치적 비밀결사와 같은 존재로 간주하고 처단한다는 것이다.

한편 의암은 종교가 만족스럽지 않는 한 "어떻게든 종교인이 정치에 관여하게 될 것"이라고 강조했다. 그리고 동시에 "나는 조선이 독립국이 되더라도 벼슬길에 오를 생각은 없다."고 말했다. 즉 의암은 민간에 있으면서 종교인으로서 정치적 · 사회적 문제에 적극적으로 발언하면서 그 잘못이나 일그러짐을 바로잡는 데에 "종교의 목적"을 두었던 것이다.

이러한 의암의 '종교'관을 이해하기 위해서는 기독교의 '공공신학'(公共神學, the public theology)이 참고가 될 것이다. 김경재(金敬宰)에 따르면 공공신학이란 기독교의 '공공신앙(公共信仰)'을 이론적으로 체계화시킨 것이다. 공공신앙이란 예언자와 사도적(使徒的) 신앙을 유산으로 계승하고 예수의 복음을 성서적 신앙의 본질로 고백하는 기독인 개인 및 공동체가 이 세상의 현실과의 관계에서 역사적 현실에 대한 책임을 자각하고 사회윤리적 의식을 가지면서, 이 세상 한가운데서 자기를 초월한 자에 대한 신앙을 견지하면서 세계의 현실을 신의 나라의 비전을 향해 변혁해 나가는 신앙을 의미한다.[32]

이것을 후천개벽 신앙을 유산으로 계승하고 수운의 도학(道學)을 동학 신앙의 본질로 고백하는 도인 개인과 공동체가 이 세상의 현실과의 관계에서 역사적 현실에 대한 책임을 자각하고 사회윤리적 의식을 가지면서 이 세상

한가운데서 시천주, 즉 내유신령(內有神靈)·외유기화(外有氣化)에 대한 신앙을 견지하면서 세계의 현실을 후천개벽(後天開闢)의 비전을 향해 변혁해 나가는 신앙을 의미한다고 바꾸어 놓으면 곧 '공공동학(公共東學)'이 된다. 지금까지 바라본 사회적 실천 활동의 역사를 봐도 동학이 실제로 이것을 목표로 한 것은 분명하다. 그리고 이와 같은 '공공신앙'의 기본적 토대를 공유했었기 때문에 3.1독립운동에서 천도교와 기독교, 기타 종교와의 연대도 가능하게 되었다고 생각된다.

IV. 맺음말

이상 동학-천도교의 수운 시대부터 의암에 이르기까지의 공공성의 전개를 살펴보았다. 그 공공성은 '시천주', '다시개벽'의 법설 안에 이미 싹트고 있었으나 귀천·남녀·빈부의 차별이 없고 서로가 서로를 하늘처럼 모시는 동학 공동체 안에서 그것이 구체화되었다. 이것은 신도들에게는 이상사회인 '후천' 시대의 모형처럼 여겨졌을 것이지만 당시의 지배층이자 지도층이던 유생들의 관점에서 보면 유교적 사회질서를 파괴하는 사교나 다름없었다. 수운이 처형되고 동학이 탄압 받은 이유는 거기에 있다.

하지만 동학은 해월이라는 뛰어난 지도자·조직자를 얻어서 수운 생전보다 더 세력을 확대했다. 해월은 그 세력을 배경으로 동학의 신앙 자유 요구도 함의하는 교조신원운동을 전개했다. 요구 자체는 정부에 의해 진지하게 수용되지 않았지만, 동학교도들 자신이 사회적·정치적으로 움직이는 역량을 자각하는 계기가 되었다.

전봉준 등이 주도한 동학농민혁명은 그 연장선상에 일어난 사건이며, 특히 폐정개혁의 요구는 동학혁명 주도 세력이 스스로를 동학이라는 신앙 집단으로뿐만 아니라 농어민의 이익을 대변하는 공공적 존재로 자리매김했음을 실증하는 것이다.

또 동학군은 '시천주' 신앙을 바탕으로 농민을 존중하고 백성의 생업을 방해하지 않고, 비전투원인 한반도 재류 일본인에게도 해를 끼치지 않는 높은 윤리성과 인도주의(동학이 내건 구호의 하나가 '斥倭洋倡義'이었다는 점을 감안하면 더욱 놀라운 일이다)를 가지고 있었다.

그 동학농민혁명이 일본군 및 조선 관군에게 진압된 후 붕괴된 동학 재건의 임무를 짊어진 의암은 일본에 건너가서 개화파 인사들과 사귀면서 국제정세를 살피고, 서양 근대문명을 그 나름으로 수용했다. 또 러일전쟁에서는 일본의 승리를 예견해서 일본군에게 협력하면서 진보회(일진회)를 전국적으로 조직하고 동학혁명이 충분히 이룰 수 없었던 폐정개혁을 대대적으로 실행했다. 일진회 회장 이용구 등이 대한제국의 일본 보호국화에 찬성하는 성명을 내자 의암은 그들을 축출하고 동학을 천도교로 개편했다. 하지만 그 의암도 동학의 탄압자이며 민중의 억압자였던 황실과 대한제국에는 냉담한 감정을 가지고 있었다.

의암에게 '국가'는 인민·민족의 행복을 위해 편의상 존재해야 할 것으로, 그것을 만족시킬 수 없다면 불필요한 것이다. 그가 한일합방에 중립적 태도를 취한 것도, 또 그런 그가 3.1독립운동에서는 중심적 역할을 맡았던 것도 결국 대한제국도 대일본제국도 '인민의 행복'에 이바지하는 것이 아니었기 때문이다. 그가 마음속에 그렸던 비전은 고도의 자치권을 가진 각국이 한 명의 '지식이 높은 자'에게 통괄되는 국가연합체 혹은 연방제 같은 것으로, 당분간은 한국·일본·중국 등의 동양 각국이 한 무리가 되어서 서양세력의 침략과 맞서고 장차 세계 전체가 그러한 형태로 통합되어서 침략 그 자체를 없앤다는 것이었다.

일본의 식민지 관료가 생각하는 '종교'는 정치 따위에 관여하지 않고 '시정(施政)의 목적'의 하청과 같이 오로지 개인의 '안심입명'과 사회의 '인심과 세태의 개선'에 이바지하는 사적(私的)인 것이었다. 이에 대해 의암이 생각하는 '종교'는 인민의 행복을 위해 '정치에 따라가서' 정치와 관계를 맺으면서 세계의 현실을 개벽된 낙원세계의 비전을 향해 변혁해 나가는 것이었다. 그것은 의암이 젊을 때부터 몸담던 동학의 모습 그대로였으나 한편으로 기독교의 '공공신앙' 및 '공공신학'과도 맥을 같이하는 것이다. 3.1독립운동으로 여러 종교의 연대가 가능하게 된 것은 근본적인 부분에서 이와 같이 아주 비슷한 공공신앙의 테두리를 공유하고 있었기 때문이다.

비서구적 근대의 길로서의
동학과 원불교의 공동체운동

: 그 공공적 성격을 중심으로

박맹수 원광대학교 원불교사상연구원 원장

I. 머리말

지금부터 159년 전인 1860년 음력 4월 5일에 경상도 경주에서 수운 최제우(水雲 崔濟愚, 1824-1864, 이하 수운)가 동학(東學)이라는 새 종교를 창도(創道)한다. 동학 창도는 우리나라 땅에서 우리나라 사람의 손으로 만들어진 '우리 종교'를 가지게 되었다는 역사적 의미를 지닌다. 한편, 동학 창도로부터 약 60년 뒤인 1916년 4월에는 전라남도 영광에서 소태산 박중빈(朴重彬, 1891-1943, 이하 소태산)이라는 무명의 청년이 대각(大覺; 큰 깨달음)을 계기로 풀뿌리 민중을 모아 새로운 종교운동을 시작한다. 원불교(圓佛敎)가 개교(開敎)한 것이다.

이 글은 근대한국에서 자생한 새 종교 동학과 그 동학의 변증법적 전개라고 볼 수 있는 원불교를 분석 대상으로 삼아 이 두 종교가 보여준 새로운 종교 공동체운동의 내용과 특징을 공공의 관점에서 해명하는 데 목적이 있다.

II. 근대한국 개벽종교와 '비서구적 근대'

주지하듯이, 동학과 원불교는 19세기 중반에서 20세기 초에 걸쳐 잇따라 등장했다. 그렇다면 동학이 등장하는 19세기 중반부터 원불교가 등장하는 20세기 초반에 이르기까지 약 1세기 동안의 우리 역사는 과연 어떤 역사였을까? 이 시기는 한마디로 역사적 대전환기였다. 이 같은 역사적 대전환기를 동학과 원불교 등 근대한국에서 잇따라 등장하는 새 종교[1] 창시자들은 선후천 교역기(先後天 交易期)[2] 곧 선천시대에서 후천시대로 바뀌는 후천개벽(後天開闢)의 시대라고 표현했다.

한국사에서는 동학과 그 뒤를 이은 원불교가 등장하기 이전에 두 차례의 커다란 전환기가 있었다. 첫 번째는 통일신라 말에서 고려 초기에 걸친 시기인바, 역사학계에서는 이 시기를 나말여초(羅末麗初)라 부른다. 나말여초는 통일신라 시대에서 고려 시대로 넘어오는 전환기로서 한국사에서는 이 시기를 고대(古代) 사회에서 중세(中世) 사회로 넘어오는 전환기로 간주한다. 두 번째의 전환기는 고려 말에서 조선 초에 걸치는 시기이다. 이 시기를 일러 여말선초(麗末鮮初)라 부르는데, 이 시기는 고려 시대라는 중세에서 근세로 불리는 조선 시대로 넘어오는 전환기로서, 나말여초와 여말선초의 두 전환기는 성공적인 시대전환을 이루었다는 공통되는 특징이 있다.

근대 이전의 두 차례 역사적 전환기를 성공적으로 경과했던 우리나라는 19세기에 들어와 세 번째 전환기를 맞이한다. 이 세 번째 전환기가 바로 동학을 비롯한 근대한국 개벽종교 창시자들이 강조하는 선후천 교역기 곧 한말 개화기라는 전환기이다. 그런데, 세 번째로 맞이한 전환기는 우리나라가 중세 후기 또는 근세 사회[3]에서 근대(近代) 사회로 넘어오는 전환기로서 과거 두 차례의 역사적 전환기와는 근본적으로 큰 차이가 있었다. 일찍이 경험해 보지 못한 이질(異質) 문명, 즉 서양 문명이 우리나라를 비롯한 동아시아를 향해 물밀듯이 밀려오면서 이른바 서세동점(西勢東漸, Western Impact) 현상이 치열하게 전개되던 시기였다. 서양 문명의 동점, 곧 서세동점 현상은 우리나라로 하여금 19세기 이전의 두 차례 전환기와는 질적으로 차원이 다른 대응을 요구했다.

한말 개화기, 곧 세 번째 전환기에 동점(東漸)해 오던 서세를 총칭하여 당시 조선의 지식인들은 서학(西學)이라고 불렀다. 서학이란 단순히 서양 종교인 천주교만을 뜻했던 것이 아니라 다음과 같은 세 가지 뜻이 포함되었다.

첫째, '종교로서의 서학'이다. '종교로서의 서학'은 단적으로 서양의 국민국가들의 이익을 대변하는 '제국주의적 종교' 곧 서양 열강의 정치경제적 이익을 대변하는 종교로서 기능하는 측면이 강했다. 예컨대, 조선 말기에 천주교 신자였던 황사영이 조선왕조 지배층의 천주교 탄압 사실을 담은 편지를 중국에 있는 주교에게 보내 프랑스 함대로 하여금 조선을 정벌하게 해 달라고 요청하려다 들킨 '황사영 백서사건'에서 알 수 있듯이, 초창기 천주교 신자들은 신앙의 자유를 지키기 위해서라면 프랑스 함대가 조선을 공격해도 무방하다고 생각했다. 실제로, 천주교 신자들의 소망은 병인양요(1866)로 현실화되어 프랑스 함대가 강화도를 유린하고 많은 문화재를 약탈해 가는 결과를 낳았다.[4]

둘째, '학문 또는 과학기술로서의 서학'이다. 조선 후기부터 한말 개화기에 걸쳐 서양에서 전래된 서학의 핵심은 바로 서양의 근대 학문 및 과학기술이라 할 수 있다. 그런데, 이것은 중세 말기의 르네상스, 즉 문예부흥기 이후의 계몽사상 및 합리주의의 대두, 자연과학의 발달을 그 성립 기반으로 했다. 달리 표현하면, 종교와 철학, 과학 등이 미분화된 상태로 존재하던 서양 중세(中世)가 끝나고, 종교 따로, 철학 따로, 과학 따로 등 종교에서 인문과학과 자연과학의 제반 학문이 각각 독립적으로 분화되던 시기, 즉 근대(近代)의 산물이라는 특징이 있었다. 예를 들면, 서양의 자연과학은 종래 신학 속에 포함되던 자연과학이 독립된 영역으로 분화하면서 발달하기 시작했으며, 이 같은 서양의 자연과학은 자연을 분석하고 관찰하는 인간의 이성(理性) 활동을 중시하면서 인간과 자연을 구분(분리, 이분화)하는 것을 전제로 삼았다. 이러한 서양의 자연과학은 여전히 자연과 인간의 조화, 또는 합일을 이상으로 추구하던 동양의 자연과학과는 '근본적으로' 그 성격을 달리했다. 요컨대, 중국을 거쳐 우리나라 조선까지 동점(東漸)해 오던 서양의 '학문 또는 과학기술로서의 서학'은 조선을 포함한 동아시아 전체를 아우르던 전통적인 학문 및 과학기술과는 그 관점(우주관, 세계관, 인간관, 자연관, 역사관 등)이 전혀 다를 수밖에 없었다.

셋째, '정치경제 체제로서의 서학'이다. '정치경제 체제로서의 서학'이란 말은 근대에 들어와 서양에서 성립된 근대 국민국가(National State)라는 뜻 외에 서양에서 먼저 발달하기 시작한 자본주의(Capitalism)라는 두 가지 요소를 포함한다. 그러기에 서세동점이란 용어 속에는 근대 국민국가로서의 서양 열강의 자본주의 체제가 동점(東漸) 곧 동아시아로 몰려온다는 뜻이 포함된다. 서세동점 현상이 가장 치열하게 전개되던 19세기 곧 선후천 교역기로 표현된 세 번째 전환기를 맞이한 조선왕조를 비롯하여 이웃의 중국과 일본 등 동아시아 삼국은 전제왕조 체제였다. 경제체제 또한 자본주의체제가 아닌 중국 중심의 조공무역(朝貢貿易) 체제를 유지했다. 그런데 자본주의 체제에 바탕한 국민국가였던 영국과 프랑스 등 서구 열강은 이들 왕정 중심의 동아시아 국가들을 '미개'(未開)한 나라로 간주하여 일방적인 침략 대상으로 삼았다. 신분제 등 이른바 구질서를 청산하지 못했다는 것이 주된 이유였지만 더 근본적인 목적은 중국 중심의 조공무역 체제를 타파하여 동아시아 3국을 자본주의 체제로 편입시킴으로써 경제적 이익을 극대화하기 위함이었다. 제 1, 2차 중영전쟁(中英戰爭, 1차=아편전쟁, 2차=애로우호전쟁)은 바로 이같은 서양 열강의 동아시아 침략 때문에 빚어진 전쟁이었다.[5]

중국이 서양 열강의 위협을 받아 민족적 위기에 처하게 된 첫 번째 사건이 바로 1840년부터 1842년까지 계속되었던 아편전쟁(阿片戰爭), 즉 제1차

중영(中英)전쟁이다.[6] 제1차 중영전쟁의 원인은 다음과 같다. 19세기 영국인들은 차를 많이 마시는 습관이 있었다. 그런데 영국인들이 특히 좋아하던 차는 인도(印度)산 차였다. 그리하여 인도에서 대량의 차를 수입한 영국은 차 대금을 은(銀)으로 결제하였으며, 그 결과 영국의 은이 대량으로 인도로 유출되었다. 이에 은(銀) 본위제의 영국은 은의 유출로 인한 부족분을 보전하기 위해 중국인을 대상으로 아편 밀무역을 하였다. 잘 알려져 있듯이 아편은 사람을 폐인으로 만드는 마약으로서 아편을 피우고 마시는 사회는 파멸의 길로 나아가게 된다. 그러므로 한 사회나 국가를 건강하게 유지하기 위해서는 아편을 금지하는 것이 고금동서에서 당연한 일이었다. 그렇기 때문에 중국의 광동성 성주 임칙서(林則徐)는 아편 밀무역으로 발생한 심각한 피해를 막기 위해 밀무역을 금지하였으며, 밀무역을 위해 광동성(廣東省) 근처에 들어와 있던 영국의 밀무역선을 나포하여 불태워 버렸다. 이 같은 처사에 대해 영국은 중국이 국제법 곧 만국공법(萬国公法)을 어겼다는 것을 구실로 삼아 중국을 침략했다. 그런데 아편전쟁 당시 영국에서는 여야(與野) 정당(토리당과 휘그당)이 일치단결하여 중국인들을 대상으로 한 영국 정부의 아편 밀무역을 지지하였으며, 그 같은 아편 밀무역을 방지하기 위해 중국이 영국의 무역선을 불태운 것은 국제법 위반이라는 이유로 중국 침략을 위해 일으킨 아편전쟁을 전면적으로 지지했다. 당시 영국은 기독교의 한 분파인 성공회(聖公會)를 국교(國教)로 하는 나라였지만, 영국 정부의 부도덕하고 부정당한 침략전쟁인 아편전쟁을 반대하기는커녕, 그와 정반대로 적극 지지했던 것이다. 바로 이런 현실이 19세기 서세동점 시대의 서구 국민국가의 행태이자, 그들을 지탱하던 서구 기독교(基督教) 곧 서학의 적나라한 모습이었다.

　한편, 제1차 중영전쟁과 그 뒤를 이은 제2차 중영전쟁(애로우호 전쟁)에서 대국 중국이 서양 열강에게 허무하게 침략당하는 모습을 목격한 조선에서는 대체로 다음과 같은 세 갈래로 서세동점에 대응하고자 하였다.

첫째, '서세'의 실체를 견문을 통해 직접 목격했거나 서양 서적 등을 통해 일정 부분 이해한 양반 지배층 중심의 대응이다. 그들은 서양 사상이나 문물을 적극적으로 받아들이는 것이 서세동점에서 조선왕조를 지킬 수 있을 뿐만 아니라, 신분제도 등 이른바 전근대적 왕조체제의 모순을 개혁해 낼 수 있다고 믿었다. 이들을 일러 한국 근대사에서는 개화파(開化派)라 부르고, 그들이 주장하는 사상을 개화사상(開化思想)이라 부른다. 개화파는 다시 온건 개화파와 급진 개화파로 나눌 수 있는데, 서세동점의 위기에 대응하기 위하여 급진 개화파들이 일으킨 정변이 바로 1884년의 갑신정변이다. 김옥균이 바로 급진 개화파의 대표적 인물이다. 온건 개화파는 1894년의 갑오개혁과 1896년의 광무개혁을 주도한다. 갑오개혁을 주도했던 김홍집(金弘集, 1842-1896)이나 김윤식(金允植, 1835-1922)은 대표적인 온건 개화파였다.

둘째, 개화파와는 달리 양반 지배층이기는 했으나 현직에 있지 아니하고 재야(在野)에서 유교적 이념 구현에 힘쓰던 이들이 있었다. 그들을 일러 유생(儒生) 또는 유림(儒林)이라고 부른다. 그들 역시 서세동점에 대하여 대단한 위기의식을 지녔다. 즉 조선으로 밀려오는 서양 열강은 그 발달된 문물을 앞세워 반드시 우리나라를 병탄하리라 간주하고, 유교적 이념에 입각하여 철저히 서세를 배격해야 한다고 주장했다. 이들을 일러 위정척사파(衛正斥邪派)라 하며, 그들이 내세운 사상을 위정척사(衛正斥邪) 사상이라 부른다. 화서 이항로(李恒老, 1792-1868), 면암 최익현(崔益鉉, 1833-1906) 등이 대표적인 위정척사파이다. 이상, 개화파와 위정척사파는 모두 양반(兩班) 출신이자 지식인=엘리트 출신들이라는 공통점을 지녔다. 그래서 그들의 세세동점에 대한 대응을 '위로부터의 길'이라 부르기로 한다.

셋째, 양반층이 중심이 된 개화파나 위정척사파와는 달리 평민층, 다시 말해 일반 민중들을 중심으로 서세동점에 적극적으로 대응하려는 움직임이 19세기 중엽부터 20세기 초반에 걸쳐 아주 광범위하게 일어났다. 그 선구적인 인물이 바로 동학을 창시한 수운 최제우이며, 동학의 뒤를 이어 원불교를 창시한 소태산 박중빈이다. 서세동점에 대한 일반 민중들의 대응을 일러 '아래로부터의 길'이라 하는데, 그 아래로부터의 대응을 집약한 것이 바로 1860년에 성립한 동학(東學)이다. 동학(東學)으로 집약되어 나타난 일반 민중들의 서세에 대한 대응의 핵심은 '개벽(開闢)'으로 집약된다. '개벽'은 천개지벽(天開地闢)에서 유래한 말로, 원래는 우주 창조, 즉 인간세계를 둘러싼 물리적 세계의 창조라는 의미이다. 그러나, 수운을 비롯한 근대한국 개벽종교 창시자들은 한결같이 '개벽'을 '새로운 문명의 창조'라는 의미로 사용했다. 지금까지의 문명(=선천문명)과는 차원이 전혀 다른 새로운 문명(=후천문명)을 창조한다는 의미로 '개벽'이란 말을 새롭게 해석한 사례는 세계 어디에도 없는 우리 조선만의 독창적인 것이다. 1860년에 등장한 동학부터 1916년에 등장하는 원불교는 바로 이 '개벽'을 실현하고자 한다. 다시 말해 새로운 문명 창조로서의 개벽을 강조하는 것이 근대한국에서 등장하는 '개벽종교'의 특징인 것이다. 이 점이 중요하다. 바로 여기에 우리가 지향해야 할 주체적인 근대 곧 '비서구적 근대의 길'이 있고, 바로 그것의 실현이 근대한국 개벽종교에게 부여된 세계사적 사명이라 하겠다. 이하에서는 동학에서 드러나는 '비서구적 근대의 길'의 구체적 내용을 고찰하기로 한다.

III. 동학이 추구한 '비서구적 근대'

한국 사회에서는 '근대'를 어떻게 이해할 것인지에 관한 담론이 활발하다.

그 가운데 대표적인 것 중의 하나가 바로 일제강점기(日帝強占期) 곧 일제가 지배했던 36년간의 식민지 시대를 어떻게 볼 것인지의 논의라 하겠다.

1960년대 이래, 한국에서 일제강점기를 바라보는 입장은 수탈론(收奪論) 일색이었다. 수탈론이란 일제의 식민 지배 체제는 기본적으로 식민지 모국의 모순을 피식민지에 전가하는 체제였으며, 식민지 모국 일본의 경제적 발전을 위해 식민지 조선 민중들의 희생과 부담을 강요하는 수탈적 성격이 그 기조를 이루고 있었다고 보는 견해이다. 이 같은 수탈론은 적어도 1990년대까지만 해도 우리 사회에서 확고부동한 정설로 정착되어 있었다. 그러나 1990년대 이후 역사학 분야에도 포스트모더니즘이 도입되어 국사(國史)나 민족(民族)이라는 일국사적 관점의 분석틀이 식민지 시대를 살았던 사람들의 구체적 일상과 삶의 경험들을 박탈해 왔다는 반성이 일어났다. 그 결과 일국사적 관점의 편협성을 넘어 동아시아라는 열린 관점에서 우리의 역사상을 재검토하려는 연구자들이 등장하면서 종래의 수탈론은 새로운 비판에 직면하게 되었다.

수탈론을 비판하는 대표적 견해가 바로 식민지 근대화론(植民地 近代化論)이다. 식민지 근대화론을 요약하면, 일제 식민지 시대에는 철도와 도로·공장 등의 인프라가 정비되어 경제가 꾸준히 성장하였고, 영양과 위생 수준의 향상으로 인구가 증가한 것이 사실이기 때문에 식민지 시대를 수탈의 측면으로만 이해해서는 안 된다는 것이다. 식민지 근대화론은 또한 식민지 시대 일제가 정비한 철도와 도로·공장 등의 인프라 덕분에 1960년대 이후 한국이 고도성장을 할 수 있었다고 주장한다. 식민지 시대에도 숫자상으로 보면 경제가 꾸준히 발전하였고, 인프라도 많이 정비되었으며, 인구가 늘어난 것은 사실이다. 따라서 그런 '사실'만 보자면, 식민지 근대화론자의 주장은 일견 타당한 듯이 보인다. 그러나 그들의 견해가 지금도 일본 안에서 되풀이

되는 식민지 지배 긍정론자들의 주장과 닮았다는 점, 식민지 시대에 이루어진 경제성장과 인프라 정비의 역사적 성격, 즉 '누구에 의한 누구를 위한 것이었는가' 하는 문제는 검토의 여지가 많다.

주지하듯이, 1945년 8월 일제는 패망했다. 일제의 패망은 곧 조선의 근대화를 위한 일본 제국주의의 식민 지배가 정당하다는 식민 지배의 논리도 함께 파탄에 이른 것을 의미했다. 일제의 패망과 함께 식민 지배 논리가 파탄에 이른 만큼, 1945년 이후 당연히 19세기 우리 역사를 새로운 관점에서 해명하려는 움직임이 활발해졌다. 식민지 시대 내내 주류였던 식민주의 사학에 맞서 민족 주체적인 역사상 확립을 위해 고군분투했던 우리 역사가들에게 해방된 조국과 민중들은 식민주의 사학자들의 논리를 뛰어넘는 새로운 역사 해석을 요구했다.

그 결과 1960년대에 이르러 이른바 내재적 발전론(內在的 發展論)이라는 새로운 방법론이 싹튼다. 내재적 발전론이란 한마디로 일제 식민 지배의 주된 논리였던 조선=정체사회라는 등식을 근본적으로 부정하는 견해를 말한다. 즉, 종래 식민주의 사학자들은 조선 사회를 정체된 사회라고 강조했지만 그것은 역사적 사실과 다르다. 조선에서도 이미 18세기 무렵부터 서구 근대사회에서 확인되는 자본주의가 발달하고 있었으며, 전근대사회를 지탱하던 신분제도의 타파를 주장하는 실학자(實學者)들이 등장함으로써 근대사회를 지향하려는 움직임이 일제의 식민 지배 훨씬 이전에 이미 시작되었다고 주장한다.

그런데 내재적 발전론 역시 근대라는 문제의식에 매몰되어 있었다. 내재적 발전론이 말하는 근대는 어디까지나 서구적 근대를 뜻했으니, 그것은 당연히 서구 근대사회의 특징인 자본주의의 발달, 국민국가의 확립, 사회 신분제의 폐지 등의 내용이 우리에게도 있었다거나, 아니면 형성되는 중이었다는 식의 논리를 폈다. 그 대표적인 예가 바로 조선 후기에 등장한 새로운 농업 형태인 광작(廣作)이나 경영형 부농(富農)을 자본주의의 맹아로 파악하는 견해이다. 조선 후기 광작이나 경영형 부농의 사례에서 확인할 수 있는 바와 같이 18세기부터 이미 자본주의가 발달하고 있었으니, 우리도 서구 사회와 마찬가지로 근대를 실현하려는 움직임이 이미 구체적으로 존재하였고, 따라서 조선 사회는 결코 정체된 사회가 아니며, 우리도 자체 역량으로 충분히 근대를 실현할 수 있었다는 것이다. 이처럼 내재적 발전론자들 역시 서구적 근대라는 신화에 푹 빠져 있었다.

서구적 근대의 실현 여부를 중심으로 연구되어 온 '근대' 논의에 대하여 역사학계에서의 문제제기가 시작되었다. 이 같은 문제제기는 곧 식민지 시대 내내 식민사학자들에게 귀가 따갑도록 들어왔던 근대의 부재, 그리고 실학사상과 광작·경영형 부농 등을 근거로 하여 서구적 근대를 실현하려는 움직임이 우리 내부에도 이미 엄연하게 존재하였음을 증명함으로써 식민지배의 논리를 타파하고자 하였던 내재적 발전론자들의 문제의식이 과연 정당한지에 관한 근본적인 의문의 제기였다. 서구적 근대에 관한 문제제기는 국내에서는 정창렬(1937-2013) 전 한양대 교수, 일본에서는 재일동포 출신 사학자 조경달(1954-현재) 지바대(千葉大) 교수가 제기했다. 두 사람은 모두 한국 근대사 가운데서도 동학사상과 동학농민혁명 연구에 오랜 기간 천착해 온 역사가들로서 동학농민혁명의 성격을 구명하기 위한 연구 과정 속에서 "우리 사회가 자본주의와 국민국가를 큰 특징으로 하는 서구적 근대를 반드시 실현해야 할 필연적인 이유는 무엇인가? 서구의 역사와는 본질적으로 성격이 다른 조선사가 추구해야 할 근대를 왜 하필이면 서구적 근대에서 찾아야 하는가?"에 의문을 품고 서구의 근대와는 다른 '비서구적 근대'의 모델을 동학혁명 연구를 통해 해명하고자 했다.[7]

한국의 경우, 근대를 실현하는 길은 크게 두 가지로 나뉜다. 위로부터의 길과 아래로부터의 길이 그것이다. 우리나라의 경우에는 19세기 조선의 개화파(開化派)가 주도했던 갑신정변(1884)과 갑오개혁(1894), 위정척사파(衛正斥邪派)가 주도했던 상소운동(1870-1880년대)과 의병전쟁(1890-1900년대)을 위로부터의 길이라 한다. 여기에 대해 수운이 창시한 동학과 그 동학의 사상과 조직이 기반이 되었던 1894년 동학농민혁명은 대표적인 '아래로부터의 길'이라 말한다. 그런데 기존 연구자들은 아래로부터 근대를 실현하려 했던 동학과 동학혁명 과정에 나타난 근대적 지향을 서구적 근대와 다름없는 것으로 파악해 왔다. 그 같은 기존의 통설에 강한 의문을 제기한 이들이 바로 앞에 언급한 정창렬과 조경달이다.

그렇다면 조선 민중의 독자적 논리를 반영하는 동학사상과 동학농민혁명에서 과연 무엇을 확인할 수 있을까? 동학의 '3대 사상가'로 불리는 수운 최제우(1824-1864), 해월 최시형(1827-1898, 이하 해월), 녹두장군 전봉준(1855-1895)의 행적과 사상 및 그 실천을 통해 19세기 조선 민중의 독자적 근대, 곧 비서구적 근대의 길로 들어가 보기로 한다.

1. 수운의 동학, 유무상자의 공동체를 지향하다

수운이 모색한 '비서구적 근대'의 길은 과연 어떻게 드러나는가? 수운은 21세(1844)부터 구도생활을 시작하여 37세(1860)에 종교체험을 통해 '상제'에게 가르침을 받아 동학을 창도한다. 1년 뒤인 1861년 6월부터 포덕(布德; 가르침을 펴는 활동)을 시작하고, 다시 1년 뒤인 1862년 12월에는 경상도 각지에 접(接)이라는 공동체 조직을 만든다. 그러나 동학은 중앙 조정에서 사도(邪道)로 간주되어, 수운은 1863년 12월에 체포되어 이듬해 3월에 처형된다.

가르침을 펴기 시작한 지 3년 만에 수운의 공적인 생애는 마감되지만, 수제 자 해월에 의해 동학은 조선 팔도로 퍼져 가게 된다.

그러면 수운의 동학에 담긴 독자적 논리는 무엇이었을까? 여기서는 논의 전개에 필요한 한두 가지만 예를 들고자 한다. 가장 먼저 주목해야 할 것이 바로 '동학(東學)'의 의미이다. 수운은 다음과 같이 말한다.

> 나는 동쪽(조선)에서 태어나서 동쪽에서 도를 받았다. 내가 받은 도는 하 늘=상제로부터 받았기 때문에 비록 천도(天道)라고 할 수 있지만, 학(學)이 라는 입장에서 말한다면 동학이라고 할 수 있다.[8]

이 글에서 우리는 수운이 말하는 동학이 동국(東國)의 학(學), 즉 우리 '조 선의 학문'을 의미한다는 것을 알 수 있다. 바꿔 말하자면, 조선의 현실에 기 초한 주체적 학문을 지향하고자 했던 것이 바로 동학이다. 둘째, 접(接)이라 는 조직을 중심으로 한 동학의 공동체적 성격에 주목할 필요가 있다. 수운 이 경상도에서 한창 동학의 가르침을 펴고 있을 때, 유생들은 동학 배척과 탄압에 혈안이 되었다. 동학 배척과 탄압은 조선의 추로지향(鄒魯之鄉; 유학 의 본고장)을 자부하던 경상도 유생들이 중심이 되었으며, 그들은 각지의 서 원(書院)에 통문(通文)을 보내 연통하면서 대대적인 동학 탄압에 나섰다. 그 런데 이들 유생들이 남긴 동학 배척 통문에는 다음과 같은 흥미로운 구절이 들어 있다.

> 귀천이 같고 등위에 차별이 없으니 백정과 술장사들이 모이고, 남녀를 차별하지 아니하고 유박(帷薄; 포교소)을 세우니 과부와 홀아비들이 모여 들 며, 재물과 돈을 좋아하여 있는 자들과 없는 자들이 서로 도우니(有無相資)

가난한 자들이 기뻐한다.[9]

이 내용 속에서 우리는 창도 초기의 동학 조직이 신분과 남녀 차별을 뛰어넘는 평등한 조직이었음을 확인할 수 있다. 더 나아가 동학 조직이 처음부터 "있는 자들과 없는 자들이 서로 돕는(有無相資) 공동체적 조직"이었음을 확인하게 된다. 최근, 일부 한국경제사 연구자들은 자본주의가 도입되기 이전의 조선 경제를 유무상자 또는 유무상통(有無相通)의 호혜 경제체제였다고 주장한 바 있다. 이것이 사실이라면, 동학이야말로 경제적 측면에서 우리의 전통적 호혜 경제체제를 계승 발전시키려 했다고 말할 수 있을 것이며, 이 같은 호혜 경제체제는 서구적 근대가 가져온 자본주의 경제체제와는 확연하게 다른 것이었을 가능성이 크다. 요약하면, 수운이 창도한 동학은 조선의 주체적 학문을 표방하면서 신분과 남녀의 차별을 뛰어넘는 조직으로서 유무상자의 공동체 실현을 지향함으로써 서구적 근대와는 다른 독자적인 근대, 곧 '비서구적 근대' 실현을 추구한 것이다.

2. '한국의 간디' 해월, 국산품을 애용하다

1864년 3월 동학 창시자 수운은 '좌도혹민'의 죄명을 쓰고 처형되었다. 동학 탄압에 앞장섰던 유생들과 조선왕조는 수운이 처형되었기 때문에 동학은 곧 와해될 것으로 예상하였다. 그러나 동학은 무너지기는커녕 2대 교주 해월이란 성실한 계승자에 의해 오히려 조선 팔도로 널리 퍼져 가게 되었다. 후일(1898)에 해월 역시 스승이 간 길을 따라 체포·처형되지만, 그는 1861년 동학에 입도하여 1898년 처형되기까지 38년간을 이른바 수배자 생활을 하였다. 그래서 선생의 삶의 궤적을 보여주는 자료가 별로 남아 있지 않다. 필자는 1983년부터 지금껏 선생의 발자취를 찾고 있지만 아직도 선생의 생애를 충실히 복원하기에는 찾아야 할 것들이 너무 많이 남았다. 그동안 찾아낸 자료 가운데 지금껏 전혀 주목받지 못한, 1880년대 후반에서 1890년대 초에 해월 선생께서 발송한 통문의 일부 내용을 소개하기로 한다.

〈1〉

무릇 우리 동학 사람들은 같은 연원(수운 최제우)으로부터 가르침을 받았으니 마땅히 형제와 같다 할 것이다. 그렇다면 형은 굶고 있는데 어찌 동생만 배부를 수 있을 것이며, 동생은 따뜻하면서 어찌 형은 추위에 떨어서야 되겠는가. (중략) 크게 바라건대, 모든 군자(동학 도인)들은 자신이 소속된 접(接)안에서 여유가 있는 사람들끼리 각각 서로 힘을 합해서 마음에 여유가 없는 사람들로 하여금 한 해를 어떻게 보낼까 걱정하는 마음을 면하도록 하시오.[10]

〈2〉

같은 소리는 서로 호응하고 같은 기운은 서로 구하는 것이 예로부터의 이치이니 지금 우리 동학에 이르러서는 그 이치가 더욱 크게 드러나야 할 것이다. 환난을 서로 구제하고 빈궁을 서로 보살피는 것 또한 선현들의 향약에 들어 있는 것인데 우리 동학에 이르러서는 그 정의가 더욱 막중하다고 하겠다. 그러니 우리 동학의 사람들은 한결같이 약속을 잘 지켜서 서로 사랑하고 서로 도와 규약에 어김이 없도록 하시오.[11]

〈3〉

하나, 생선과 고기, 그리고 술과 담배는 도인들의 기혈과 정신을 상하게 하는 것이 있어 조금도 이익 됨이 없으므로 일체 금지할 것.

하나, 무릇 사치스러운 물건은 방탕한 자들이나 좋아하는 바요, 마음을 다스리고자 하는 사람들이 취할 바가 아니다. 그러므로 도유(道儒; 동학 도인)들의 사치를 좋아하는 폐단을 금하고 막을 것.

하나, 우리 동학의 도유들은 통양(通樣)갓과 서양 비단(洋紗), 당목(唐木), 채단(綵緞) 등을 일체 금지하며 오직 추포(麤布; 조선산 베)와 추목(麤木; 조선산 무명베)만을 입을 것.[12]

위에 인용한 내용은 필자가 지난 1993년에 전북 부안 천도교 호암수도원에서 발굴해 낸 『해월문집』에 실린 통문들 속에 들어 있는 내용이다. 『해월문집』은 1880년대부터 동학혁명 직전까지 해월 선생께서 전국 각지의 동학 접주와 신자들 앞으로 발송한 통문 등을 집성해 놓은 자료인데, 이 자료를 통해 우리는 동학 초기의 유무상자의 전통이 해월 선생 시대에도 충실하게 계승 실천되었음을 확인하게 된다. 또한 당시의 동학이 일반 신자들의 생활 규범 문제까지 다룰 만큼 매우 제도화되고 조직화되어 있었음도 확인하게 된다. 놀라운 일이다. 더욱 놀랄 일은 해월 선생께서 수입품인 서양 비단과 당목 사용을 금지하고 국산품인 추포와 추목 사용을 권장하는 통문을 각지의 동학 지도자와 일반 교도들에게까지 보냈다는 점이다.

1876년 개항 이래의 조선 사회는 세계 자본주의 체제에 강제로 편입되고, 이 과정에서 전통적인 조선 경제가 파탄의 위기에 직면하게 된다. 당시 조선 경제를 가장 위협했던 서양 상품 중의 하나가 바로 서양에서 수입되는 포목 즉 당목이었다는 것은 알려진 사실이다. 그러나 1890년대 동학교단 안에서 서양 수입품 사용을 금지했다는 것은 금시초문의 일이다. 또 인도의 간디가 물레를 돌리면서 영국의 식민 지배와 서양의 자본주의 경제체제에 맞서 싸웠다는 사실을 기억하는 사람은 많지만, 해월 선생이 수입품을 금하고 국산품을 쓰도록 통문을 발송했다는 사실을 아는 사람은 거의 없다. 이런 현상의 원인은 아마도 우리의 근현대사의 전개 과정이 서구적 근대의 신화 속으로 매몰됨으로써 우리 자신의 전통에 무지했기 때문일 것이다. 이뿐이 아니다. 해월 선생은 1898년 음력 4월 5일 강원도 원주 송골에서 관에 체포되는데, 당시 해월 선생을 옆에서 모시고 있던 임순호라는 제자가 『천도교회월보(天道敎會月報)』에 남긴 수기에 따르면, 체포되기 전날 밤까지도 새끼를 꼬며 일을 했다고 한다.[13] 죽음이 다가오는 순간까지 일하시는 해월 선생의 모습 속에서 물레를 돌리며 인도 독립운동을 했던 간디를 다시 떠올린다. 왜 우리는 한국의 간디를 만들지 못했을까. 아니 왜 찾으려 하지 않았을까? 이 역시 서구적 근대의 신화에 매몰된 탓 아니겠는가.

3. 녹두장군 전봉준, 반세계화운동의 선봉에 서다

수운과 해월이 실현하고자 했던 개벽의 꿈은 1894년 동학농민혁명을 통해 극적으로 표출되기에 이른다. 그 꿈의 구체적 내용들은 전봉준을 비롯한 동학농민혁명 지도부가 정부에 제출한 폐정개혁안(弊政改革案) 속에 고스란히 담겨 있다. 폐정개혁안은 현재까지 다섯 종류가 알려졌다. 오지영의 『동학사』에 실린 12개조, 정교의 『대한계년사』에 실린 13개조, 김윤식의 『속음청사』에 실린 38개조(중복을 제외하면 29개조), 《동경조일신문》명치 27(1894)년 7월 24일 자에 실린 13개조, 동 신문 명치 28년 5월 7일 자에 실려 있는 27개조 등이 그것이다. 이들 폐정개혁안은 정치·경제·사회 등 각 분야에 걸쳐 다양한 내용의 개혁 조항을 담고 있다. 그런데 이들 개혁안의 성격을 요약하자면, 반봉건(反封建)과 반침략(反侵略), 그리고 반개화(反開化)적 성격의 개혁안이었다고 할 수 있다. 여기서 반개화라는 말은 세계 자본주의 경제체제에 강제적으로 편입된 조선 조정이 수행하던 당시의 개화 정책, 즉 근대화 정책에 반대한다는 뜻이다. 오늘날의 표현을 빌리자면, 19세기 말에 이미 반세계화운동을 동학군들이 선구적으로 실천하였던 것이다.

동학군이 행한 반세계화운동의 원형은 1892년에서 1893년까지 두 해 동안 조선 각지에서 진행된 교조신원운동(敎祖伸冤運動)이다. 교조신원운동이란 억울하게 처형당한 동학교조 최제우의 원한을 푸는 종교적 운동의 이미지를 지닌 것이지만, 이 운동은 단순히 교조의 억울한 한을 푸는 운동에 그치지 않고, 당시의 정치·경제·사회적 모순을 함께 해결하기 위한 운동이었다. 그 구체적 증거를 우리는 동학교도들이 1892년 10월의 공주집회 때 충청감사에게 제출한 청원서에 들어 있는 다음과 같은 글에서 확인할 수 있다.

> 심지어 왜국 상인들은 각 항구를 통행하며 무역의 이익을 제멋대로 함으로써 돈과 곡식이 말라 백성들이 삶을 지탱하기가 어려우며, 심복과 같이 좋은 땅과 인후와 같이 중요한 지역들의 세관과 장터의 세금과 산과 연못의 이익이 모두 오랑캐들에게 돌아가고 있으니, 이것 역시 저희들이 손을 어루만지면서 눈물을 흘리며 안타까워하는 바입니다.[14]

이상의 내용을 통해 동학교도들이 개항 이후 조선 경제가 파탄되는 현실을 날카롭게 지적하고 있다는 사실을 발견할 수 있다. 남아 있는 기록들에 따르면, 전봉준 장군이 우리 역사의 전면에 등장하는 시기가 바로 이 교조신원운동 때로 확인된다. 그는 공주집회의 후속 집회로 열린 1892년 11월 전라도 삼례집회에서 커다란 활약을 하는데, 삼례집회 때도 역시 공주집회에서 제출한 것과 똑같은 내용의 의송단자가 전라감사에게 제출된다. 공주

집회와 삼례집회의 목표가 똑같았던 것이다. 여기서 우리는 전봉준 역시 세계 자본주의 경제체제에 강제로 편입된 조선의 현실을 직시하면서 정부로 하여금 척왜양(斥倭洋)운동, 즉 반개화(반세계화) 정책을 펼칠 것을 강력하게 요구하는 동학교도들의 신원운동 대열에 적극적으로 참여하였다는 사실을 쉽사리 짐작할 수 있다.

전봉준은 후일의 동학혁명을 지도하면서 신원운동 과정에서 표출된 동학교도들과 일반 민중들의 반개화적 요구를 그가 직접 작성한 각종 포고문과 격문, 폐정개혁안 등에 담아 정부에 제출한다. 전봉준이 혁명 과정에서 제출한 반개화적 요구 조항의 일부를 확인해 보자.

> 하나, 각 포구에서 허가받지 아니하고 사적으로 쌀을 거래하는 것을 엄히 금지할 것.
> 하나, 각국 상인들은 개항장에서만 사고팔게 하고 도성(서울)으로 몰래 들어와 장을 여는 것을 금할 것이며, 각지를 허락 없이 제멋대로 출입하며 행상을 하는 행위를 금지할 것.[15]

이 〈동학당의 소식〉이라는 기사 속에 등장하는 전봉준의 폐정개혁안 내용을 통해서 우리는 1880년대 해월의 통문에서 확인되는 수입품 금지운동이 신원운동 과정을 거치는 동안 더욱 반개화(=반세계화)적 요구로 발전하고, 그것이 다시 동학혁명 과정을 통해 폐정개혁 요구로 확대 발전하였음을 확인할 수 있다. 다시 말하자면, 아래로부터 조선의 새로운 미래를 열고자 했던 동학의 독자적 근대의 길이 창도 초기부터 갑오년 동학혁명에 이르기까지 단절없이 줄기차게 실천되었던 것이다.

그러나 조선의 주체적 학문인 동학의 사상과 조직을 기반으로 유무상자의 공동체, 즉 서구의 근대와는 다른 조선 민중의 생활에 바탕한 독자적인 근대의 길을 열려 했던 동학농민혁명은 실패로 귀결되었다. 서구적 근대의 무차별적 공세 앞에서 조선 민중의 독자적 근대의 길이 처절하게 좌절당하고 만 것이다. 그 결과, 이 땅에는 서구적 근대를 향한 질주가 시작된다. 1905년 동학이 천도교라는 이름으로 바뀌면서 서구적 근대의 첨병 일본 제국주의와 일정하게 타협하는 것이 가장 역설적인 사례일 것이다. 하지만, 야스마루 교수가 지적한 바와 같이 조선 민중은 결코 자신들의 독자적인 논리를 포기하지 않는다. 조선 민중들은 갑오년의 실패를 극복하기 위해 다시 일어서기 시작한다. 소태산 박중빈(1891-1943)의 원불교의 경우가 바로 그런 사례이다. 이하에서는 소태산의 사상과 실천 곧 초기 원불교 역사 속에서 확인되는 조선 민중의 비서구적 근대의 길을 논하기로 한다.

IV. 원불교가 보여준 '비서구적 근대'

근대한국, 즉 서구의 과학문명이 몰려오던 19세기 중엽에 모든 사람, 나아가 만물이 다 한울님=가장 거룩한 존재를 모시고 있다고 가르친 것은 1860년에 수운 최제우가 창도한 동학(東學)이 그 효시이다. 그중에서도 특히 '천지 만물이 제 안에 한울님을 모시지 않은 존재는 하나도 없다(天地萬物莫非侍天主)'며 삼경(敬天, 敬人, 敬物)사상 실천의 생활화를 강조했던[16] 동학 2대 교주 해월 최시형(1827-1898)의 가르침은 근대한국에 있어 '천지공심' 사상이 최초로 체계적으로 발현된 것으로서, 한국판 우주적 공공성을 강조한 원조(元祖)라고 할 수 있다.

그렇다면 수운과 해월로 대표되는 동학의 우주적 공공성 즉 '천지공심'의 사상은 소태산에게 어떻게 계승되고 발전되어 나타났을까? 소태산은 수운과 직접적인 '사승(師承)' 관계는 아니었다. 즉 소태산이 직접 수운을 찾아가 배움을 구한 적은 없다는 얘기다. 그러나 소태산이 마음으로 수운을 자신의 정신적 '스승'으로 모셨다는 데에는 원불교 안팎에서 재론의 여지가 없으며,[17] 당연히 정신적 '스승'이던 수운의 '천지공심' 즉 '우주적 공공성'은 소태산에 이르러 더욱더 심화되고, 확대되어 나타났다. 소태산의 '천지공심' 사상, 즉 원불교가 지향하는 우주적 공공성은 처처불상 사사불공(處處佛像 事事佛供)으로 요약되는 사은(四恩) 사상을 통해 활짝 꽃피어 났다. 천지, 부모, 동포, 법률의 네 가지 범주로 설명되는 사은 사상의 핵심은 '없어서는 살 수 없는 관계' 즉 나의 존재의 원천을 자각하는 데 있다. 나와 너, 그리고 우리 모든 인간이 존재의 심연을 진지하게 성찰하여 인간과 인간, 인간과 만물, 인간과 우주가 결국 근원에서는 뿌리를 같이한다는 자각에 이르게 되면, 서로가 서로를 살리는 관계, 즉 상생의 진리에 도달하게 된다고 소태산은 설파했던 것이다.

1935년에 간행한 『조선불교혁신론(朝鮮佛教革新論)』[18]에서 소태산은 종래 불교의 '등상불(等像佛) 숭배를 불성일원상(佛性一圓相) 숭배로[19] 개혁을 선언한 바 있는데, 그것은 바로 해월 선생이 만물을 거룩한 한울님으로 모셨던 것처럼(物物天 事事天), 소태산 역시 '천지만물 허공법계' 즉 천지, 부모, 동포, 법률로 표현되는 일체 만물을 모두 부처님으로 모시는 '천지공심'의 사상을 선언한 것이며, 그것은 원불교판 우주적 공공성의 또 다른 표현이었다. 또한 그것은 다시

일원상 숭배는 그 뜻이 실로 넓고 크나니 부처님의 인격만 신앙의 대상으로 모시는 것보다 우주 만유 전체를 다 부처님으로 모시고 신앙하여 모든 죄복과 고락의 근본을 우주 만유 전체 가운데에 구하게 되며, 또는 이를 직접 수

행의 표본으로 하여 일원상과 같이 원만한 인격을 양성하자는 것.[20]

으로 요약할 수 있다. 바로 이 같은 가르침 안에 종래의 과학=물질문명이 빚어낸 파란고해를 개벽하여 참 문명을 건설할 원불교의 비전이 들어 있으며, 바로 이것이 원불교가 구현하고자 하는 '천지공심'이요, 이 '천지공심'이야말로 원불교 교리의 4대 강령의 하나로 제시된 무아봉공(無我奉公)[21]의 이념적 기반이라고 할 수 있다.

1. 원불교 무아봉공의 확립―기도결사운동

『원불교교사(圓佛敎敎史)』에서 '구인단원의 기도'라고 불리는 1919년의 기도결사(祈禱結社) 운동과 그에 따른 '백지혈인(白指血認)의 법인성사(法認聖事)'는 원불교를 대표하는 정화제의라 할 수 있다. 사람에게는 누구나 영적 존재 즉 우주의 궁극적 존재와 만날 수 있는 종교성(宗敎性)이 갖추어져 있는바, 그것은 정화제의의 과정을 통해서 드러나는 것이 일반적이다. 1919년 음력 3월 26일, 서울에서 시작된 3.1독립운동이 전국 각지로 들불처럼 번져가던 그 시기에 소태산 대종사는 구인단원 곧 아홉 제자에게 이렇게 명을 내린다.

> 현하 물질문명은 금전의 세력을 확창(擴昌)하게 하여 주므로 금전의 세력이 이와 같이 날로 융성하여지니 이 세력으로 인하여 개인, 가정, 사회, 국가가 모두 안정을 얻지 못하고 모든 사람의 도탄(塗炭)이 장차 한이 없게 될지니 단원(團員)된 우리로서 어찌 이를 범연히 생각하고 있으리오. (중략) 모든 사람의 정신이 물욕에 끌리지 아니하고 물질을 사용하는 사람이 되어 주

기를 기도하여 기어이 천의(天意)의 감동하심이 있게 할지어다.[22]

위의 인용문에 등장하는 '물질문명'이란 서구에서 들어온 근대문명 즉 과학문명을 말하며, '금전의 세력'이란 자본주의를 가리킨다. 대종사께서는 서구에서 일방적으로 유입된 근대문명이 당시의 식민지 조선을 유린하고, 자본주의 즉 '금전의 세력'이 조선 민중들의 삶을 구렁텅이로 내몰던 '도탄' 현상을 직시하고, 아홉 제자들로 하여금 그 같은 '도탄' 현상을 치유하는 방안으로써 기도결사를 명하셨던 것으로 짐작된다. 이는 당면한 시국을 정확히 판단하여 그 시국이 안고 있는 근본적 문제를 해결할 길을 기도결사 운동에서 찾고자 한 것으로 이해할 수 있다. 이런 측면에서 본다면, 원불교의 기도는 그 출발부터 이미 사회, 곧 세상 사람들과의 관계를 강조하는 공공성(公共性)을 강하게 띠고 있었다고 볼 수 있다. 그렇다면 대종사께서 교화(敎化)를 시작한 지 불과 5년도 채 되지 않던 시기에 어떻게 이렇게 강력한 공공성을 띤 기도를 행하는 것이 가능할 수 있었을까? 소태산이 1916년 4월 28일의 '대각' 직후에 방편교화를 펼치던 시기에 모여든 민중들은

> 그 심중에 원하는 바는 무릇 이해하기 어려운 비결이며 난측한 신통 묘술이며 수고 없이 속히 되는 것 등이요, 진리의 묘체(妙體)와 인도의 정의를 분석하는 공부는 원하지 아니하며 설령 그 정법(正法)을 설하신다 할지라도 거기에는 재미있는 이해를 가지기가 어렵게 되었다.[23]

고 할 정도로 '허위 미신에만 정신이 돌아가고' '가위 부평초 같은 신(信)'을 지닌 오합지중(烏合之衆)이었다. 그런데 그 같은 오합지중에게 어떻게 이렇게 세상을 위한 기도(祈禱)에 나서는 '차원변화'가 가능했던 것일까? 제자들

이 차원변화를 할 수 있었던 데는 당연히 대종사의 적절한 지도가 따랐음은 재론의 여지가 없다. 대종사는 대각 직후 모여든 민중에게 그들의 눈높이에 맞는 '방편교화'를 펼침으로써 그들과 '소통'할 수 있는 계기를 마련하였으며, 다음으로 저축조합운동과 방언공사(=간척지 개척)를 통해 그들이 원하는 복(福)을 진리적이며 사실적으로 구할 수 있는 길을 '생생하게' 보여줌으로써 제자들뿐만 아니라 주변 민초들에게 '절대적'인 신뢰를 획득할 수 있었다. 특히, 무산(無産)의 처지에 있던 제자들이 대종사를 중심으로 결속하여 3만여 평의 간척지 개척에 성공한 것은 아홉 제자의 삶에 결정적인 차원변화를 일으킨 일대 사건이었다고 보인다. 요컨대, 방언공사 착수 과정에서 제자들은

> 마음은 한 사문(師門)에 바치고 몸을 공중사(公衆事)에 다하여 영원한 일생을 이에 결정하옵고, 먼저 방언공사를 착수하오니 오직 여덟 몸이 한 몸이 되고 여덟 마음이 한마음이 되어 영욕고락(榮辱苦樂)에 진퇴를 같이 하며, 비록 천신만고(千辛萬苦)와 함지사지(陷地死地)를 당할지라도 조금도 퇴전치 아니하고 후회치 아니하고 원망치 아니하여 종신토록 그 일심을 변하지 않기로써 서약.[24]

할 정도로 이미 강한 결속력을 보여주었다. 그 결속력이 방언공사 성공 후에는 더욱더 배가(倍加)되었음이 틀림없다. 그리하여 대종사에 대한 믿음, 대종사의 탁월한 지도력에 대한 제자들의 확신은 부동(不動)의 것이 되었으며, 다시 그 부동의 믿음은 마침내

> 사람의 생사라 하는 것은 누구나 물론하고 조만간 다 있는 것이로되 시

방세계(十方世界)를 위하여 죽는다는 것은 천만 인 중 가장 있기 어려운 바이며, (중략) 저희 등이 심중(心中)에 시방세계를 일가(一家)로 보는 넓은 생각을 얻게 되었으니, 그 사상 발전에 어찌 큰 영광이 아니며, 또는 저희 등의 희생한 공덕으로 만약 시방세계 중생이 영원한 행복을 받게 된다면 저희 등에 있어서는 얼마나 큰 사업이 되겠습니까.[25]

라고 하는 생사(生死)를 초월하는 일대 기도운동으로 결실을 보게 되었다. 1919년에 대종사의 아홉 제자가 행한 기도결사 운동을 요약하면, 그것은 바로 아홉 제자들의 삶에 기적처럼 찾아온 차원변화의 극치 그 자체였다. 이른바, 오합지중의 이름 없는 민초에 지나지 않았던 이들이 시방세계를 위하여, 물질문명 곧 서구 근대문명의 일방적 유입으로 유린당하는 민중들을 도탄에서 건지기 위해 자신의 모든 것을 투신하겠다는 각오를 보여줌으로써 천의(天意)마저 감동시킨 원불교 정화제의의 꽃이었던 것이다. 이상과 같이, '백지혈인'으로 상징되어 나타난 9인제자의 삶의 차원변화는 한마디로 '사(私)를 제거하고 공(公)을 세우는'[26] 무아봉공(無我奉公)의 삶으로 거듭났음을 의미한다. 제자들의 이 같은 차원변화를 대종사는 다음과 같이 격려한다.

제군들의 마음은 천지신명이 이미 감응하였고 음부공사(陰府公事)가 이제 판결이 났으니 금일에 제군들의 생명을 기어이 희생하지 아니하여도 우리의 성공은 오늘로부터 비롯하였다 하시고, 이어서 말씀하여 가라사대, 제군의 몸은 곧 시방세계(十方世界)에 바친 몸이라 이 앞으로 장차 영원히 모든 일을 진행할 때에 비록 천신만고와 함지사지(陷地死地; 죽을 지경에 떨어짐)를 당할지라도 오직 이때의 이 마음을 변하지 말고, 또는 가정애착과 오욕의 환경을 당할 때에는 오직 금일에 죽은 셈만 잡는다면 다시는 거기에 끌리지 아니할지니 그 끌림이 없는 순일한 생각으로 공부와 사업에 전무(專務)하여 길이 중생제도에 노력하라.[27]

덴마크 출신의 실존철학자 케에르케고르(Kierkegaard)는 기도에 대하여 이렇게 말했다. "기도는 하느님을 변화시키는 것이 아니라 자기 자신을 변화시키는 것이다."라고. 대종사의 아홉 제자들은 기도결사 운동을 통해 자기 자신을 변화시켰음에 틀림없다. "내 몸은 이제 시방세계에 바친 몸이다."라는 차원변화, 곧 무아봉공을 향한 정신세계의 변화를 온몸으로 실감하였음에 틀림없다.

2. 무아봉공의 실천 사례

1927년에 간행된 원불교 최초의 '초기교서'(初期教書)[28] 『불법연구회규약(佛法研究會規約)』[29]을 보면, 본회(本會; 불법연구회)는 총재와 그를 보좌하는 회장 아래 부장, 평의원, 간사 등의 임원이 있으며, 서무, 교무, 연구, 상조조합, 농업, 식사, 세탁 등의 7부가 있었다. 기상은 오전 5시 취침은 오후 10시로 정해져 있었으며, "매월 삼육일로 청결을 하되 청결조사원이 일일(一一; 하나하나) 검사함"이라 하여 청결이 의무화되어 있었다.[30] 또한 '보통부 10계', '특신부 10계', '법마상전부 10계'로 이루어진 「30계문」[31]이 있었으며, 근검절약과 정성심 등의 생활 윤리가 매우 구체적으로 계율화되어 있었으며, 음주와 끽연도 금지되었다.

1924년 6월에 전라북도 익산에서 창립된 새로운 종교공동체 불법연구회는 창립 직후부터 서서히 세력을 넓혀 갔다. 1935년(원기 20) 당시 회원 수는 800여 명에 지나지 않았지만 8개의 지부(支部)가 있었고, 교단 재산은 7만 원을 넘었다.[32] 1940년(원기 25)에는 특별 회원 871명, 통상 회원 5,083명에 이르렀다. 회원의 증가 외에도 농원과 과수원도 확대되었다.[33] 공동 사업과 공동 노동에 기초한 종교공동체는 다른 신종교에서도 종종 볼 수 있는 것이지만 불법연구회는 성공한 사례로서 주목할 만한 가치가 있었다. 진인 출현의 성지로 여겨지는 충청남도 계룡산 산록에 있는 신도안(新都內)에는 다양한 종교교단이 있었으나 교당 이외는 모두 한결같이 빈궁했다. 천도교 다음으로 세력을 자랑하던 보천교(普天敎) 본부가 있는 전라북도 정읍군 입암면 대흥리도 교당 이외는 비참한 상황[34]이었기에 더욱 그렇다.

한편, 일찍부터 불법연구회를 주목하고 있던《동아일보》는 1928년 11월 25일 자에서 '세상 풍진을 벗어나서 담호반(淡湖畔)의 이상적 생활'이라는 제목으로 불법연구회를 "정신수양, 사리연구, 작업취사의 강령하에 움직이는 4백 회원"으로 표현하면서 교조 소태산의 사진과 함께 상세하게 보도하였다.[35] 이 기사에서는 먼저 익산의 불법연구회 본부를 "조선의 명물이며 또는 이상향(理想鄉)이라는 별칭을 가지고 있다"고 소개하고, 그 조직과 신앙으로 살고 있는 공동생활의 모습을 보도했다. 기사에 따르면, 신도의 일과는 대체로 다음과 같았다. 오전 5시 기상 및 학습, 오전 8시 조식, 오전 9시~12시 노동, 정오 점심 및 휴식, 오후 1시~5시 노동, 오후 6시 석식, 오후 8시~10시 학습 및 염불, 오후 10시 취침이다. 『불법연구회규약』 그대로의 생활이다. '나무아미타불'의 염불은 필수였다. 이 시기만 해도 역시 불교적 요소의 영향이 강하다.《동아일보》 기사는 소태산의 경력도 상세하게 전하면서 칭찬했다. 그리고 '굉장한 서양풍의 수도원'이 건설될 예정이라고 전하면서 불법연구회의 "전도는 실로 양양하여 일진월취(日進月就)의 기세로 발전해 갈 것으로 생각한다."라고 결론짓는다.

《동아일보》 기사처럼 불법연구회는 정말로 이상향이었다. 그러나 신도들은 개인적인 내성주의의 신앙만으로 살고자 했던 것이 아니었다. 불법연구회가 지향하는 최종 목적은 세계와 창생의 구제에 있었다. 그것은 바로 천지, 부모, 동포, 법률의 사은(四恩)에 보은하는 것이기도 했다. 일찍이 전남 영광에서 바다를 간척(干拓)하고, 익산에서 회를 창립한 뒤에 농원과 과수원을 경영한 것은 그러한 활동을 하기 위한 재정 기반 마련을 위해서였다.

소태산은 1934년 8월에는 한약방 합자회사인 보화당(普和堂)을 설립하였으며, 자선병원 제중원(濟衆院) 설립을 시작함으로써 3대사업 실천을 위한 자금 만들기를 본격화했다. 이리읍(현 익산시)에 있던 한약방에서는 빈민에게는 무료로 약을 지어 주었다.[36] 1942년에는 보육원인 자육원(慈育院) 설립을 총독부에 신청했으나 총력전(總力戰)에 협력할 것을 강요당하여 실현할 수 없었다. 불법연구회가 지향한 3대사업은 식민지 시기에는 자금 부족과 총력전 체제 때문에 좌절을 강요당했다. 이 3대사업은 해방 후인 1948년 4월에 정식 채택된 『원불교교헌』에 "유치원 · 학교 · 수양원 · 요양원 · 병원 · 양로원 · 고아원 등을 수시 설치한다,"고 되어 있으며, 실제로 모두 실현되기에 이른다.

그러나 식민지 시기에도 자금력에 따라 작은 규모의 자선 활동은 이미 개시되었다. 1934년은 가뭄 때문에 모내기가 늦어진 데 더하여, 7월 15일 이래의 호우 때문에 남부 조선 일대에 큰 홍수 피해가 났다. 낙동강 연안과 전라 남북도의 피해가 심각했다. 이 홍수로 인해 7천만 원의 피해와 40만 명의 이재민이 나왔다고 알려졌다.[37] 불법연구회는 익산 본관(총부)을 중심으로 50원을 모금하여 송규(宋奎) 이하 6명의 명의로 "양심상 편안히 있을 수가 없어서 우선 이 적은 금액을 준비했다."는 편지를 첨부하여 의연금을 보냈다. 의연금은 그 뒤로도 각 지부에도 호소하여 보낸 것으로 알려졌다.[38] 전체 피해액에서 본다면 아주 적은 금액이다. 전술한 바와 같이, 1935년 단계에서 불법연구회 재산은 7만 원이었다. 그러나 장래의 자선 활동을 위해서 그것을 꺼내 쓰는 것은 불가능했다. 회원들에게 조금씩 의연금을 모아 보낸 것으로 보인다. 《조선일보》는 불법연구회의 행위를 3단 정도의 기사로 비교적 크게 보도했다. 신도들이 질소(質素)한 생활을 하던 사실은 당시 널리 알려져 있었기 때문에 그러한 기부행위에 대해 조금이나마 칭찬의 소리를 보내고 싶었던 것으로 짐작된다.

3대사업 가운데에서도 교화(포교) 사업은 일상적(日常的)이었으나, 교육 사업은 처음에는 문자보급운동(文字普及運動)의 형태로 전개되었다. 식민지 조선에서는 다양한 문자보급운동이 이루어졌다. 그중에서도 특히 1930년대 전반에 조선일보사가 실시한 생활개선(生活改善)운동과 동아일보사가 실시한 '브나로드(Vnarod; 민중 속으로)운동'이 유명하다. 이 운동의 대열에 불법연구회도 참가했다. 《조선일보》는 1937년(원기 22) 11월 1일 자에 '불법연구회에서 문자보급운동'이라는 제목으로 다음과 같이 보도한다.

> 불법연구회에서는 종래부터 통학 불능한 무산(無産)아동의 교육을 목적으로 주야 학교를 경영하여 이래 우수한 성적을 거두어왔는데, 금년 겨울 농한기에는 현재의 야학 아동 70명을 100명으로 크게 증가시켜 문맹(文盲)의 일반아동을 적극적으로 교육한다고 한다.[39]

식민지 조선에서 신종교 신자의 대부분은 빈민일 뿐만 아니라 무식자(無識者)가 압도적으로 많았다. 그런데 불법연구회의 성격은 그러한 신종교 교단과는 전혀 달랐다. 불법연구회는 도시 지식인 사회에서도 널리 받아들여질 수 있는 근대적 성격을 띠고 있었던 것이다. 예를 들면, 《조선일보》는 "재래종교의 형이상학적 신비적 형태로부터 완전히 탈각한 대중적 종교"라

고 평하는 동시에 박중빈을 '조선 불교사상의 리더'라고까지 칭찬한다.[40]

이하에서는 소태산이 이끄는 새로운 종교공동체 불법연구회에 귀의한 초기 제자들이 소태산이 제시한 '천지공심'과 '무아봉공'의 대의를 온몸으로 실천해 간 '생생한' 사례 한두 가지를 소개하고자 한다.

〈사례-1〉

본년 정기총회를 대신한 제8회 평의원회 석상에서 모모 간부의 생활보장 여부의 건을 토의할 새, 사정은 대단히 난처하였다. 생활을 보장하여 주면 회(會)의 예산이 부족하고 생활을 보장하지 아니하면 사가(私家) 생활이 막연하여 그들을 회중(會中)에서 내놓지 않을 수 없고, 그들을 내어 놓는다면 회중 사업은 운전할 수 없는 진퇴유곡의 경계였다. 그리하여 평의원 이하 일반은 용이한 해결을 얻지 못하고 장내가 침묵할 새, 덕의심이 무비(無比)한 예의 이공주 선생이 정중하고 쾌활하고 또 선명하게도 그 생활을 자기의 절약절검으로써 독단 보장할 것을 선언하였다. 그러자 모든 사람의 얼굴에 환희와 안심의 빛이 돌고 이어 감사의 박수소리가 요란하였다.

이때에 회장(會場) 서쪽 편에 좌정하였던 종사주(宗師主; 불법연구회 시대 소태산 대종사의 호칭)께서는 처연한 빛을 띠고 감개 깊은 어조로 "내가 지금으로부터 십여 년 전(1924년)에 그들과 영광(靈光)에서 부안(扶安), 부안으로부터 익산(益山)에 나올 때는 우리의 정신과 몸까지 희생하여서라도 일체 인류에게 이익됨을 끼쳐 주자고 굳게 맹세하였더니, 아! 세상일이라는 것은 과연 뜻과 같이 되지 못하는 것이로구나. 남에게 이익됨을 끼쳐준 것은 아직 없고 도리어 각 방면으로 소소한 생활까지 남의 의뢰를 받게 되니, 이 어찌 우리의 본뜻이랴" 하시고, 성안(聖顔)에는 눈물의 흔적이 나타나시었다.[41]

〈사례-2〉

(1933년 음력) 2월 16일 선원 해제를 한 후로 당 지부(영광지부)에 상주하는 소년 선원(禪員) 제군에게도 당분간 사가(賜暇) 귀성하게 하였더니 회관 장내가 어떻게 쓸쓸한지 적적요요(寂寂寥寥) 본자연(本自然)의 느낌이 있사오며 임원계는 소작처리, 총회준비 등으로 매우 분망한 중입니다.

본지 12월호(불법연구회 기관지『월보』43호, 1932년 12월 호)에 영광(지부) 남자 인재양성소창립단(人材養成所創立團)의 성적만 보고하고 여자 인재양성소창립단의 성적은 미처 회계가 못 되어 발표하지 못하였던바, 이제 비로소 청산(淸算)을 고(告)하고 본즉 놀라지 마십시오. 그 순익금이 1백 십삼 원이라는 불소(不少)한 금액을 득(得)하였습니다. 그러나 사실 이것이 그다지 많은 것은 아닙니다. 부호탕자(富豪蕩子)의 한자리의 술값도 차지 못한다 할지라도 48명의 연약한 여자의 손과 발을 움직여서 시방세계(十方世界) 공익사업(公益事業)에 바치려는 자금 1백 십삼 원을 얻은 것이 과연 얼마나 장하고 아름답습니까? 종자(種子) 한 되라도 더 못 내서 한이고, 거름 한 짐이라도 더 못 내서 걱정하고, 출역(出役; 일) 하루라도 더 못 해서 근심하는 그 분심(忿心)과 정성이 얼마나 놀랍습니까? 1백 십삼 원이라는 이 금액은 오로지 창립 가맹원 48인 그분들의 더운 땀과 붉은 정성 뭉치이니, 이 뭉치를 지금 우리 인재양성소창립단에 바치고 보면 그것은 누가 먹을 것도 아니요 영원히 두고 키우고 키워서 대도회상(大道會上)을 빛낼 좋은 인물들을 양성할 것이니 1백 십삼 원이라는 이 금액이 불어나고 자라나서 십 만원이 될지, 백만 원이 될지 알 수 없을 것이며, 그 자본을 이용하여 천(千) 부처 양성할지 만(萬) 보살을 양성할지 알 수 없을 것이니, 얼마 되지 않는 노력으로써 이와 같은 큰 사업을 하시고 남자도 하기 어려운 일을 여자로써 능히 하셨음에는 오직 감격에 넘칠 뿐이외다. 그러나 만사는 시작한 것보다 끝이 아름

다워야 하나니 금년(1933년) 들어서는 더욱더욱 분투 노력하시와 거년(去年) 이상의 좋은 성적을 거두소서.[42]

V. 맺음말

근대한국에서 자생한 동학과 원불교는 '천지공심'의 실현을 지향하였다. 서세동점으로 일컬어지던 '서구적 근대'가 초래한 병폐를 극복하고자 등장한 동학과 그 동학의 새로운 전개인 원불교는 사람을 포함한 만물을 가장 거룩한 존재로 모시는 '천지공심'의 실현을 지향했던 것이다. 이것은 곧 '서구적 근대'와는 다른, 우리나라 나름의 독자적인 근대의 길을 모색하려는 근대한국 개벽종교의 특징이기도 했다.

'천지공심'을 구체적으로 실현하는 길은 동학의 경우 "사람이 하늘이니 사람 섬기기를 하늘처럼 하라(人卽天이니 事人如天)."와 "천지만물이 모두 하늘님을 모시지 않은 것이 없다(天地萬物 莫非侍天主)."는 시천주 사상의 천명과 그 실천으로 드러났다. 수운의 유무상자, 해월의 국산품 애용, 전봉준의 보국안민을 위한 혁명운동 등은 모두 시천주 사상의 구체적 실천이었다. 여기에 대해 원불교의 경우는 한 걸음 더 나아가고자 했다. 오래전에 『원불교전서』에 나오는 원불교 용어에 대한 색인(索引) 작업을 진행한 끝에 그 결과를 『원불교학 워크북』으로 간행한바 있다.[43] 용어 색인 작업을 하는 과정에서 '공(公)'에 관련된 용어가 무수히 등장하는 데 놀랐다. 왜냐면, '공(公)'을 강조했다는 것은 원불교가 현대사회가 요구하는 공공종교(公共宗敎)로서의 '공공성'을 갖추고 있다는 것을 의미했기 때문이다. 원불교 창시자 소태산은 근대 교육이라고는 털끝만큼도 받은 적이 없는 분인데, 어떻게 '공(公)' 즉 공공종교가 갖추어야 할 '공공성'의 문제에 착목할 수 있었을까?

최근 원불교 교단 내부에서 활발하게 전개되는 봉공회(奉公会) 활동은 과연 무엇을 지향하는 운동일까? 단언한다면, 그것은 원불교의 '천지공심'의 이념을 널리 대중화하기 위한 교화 방안의 하나로 등장했다고 말할 수 있다. 교화에는 넓은 의미의 교화가 있을 수 있고, 좁은 의미의 교화가 있을 수 있다. 넓은 의미의 교화란 원불교 교조 소태산 대종사가 추구하고자 했던 후천개벽의 이상사회를 이 땅에 건설하는 데 소태산의 가르침(또는 원불교의 가르침)이 실제 현실에서 실천되도록 이바지하는 것이며, 그 같은 기여에 대해 이 땅의 민중들이 공감하고 함께 기뻐하는 것을 의미한다. 좁은 의미의 교화란 소태산의 가르침을 배우려는 사람들을 교도 또는 교당이란 테두리로 묶어 내는 것을 의미한다.

여기서 필자가 강조하고자 하는 것은 원불교가 지향하는 새로운 신앙공동체 건설운동이 좁은 의미의 '교화'(敎化) 차원에 국한되어서는 안 된다는 것이다. 그렇다고 좁은 의미의 교화가 가치가 없고 무의미하다는 것도 아니다. 좁은 의미의 교화도 넓은 의미의 교화도 모두 망라한 그런 신앙공동체 건설 곧 '천지공심'의 실현의 원불교적 방략이라고 할 수 있는 '무아봉공'의 실천에 바탕해야만 이 운동은 성공할 수 있을 것이다. 그래야만 원불교가 궁극적 목표로 삼고 있는 '광대무량한 낙원' 실현이 가능할 것이고, 교단 안팎에서 폭넓은 공감과 지지를 얻을 수 있을 것이다. 그러기 위해서는 소태산 대종사께서 추구하고자 했던 '천지공심'과 그에 근거한 '무아봉공' 이념을 충실히 계승해야 하며, 초기 교단 당시 불법연구회 시대에 전개되었던 다양한 무아봉공 실천 사례에서 배워야 할 것이다.

전남 영광 지역의 종교 지형과
민족사회·경제운동

김민영 　군산대학교 경제학과 교수

I. 머리말

일제강점기 특히 1910년대를 전후로 하는 시기, 조선 사회의 식민지적 경제 기반은 더욱 공고해졌다. 아울러 이 시기 이른바 토지조사사업과 산미증식계획 등의 식민정책으로 많은 국민들은 격동의 사회경제적 변동을 감내하며 고단한 삶을 살고 있었다. 이러한 사회경제적 정황에서 다양한 민족사회운동과 경제운동을 전개해 나간다.[1]

한편 이 시기 한국의 종교도 국내외적 경제사회의 변동 속에서 주체적 인식을 하며 대응하고 있었다. 그리고 그것은 근대문명에 대한 그 나름의 응전이었다. 즉 근대한국의 종교 역시 단순히 신앙의 이념적 표출에 머물지 않고 '이념의 사회화'라는 측면에서, 서구 및 일본 제국주의에 대응하여 새로운 사회와 국가 질서를 추구하는 등 근대와 대면하는 지난한 몸부림을 전개했다.[2]

더욱이 그 과정에서 구체적인 일상적 삶과 관련된 제반 민족사회운동, 경제운동 등에 참여하여 사회적 공신력을 획득하려 노력했다. 이 역시 한국종교 나름의 공공성 확보 노력이라 평가할 수 있다. 그리고 그것은 각 개별적인 종교의 표상으로 교의적인 정당성을 동원하여 다양한 방식으로 참여하는 형태를 지니게 마련이었다. 즉 근대한국종교의 민족사회운동과 경제운동의 인식과 참여 배경 등에 대한 탐구 역시 자연스럽게 개별 종교의 사회윤리, 종교와 사회관계, 종교와 사회경제 발전 등 공공성의 보편적 실천윤리를 드러내는 주요한 연구 과제이다.

여기에서는 이상과 같은 기본 인식 하에 1910년대를 전후로 하는 시기 전남 영광 지역을 중심으로 여러 종교가 공존하는 종교 지형 가운데 민족사회운동과 경제운동이 전개되는 양상과 종교의 사회경제적 공공성에 주목하고자 한다.

우선 이 시기를 살피고자 하는 것은 1910년 일제의 강제 병합과 1919년 3.1운동을 전후하여 지역사회 역시 큰 전환기적 변동 속에 놓였기 때문이다. 특히 공간적으로 전남 영광 지역을 주목하는 것은 일찍부터 불교의 도래 지역으로 일컬어졌을 뿐 아니라, 동학, 개신교, 천주교, 불법연구회(원불교) 등이 교차하며 공존했던 독특한 종교문화 및 사상적 지형이 펼쳐졌기 때문이기도 하다.[3]

또한 전남 영광 지역은 민족사회운동의 분수령이라 할 수 있는 1919년의 3.1독립운동을 전후하여, 일련의 민족사회운동과 경제운동이 활발하게 전개된 대표적인 지역 가운데 한 곳이다. 다시 말해 동학을 위시하여 의병과 3.1운동은 물론 청년에서 농민, 노동운동에 이르는 민족사회운동이 활발히 전개된 지역이었다. 나아가 1907년의 국채보상운동은 물론 절제와 생활 개선 및 저축조합운동 등의 전개도 특징적이었다. 이는 정치사회적인 측면의 민족 정체성 수호는 물론 식민지 자본주의 상품경제의 조선 침투에 대한 경계와 대응 및 계몽, 토산 장려 등의 논리에 따른 것이었다.

요컨대 근대가 열리는 여명의 시기 전남 영광 지역은 '한국의 역동성이 새겨진 땅'이었고, 동시에 '낡은 시대와 싸우다 스러진 사람들의 피와 눈물이 스며 있는 곳'이었다. 즉 이 시기 영광은 '동학의 소굴'이었으며 '의병항쟁의 주무대'였을 뿐 아니라, 여러 종교 지형 가운데 민족사회운동 및 경제운

동 등을 활발히 전개한, 이름 그대로 '신령스러운 빛'의 땅이었기 때문이다.[4]

이상에 대한 재조명을 통해 1910년대를 전후로 하는 시기 한국의 종교가 민족사회운동과 경제운동으로 추구하려 했던 가치, 그때 선택한 전략과 전술에서 드러나는 공익성, 나아가 그들의 의식과 행위에 스며 있는 공공정신의 내면화와 실천에 대한 물음에 하나의 실마리와 디딤돌이 제공되기를 바란다. 특히 이와 관련하여 대표적인 '장소성'[5]을 지닌 전남 영광 지역 사례 연구의 축적이 진전되기를 기대한다.

II. 1910년대 전남 영광 지역의 사회경제적 상황

전라남도의 서북쪽에 위치한 영광 지역은 동쪽은 장성군, 서쪽은 서해의 칠산바다, 남쪽은 함평군과 접해 있다. 또한 북쪽으로는 전북 고창군과 맞닿아 있다. 해안선 길이도 200km가 넘으며 리아스식 해안이 발달한 곳이다. 그만큼 해륙의 물산이 풍성하여 예로부터 사람이 많이 몰려들었다.

1910년대 영광군의 행정구역은 1914년 이전에는 26면, 803동리로 이루어져 있었다. 1914년 이후 14면으로 행정구역이 개편되어, 중앙의 영광면, 동부의 대마면·묘량(畝良)면, 남부의 불갑면·군남면, 해안가에 인접한 서부의 군서면·홍농면·법성면·백수면·염산면, 그리고 섬으로 이루어진 낙월면·위도면 등으로 구분된다.[6]

한말 이후 1910년대 전후까지에 영광 지역에는 우선 읍내를 중심으로 신학문 교육이 시작되어 지식층이 형성되고 있었다. 영광 지역의 신교육은 한말의 사립학교 설립운동과 1920년대 이래 전개된 사립학교, 중학교 설립운동 등으로 그 기반이 확대되었다.[7] 그리고 이러한 교육의 영향은 이후 영광 지역의 민족사회운동과 경제운동 등의 전개에 중요한 밑거름이 되었다.

교육 부문을 간추려 보면, 우선 1907년에 영광읍 도동리에 있던 노인당 자리에 한일학원(韓日學院)이 세워진다. 이듬해인 1908년에는 향교의 명륜당에 광흥학교(光興學校)가 설립되어 50명의 학생을 모집, 신학문을 가르치기 시작한다. 광흥학교(교장 편용무)는 1910년 5월 첫 졸업생을 배출하지만, 이후 일제에 의해 강제로 폐쇄되고 그 자리에 영광공립보통학교가 들어서게 된다.[8] 또한 법성포에서도 1907년 법성사립학교가 옛 조창(漕倉) 자리에 세워진다. 이 학교는 1920년 법성포공립보통학교로 개편된 것으로 보인다. 이 시기 영광 지역 공립학교 설립 현황은 〈표 1〉로 확인할 수 있다.

〈표 1〉 1910년대 전후 영광 소재 공립학교 현황

학교명	설립연월	직원		학급수	남학생수	여학생수	학생 총계
		일인	조선인				
영광공립심상고등소학교	1911.5	3		3	45	45	90(日人)
법성공립심상고등소학교	1912.10	2		2	32	26	58(日人)
영광공립보통학교	1911.6	5	8	12	514	161	675
법성포공립보통학교	1920.9	2	4	6	306	48	354
군남공립보통학교	1921.9	1	3	4	199	12	211
대마공립보통학교	1922.5	1	2	3	112	12	124
백수공립보통학교	1923.5	1	3	4	181	10	191
홍농공립보통학교	1927.4	1	1	2	78	3	81
염산공립보통학교	1926.9	1	1	2	130	2	132
영광공립농업보습학교	1927.5	2	0		97		97

자료: 染川覺太郎, 『全南事情誌』(1935), 940~941쪽.

당시 공립학교로는 1911년 주로 일본인들을 위한 영광공립심상고등소학교와 조선인을 위한 영광공립보통학교가 개교한다. 이듬해 1912년에는 법성포에 일본인을 위한 법성공립심상고등소학교가 개교한다. 하지만 조선인을 위한 보통학교는 3·1운동 이후인 1920년대에 들어와서야 각 면에 설립되기 시작한다.

한편 1910년대 초 영광군의 총호구수 및 인구를 보면 각각 15,125호에 70,959명으로 확인된다.[9] 이후 1920년대의 인구 추이는 〈표 2〉를 통해 알 수 있다. 즉 1920년대 중후반 무렵에 이르면 영광 지역의 총인구는 8만 명을 넘었다. 특히 이 시기 영광 지역에 1천여 명을 전후하는 외국인이 거주하고 있어 주목된다. 이는 영광 백수평야의 수리조합 공사와 관련하여 일본인 등이 증가한 것으로,[10] 기타 외국인은 대부분 중국인이었다. 그들은 수리조합 공사장의 노동자로 일하며 거주하고 있었다. 거주지를 보면 일본인은 전체의 태반이 영광읍내와 법성포에 살고 있었다.

〈표 2〉 1920년대 영광 거주 인구와 호수(단위 : 명, 호, %)

연도	조선인		일본인		기타 외국인		합계	
	호수	인구	호수	인구	호수	인구	호수	인구
1925년	15,265	79,667	302	940	43	895	15,610	81,502
	97.8	97.7	1.9%	1.2	0.3	1.1	100.0	100.0
1927년	15,093	79,298	237	873	20	94	15,350	80,265
	98.3	98.8	1.5%	1.1	0.0	0.1	100.0	100.0

자료: 染川覺太郎, 『全南事情誌』, 932쪽.

1910년대를 전후로 하는 시기 영광군의 주요 산업은 농업 가운데 미곡과 면화가 그 주종을 이루고 있었다. 경지면적을 보면, 전체 경작지의 절반 가량이 소작지였다. 특히 영광수리조합의 완성과 함께, 중견 농가라 할 수 있는 자작농이 감소하는 추세였음이 특징적이다.[11]

또한 1920년대 중반의 자료이지만, 〈표 3〉을 통해 영광 지역 조선인과 일본인의 토지 소유 현황의 면모를 알 수 있다. 즉 이 시기에 이르면 영광 거주 일본인들은 인구 비율은 2% 정도였지만, 15%에 이르는 논을 소유하고 특히 밭은 거의 40%를 보유하여 식민지적 토지 소유의 특징을 잘 보여준다.

<표 3> 1920년대 영광 지역의 조선인과 일본의 토지소유 현황(1925년)

소유자별	논(정보)	밭(정보)	합계(정보)	법정지가(천원)
조선인	6,402	4,104	10,506	3,883
	(85.0%)	(61.3%)	(73.9%)	(77.2%)
일본인	1,130	2,588	3,718	1,149
	(15.0%)	(38.7%)	26.1%	22.8%
합계	7,532	6,692	14,224	5,032

자료 : 박찬승, 「일제하 영광 지방의 민족운동과 사회운동」, 350쪽에서 재인용.

당시 영광읍에는 상설 점포가 있기는 하였지만, 시장 개시일 이외에는 그리 활발한 모습을 보이지 못한 것으로 보인다. 영광군내의 장시는 성안의 군시, 남면 15리 지점의 포천시, 법성포의 법성시, 불갑면의 입석시 등 4개소가 있던 것으로 나타난다.

<표 4> 1920년대 전남 주요 지역의 상거래 추이(단위 : 圓)

구분	1925년	1926년	1927년
목포	63,348,944	69,129,950	53,423,143
광주	17,232,430	16,488,200	9,319,900
순천	3,530,000	3,763,000	3,760,000
여수	9,731,517	9,610,018	11,137,200
나주	3,699,260	3,781,022	3,459,680
영산포	4,782,699	4,761,526	4,369,974
송정리	4,749,940	3,854,000	1,290,750
장흥	733,900	741,500	874,950
벌교	877,800	7,100,575	6,654,146
법성포	1,786,877	2,031,734	2,484,505
장성	1,694,650	1,156,100	1,173,200
담양	1,145,978	1,177,345	1,149,933
함평	851,880	942,200	1,155,996
남평	1,106,630	1,197,036	1,185,423
제주	1,270,000	1,350,016	1,283,908

주: 장성은 鈴泉里, 月坪里임. 자료: 染川覺太郎, 『全南事情誌』, 254쪽.

〈표 4〉를 통해 1920년대 전남 주요 지역의 상거래 추이를 볼 때, 목포가 단연 중요한 지역이었고, 이를 이어 광주를 제치고 여수가 뒤를 잇는다. 또한 벌교와 나주 및 영산포도 매우 중요한 거래지로 나타나 있어, 항구를 중심으로 무역에 기반을 둔 식민지 시기 상업 전개의 특징을 알 수 있다. 법성포 역시 그에 미치지는 않지만 1920년대에도 계속하여 상거래가 증가하는 주요 지역이었음을 알 수 있다.

한편 영광 지역 법성포의 사회경제사적 특징을 살피려면 조창을 언급하지 않을 수 없다. 즉 영광 지역에 조창이 처음 생긴 것은 992년(고려 성종11)으로 알려진다. 이후 조운이 정비됨에 따라 13창이 있었다.[12] 조선시대에 이르러 법성창은 세조 무렵에 초설되었다고 알려져 있으나 분명한 전거가 살펴지지 않아 성종 때 초설된 것으로 보인다.[13] 특히 1512년(중종7)에 나주 영산창이 혁파되자 법성창 관할 읍은 28읍으로 증가하였고, 17세기 중반 이후 12읍 내외로 축소 운영되다가 1890년 혁파되기에 이른다.[14]

아무튼 법성포는 구한말 1895년만 해도 가구 수가 715호나 되는, 영광읍보다도 오히려 더 큰 고을이었다. 이후 육로가 발달되고, 철길이 생기면서 과거의 영광은 쇠퇴하기 시작한다. 사실 법성포는 항구로서 수심이 점점 얕아지고 간만의 차가 심해서 선박의 출입이 불편한 곳이었다. 거기에 조창의 기능을 육로에 빼앗기게 되자 옛 영광은 점차 시들게 된 것으로 보인다.[15]

그럼에도 적어도 1910년대를 전후로 하는 시기 영광군의 상업 중심지는 단연 법성포였다. 법성포는 영광은 물론 전북 고창 지역의 물산까지 모이고 흩어지는 곳으로 특히 수산물의 집산지이기도 했다. 특히 성어기에는 많은 어선이 몰려들고 중매인, 오지의 어상, 요정, 잡화상 등이 모여들어 상대적으로 '번성한 모습'을 보인 것으로 널리 알려져 있다.[16]

〈표 5〉 1920년대 전남지방 상설점포의 현황(단위 : 개소)

구분	잡화상	곡물상	주장유	선어	해산물	신탄	오복	신발	약종	금물	도자기	과자	야채	문방구	시계	제목	자전거	비료	서적	기타	합계
목포	104	57	28	10	4	9	44	20	6	10	7	13	-	-	3	4	3	1	-	19	342
광주	80	9	4	3	-	3	25	11	11	11	5	10	3	7	5	6	8	3	2	9	215
나주	83	23	4	-	9	-	22	5	22	8	1	8	-	1	3	3	7	3	-	5	207
담양	30	3	2	-	-	-	4	-	2	1	2	3	-	-	-	-	-	-	-	-	47
곡성	14	2	2	-	-	-	4	-	5	-	-	1	-	-	-	1	-	-	-	-	29
구례	20	-	-	-	-	-	3	-	-	-	-	-	-	-	-	2	-	-	-	-	25
광양	18	3	-	-	-	1	2	-	2	1	-	4	-	1	-	-	2	-	-	-	34
여수	22	3	1	-	-	-	-	-	3	1	-	-	-	1	-	2	-	-	-	4	37
순천	18	3	-	-	-	-	3	4	3	2	3	3	-	2	2	4	2	5	-	3	57
고흥	41	4	1	-	-	-	11	-	6	-	1	-	-	-	-	-	-	-	-	1	65
보성	31	13	-	-	2	-	14	-	4	5	-	5	-	2	-	5	4	-	-	10	95
화순	22	-	-	-	-	-	3	-	-	-	-	4	-	-	-	-	-	-	-	-	29
장흥	33	-	-	-	-	-	-	-	3	1	-	-	-	-	1	1	2	-	-	3	44
강진	25	-	-	-	-	-	-	-	-	-	-	2	-	1	-	-	-	-	-	-	28
해남	94	-	-	-	-	-	6	1	4	2	-	3	1	-	-	1	-	-	-	1	114
영암	54	5	2	-	-	-	7	-	-	-	-	-	-	-	-	-	-	2	-	1	71
무안	2	1	-	-	-	-	-	-	-	1	-	-	-	-	-	-	-	-	-	2	61
함평	30	4	-	-	-	-	5	-	6	-	-	3	-	-	-	-	2	-	-	-	50
영광	32	25	3	-	2	-	10	3	2	2	-	6	-	-	2	2	1	-	-	3	83
장성	30	8	2	-	-	-	15	-	2	-	-	2	-	-	-	3	2	1	-	2	68
완도	27	4	1	-	-	1	2	-	-	-	-	3	-	-	-	-	-	-	-	-	39
진도	52	-	-	-	-	-	-	-	6	1	1	-	-	-	-	-	-	-	-	-	62
제주	162	8	-	-	-	-	20	2	12	3	2	6	-	-	2	3	1	-	2	6	229
함계	1,076	166	51	14	17	14	206	47	95	47	22	79	4	14	18	34	41	13	4	69	2,031

자료: 染川覺太郎, 『全南事情誌』, 257-258쪽.

한편 우리가 관심을 갖는 1910년대 전후 시기 상설 점포 현황을 알아보기 위해 〈표 5〉를 참고하면, 영광 지역은 전라도에서 목포, 광주, 나주, 해남에 이어 중요한 지방 도시였음을 알 수 있다. 특히 영광 지역은 곡물상이 목포에 이어 두 번째에 해당되는 25개소였다. 또한 일본인들의 의류를 다루는 오복점포가 10개나 있어 상대적으로 그 거주의 정도를 짐작할 수 있다.

하지만 전체적으로 볼 때 이 시기 전남 영광군은 여전히 농업이 중심 산업이었고, 자본주의적 상공업은 제대로 발전하지 못했다. 이 시기에 설립된 조선인 경영 상업 관련 회사를 살펴보면, 법성포물산주식회사(조희경)와 영광창고금융주식회사(조설현)가 대표적이다. 이후 주식회사 진명사(허옥)도 그 활동이 두드러진다.

〈표 6〉 1910년대 전후 영광 지역에 설립된 주요 회사

회사명	설립	자본금	목적	사장
법성포물산 주식회사	1919.8	5만원	수산물매매, 위탁매매, 제조, 漁具판매, 물자의 대여 운송	曹喜曍
靈法전기 주식회사	1926.12	15만원	전등, 전력공급용 기구의 판매, 대부	小倉 武之助
月陰농산 합명회사	1923.10	10만원	농림, 토지매매 및 개간, 비료대부, 금융	朴正煥
靈光창고 금융주식회사	1926.12	18만원	창고, 정미 및 부대사업, 금융, 상품매매	曹俔鉉

자료 : 染川覺太郞, 『全南事情誌』, 945쪽.

또한 당시 영광 지역의 공업으로는 정미소 등이 6개소 있었다. 그 밖에 법성주조주식회사(김상하) 등도 설립되어 주목을 받는다. 즉 영광 지역에서도 1920년대를 지나며 농산물, 수산물, 그리고 금융업, 창고업 등과 관련된 회사를 설립하기 시작하는데, 주요 회사들을 간추리면 〈표 6〉과 같다.

요컨대 1910년대를 전후로 영광 지역에는 군청, 면사무소, 경찰서, 지방법원 출장소, 수리조합, 우편소, 군농회, 금융조합, 삼림조합, 어업조합, 축산동업조합, 학교조합 등 근대적 시설이 어느 정도 갖추어져 있었다.

이 시기 영광 지역에서는 이상과 같은 사회경제적 기반을 중심으로 일찍부터 전래된 불교는 물론 동학, 기독교, 천주교, 불법연구회 등의 종교적 지형 위에서 민족사회운동과 경제운동 등이 전개되었다.

III. 1910년대 전남 영광 지역의 종교 지형

일제강점기 전남 영광 지역에는 다양한 종교가 존재하는데, 대체로 그리스도교(개신교 · 천주교), 불교, 불법연구회(원불교) 등이다. 그 가운데 역사적으로 영광 지역에서 가장 먼저 거론되는 종교는 불교이다. 즉 백제 침류왕 원년(384년) 호승(胡僧) 마라난타(摩羅難陀)가 오늘날 중국의 상해 소주, 항주, 남경 지역을 중심으로 하는 동진(東晋)에서 백제에 도착하였다는 것이다. 이른바 법성포 도래설이다. 이러한 구전은 추가적인 학술 연구 등으로 뒷받침되고 있다.[17]

이를 요약하면 불갑사(佛甲寺)의 갑자(甲字)가 첫째라는 의미인 것을 보아 최초로 건립된 절이라는 주장,[18] 보주형의 장치물이 인도 혹은 백제 불교미술의 원형으로 작용하였을 것으로 보아 남중국의 불교 양식과 관련성이 보인다는 불갑사 대웅전의 탑신 주장,[19] 법성면 진내리(925번지) 벼랑 밑에 마라난타가 모시고 왔다고 전해지는 미륵불의 두상(頭上) 부분이 있다는 불두(佛頭) 주장 등이 있다. 그 밖에도 중국의 산둥반도와 백제의 법성포와는 위도상 직선거리이기 때문에 황해를 건너기에는 가장 가까운 지점이었고, 이 때문에 이전부터 법성포에는 중국과 직거래하는 수로가 열려 있었다는 주장 등이 백제불교 초전 법륜지로 영광을 주장하는 근거가 되고 있다.

이후 18세기 말에 이르러 영광 지역에 천주교가 전래된다.[20] 즉 1795년경 인척의 권유로 천주교 교리를 배운 영광 지역 이우집이 1801년 신유박해 때 체포되어 사형당한다. 그때 영광에서는 여러 명이 참수 되거나 유배된다. 이 신유박해 이후에도 영광에서 천주교회는 계속되어, 1866년 병인박해 때 교수당한 김치명 역시 영광 출신이고, 1871년 나주 무학당에서 순교한 유문보 역시 영광에 거주한 적이 있던 것으로 알려진다.

또한 1890년대 영광 지역은 동학운동의 중요한 근거지가 된다. 즉 동학농민군은 1894년 음력 4월 4일 법성진에 통문을 보내고 8일 후인 4월 12일에 영광읍성에 입성한다. 이틀 뒤인 14일에 법성포로 진격해 군량미를 확보한다. 그때 마침 세곡을 싣기 위해 입항해 있던 한양호와 바다에 머물러 있던 인천호를 공격한 뒤 함평으로 진격한다. 당시 동학농민군의 남진과 영광에 무혈 입성한 농민군의 활동 및 법성포를 점령함에 따라 세곡 수송이 두절된 그 역사적 현장은 현재에도 남아 있다.[21]

한편 천주교보다 1세기 후인 19세기 말에는 개신교의 영광 지역 선교가 시작된다.[22] 즉 1893년 1월 28일 조직된 재한 장로교 선교사들의 '장로회 장치를 쓰는 미션공의회(The Council of Missions Holding the Presbyterian Form of Government)'의 선교 지역 분할 결정에 따라 전라도 지역은 남장로교 선교회 담당 지역이 되었다. 남장로교 선교회의 레이놀즈(William Davis Reynolds, 이눌서) 목사와 드루(A. Drew, 유대모) 선교사는 전라도 선교의 구체적 계획을 세우고자 1894년 3월 인천을 출발하였다. 한 달에 걸친 전라도 여행 중 이들은 영광에도 방문함으로써 영광 지역 개신교 선교의 첫 문을 연 것이다.

뒤이어 1903년 백수읍교회, 1904년 묘량면의 신천리교회가 설립되고, 1904년 12월 광주에 정착한 벨(Eugeul Bell, 배유지) 선교사와 김문삼(金文三)·박인원(朴仁源) 조사(助師)의 노력으로 1905년 영광읍 무령리교회가 설립된다. 이어 1908년 4월 야월교회, 1935년 법성중앙교회, 1939년 염산제일교회 등이 설립되었다. 그런데 이상에서 소개된 백수읍교회·신천리교회·무령리교회는 모두 지역민들이 외부인에게 기독교 복음을 듣거나 선교사 등의 전도로 교회가 설립된 경우이다. 반면 야월교회는 일진회에 반대하기 위해 봉산교회에 다닌 인물들이 설립하였다.[23]

그러한 면에서 전남 영광 지역에서 종교사적으로 가장 늦게 등장하는 것은 오히려 원불교인 셈이다. 원불교는 1916년 불법연구회라는 이름으로 영광에서 개창되었고, 창시자 박중빈(朴重彬)의 탄생지이기도 하다. 그는 1891년 영광에서 태어나 성장하고 구도의 과정을 거친다. 특히 1917년 저축조합운동을 펼치며, 1918년에는 간척사업을 전개한다. 이후 부안에서 교법 제정과 제자 확보에 주력한 후 1924년 전북 익산에서 '불법연구회'라는 명칭으로 교문(敎門)을 열며 그 중심을 잡기에 이른다.[24]

IV. 영광 지역의 민족사회 · 경제운동과 종교의 공공성

역사적으로 영광 지역은 일찍이 1894년 동학농민혁명 당시 이웃한 전북무장현(茂長縣)과 함께 동학군의 활동이 활발한 곳이었다.[25] 또한 의병운동을 비롯하여 3.1운동, 기타 사회경제운동도 활발한 곳이었다. 더욱이 식민지시기 영광에는 다른 지역보다 상대적으로 많은 일본인 농장이 진출하여 수리조합 등이 개설되었다. 그 가운데 농민들의 항일운동을 비롯하여 청년, 노동운동과 저축조합운동 등 경제운동도 활발히 전개된 지역으로 주목된다.

여기서는 민족운동이라는 범주에서 동학 및 의병운동, 3.1운동에 대해 정리하고, 기타 노동, 농민, 청년운동 등을 사회운동의 범주에서 살펴보고자 한다. 나아가 경제운동의 측면에서 국채보상운동과 절제와 생활개선 및 저축조합운동 등을 중심으로 영광 지역의 종교적 지형 위에 전개된 근대한국종교의 사회경제적 공공성과 그 지역적 기반을 기초적으로 검토하고자 한다.

1. 영광 지역의 민족사회운동

영광은 다른 지역보다 빠른 1880년대 말부터 동학이 포교된 지역으로

1894년에 전개된 동학농민운동의 주무대였다. 영광의 동학교도들은 이미 1893년에 보은취회(報恩聚會)는 물론 원평취회(院坪聚會)에도 참여하였다. 이후 1894년 전봉준의 고부농민봉기에 이어지는 '무장기포(茂長起包)' 등에도 가장 주도적이며 대규모로 참여한 '동학농민운동의 주무대'가 되었다. 이러한 활동은 법성포의 경제적 기반과 피폐상 가운데 영광의 동학조직이 1880년 전후부터 확고하게 뿌리내려 전근대적 사회체제를 개혁해야 한다는 시대의식을 형성하고 있었으며, 운동의 진원지인 전북 무장 등과의 긴밀한 관계 속에서 다수의 지도자가 배출되었기 때문이었던 것으로 볼 수 있다. 이처럼 영광 지역은 가히 '동학의 대소굴'로 지칭될 정도로 농민군의 활동이 활발하였고 그만큼 피해도 다른 지역보다 매우 컸다.[26]

한편 의병 운동은 1894년의 갑오개혁부터 국권이 상실된 1910년대 이후 독립군 전쟁으로 전환되기까지 4기에 걸쳐 줄기차게 전개되었다.[27] 제1기 의병 운동은 영광에서도 밀접하게 후원했던 것으로 보인다. 이후 제2기 때는 영광에서 김용구 등을 중심으로 전개되었다. 그가 자신의 의병운동을 기록한 『의소일기(義所日記)』는 당시 항일구국운동의 실상을 전해주는 귀중한 자료로 평가된다.

이후 제3기 의병운동 때 호남에서는 1907년에 기삼연을 맹주로 한 '호남 창의회맹소(湖南倡義會盟所)'가 결성되어 다른 지역보다 강한 대중적 기반을 토대로 치열한 전투를 전개하였다. 이 호남의병진은 영광 유생들과의 적극적인 연대 속에서 결성된 것으로 영광의 도통령(都統領) 김용구 등이 지도부의 중심축을 구성하였다.

특히 이들은 매우 강한 내부의 결속과 조직력을 가지고 각지에서 유격 전술을 전개하여 많은 전과를 올렸다. 또한 김용구부대는 호남의병진과의 연합작전은 물론 독립적으로 일제와 교전하였다. 이 과정에서 외아들 김기봉

(金起鳳)이 순국한 후 그 자신도 일본군 토벌대와 교전하다가 총상을 입는 등 영광 출신의 여러 의병장들은 줄기찬 항쟁을 전개했다.

이처럼 호남은 가장 격렬하게 의병 전쟁을 전개하여 일제의 지배를 근저에서 위협한 지역으로, 그에 따른 희생을 많이 당한 곳이었다. 특히 영광의 의병운동은 김용구의 활동에서 나타나는 것처럼 동학농민운동과 마찬가지로 호남의 주축을 이루었다.

영광 지역의 3.1만세운동은 영광면에서 세 차례에 걸친 시위, 법성면에서 한 차례 시위가 확인된다.[28] 영광면에서는 3월 14일, 15일, 27일 세 차례 발생하였다.[29] 영광의 만세 시위 결과로 재판에 회부된 이는 모두 17명에 달한다. 영광면의 시위는 이후 법성을 비롯하여 백수, 군서, 군남, 홍농, 대마, 묘량면 등지로 확산된다.

또한 영광의 3·1운동은 이후 민족독립운동의 고양과 독립 쟁취의 토대를 마련한 역사적 의의를 지닌다. 특히 3.1운동 과정에서 영광·법성 보통학교의 교사와 학생들이 주도적인 활동을 하였다. 당시 학생들은 민족운동의 중추적 역할을 자부한 항일운동의 선봉으로 이후 1926년의 6·10만세운동에 이어 1929년에는 광주학생운동을 전개하였다.

이상에서 살펴본 것처럼 1910년대를 전후로 하는 시기 영광 지역은 동학과 의병운동을 시작으로 지속적으로 민족운동을 전개하였다. 특히 전국적으로 3·1운동이 일어나자 이에 호응하여 수차례 봉기하였고, 그 연장선상에서 이후 청년운동·노농운동·사상운동·문예체육운동·여성운동 등의 사회운동이 전개되었다.[30]

1919년의 3·1운동 이후 영광의 사회운동은 다방면에 걸쳐 활발히 진행되었다. 이미 영광에서는 광흥학교와 법성보통학교 등이 설립되어 신교육을 통해 독립 의식을 환기시킴으로써 1910년 이후 사회운동의 기반이 되었고, 이들이 3·1운동 이후 운동의 주도층이 된 것으로 보인다.

즉 영광 지역에서도 3·1운동 이후 일제의 문화정치 때문에 애국계몽적 실력양성운동이 전개된다.[31] 이는 민족교육운동을 시작으로 여러 운동으로 확산된다. 그렇다면 영광의 교육운동이야말로 한말 이후 신교육이 시작되면서 일련의 신지식층이 형성되고, 이들과 학생들의 주도로 3·1운동이 전개된 후 각 분야에 걸친 영광의 사회운동이 일어나는 기반이 되었던 것으로 볼 수 있겠다.

이러한 시대 상황에서 영광의 사회단체들은 1916년에 결성된 영광청년회를 모체로 각 분야의 단체와 활동으로 분화하면서 다양한 운동을 전개해 나갔다. 이 때문에 영광(연합)청년회의 조직과 활동상은 당시 언론에 보도된 것처럼 영광이라는 지역성을 넘어 청년운동의 '호남의 이상향'으로 칭송되었으며, 전국적인 항일구국운동의 선도체로서 자리잡고 있었다.[32]

당시 영광청년회는 노동·농민운동 외에 1910년대부터 체육 활동을 전개하였으며 문예회·저축계 조직·위생과 농촌 계발 교육·방역사업·금주와 금연·토목사업을 통한 빈민 구제·한글 보급과 야학·음악과 연극 등 다양한 운동을 전개하였다. 이는 1923년 조선물산장려회의 자급자족·국산품 애용·소비 절약·금주·금연 운동과 맥락을 같이한다.

따라서 앞으로 일제 상업자본의 횡포에 대한 배척으로 나타나 민족 산업의 육성과 민족자본의 형성을 통한 경제자립운동으로 직결된 영광의 종교 사회운동에 대해서도 더욱 자세하게 밝혀 나가야 할 것이다.[33]

2. 영광 지역의 경제운동[34]

1) 국채보상운동

일본은 1894년부터 우리나라에 적극적인 차관공여(借款供與)를 제기하여 수차례에 걸쳐 차관을 성립시켰다. 일본의 차관은 우리의 재정이 일본 재정에 예속되는 계기가 될 뿐 아니라, 이후 식민지 건설을 위한 정지 작업의 성격을 지닌다고 할 수 있다. 이에 우리나라의 토착 민족자본은 일본 차관의 굴레에서 벗어나려는 이른바 국채보상운동 등을 전개하기에 이른다.

전남 지역의 국채보상운동은 타 지역에 비해 늦은 것은 아니었다. 오히려 준비 과정을 본다면 대구와 서울을 제외한 지방 가운데 가장 빠른 셈이었다.[35] 그 결과로 전남 지역에도 14개소에 보상회가 설치되었다. 이 가운데 영광 지역의 상황을 보면, 조희경·정기인·정세철 등 26인이 발기인이 되어 '국채보상소'라는 이름으로 보상소를 설치하였다.[36] 이에 따라 의연금이 모금되는데 영광 지역도 몇 차례에 걸쳐 의연자와 그 금액이 파악된다. 이를 소개하면 다음과 같다.[37]

배경엽 외 850여 명, 363원 48전

양명옥 외 220여 명, 220원

이문표 외 36명, 18원 10전

최자운 외 1,000여 명, 482원 88전

정군명 외 730여 명, 344원 44전

당시 전남 지역 국채보상운동 참여 인원이 약 1만 2천 명 이상이었고, 모금액은 7,500여 원이었다. 그 가운데 영광 지역은 의연자 수가 2,840명을 넘고 의연금도 1,428원 90전으로 단연 돋보이는 참여도를 나타냈다. 지역적으로나 경제적으로 열악한 조건에서도 영광 지역민들이 적극적으로 보상운동에 참여한 것을 볼 때, 강인한 항일 구국 정신과 왕성한 애국 애족 정신이 남다른 것을 알 수 있다.

2) 저축조합운동

일제강점기 특히 한국의 농촌에는 공공사업, 상호부조, 산업, 사교, 금융 등을 목적으로 한 다양한 유형의 계가 있었다. 그 가운데 시대 변천에 따라 그 이름을 저축조합으로 변경한 사례도 있었다.[38] 저축조합 가운데 몇몇 알려진 사례를 보면, 우선 충남 서산의 경우 1919년경 군수 지희열이 군내의 모든 면민들에게 매년 하모추조(夏牟秋租)를 몇 승(升)씩 거두어 조직한 사례가 있었다. 조합장은 당연 면장이나 지역 유지들이었다. 특히 서산 지역의 경우 각 면 단위로 저축조합이 설립되는데, 처음부터 각 면 단위로 보통학교를 설립할 목적으로 조성된 일종의 '기금'이었다고 평가된다.[39]

서산저축조합의 주요 사업과 활동 사항을 보면, 군청의 감독에 따라 자금의 출납, 대차, 예금과 지불 등의 업무를 수행하였다. 이후 꾸준한 출자와 이식 활동을 통해 조합 자산이 불어나자 이를 보통학교 설립 기금으로 기부하였다. 그러나 1920년대 중반 관리 부실로 대부 미회수금이 늘어나는 등 폐해가 속출하자 당시 군수 원은상(元殷常)은 해산과 청산을 명하였다.[40]

또한 경기 북부 지역의 '저축조합' 사례를 보면, 경기도 포천 지역에서 농촌 경제의 자립을 위해 청년 단체를 중심으로 저축 장려 활동을 전개한 것이 파악된다. 즉 1920년대 이후 경기도 포천의 각 지역에서 많은 청년 단체들이 조직되었으며, 주요 사업의 하나로 가난한 농민을 계도하여 궁핍한 삶에서 구제하기 위한 조합 활동들을 전개하였다. 그리고 이 과정에서 민족자본에 관한 관심이 환기되면서 농촌 경제의 자립을 통해 자본 축적을 도모하려는 노력들도 나타나기 시작하였다. 특히 1931년 4월 경기도 포천군 군내면 신촌 청년회에서 동리 주민을 중심으로 근검저축조합을 설립하였던 것이 알려진다.[41]

이처럼 이 시기 식민지 조선 사회의 '저축조합'에 대해서는 전반적인 실태 파악에 그쳐 있어 상대적으로 그 설립, 운영, 해산 등에 관한 치밀한 사례 검토는 부족한 상황이다. 그러한 면에서 홍성찬의 연구는 그 연구사적 공백을 메우는 중요한 가치가 있다. 즉 그는 1920년대 전반기 전남 보성 득량 지역의 송곡저축조합을 논구하였다.[42] 그에 따르면 이 조합 역시 지역의 양반 출신 대지주가 주도하였고 그 운영 또한 좌우하였다.

더욱이 대부 자금의 활용 등을 보면 사실상 고리대금업이었음이 밝혀졌다.[43] 이러한 까닭에 지역 저축조합들이 농민운동 세력의 공격을 받기 십상이었다는 것이다. 당시 지역의 유력자들이 저축조합을 설립한 데에는 고리대 수입에 버금가는 고수익을 얻으려는 경제적 동기가 일차적이었던 것으로 나타난다. 또한 기존의 농촌 질서가 변화되면서 기존 영향력을 유지하려는 정치사회적 동기도 무시할 수 없을 것이다.[44]

결국 일제강점기 저축조합은 농촌 지역에 금융조합을 비롯한 단체 등이 설립되고 국책은행이나 일반은행이 보급됨에 따라 자연히 그 존립 기반을 잃어 간 것으로 보인다. 그러한 면에서 여기에서 고찰 대상으로 하는 전남 영광 지역의 저축조합과 그 활동은 일찍부터 주목을 받았다.[45] 그것은 특히 1916년 전남 영광 지역에서 탄생하여 1920년대 이후 전북 이리(현재의 익산)를 중심으로 성장 발전한 원불교의 전신인 불법연구회의 경제적 정신적 근간을 이루기 때문이다.[46]

그 시작은 1917년 8월 영광 백수면 길룡리에서 창설된 '길룡리저축조합'

이다. 그 취지 역시 낭비를 줄임으로써 절약 정신을 심어 주며 나아가 초기 '불법연구회'의 경제적 기초를 다지는 것이 목적이었다. 즉 허례 폐지와 미신 타파, 금주 단연과 금검 저축 등을 통해 얻어지는 돈을 조합에 저금토록 하여 교단 창립의 토대를 삼고자 한 것이었다.

이 저축조합은 이후 3.1운동이 전개되던 1919년 10월 사실상 '불법연구회 기성조합'으로 그 명칭이 바뀌게 된다. 이후 불법연구회의 활동이 영광 지역을 떠나 전북 부안 지역으로 잠시 옮겨가면서 그 이듬해인 1920년 3월 이동안이 전남 영광의 묘량면 신흥 지역에 '묘량신흥조합'을 설립한다. 뒤이어 김기천이 영광 지역 천정리에서 '천정조합'을 결성한다. 이후 이동안은 불법연구회에 귀의하고 결국 1924년 전북 익산에서 불법연구회 창립총회가 열리며 '기성조합'은 발전적으로 해체되기에 이른다.

이렇게 보면 1910년대를 전후로 하는 시기 전남 영광 지역을 중심으로 형성된 저축조합 활동은 일종의 경제운동으로 이해할 수 있다.[47] 특히 1920년대에 거국적으로 전개된 민족경제 자활운동인 물산장려운동을 비롯한 금주 단연운동에 앞서는 선구적이고 창의적인 생활 운동이었다고도 평가할 수 있을 것이다.[48]

3. 근대 영광 지역 종교의 공공성

이상에서 보았듯이 1910년대 전후 시기 전남 영광 지역은 일찍부터 불교의 도래 지역으로 일컬어져 왔음은 물론, 동학, 개신교, 천주교, 불법연구회(원불교) 등이 교차하며 공존했던 독특한 종교문화 및 사상적 지형을 형성하고 있었다. 그렇다면 1910년대 전후 시기 영광 지역의 종교 지형과 민족사회운동과 경제운동에 투영된 종교적 공공성은 어떻게 이해할 수 있을까.

우선 이 시기 전남 영광 지역 종교의 존재 양상을 사회경제운동사의 측면에서 볼 때, 아래에서 볼 수 있듯이 다른 종교에 비해 상대적으로 기독교계의 일정한 움직임이 주목을 받고 있다.[49]

(1910년대 전후 시기) 영광의 종교 사정을 보면, 다른 종교는 특별한 세력이 없었고, 기독교의 경우는 일정한 세력이 있었다. 영광의 최초의 교회인 영광읍교회는 1905년 유진 벨 선교사가 최봉류의 집에 무령교회를 세움으로써 시작되었다. 초창기 교회 업무는 선교사의 조사인 변창연·이경필 등이 맡았으며, 무령리의 한 가옥을 매입하여 예배당으로 사용하였다. 1915년에는 담양 출신인 위계후가 영광보통학교 훈도로 오면서 교회 조사 일을 맡게 되었다. 1919년 3·1운동 당시 위계후와 영광읍교회는 직접 이에 관계하지는 않았다. 하지만 위계후는 학생들에게 민족의식을 불어넣었다는 이유로 학교에서 축출되었다.

또한 일찍부터 영광청년회 활동에 참여한 편진옥(片晉鈺)은 영광읍교회의 장로였으며, 1920년대 사립 영광학교 교사였던 김형모(金衡模) 역시 같은 교회의 집사이자 유년주일학교 교사로서 영광청년회의 집무위원을 맡고 있었다.[50] 반면 불교계와 천주교에서는 민족사회운동이나 경제운동과 관련하여 뚜렷한 활동은 파악되지 않는다.

한편 같은 시기 전남 영광 지역에서 창설된 불법연구회가 지역의 종교사적 지형과 근대한국 신종교사 가운데서 차지하는 의미는 무엇일까.[51] 이에 대해서는 조경달의 논구가 매우 설득적이다.[52] 그는 불법연구회가 '통속 도덕을 강조하며 근검 사상의 내면화를 추구하면서 먼저 저축조합을 결성하고, 이후 기성조합을 조성하며 교단 형성을 선언'한 것에 주목한다. 나아가

'물질문명으로 조선 지배를 가혹하게 행하고, 눈앞에서 조선의 민중운동을 폭력적으로 진압하던 일본에 대한 비관이 함의되어 있는 것으로' 본다.[53]

특히 그는 이 시기 불법연구회와 관련하여 '갑오농민전쟁 이래 투쟁에 지치고 지친 민중에게 정신적인 안정과 실효 있는 생활 안정을 가져오고자 결의'하고, '민족적 분노를 인내로써 극복하고 그 정력은 근검과 성심의 내성주의적 방향으로 향하지 않으면 안 된다고 하는 박중빈의 종교적 확신'에 초점을 두며 그 종교사적 특징을 정리하고 있다.[54] 그러한 측면에서는 이 시기 이후 해방 공간 및 한국전쟁기 전후까지도 늘 민족사회운동은 물론 이념 투쟁의 도가니와 같았던 영광 지역의 토양에서 불법연구회는 깊은 뿌리를 내리기 쉽지 않았을지도 모른다.[55]

이러한 정황에서 불법연구회는 1916년 이후 저축조합운동과 영광 해안지대의 간척을 통한 농지화 및 공동경작 등의 과정을 거치며 그 역사문화 및 경제사회적 기반을 다졌다. 그러다가 1919년 3.1운동 이후 전북 부안을 경유하여 그 본거지를 전북 익산으로 옮기며 정식으로 불법연구회를 발족하기에 이른다. 1916년 창립하고 8년 뒤인 1924년의 일이었다. 여기에서 분명한 것은 1910년을 전후로 하는 시기 영광 지역은 보기 드물게 불교, 천주교, 동학, 기독교, 불법연구회 등 여러 종교가 공존했던 종교 지형 가운데 놓여 있었다는 점이다.[56] 더욱이 영광 지역은 동학에서 의병, 3.1운동과 청년, 노동, 농민 등 민족사회운동과 국채보상 및 저축조합 등 경제운동도 특별히 치열했던 격동의 현장이었다.

우선 구한말부터 기반을 다진 기독교계의 경우 청년운동 등에서 몇몇 활동가가 눈에 띈다. 불법연구회 역시 독특한 구도 정신으로 1916년 창립되어 특유의 경제사회운동을 통해 그 기초를 형성하고 있었다. 그런가 하면 1920년대 중반 무렵에는 영광청년회와 영광노농연합회의 주최로 보천교 성토대

회를 개최한 기사도 눈에 띈다.[57]

그러나 1910년대를 전후로 하는 시기 영광 지역에서 전개된 민족사회운동 및 경제운동 가운데 여러 종교 사이의 대화와 연대와 제휴의 움직임은 거의 포착되지 않는다. 이와 관련하여 향후 그 독특한 종교 지형 가운데 전개된 종교사회운동 등의 사례 발굴을 비롯하여 근대 시기 개별 종교 영역의 사회경제적 공공성 담보를 위한 활동 등은 추가적인 조사 연구가 필요하다고 생각된다.[58]

V. 맺음말

1910년대를 전후로 한국 사회의 격변 시기에 한국의 근대종교도 근대문명에 그 나름의 응전을 해 나간다. 즉 근대한국 종교 역시 '이념의 사회화'라는 측면에서, 서구 및 일본 제국주의에 대한 대응, 새로운 사회와 국가 질서의 추구 등을 통해 근대와 대면하는 지난한 몸부림을 전개해 나간 것이다. 그 과정에서 구체적인 일상적 삶과 관련된 제반 민족사회운동, 경제운동 등에 참여하여 사회적 공신력을 획득하려 노력했다.

따라서 여기에서는 이 시기 공간적으로는 전남 영광 지역을 주된 대상으로 동학과 의병 및 3.1운동과 청년, 노동, 농민운동 등을 비롯한 민족사회운동과 국채보상운동, 저축조합운동 등 경제운동의 전개에 주목하였다. 특히 공간적으로 전남 영광 지역을 주목한 것은 일찍부터 불교의 도래 지역으로 일컬어지고 있을 뿐 아니라, 동학, 개신교, 천주교, 불법연구회(원불교) 등이 교차하며 공존했던 독특한 종교문화 및 사상적 지형을 형성했기 때문이다.

또한 이 시기 전남 영광 지역에는 군청, 면사무소, 경찰서, 지방법원 출장소, 수리조합, 우편소, 군농회, 금융조합, 삼림조합, 어업조합, 축산동업조합, 학교조합 등 근대적 시설이 어느 정도 갖추어져 있었다. 그 가운데 신학문 교육이 시작되어 지식층이 형성되었고, 그 영향은 이후 영광 지역의 민족사회운동과 경제운동 등의 전개에 중요한 밑거름이 되었음을 재확인할수 있었다. 즉 영광 지역은 일찍이 1894년의 동학농민혁명 당시 이웃한 전북 무장현과 함께 동학군의 활동이 활발한 곳이었다. 또한 의병운동을 비롯하여 3.1운동, 기타 사회경제운동도 활발한 곳이었다. 더욱이 식민지 시기 영광 지역은 다른 지역보다 상대적으로 많은 일본인이 진출하여 수리조합 등을 개설하여 수탈에 나섬으로써 농민들의 항일운동을 비롯하여 청년, 노동운동과 저축조합운동 등 경제운동이 활발히 전개된 곳이었다.

또한 보기 드물게 불교, 천주교, 동학, 기독교, 불법연구회라는 대표적인 종교들이 공존했던 지역이었다. 그리고 동학과 기독교 계열 및 불법연구회의 경우에는 청년운동과 일상 및 경제운동 등에서 그 공공성을 지향하는 일련의 움직임이 보인다.

하지만 종교 사이의 대화와 연대적인 움직임은 거의 포착되지 않는다. 이 시기 지역의 종교사회운동에 관한 사례 발굴을 비롯하여 근대 시기 개별 종교 영역의 사회경제적 공공성 담보를 위한 활동에 대한 조사 연구 등은 앞으로의 과제라 할 수 있을 것이다.

한편 이러한 토양 속에서 탄생한 근대한국 신종교인 불법연구회는 1910년대는 물론 이후 해방 공간 및 한국전쟁기 전후까지도 늘 민족사회운동의 도가니와 같았던 전남 영광이라는 현장에서 그 뿌리를 내리기 쉽지 않았음을 확인할 수 있었다.

따라서 앞으로 영광 지역의 민족사회운동 및 경제운동의 전개 가운데 여러 종교의 존재 양상 및 공공성의 공통 기반을 복원하고 재조명하는 것이 필요하다고 생각된다. 일제강점기가 배태한 사회경제적 조건에서 시대적 가치, 즉 개인의 책임과 사회의 정의를 아우르는 공동선을 바탕으로 하는 시대적, 공공적 가치에 대한 사회적 정의를 촉구하는 종교들의 개별적인 노력과 공동의 실천 등에 대한 관심과 조사 연구 성과가 축적되기를 기대한다.

근대한국 개벽종교의
민족자결주의 수용과
대한민국임시정부 수립

김봉곤　원광대학교 원불교사상연구원 연구교수

I. 머리말

종교의 공공성은 일반적으로 종교의 사회참여와 타자와의 연대를 의미한다. 한국사회에서 이러한 종교의 공공성은 일제의 식민지 통치 시기에 강하게 나타난다. 1910년부터 1945년까지 일본 제국주의 침략으로 국권을 빼앗겼기 때문에 우리 민족은 정치, 사회적 활동뿐만 아니라 종교적 행위마저 자유롭지 않았다. 국권을 되찾지 않고서는 식민지 권력이 강제하고 왜곡하여 개인이나 사회, 국가 간의 관계가 전혀 주체적이지 않고, 정의롭지 않았으며, 굴욕적으로 전개될 수밖에 없었다. 이 때문에 국가권력의 회복과 사회정의의 실현 즉 국가와 개인 간의 올바른 관계와 공공성의 회복이 절실하였다. 특히 근대한국 개벽종교는 물적, 정신적 토대를 주로 국내에 두었기 때문에, 그 어느 때보다 공공성의 특질이 강하게 나타났다.

본고는 이러한 시기 중에 을사늑약(1905)부터 대한민국임시정부 수립(1919) 때까지, 근대한국 개벽종교에서는 식민지 권력에 어떻게 대응했는지, 또한 제1차 세계대전 직후 등장한 민족자결주의를 어떻게 받아들였고, 대한민국임시정부 수립에는 어떠한 기여를 하였는지를 분석하고자 한다.

먼저 이 시기의 근대한국 개벽종교에 관한 연구로는 천도교의 교정쌍전과 정치 참여에 관해 분석한 오문환, 박맹수의 연구 등이 있다. 오문환은 동학은 사람이 하늘이라는 영성적인 본래의 '나'를 회복하여 사회와 국가의 공공성을 실현하고자 하였기 때문에 '교정쌍전'을 이상으로 하고 있으며, 민회는 그러한 국가 건설의 실질적 기초이고, 그리고 국가의 독립은 민주주의 구현의 요체가 되기 때문에 천도교에서 민족자결주의를 적극 수용하여 3.1운동에 앞장섰다고 이해한다.[1] 박맹수는 서구의 전통과는 달리 생명사상과 천도, 후천개벽에 바탕을 둔 동학이 어떻게 자신의 이념을 실현해 갔는지를 최제우와 최시형, 손병희 등을 통해 역사적으로 증명하고자 했다.[2] 이를 통해 천도교의 교정쌍전이 천도교 공공성의 기본 이념임을 잘 알 수 있게 되었지만, 1910년대 정치활동이 금지된 상황하에서 교정쌍전을 실현할 수 있었겠는가 하는 점에서 재고의 여지가 있다.

또한 대종교의 정치 참여에 관해서는 김동환의 연구가 있다. 김동환은 대종교의 항일운동의 배후에는 단군신앙의 현대적 부활과 국권회복의 명분이 동시에 작용한 것으로 이해하였다. 그는 신용하와 한영우에 이어 정영훈의 연구 성과를 반영하여 이를 단군민족주의로 호칭하였으며,[3] 대종교의 초기 지도자들이 살신성인의 자세로 대종교를 이끌었기 때문에 많은 인물들이 감화를 받고 목숨을 건 무장투쟁을 전개한 것으로 이해하였다.[4] 다만, 이 연구는 대종교의 민족주의적 요소에 중점을 두었기 때문에 대종교가 세계사적 조류에 영향을 받은 측면이나 대종교의 보편종교로서의 위상은 거의 설명되지 않았다.

보천교에 관해서는 보천교의 활동이 민족운동과 친일성이 중첩되었기 때문에 학계에서도 이에 대한 평가가 분분하다. 그러나 노길명이 보천교의 민족성과 반일성을 지적한 이후,[5] 김재영과 안후상 등은 1922년 조선총독부에 등록하고 나서도 상당 기간 민족종교로서의 면모를 지니고 있었다고 밝혔다.[6]

본고에서는 이러한 기존 연구 성과를 바탕으로 정교분리에서 정치 참여로 나아가게 되는 역사적 배경과 과정, 특히 제1차 세계대전을 전후한 시기의 근대한국 개벽종교의 민족자결주의에 대한 태도, 3.1운동 이후 대한민국임시정부에서 근대한국 개벽종교가 수행한 역할 등을 분석하고자 한다. 이를 통해 개인과 민족의 평등과 자유를 중시하는 시대적 조류 속에서 근대한국 개벽종교가 3.1운동 등 독립운동을 선도하였고 대한민국임시정부에도 적극적으로 참여하였음을 밝히고자 한다. 다만, 이 연구는 1919년 9월 대한민국임시정부 수립과 초기 활동까지에 국한되어 있기 때문에, 1921년 이후 천도교 측의 대한민국임시정부에 대한 불신과 보천교의 친일 문제는 미처 다루지 못하였다. 이 주제는 추후 검토하고자 한다.

II. 일제강점기 근대한국 개벽종교의 정교분리

1900년대 한국은 일제 침략으로 일제의 식민지 상태로 전락하였다. 1904년 러일전쟁에서 승리한 일본은 1905년 11월에 을사늑약을 체결하여 외교권을 박탈하고 통감부를 설치하여 사실상 한국의 주권을 빼앗아 갔다. 한국은 이러한 일제의 국권 침탈을 막고자 곳곳에서 의병 항쟁을 전개하였으나, 일본의 군대를 물리치기에는 역부족이었다. 이에 많은 선각자들이 일본에 맞서기 위해서는 실력을 길러야 한다고 생각하고 정치, 사회, 교육, 문화, 종교 등 다방면에서 실력양성운동을 전개하였다.

1894년 일제와 맞서 싸운 적이 있던 동학에서도 1900년대에 들어와서는 실력을 기르지 않으면 일제에 이길 수 없음을 깨닫고, 손병희가 1901년 3월 도일하여, 개화된 문명을 바탕으로 실력을 길러야 한다고 주장하였다. 손병희는 문명개화와 산업 진흥, 언론의 활성화를 꾀하자는 「삼전론」[7]과 나라가 부강하기 위해서는 향자치, 즉 지방자치가 시급하다는 「준비시대」를 저술하였고, 실제 이러한 손병희의 구상은 1904년 이용구로 하여금 진보회를 만들게 하여 전국적인 민회운동으로 구체화되었다. 1904년 10월 9일 총궐기한 진보회는 전국적으로 360여 군에서 20만 명에 달하였으며, 일시에 흑의와 단발을 감행하였다.[8]

그러나 근대문명을 수용하여 실력을 양성하고자 하였던 손병희의 기대와는 달리, 이용구가 이끄는 진보회는 점차 친일화되어 갔으며, 급기야는 송병준이 이끄는 일진회와 합병하면서 1905년 일본의 보호를 요청하는 성명서를 발표하기에 이르렀다.[9] 이러한 일진회의 활동은 손병희의 기대와는 다른 방향이었고, 국민들의 친일 행위에 대한 반감 또한 거세었기 때문에, 손병희는 1905년 12월 1일 동학을 '천도교(天道敎)'로 개칭하면서 일진회와 결별하다.

천도교에서의 '천도(天道)'는 『동경대전(東經大全)』「포덕문(布德文)」에서 '도즉천도(道卽天道, 도는 천도이다)'[10], 「논학문(論學文)」에서 '도수천도 학즉동학(道雖天道 學則東學, 도는 천도이나 학문은 동학이다)'에서 따온 것이다. 그리고 '교(敎)'는 서양에서의 종교란 의미인데, 손병희는 교의 의미를 다음과 같이 정의하였다.

교라 함은 종교(宗敎)라는 교(敎)자를 의미하는 것이니, 지금 세계를 당하여 문명각국(文明各國)이 신교(信敎)의 자유(自由)를 허락한다는 법계(法界)에 의하여 그런 것이다.[11]

즉 천도교는 서양에서의 종교의 의미이며, 신교(信敎)의 자유를 허락한다는 의미의 종교라는 것이다. 우리는 여기에서 손병희가 동학을 천도교로 이름을 바꾼 것이 서양식의 종교의 뜻을 취함으로써 포교의 자유를 획득하고

자 한 것임을 알 수 있다. 이와 함께 손병희는 동학의 본지(本旨)를 '인내천 사상(人乃天思想)'으로 규정하고, 먼저 사람의 마음이 안정되어야 후천개벽이 올 수 있다고 설파하였다. 즉 정치활동보다는 종교적 수행이나 신앙을 우선해야 한다는 것으로서, 교정분리를 선언한 것이다.

이러한 손병희의 천도교로의 개칭과 교정분리의 표명으로 천도교는 근대 종교로의 모습을 취하게 되었고, 정부에서도 동학의 탄압을 멈추게 되었다. 오히려 고종은 일진회의 친일 행위를 막기 위해 천도교를 지원하기까지 하였다.

손병희는 1906년 1월 귀국하여 천도교의 교단 조직을 정비하는 데 착수하였다. 「천도교대헌(天道教大憲)」을 반포하였으며, 서울에 중앙총본부를 두고 대도주(大道主)가 교화 행정의 전권을 행사하는 천도교의 중앙집권제를 확립하고, 지방은 72개 대교구로 분할하여 교령(教領)이 관할하게 하였다.[12] 또한 정교분리의 원칙을 표방하여 1906년 9월 계속적으로 친일 활동을 전개하던 이용구와 송병준 등 일진회원 62명의 출교(黜教) 처분을 내렸다. 출교하면서 수반되는 재산상의 손실은 「천도교대헌」에서 규정한 성미운동을 대대적으로 확산시켜 해결하였다.[13]

당시 손병희가 추진한 정교분리(政教分離)는 통감부의 정책과도 위배되지 않으면서도 민족종교로서의 위상을 회복하는 방책이기도 하였다. 예컨대 통감부에서는 종교가 정치적으로 영향을 미치는 것을 사전에 방지할 목적으로 조선에 대한 '보호국화 정책'이라는 틀 속에서, 종교 활동은 보장하였지만, 민족운동을 위한 집회나 조직화는 철저히 탄압하였다.[14] 따라서 손병희의 정교분리는 이러한 일제의 정책에 위배되지 않으면서도 친일 경도로 비판받는 동학을 보국종교로서의 본연의 모습을 되찾게 하는 절묘한 방책이 되었다.[15]

일진회와 결별한 손병희는 1906년 이래 교육·출판, 종교문화 운동의 전면에 나섰다. 1906년에는 천도교인 이종일·오세창을 시켜 1906년에 『만세보(萬歲報)』를 창간하고 애국계몽운동에도 적극적으로 나섰다. 1907년에는 교주의 지위를 박인호(朴演浩)에게 물려준 다음, 신학문 교육을 위해 보성학교, 보성중학교, 보성전문학교를 인수하고, 1909년에는 동덕여학교를 인수·운영하였다.

손병희는 천도교 부흥을 위해서도 노력하였다. 1908년과 1912년에 각각 교리강습회를 개최하여 많은 인재를 양성하였고, 1914년에는 중의제(衆義制)'를 채택하여 종래의 비민주적이며 권위적인 교주제를 대체하였다.[16] 이처럼 천도교는 1906년 이후 직접적인 정치투쟁보다는 교육이나 문화, 언론과 같은 계몽운동을 위주로 하면서 교리를 정비하고 조직을 더 체계화하였다.

정교분리는 종교를 통한 구국운동을 전개하였던 대종교에서도 이루어졌다. 대종교의 초대 도사교 나철은 1909년 3월 30일(윤2월 9일) 특별원도식에서 다음과 같이 기도를 드렸다.

> 슬프다. 우리 형제들이 함께 도탄에 빠져 근본을 잃고 가르침을 잊어서 스스로 화란을 자초하였다. 돌아보건대 지금 나라의 운명이 위태롭기가 누란과 같도다. 내분과 외환으로 생령(生靈)은 죽어 없어질 것이라. 곁길로 달려감에 통곡하고 슬퍼하노라. 천운이 순환하여 본교가 다시 드날리는 것이 해가 처음 뜨는 것 같이 광선이 더욱 펼쳐지는 것 같다. 동방에서부터 서쪽으로 미쳐 가니 능히 만방을 회복하도다. 국권을 회복하고 민력은 강해지리라. 아, 우리 자손들은 재앙은 없어지고 복은 길이 누리리라.[17]

나라의 운명이 위태롭기가 누란과 같고, 내분과 외환으로 생령이 죽어 가는 상황하에서 오로지 대종교 신앙을 통해 국권을 회복하고 민력을 강성하게 하자고 원도를 드렸던 것이다.

그런데 이와 같이 원도를 드렸던 도사교 나철이 다시 1909년 12월 30일 정교가 분리되어야 한다고 주장하였던 점이 주목된다. 그는 근래의 종교가 각기 정략이나 당파, 사욕, 세력 등을 위하여 세워지고 신앙하는 경우가 많다고 비판하고서,[18] 대종교는 정교가 분리되어야 함을 역설하였다.

> 어찌 종교 가운에 일물(一物)이라도 더 보탤 것이 있겠는가. 그러므로 종교와 정치가 서로 간섭하지 않고 엄정 분리하는 것이 본래 정론이다. 지난번 본교에서 반포한 오대종지 중에서 "본교가 중엽에 6차례의 비운을 겪고 몇 백 년 동안 완전히 폐지된 원인이 모두 나라를 다스리고 정치를 다스리는 것에 관계가 되었기 때문이다. 그러니 교문과 정치가 엄정하게 분립한 연후에 종교의 진리가 현저하게 발달하고 사람의 진성(眞誠)이 더욱 깊어진다."고 운운한 것은 참으로 종교가의 달론(達論)이다.[19]

종교와 정치가 분리되어야 종교의 진리와 사람의 참된 성심이 더욱 깊어진다고 역설한 것이다. 이후 나철은 1910년 9월 4일(음력 8월 1일) 교명을 대종교로 개칭하고, 이어 9월 13일(8월 10일) 사신(四愼) 즉 네 가지 삼가야 할 일을 공포하였다.

> 네 가지 삼가야 할 일[20]
> 첫째, 대종교는 시국에 무관하니 마음을 안정하고 천명을 따른다.
> 둘째, 신법에 주의하여 죄를 범하는 일이 없게 한다.
> 셋째, 재산보관은 소유권과 법률을 신뢰한다.

넷째, 혹 원통스러운 일을 당하면 성심으로 해결해 준다.

대종교는 시국과 무관하니 일제의 강제 병합 이후 실시된 신법에 주의하고, 마음을 안정하고 천명을 따르는 것에 전념하여야 한다는 이른바 정교분리를 선언하였던 것이다. 이처럼 정교분리를 선언한 대종교는 1912년에 이르면 대종교의 기본 경전인 『삼일신고』를 간행하고 대종교의 오대종지를 확정하여 교리를 정비하였다.[21] 또한 교세 확장에도 노력하여 고대 우리 민족의 발상지인 만주에까지 그 세력을 미치었다.

이처럼 대종교가 크게 확산되자 일제는 대종교를 종교로서 인정하지 않는 정책을 쓰기 시작하였다. 대종교가 단군을 시조로 하는 민족종교로서, 국체와 정체 모두 일제와 타협할 수 없는 성격을 지니고 있었기 때문이다. 일제는 대종교의 중앙본부는 물론 지방 교구까지 헌병을 파견하여 감시하고 일체 강연, 집회, 출판을 정지시켰다. 1915년 10월 1일에는 포교규칙을 공포하여 종교의 설립 연원에 따라 기독교, 불교, 신도 포교규칙에 준하여 등록하고 포교 인가를 받으라고 종용하였다. 그리고는 그밖의 한국 자생의 개벽종교들은 종교유사단체로 분류하여 통제하였다. 이에 따라 대종교는 다른 종교와는 달리 신도(神道)가 아니라는 이유로 신청 서류를 각하하고, 국내외의 종교 활동을 금지시켰다.[22]

대종교가 국내에서 인가되지 않자, 결국 도사교 나철이 공인을 받기 위해 1916년 2월 17일(음력 정월 14일) 만주의 청호(靑湖)에서 서울의 남도본사(南道本司)로 급히 돌아왔다. 그러나 여러 차례 공인을 받기 위해 노력했음에도 실패로 돌아가자, 단군을 모시던 구월산 삼성사를 찾아가서 일제의 종교 정책에 항거하며 8월 15일 자진하였다. 이때 나철은 조선 총독 데라우치(寺內正毅)에게 편지를 보내 대종교의 포교를 인정하지 않는 사실에 대해 극도의 분노와 실망감을 표시하고서, 대종교를 수호하겠다는 의지를 다음과 같이 표명하였다.

> 슬프다. 각하께서는 우리 대종교의 문을 닫고 없애려고 합니까. 철의 몸을 가루로 만들 수 있으나, 4천 3백 년 한님(天祖) 한길(大道)를 없앨 수는 없습니다. 각하는 우리 대종교인을 학대하려 합니까. 철의 머리는 끊을 수 있으나 30여 만 무리의 믿는 마음을 빼앗지 못할 것입니다. 유태가 망하되 예수의 도는 점점 떨치고, 인도가 쇠잔하되 석가의 도는 더욱 일어났습니다. 만일 한국의 옛 종교를 자유를 허락하지 않는다면 공법이 반드시 항거하리니 또한 애닯지 않겠습니까.[23]

'유태'가 망하였으나 예수의 도가 떨치고, 인도가 쇠잔하였으나 석가의 도가 더욱 일어났듯이 대종교의 자유를 허락하지 않으면 반드시 공법이 일어나 더욱 흥성할 것이라고 했다. 이어 자신의 죽음은 만세의 공정한 논의를 위함이라고 순교의 뜻을 밝히고 있다.

> 철이 불초하여 우리 한님께 욕되고 우리 대종교를 욕되게 함이 여기에 이르렀나이다. 철이 장차 한님 교화를 위하여 한번 죽음은 진실로 마땅한 죽음을 얻은 것이로다. 철이 장차 한님 한배의 곁에 모시어서 반드시 중생의 선악부를 살펴보고 또 만세의 공정론(公正論)을 기다리고자 한다.[24]

나철은 자신이 살아서 천조 즉 단군을 욕되게 하고 대종교를 더럽혔기 때문에, 대종교를 위해서 죽는 것이라고 했다. 차라리 죽어서 천조를 모시고 선악부를 살펴보고 만세에 공정한 논의를 기다리겠다는 것이다.

결국 나철의 이러한 순교는 대종교를 부흥시키겠다는 강력한 의지 표명이었고, 일제의 종교 정책에 대한 준엄한 비판이었다. 독립국가를 만들지 않고서는 일제 치하에서 대종교와 같은 민족종교의 활동이 자유롭지 못한 상황에 대한 철저한 저항이었다. 이후 대종교는 9월 1일 서울의 남도본사에서 제2세 도사교로 김교헌이 취임하였고, 김교헌은 이듬해 총본사가 있는 만주의 화룡현으로 건너감으로써 대종교는 국권회복을 위한 항일운동에 적극 나서게 되었다.[25]

III. 근대한국 개벽종교의 민족자결주의 수용과 정치 참여

근대한국 개벽종교를 대표하는 천도교와 대종교가 일제강점기에 모두 정교분리를 선언하였지만, 점차 정치, 사상, 종교 등을 탄압하는 일제의 무단통치를 타파하지 않고서는 종교의 참된 자유가 없다는 인식을 굳히게 되었다. 더욱이 1917년과 1918년에는 러시아와 미국이 각각 민족자결주의 원칙이 천명하자, 천도교와 대종교에서도 독립국가 실현을 위한 정치활동에 본격적으로 참여하게 되었다. 대종교에서는 「대한독립선언서」에서 "강자가 약자를 지배하는 것을 부정하고, 대동사상에 입각하여 모든 사람이 평등한 대동사회를 건설할 것"[26]을 주장하였으며, 천도교가 주축이 된 3.1운동의 「독립선언서」에서도 "신천지가 안전(眼前)에 전개되도다. 위력의 시대가 거(去)하고 도의의 시대가 래(來)하도다."[27]고 표명하는 등 민족자결주의를 세계사적 조류로 인식한 것이다.

먼저 대종교는 1918년 민족자결주의가 세계사적으로 표명되기 전부터 민족 간의 자유와 평등을 중시하였다. 박은식은 이미 1912년 「몽배금태조(夢拜今太祖)」에서 이러한 의식에 도달하였다. 박은식은 1911년 음력 5월 한국을 떠나 환인현의 동창학교를 찾아갔다. 이 학교는 대종교 시교사 윤세복이 파견되어 만든 대종교 계열의 학교였다.[28] 이때 박은식은 윤세복의 서문을 받아 「몽배금태조(夢拜金太祖)」를 저술하였는데, 자강(自强) 등 실력 양성에 힘쓰면서도, 아울러 제국주의를 배격하고 민족 간의 공생과 세계 평화를 주장하였다.

박은식은 동양과 서양은 모두 적자생존을 주장하고 있지만, 하늘의 도는 후박의 차이가 없기 때문에 결국 언젠가는 도덕가에 의해 만물일체의 인이 발휘되어 천하의 경쟁을 그칠 것이라고 보았고, 역사에서도 제국주의의 참화 뒤에는 평등주의가 등장할 것으로 예상하였다.[29] 즉 다윈의 진화론에 의해 제국주의가 만연되었으나, 결국 제국주의는 전쟁을 불러오고, 인류 모두가 제국주의의 잘못을 알게 되었으니, 이제는 평등주의가 부활할 것이라는 것이다. 또한 그러한 제국주의의 피해를 가장 잘 알고 있는 나라가 조선이니, 이제 우리나라가 제국주의에 반대하는 기치에 앞장서게 될 것이라고 단언하였다.[30]

이처럼 제국주의에 반대하고 민족 간의 평등을 주장한 박은식의 사상은 만주나 상해 일대의 대종교도들을 중심으로 널리 전파되었다. 특히 1917년 7월 상해에서 발표한 「대동단결선언」에는 신규식, 박은식, 신채호, 윤세복, 조성환 등이 대종교인으로서 참여하였다.[31] 문서를 기초한 조소앙은 국가와 민족의 독립을 되찾기 위해서 다른 종교와도 회통하였던 인물이었기 때문에,[32] 「대동단결선언」에서 대종교인의 현실 인식과 정치 인식을 받아들이는 데 별다른 문제가 되지 않았다.

먼저 「대동단결선언」에서는 순종이 1910년 8월 29일 황제권을 포기한 그 날 민권이 발생한 것으로서, 대한제국 최후의 그날이 신한국이 처음 시작되는 날이라고 규정하였다. 이는 주권은 하루라도 없을 수 없다는 주권불멸설과 황제권 대신 국민주권설을 표방한 것이다. 이어 「대동단결선언」에서는 이러한 민권의 대동단결체로서 독립운동 세력의 통일전선 결성을 제안하였다. 통일전선의 결성을 통해 궁극적으로 민족통일국가를 수립하고자 하였다.[33]

또한 이 선언에서는 동양의 전통적인 가족제도・사유재산제・남녀차별・직업상의 귀천・계급제도와 인종차별・국가 간의 불평등 등을 배격하고, 완전 평등의 이상세계를 이룩하자는 의미로 '대동(大同)'이란 표현을 썼다. 박은식 등이 제창한 '대동'의 의미가 1차 세계 대전의 참상을 겪고 난 뒤, 로맹 롤랑(Romain Rolland), 버트런드 러셀(Bertrand Russell) 등이 제기한 사회개조・세계개조론과 결합하여 계급이나 인종, 국가 간의 차별과 불평등을 극복하는 대동으로 발전하였으며, 독립과 평등을 성스러운 권리라고 함으로써 강자에 의한 약자의 지배를 전면 부정하였던 것이다.[34]

또한 「대동단결선언」의 강령에서는 "해외 각 지역의 단체를 하나로 통일하여 유일무이한 최고 기관을 조직한다.", "헌법을 제정하여 민의에 부합하는 법치주의를 실행한다.", "독립・평등의 신성한 통치권을 주장함으로써, 일제의 민족 동화와 자치 유혹을 방지・제거한다." 등을 주장하여,[35] 3.1운동 직후 상해에 대한민국임시정부가 수립되고 통일 정부 구성을 위한 사전의 역사적 배경이 되었던 것이다. 이러한 제국주의 배격과 민족 간의 평등, 차별없는 사회를 위한 이루기 위한 「대동단결선언」은 이후 1917년 11월 러시아혁명과 미국 대통령 윌슨의 14개조 평화원칙에 제시된 민족자결주의 원칙으로 세계사적 보편성을 획득하게 되었다.

민족자결주의는 1917년 11월 러시아혁명과 1918년 1월 미국 대통령 윌슨의 14개조 평화원칙으로 구체화되었다.[36] 1917년 11월 권력을 장악한 볼셰비키 정부는 교전국과 휴전을 요구하면서 지주들의 토지를 무배상으로 농민들에게 양도하고 공장, 광산, 운수기관을 국유화하였다. 그뿐만 아니라 제정러시아를 구성하는 모든 민족의 정치적인 평등과 자결권을 허용함으로써 볼셰비키 정부가 신정부의 기초를 견고히 하고, 내외의 모든 피압박 약소민족의 독립 욕구를 자극하고 지지하는 기반이 되었다.

이러한 소련의 볼셰비키 정부에 대항하여 연합국 측에서 제안한 것이 1918년 1월 8일 윌슨 미대통령이 제안한 평화안 14개조 원칙이다. 비밀외교의 종식(제1조), 항해의 자유와 자유무역(제2조, 제3조), 군비경쟁의 지양(제4조), 식민지 민족자결(제5조), 대러협조주의(제6조), 전쟁 당사자인 유럽 각국의 주권 회복(제7조~제13조), 국제연합체의 필요(14조)를 주장하였는데, 그중에서 제5조와 제14조가 피식민지 국가들에게 국권회복을 위한 복음이 되었던 것이다.

윌슨의 민족자결주의는 미주의 한인단체인 대한인국민회, 상해의 신한청년당, 노령과 만주의 독립운동가, 동경 유학생들에게도 알려져 독립운동을 하는 중요한 계기가 되었다. 대종교 측에도 이미 1918년 11월경에 알려져 대한독립선언서가 작성되었다. 이 대한독립선언서는 11월 20일 천도교 측의 이종일에게도 알려졌다. 이종일은 무오대한독립선언서에 관해 다음과 같이 언급하였다.

(11월) 20일. 중광단원(重光團員) 39명이 오히려 우리보다 앞서서 무오대한독립선언서를 발표하겠다고 하니, 우린 무얼 했느냐. 망설임으로 이같이 낭패지경이 된 것이다.[37]

즉 이종일이 중광단원 39명이 '우리(천도교)'보다 앞서서 무오대한독립선언서를 작성했다고 함으로써, 대종교의 결사인 중광단을 독립선언서의 주체로 파악하였다. 이는 천도교 측이 독립만세운동을 전개한 추동력으로 작용하였음을 알 수 있다. 이 선언서에는 "우리 단군대황조(檀君大皇祖)께서 상제(上帝)와 함께하시어 우리의 기운을 명하시며 세계와 시대가 우리의 복리를 돕는구나."라고 하여 대종교의 단군신앙이 크게 작용하고 있으며, 서명자 39명의 독립운동가 중에서 김교헌, 윤세복, 이시영, 박은식, 박찬익, 신규식, 신채호 등 당시 대종교를 이끌던 핵심인물들이 참가하였기 때문에 이종일이 대종교의 중광단이 선언한 것으로 판단하였을 것이다.[38] 문안을 기초한 조소앙은 기독교인이었지만, 그 역시 대종교의 독립국가에 대한 염원을 담는 데 주저하지 않았던 것이다.

「대한독립선언서」에서는 수천 년 동안 독립국가였던 조선을 일제가 강탈한 한일합방은 무효라고 주장하고, 일제에 의해 당한 무단통치의 실상을 고발하고 독립국가 달성을 목표로 하였다.「대한독립선언서」역시 전제군국주의가 아닌 민주공화제를 채택하고, 제국주의가 아닌 민족 간의 평등을 통한 대동평화를 주장하였다. 즉 동권동부(同權同富)를 통한 남녀노소의 차별이 없는 사회와 국가 간의 불의가 없고 이상적인 선이 실현되는 세계를 이상으로 하였던 것이다.[39] 그런데 대한독립선언에서는 이러한 독립국가의 완성을 평화로운 시위가 아닌 독립군의 무장투쟁으로 이루겠다고 강조한다.

일어나라, 독립군아, 갖추어라, 독립군아. 세상에서 한 번 죽음은 사람이 피할 수 없는 바이니 개돼지와 같은 일생을 누가 구차히 도모하겠는가. 살신성인(殺身成仁)하면 2000만 동포가 한몸으로 부활할 것이니 어찌 일신(一身)을 아까워하랴. 한 집안을 기울여 나라를 회복한다면 3000리 옥토가 모두 자기 집의 소유이니 일가(一家)를 희생하라. 아아, 한마음 한 뜻의 2,000만 형제자매여. 국민의 본령을 자각한 독립임을 기억할 것이며 동양 평화를 보장하고 인류 평등을 실현하기 위한 자립임을 명심할 것이며 하늘의 밝은 뜻을 받들어 모든 사망(邪網)에서 해탈(解脫)하는 건국임을 확신하여 육탄혈전(肉彈血戰)으로 독립을 완성할지어다.

즉 「대한독립선언서」에서는 독립국가 수립은 3.1운동과 같은 만세 시위가 아닌, 독립군의 무장투쟁을 통해서만 가능하다는 것을 역설한다. 이는 제1차 세계대전으로 일본군들이 시베리아와 산둥반도로 진출하여 만주 독립군들이 심각한 위기상황에 처했음을 반영하는 것이기도 하다. 즉 당시 일본은 연합국 측에 가담하여 전쟁의 특수 경기에 힘입어 1913년 12억 2,400만 엔 적자던 것이 1915년 흑자로 올라섰으며, 1917년에는 11억 5,000만 엔의 정화(正貨)를 보유할 만큼 경제적으로 급성장하였다. 그뿐만 아니라 독일이 점령하던 중국의 산둥반도 남단의 교주만(膠州灣)의 독일 조차지와 태평양의 독일령 여러 섬들을 점령하였다. 그리고 1917년 10월 러시아에서 볼셰비키 혁명이 일어나자, 이를 와해시키려는 자본주의 열강들의 노력으로 극동 지역의 공산주의를 막아낼 책임이 일본에 부여되었다. 이 때문에 일본은 1918년 8월 시베리아에 11개 사단을 파견하여 1922년까지 4년간 자바이칼·아무르·연해주를 아우르는 바이칼호 이동(以東) 지역을 실질적으로 점거하였다.[40] 이에 만주 일대에서 독립운동을 전개하던 독립군들은 산둥반도와 시베리아, 연해주 사이에서 일본군에게 포위됨으로써 커다란 위기에 처했고, 이에 「대한독립선언서」에서는 독립군의 살신성인을 통해서 동포가 부활하고 동양 평화와 인류 평등의 이상이 실현된다고 보았던 것이다. 독립군은 그 신성한 하늘의 사명을 받들어 독립을 완성하기 위해 절대적으로 무장투쟁에 나서야 한다는 것이다.

천도교도 민족자결주의를 받아들이고, 1919년 3.1운동을 주도하였다. 천도교는 앞서 살펴본 것처럼, 1906년 이래 정교분리의 원칙에 따라 정치에는 되도록 관여하지 않았으며, 종교와 교육 위주의 활동을 전개하였다. 1910년 대 무단통치 기간에 결사의 자유 등 정치적 자유가 허용되지 않은 상황하에 서 천도교가 취할 수 있는 최선의 방책이기도 하였다. 그렇다고 해서 천도 교가 교정쌍전을 완전히 포기한 것은 아니다. 1914년 8월 이종일(李鍾一) 등 이 천도교구국단(天道教救國團)을 만들어 민족종교로서 모습을 갖춘 이후, 1916년 3월과 1917년 2월에 민중 봉기를 준비하기도 하였다. 그러나 이러한 이종일의 독립운동 방략은 손병희의 신중론으로 연기되었고,[41] 1919년 3.1 운동 때에 이르러서야 천도교가 민족운동의 전면에 나서게 된 것이다.

손병희가 3.1운동에 나서게 된 것은 윌슨의 14개조 평화안 원칙이 발표되 면서부터이다. 손병희는 자신이 독립운동에 나서게 된 동기를 다음과 같이 말했다.

> 3.1만세운동은 이전부터 계획된 것이 아니라 이번 파리강화회의에 제창 되었던 미국 대통령의 민족자결(民族自決)의 원칙에 따라서 새로운 세계를 만들자고 하는 민심을 탐지하였습니다. 이 때문에 나는 우리 조선도 민족 자결의 취지에 따라서 독립할 수 있다는 희망을 품었습니다. 이를 위해서 는 힘으로서 싸울 것이 아니라 일본 정부에 대해서 그 취지서를 선언하는 것이 좋겠다고 여겼는데, 기독교에서도 이와 같은 일을 계획하고 있어서 쌍 방의 의사가 합치되었기 때문에 독립선언을 하게 된 것입니다.[42]

즉 손병희는 미국 대통령 윌슨의 민족자결주의가 널리 조선에 퍼져 나가 서 새로운 세계를 만들고자 하는 민심을 알았기 때문에, 독립의 희망을 가 졌고, 일본 정부에도 그 뜻을 알리려고 했다는 것이다.

이러한 손병희의 뜻은 일제의 무단통치에 항거하고 한국의 독립을 꾀함에 있었다.[43] 그는 1919년 1월 20일경 권동진, 오세창, 최린을 불러 그 방략을 협의하였다. 이때 대중화, 일원화, 비폭력운동의 세 가지 방침이 정해졌으며, 구체적인 사항은 권동진·오세창·최린에게 위임되었다.[44] 이후 권동진과 오세창은 천도교 내부의 일을, 최린은 천도교 외부와의 관계를 담당하였고 2월 초순부터 민족대연합전선을 결성하기 위해 본격적으로 다른 종교지도자들과 접촉하기 시작함으로써,[45] 3.1운동이 구체화되었다.

이처럼 3.1운동은 손병희 등이 지도하였음을 알 수 있는데, 손병희는 이 무렵 일본 제국주의 침략에서 벗어나서, 민족자결에 의한 자유, 평등의 원칙을 중시하였다.

> 내 개인으로는 합병 후에는 정치에 대해 말하지 않고 관령(官令)을 준수, 복종하라고 신도들에게 가르치고 있음에도 불구하고 나를 배일당(排日黨)이라고 지목하고 있습니다.…… 나는 동양에서 여러 개의 나라를 건설하고 동양 전체를 一團으로 해서 지식이 높은 나라를 주권자로 삼아서 서양 세력에 당하지 않고서는 일본 하나의 나라로서는 서양 세력에 대항할 수 없다고 생각합니다. 더 나아가서는 세계를 일단으로서 서로 침략하는 일이 없고 각 민족들이 서로 성취하게 해야 행복한 세계를 만들 수 있다고 생각합니다.[46]

동양 전체가 일본 제국 하나의 나라로서가 아니라, 나라별로 자주와 독립을 획득하게 하고, 해당 민족의 복리와 행복을 증진시키게 해야, 동양이나 세계 평화가 올 수 있다는 것이다. 즉 손병희는 제국주의가 아닌 국가 간의 자유, 평등에 기초한 독립국가와 그 국가의 성취를 돕기 위한 국가 간의 조직, 즉 민족자결주의와 이에 기초한 국제연맹의 창설에 동의하였던 것이다. 그는 또한 1919년 2월 28일 대도주 박인호에게

금일 세계 종족 평등의 대기운하에서 아(我) 동양 동족의 공동 행복과 평화를 위하여 종시(終始) 일언(一言)을 묵(默)키 불능함으로 자(玆)에 정치 방면(政治方面)에 일시 진참(進參)하게 되었기….[47]

라고 한 유시문(諭示文)에서 종족 평등의 대기운 아래 공동의 행복과 평화를 누리게 하기 위해서 3.1운동에 나서게 되었음을 밝혔다. 또한 이러한 이념과 사상으로 추진되었던 3.1운동은 손병희 등의 천도교 지도자들의 방침에 따라 비폭력 무저항주의의 독립만세운동으로 전개되었다.

　보천교의 경우에도 민족별로 그 문화의 고유성을 인정하고 있다는 점에서는 대종교나 천도교와 큰 차이가 없다. 보천교는 후천개벽(後天開闢)의 천지공사(天地公事)를 행한 강증산이 1909년 타계하자, 그 제자인 월곡(月谷) 차경석(車京石)이 조직한 증산교의 교파이다. 이미 강증산은 원시반본의 사회에 대해서, '모든 족속들이 각기 색다른 생활 경험으로 인하여 유전된 특수한 사상으로 지어낸 각각의 문화'라고 하여 민족의 고유성의 바탕 위에 통치되는 새로운 세상의 이미지를 제시하였다.[48] 강증산에 따르면 이러한 세상은 정치와 교화가 통합되어 성인과 영웅을 겸비한 인물 즉 요순과 같은 인물이 다스리는 정치가 행해지는 세계이다.

　이 때문에 강증산의 뒤를 이은 차경석이 1914년부터 매월 1일과 15일에 목욕재계하고 천지에 치성(致誠)을 드리기 시작하자, 강증산이 주장한 이상사회를 실현할 인물로 차경석이 주목되었던 것이다. 그는 사람들에게 신통묘술로서 일제에서 조선을 독립시키려 한다고 인식되었다.[49]

이후 차경석은 1916년 11월 28일 교인 중에서 채규일(蔡奎壹), 김홍규(金烘奎), 문정삼(文正三) 등 24명의 방주를 선정하여 천제를 지내고 24방으로 된 인장을 나누어주어 교무를 분담케 하였다. 차경석은 24방위의 중심에 위치하고 있기 때문에, 24방위로 대표되는 보천교의 최고 지위에 오르게 된 것이다.[50] 이처럼 차경석이 24방주제를 실시하여 교단을 확대하고 조직화하자, 경상북도 고령과 합천군에서 믿는 인물들이 다수 출현하였다.[51]

차경석은 1918년 10월에는 제주도 법정사 주지 김연일(金連日)을 통해 교도들에게 왜노(倭奴)들이 조선을 병합하고 동포를 학대하여 조선 민족의 구적(仇敵)이 되었다고 하고서 자신이 불무(佛務)황제가 된다고 선동하였다고 한다. 이어 김연일은 신도들을 이끌고 경찰관 주재소를 습격, 방화하고 전소시켰으며, 이 사건으로 138명이 검거되었다고 한다.[52]

이후 차경석은 법정사 항일 투쟁이 실패한 이후 1919년 초기까지 금강산 등지로 피해 다니다가 1919년 3.1운동이 일어나자 서울에 몰래 들어왔다. 고종의 장례식에 참여하고 시국을 관망하기 위해서였다. 그러나 차경석은 인산이 끝나자마자 곧바로 경상도 쪽 산악 지대로 옮겨가면서 아직은 때가 아니니 경거망동하지 말라는 경고문을 보냈다.[53] 비록 사방에서 독립만세 운동이 일어나고 있으나, 아직 국가도 만들어지지 않았고 일제의 탄압으로 성취되기 어려운 것임을 자각한 것이라고 할 수 있다. 그러나 차경석은 1919년 9월 대한민국임시정부가 수립되자, 이제는 새로운 개벽의 세상을 열 수 있는 시기가 온 것으로 판단하고서, 1919년 10월 천제를 지내게 되는데, 이는 후술하는 바와 같다.

IV. 대한민국임시정부 수립과 근대한국 개벽종교의 역할

1919년 국내외에서 전개된 3.1운동의 궁극 목표는 민족자결의 확인과 이를 실현하기 위한 독립정부 구성에 있었다. 이 때문에 3.1운동을 전후하여 7개의 임시정부가 공포되었다. 그중에서도 연해주의 국민의회임시정부(國民議會臨時政府), 상해의 대한민국임시정부(大韓民國臨時政府), 서울의 한성정부(漢城政府) 등은 그 주체가 분명하였다. 대한국민의회임시정부는 3월 21일 러시아령 블라디보스토크에서 공포되었으며, 대통령에 손병희, 부통령에 박영효, 국무총리는 이승만이 거론되었다. 이어 4월 11일 상해에서는 대한민국임시정부가 공포되었다. 정치체제는 국무총리 이승만, 내무총장 안창호, 외무총장 김규식 등으로 국무총리 중심 체제를 택했다. 4월 23일에는 13도 대표의 국민회의 명의로 서울에서 한성정부가 공포되었다. 집정관총재 이승만을 수반으로, 국무총리총재 이동휘, 외무부총장 박용만, 내무부총장 이동녕 등을 임시정부 요원으로 하는 정부였으며, 국체는 민주제, 정체는 대의제였다.[54]

이처럼 각지에서 정부 결성 노력이 잇달자, 상해의 대한민국임시정부가 중심이 되어 의정원에서 이들을 하나로 묶는 통합정부 구성을 촉구하였다. 이에 4월 15일 대한국민회의에서 상해로 원세훈(元世勳)이 파견되고, 4월 말에는 한성정부 측에서 정부안을 상해에 보냈다. 이러한 안들을 바탕으로, 대한민국임시정부 의정원에서 여러 차례 의견 조정을 거쳐 1919년 9월 11일 한성정부안을 토대로 통합된 대한민국임시정부가 수립되었다.[55] 대통령은 이승만, 국무총리 이동휘, 내무총장 이동녕, 외무총장 박용만, 군무총장 노백린, 재무총장 이시영, 법무총장 신규식, 학무총장 김규식, 교통총장 문창범, 노동국총판 안창호를 각료로 하는 민주공화제의 정부였다.[56]

상해가 임시정부의 본부가 된 것은 지리적 위치 때문이다. 박은식은 국내의 한성정부는 일제 통치하에 거점을 갖기가 어려웠고, 동삼성이나 연해주 등도 일본군이 주둔하고 있어서 안전지대가 못 되었고,[57] 미국은 본국에서 멀리 떨어져 적합한 위치가 아니라고 하였다. 오직 상해만이 동양의 교통의 요지로서 비교적 안전한 곳이라는 것이다.[58]

임시정부 초기에 정부 수립을 논의한 인물들은 기독교를 신봉한 인물이 많다. 당시 일본에서 상해로 건너간 유학생들이나 3.1운동 전후에 망명한 이들이 대부분 기독교인이었다. 1921년경 567명 정도였던 상해 한인 중에서 200여 명이 교회의 주일예배에 참석했을 정도로 교민 사회에서 기독교가 핵심 세력을 이루었던 것이다. 당시 대종교인은 40명 정도에 불과했다.[59] 그러나 소수에 불과하였던 대종교인들은 일찍부터 이곳을 만주에 이어 대종교의 핵심 포교지로 여기고 있었기 때문에, 임시정부에서의 활약이 컸다.

대종교인 중에 대한민국임시정부에서 큰 역할을 수행한 인물로 먼저 1911년 상해에 망명한 신규식과 1년 뒤 만주를 거쳐 상해에 망명한 박은식을 들 수 있다. 신규식은 1911년 상해로 망명한 이후, 중국에서 발발한 신해혁명에 적극 가담함으로써 손문(孫文)을 비롯한 오월성(吳鐵成), 거정(居正), 송교인(宋敎仁) 등 많은 혁명 지도자들과 사귀었다.[60] 신규식은 또한 상해와 남경을 거점으로 대종교 시교당을 설치하고, 대종교 신앙을 꾸준히 실천하였다. 신규식은 상해에서 매주 경일(敬日, 일요일)에 경배식(敬拜式)을 가졌고, 3월 15일 어천절, 10월 3일 개천절에는 경하식을 거행하였다.[61]

이어 그는 만주에서 상해에 내려온 박은식과 함께 1912년 7월 4일 '동제사'를 결성하여 독립운동의 기초를 닦았다. 이사장은 신규식, 총재는 박은식이 맡았으며, 그 밖에도 신채호, 문일평, 박찬익, 조성환, 신건식, 민제호, 민필호 등 대종교 인사들이 많았다.[62] 동제사에서는 정치와 교육활동을 병행하였다. 중국 혁명 지도자와의 연합전선을 구축하기 위하여 비밀리에 신아동제사(新亞同濟社)를 결성하기도 하였고, 1913년 12월 17일 박달학원을 설립하여 유학생들에게 신학문과 함께 민족교육을 실시하였다.

신규식은 동제사 외에도 1918년 8월 결성된 신한청년당에 조직과 자금, 언론 홍보의 측면에서 커다란 도움을 주었다.[63] 대한민국임시정부가 수립된 이후에도 신규식은 국무총리대리 겸 외무총장으로서 1921년 10월 광동에 특사로 파견되어 11월 3일 중화민국(호법정부)의 손문과 회동하고, 대한민국임시정부 승인과 독립군 양성 육성책을 건의하였다.[64] 이에 손문 역시 긍정적으로 검토하였으며, 이후 대한민국임시정부와 중화민국 사이에 우호관계가 해방을 맞이할 때까지 지속되는 계기를 마련하였다.

박은식은 『한국통사』, 『독립운동지혈사』 등을 집필하면서 민족의식을 고취시키는 한편 대통령대리와 국무령을 지냈으며, 신채호는 의정원 전원위원장, 조소앙과 여운형은 외무총장, 김규식은 학무총장, 박찬익은 법무총장, 선우혁은 교통차장을 지내는 등 대한민국임시정부에서도 대종교의 역할이 컸다.[65]

이뿐만 아니라, 대종교의 단군신앙은 대한민국임시정부의 이념적, 정신적 지주로서 기능하였다. 대한민국 임시헌법의 전문(前文)에 '반만년 역사의 권위를 장(仗)하여'라는 구절이 수록됨으로써 임시정부에서 단군의 건국년 B.C 2333년설을 받아들였고, 1920년 1월 26일에는 국무포고에 따라 10월 3일 개천절을 국경일로 삼아 매년 행사를 치르도록 함으로써, 단군은 국조로서 숭배되고, 단군신앙은 대한민국임시정부의 정신적이자 이념적인 버팀목이 되었다.[66]

또한 대종교에서는 만주에서 무장투쟁을 병행함으로써 대한민국임시정부의 독립운동을 위한 군사적 기반으로서 기능하기도 하였다. 즉 대종교에서는 북간도에 북로군정서, 서간도에 서로군정서 등 독립군 부대를 설치하고, 군정서 대표인 서일과 이상룡이 서신과 대표 파견(북로군정서 김좌진, 서로 군정서 성준용)을 통해 긴밀히 군사작전 협조를 도모하게 함으로써,[67] 독립군의 역량을 강화하고, 청산리대첩 등 빛나는 승리의 원동력이 되었다. 즉 대한민국임시정부가 만주에 대종교인들을 주축으로 한 군정서를 통해 군사력을 갖춘 정부로서 기능할 수 있었던 것이다.

대한민국임시정부에는 대종교 외에도 근대한국 개벽종교로서 국내에 튼튼한 기반을 갖추고 있던 천도교와 보천교에서도 지지를 받았다. 먼저 천도교에서는 3.1운동을 전후하여 '대한민간정부'를 천도교 중앙총부에 두기로 하고, 정부 각료로는 대통령 손병희, 부통령 오세창, 국무총리 이승만, 내무부장관 이동녕 외에 재무부장관 권동진, 총무부장관 최린 등을 뽑음으로써, 천도교 측이 중심이 되는 정부 구성을 기획하였다.[68]

이어 4월 9일 전단을 통해서 알려진 조선민국임시정부에서도[69] 정도통(正都統) 손병희, 부도통(副都統) 이승만을 비롯해서 천도교 측 인물과 미주 지역 인물 등이 주축이다. 대한민간정부나 조선민국임시정부는 공화국 수립을 목표로 하였으며, 손병희를 정부 수반으로 하는 천도교 세력이 미주 지역 독립운동 단체와 연합한 과도적 성격의 연립정부였다.

그런데 천도교 측의 이러한 정부 구성은 당시 13개도 대표의 협의하에 구성된 한성정부와 조직 구성에서 큰 차이가 있다. 4월 23일 발표된 한성정부에서는 집정관총재 이승만을 수반으로 하여 국무총리총재 이동휘, 외무부총장 박용만, 내무부총장 이동녕, 군무부총장 노백린, 재무부총장 이시영, 재무부차장 한남수, 법무부총장 신규식, 학무부총장 김규식, 교통부총장 문창범, 노동국총판 안창호 등을 거론함으로써 천도교 측 정부 구성과 크게 달랐던 것이다.[70]

이 때문에 천도교 측은 대한민국임시정부에서 초창기에 두각을 나타내지 못하였다. 1919년 3월 말 일본에서 상해로 건너간 홍도(洪濤), 이영근(李瑛根), 이민창(李民昌) 등이 활동하였던 정도이다. 홍도는 1919년 4월 23일 임시정부의 국무위원에 선임되고, 5월 13일 임시의정원의 함경도 의원에 선임되고서, 상해 임정과 노령의 대한국민의회의 통합을 주장하였다. 대한국민의회에서는 손병희를 대통령, 박영효를 부통령, 이승만을 국무총리로 선출하고자 하는 것으로서 천도교 측의 입장이 반영된 정부안이었기 때문이다.

천도교에서 대한민국임시정부에 적극 가담한 것은 1919년 9월 대한국민의회 · 상해임시정부 · 한성정부가 통합하여 상해에 대한민국임시정부가 수립된 이후이다. 대한민국임시정부의 조직을 둘러싸고 대한국민의회와 한성정부 측 안이 계속 대립하였는데, 대한국민의회에서 양보하여 8월에 한성정부안을 받아들임으로써 극적으로 통합된 것이다.[71]

이후 천도교 측에서는 최동오(崔東旿), 신숙(申肅)이 국내에서 망명해 오고, 남경의 중학부 학생인 장경순(張敬順) · 김의종(金義宗) · 김홍선(金弘善) 등이 상해로 옮겨 오는 등 망명자가 늘자, 대한민국임시정부에서 천도교인들의 위상도 높아지게 되었다. 임시의정원 의원인 홍도와 이영근 외에도 최동오가 1920년 3월 4일 내무부 지방국장에 선임되고, 황학수는 1920년 3월 4일 군무부 비서국장, 김홍선은 3월 16일 내무부 서기로 선임되었다.[72] 이밖에도 국내의 천도교도 중에서 대한민국임시정부의 활동을 후원하는 인물도 있었다. 오세덕(吳世悳)은 1919년 11월 대한민국임시정부의 철원군 조사원, 홍성연(洪聖淵)은 1920년 연통제의 함남 참의, 김병제(金秉濟)는 1920년 1월 평북 운산군 참의, 김병선(金秉濬)은 1920년 9월 독판부(督辦府)의 함남 이원군 참사(參事)에 임명되어 활동하였다.[73]

보천교에서도 1919년 10월 천제를 지낸 이후 대한민국임시정부나 독립운동 단체에 자금을 지원하였다. 보천교에서는 1920년 겨울 비밀리에 독립운동 자금을 수합한다는 이유로 경상북도의 안동, 의성, 청송, 영양, 영덕, 봉화, 예천, 군위 등의 교도 3천여 명이 검거되었다.[74] 1921년 2월에는 김홍규(金洪奎)가 대한민국임시정부에 보내려고 하던 교금 10만 원이 적발되었다.[75] 이에 총독부에서는 보천교의 자금이 비밀리에 대한민국임시정부에 흘러 들어간다고 판단하고서, 보천교를 공개시키기 위해 1921년 8월 김홍규, 이상호 등 핵심 간부 20여 명을 체포하고 교주 차경석으로 하여금 교단을 공개하도록 회유하였다.[76] 이처럼 보천교는 일제의 집요한 회유와 협박으로 어쩔 수 없이 1922년 1월 보천교라는 이름으로 교명을 등록하여 공개하였다.[77]

공개된 이후 보천교는 일제와 타협하는 길을 걸었다. 그러나 보천교가 완전히 친일화된 것은 아니었다. 1922년 나용균을 통해 5만원을 대한민국임시정부 등에 지원하려고 했으며, 차경석이 최팔용과 장덕수를 통해 1만원을 모스크바 극동민족대회의 참가비로 지원하였다. 또한 1924년에는 김좌진 장군에게 군자금을 지원하여 무장대 편성을 도왔다. 이뿐만 아니라 보천교의 자금을 얻기 위해 1924년에는 대한민국임시정부, 1925년에는 조만식, 만주의 정의부 등지에서 보천교 본소에 비밀리에 사람을 파견하였다고 한다.[78]

이처럼 보천교에서 대한민국임시정부나 독립운동 단체에 많은 자금을 지원한 의도는 어디에 있었을까. 필자는 이에 대해 독립국가를 통한 새로운 세상을 바라는 민중들의 열망을 보천교에서 저버릴 수 없었기 때문이라고 판단한다. 차경석은 전술하였듯이 3.1운동이 일어나자 경거망동을 하지 말라고 경고문을 보냈다. 그러나 1919년 9월 대한민국임시정부가 상해에서 결성되자, 새로운 나라 건설을 망설일 필요가 없었기 때문에, 1919년 10월

초 경상남도 함양의 대황산에서 천제를 지내고, 이어 1921년 9월에는 경상남도 황석산에서 제단을 쌓고 60방주를 모아 천제를 지낸 뒤, 국호를 시국(時國), 교명을 보화(普化)로 선포하였다.[79] 이때부터 교단 안팎에서는 차경석이 천자로 등극할 것이라는 소문이 크게 떠돌게 되었다.

그런데 〈표1〉에서 살펴보듯이 3.1운동 이후 보천교가 급격하게 성장하고 있다.

〈표1〉 천도교, 보천교 연도별 교세[80]

	1918	1919	1920	1921	1922	1923	1924	1925
천도교	130,884	121,268	115,149	115,791	100,669	89,650	84,502	80,783
보천교	4,407	12,935	19,725	26,419	25,132	23,006	29,246	35,106

즉 천도교는 1919년 이후 점차 감소하는 데 비해, 보천교는 오히려 1920년대 초부터 급격하게 성장을 한다.[81] 당시 보천교가 급격하게 성장한 이유는 무엇이었을까? 여러 가지 이유가 있겠지만, 먼저, 당시 민중들의 궁핍한 상황 속에 보천교가 천제 등을 통해 새 세상에의 희망을 제시하였던 것과 관련이 있다고 할 것이다. 즉 1919년에는 가뭄이 크게 발생하여 수확량이 500여 만 석이 감소하였고, 70여 만 명의 궁민(窮民)이 발생하였다. 또한 1920년에는 3차례에 걸쳐 큰 홍수가 있었다. 이러한 자연재해로 소작 농민의 생활이 어려워지고 현실에 불만을 가중시켰다.

둘째, 당시 '서반아감기'라고 불린 유행성 독감과 콜레라가 유행하여 수많은 환자가 발생하였다. 특히 1920년 전라남도 환자 수는 전체 환자 24,229명 중 절반 이상에 해당되었다. 그중 제주도에서는 전체 주민 20만 명 중 약 1만여 명 이상의 환자가 발생했다고 한다. 이러한 극심한 식량 부족과 질병의 고통에서 벗어나고자 하는 민중들의 소망 속에 차경석이 갑자년(1924)

에 새로운 천자로 등극하면 정전법을 시행하여 토지를 평등하게 분배할 것이고, 독립을 하게 되면 교도들에게 벼슬이 주어진다는 앞날에 대한 빛나는 희망이 제시되었던 것이다.[82]

보천교는 이러한 민중들의 열망을 천제로 엮어낸 것이다. 보천교에서 비밀리에 실시하였던 천제는 사회변혁기에 민중들의 관심을 고조시키고 사회변혁의 원동력이 되는 것으로서, 당시 조선을 식민지 국가로 지배하는 일본 천황의 의례권이나 권위를 부정하는 것이며, 새로운 국가 건설을 위한 비밀 의례였던 것이다.[83] 즉 3.1운동 이후 국내에서 독립운동의 열기가 고조되었으나, 결국 고대했던 새로운 정부가 출현하지 않았기 때문에, 많은 민중들이 일제에서 독립하여 천자국이 될 것이라는 보천교에 희망을 걸어본 것이라고 할 수 있다. 보천교 역시 이러한 민중들의 열망을 받아들여 천제와 같은 비밀스러운 형식을 통해 새로운 세상을 희구하였으며, 새로운 국가 건설을 위해 임시정부에 많은 자금을 지원하였던 것이다.

그러나 보천교는 전술하였듯이, 1921년 수천 명의 교도가 체포되고, 차경석 역시 일제의 잦은 탄압과 회유에 넘어가서, '시국대동단(時局大同團)'을 만들어 일제의 정책에 협력함으로써 점차 친일화의 길을 걸어갔다.[84]

V. 맺음말

근대한국 개벽종교의 공공성은 국권이 피탈되어 종교적 자유마저 제약되는 식민지적 토양에서 가장 강하게 드러났다. 1900년대 들어서며 일제의 침략이 가속화되자 근대한국 개벽종교에서는 정치적 활동 때문에 종교가 친일화되거나 탄압되는 것을 막기 위해 정교분리를 선언하였다. 천도교는 일진회의 친일 행위를 막기 위해서 정교분리를 선언하여 광제창생의 종교적 가치를 되찾으려고 했고, 대종교에서는 정치적 활동을 포기하고 대종교를 통한 민족혼을 보존하려는 운동을 전개하였다.

천도교와 대종교에서는 이러한 정교분리 정책에 따라 교리를 종교적으로 심화시키고, 교단을 체계적으로 정비하는 등 이른바 근대종교의 모습을 띠게 되었다. 그러나 일제는 이들 종교가 민족종교로서 성장하는 것을 막기 위해 이들 근대한국 개벽종교를 감시하고, 종교적 자유를 제한하였다. 특히 대종교는 1915년 포교규칙이 발포되면서 종교로서 인정받지 못함에 따라, 1916년 이에 항거하여 나철이 순교하였다. 이후 대종교는 만주 지역을 중심으로 국권회복을 위한 본격적인 무장투쟁 준비에 들어갔다.

이후 1917년 러시아혁명과 1918년 미국 윌슨 대통령의 민족자결주의 천명은 대종교와 천도교 등 근대한국 개벽종교에서 정치에 참여하게 된 결정적인 계기가 되었다. 이들 종교에서는 민족자결주의를 새로운 문명의 대전환이자 우주적인 대기운의 발로로서 이해하고, 독립국가를 세워 일제의 식민 통치에 벗어나고자 하였다.

1919년 당시 대종교와 천도교에서 이상적으로 여긴 국가 체제는 민주공화국이었다. 대종교의 박은식은 1912년 저술한 「몽배금태조」에서 민족 간의 평등과 자유를 통해 제국주의를 벗어나고자 하였으며, 이러한 사상은 1917년 상해에서의 「대동단결선언」, 1919년 간도에서의 「대한독립선언서」로 계승되었다. 특히 「대한독립선언서」에서는 무장투쟁으로 국권을 회복한 다음 민족 간의 대등하고 정의로운 관계를 형성하고자 하였다. 당시 만주의 독립군이 시베리아와 연해주, 산둥반도에 진출하였던 일본군에게 포위됨으로써, 이를 타파하지 않고서는 일제에서 벗어날 수 없다고 판단하였기 때문이다.

천도교 역시 1918년 이후 민족자결주의가 고조됨에 따라 관망하는 자세에서 벗어나 평화적 시위를 통한 독립국가를 만들기 위한 구체적인 노력에 착수하였다. 천도교는 다른 종교, 즉 기독교, 불교와도 연합하여 3.1만세운 동을 전개함으로써 독립의 의지를 세계에 알리게 되었다. 민족 간의 고유성을 인정하던 보천교 역시 민족자결주의의 영향을 받아 방주 등의 조직을 통해 독립 의식을 고취시키고, 천제를 지내 일제에서 벗어나려고 하였다. 다만 천도교 측에서는 비폭력 만세 시위 운동을 위주로 하였고, 대종교 측에서는 무장투쟁을 통한 국권회복을 주장하였으며, 보천교는 천제와 같은 종교적 행위에 의존하였다는 점에서 큰 차이가 있다.

3.1만세운동의 결과 1919년 9월 대한민국임시정부가 수립되자, 근대한국 개벽종교에서는 이를 적극적으로 지원하였다. 대종교는 1911년 이래 상해에서 민족정신을 고취시켜 왔기 때문에,대한민국임시정부 수립시 많은 대종교인들이 참여하였다. 신규식은 대한민국임시정부가 중국 정부에 인정받기 위해 노력하였고, 간도에서의 대종교인들이 주축이 된 독립군 단체는 임시정부의 실질적인 군사력이기도 하였다. 천도교 역시 독립국가를 만드는 것에는 큰 차이가 없었기 때문에, 한성정부와 노령정부가 통합된 1919년 9월 이후 본격적으로 대한민국임시정부에 참여하였다. 보천교도 일제의 잦은 탄압과 회유에도 대한민국임시정부를 비롯한 각종 독립운동단체를 지원하였다. 이는 민중들이 열망하는 개벽세상을 만든다는 보천교의 포교론과 독립운동을 통한 보천교의 외연 확장과도 깊이 관련이 있다고 할 것이다.

그러나 이러한 근대한국 개벽종교의 공공성은 임시정부의 노선을 둘러싼 논쟁과 일제의 집요한 탄압 때문에 제대로 전개되지 못하였다. 천도교에서는 이미 1920년 초 이승만이 미국과 국제연맹에 위임통치를 청원한 사실이 알려지자 대한민국임시정부와 이승만과의 갈등이 깊어졌고, 1921년 4월에는 이승만 정권의 임시정부를 비판하고 임시정부의 노선과 조직을 개편

할 것을 촉구하였다.[85] 보천교 역시 1921년 이후 일제의 지속적인 탄압과 회유 공작에 넘어가서 시국대동단을 결성하는 등 점차 친일화의 길을 걸었기 때문에, 임시정부와 이들 종교와의 관계가 점차 소원해지게 되었다.

근대 개혁불교의
사회적 공공성

: 불법연구회의 귀환전재동포구호사업을 중심으로

원영상　원광대학교 원불교사상연구원 사무국장

I. 머리말

대승불교의 발전은 민중을 향한 대승운동의 차원으로 볼 수 있다. 이와 유사하게 한국의 근대 상황에서 종교의 활동은 하나의 사회운동이라고 할 수 있다. 실제 근대한국종교가 벌였던 다양한 종교운동은 당시 한반도가 처했던 근대문명과 국내외 정치·경제 환경 속에서 발생한 산물이었다. 그리고 한국종교가 근대와 대면했을 때 보여준 것은 주체적 대응이었다. 그들은 각각 그 나름의 근대적 해석에 입각해 적극적인 응전의 모습을 보였다. 근대한국종교는 단순히 이념적 주장에 머물지 않고, 이념의 사회화라는 측면에서 전통적 세계관의 창조적 계승, 서구 및 일본 제국주의에 항거, 새로운 사회와 국가 질서의 추구를 통해 근대와 대면했다.

이와 같이 종교는 사회 지배 이념에 저항하는 시민운동이나 환경 및 여성운동 등을 통해 시민의 삶과 관련된 제반 사회문화운동에 참여하여 사회적 공신력을 획득한다. 특히 이러한 종교의 사회문화운동은 자신의 교의적 정당성을 설파하며 참여한다. 그러므로 근대한국종교의 사회문화운동의 배경과 성격에 대한 탐구는 해당 종교의 사회윤리, 종교와 사회관계, 종교와 사회 발전 등 종교가 지닌 공공성의 보편적 실천윤리를 드러낼 수 있는 주요한 연구 대상이 된다.

이러한 문제 제기의 측면에서 독립운동, 조합운동을 통한 새로운 민족정체성 수호운동과 경제·신앙공동체 운동은 물론 물산장려운동, 종교자유운동, 실력양성운동과 문화운동, 사회구제운동, 종교연합운동[1] 등을 펼친 근대한국종교의 역사는 근대문명에 대한 응전사라고 할 수 있다. 이러한 근대한국종교의 운동에 대해 그것이 추구하는 가치, 그들이 선택한 전략과 전술에서 과연 사회적 공익을 우선시했는가, 또는 그들의 의식과 행위의 수준에서 공공정신을 어느 정도 내면화하고 실천했는가, 라고 물음으로써 오늘날 종교에 대한 사회적 가치를 재평가할 수 있을 것이다.

이러한 취지에 기반하여 여기서 하나의 연구 대상으로 삼고자 하는 것은 근대 개혁불교로 출발해서 오늘날 새롭게 주목받는 원불교의 전신 불법연구회(佛法硏究會)[2]가 해방 직후에 실천한 귀환전재동포구호사업(이하 전재구호사업으로 칭함)이다. 일제강점기에는 불법연구회만이 아니라 다양한 근대한국종교가 민중의 경제적 불평등을 구제하기 위해 적극적으로 활동했다. 이러한 근대의 전통 위에 불법연구회는 식민 지배 때문에 국외에서 고통받던 조선 동포들을 위한 전재구호사업을 진행하였다. 이와 같은 구제 활동은 민중을 위한 종교의 적극적인 역할로 평가된다. 또한 이는 불법연구회가 해방 후 한국 사회에 토착화하는 결정적 계기가 된다.

불법연구회의 역사 자체는 근대 불교계의 개혁의 한 양상이며, 넓게는 불교계의 공공성의 전범(典範)이라고 할 수 있다. 물론 호교론적인 입장이 아니더라도 현대의 원불교는 근대종교에서 발전하여 왕성한 기능을 하고 있다. 교화, 교육, 자선[3]의 3측면에서 한국 사회의 기층문화와 대화하며, 현실적 영향력을 주고받으며 활동한다.

원불교는 소태산 박중빈(少太山 朴重彬, 1891-1943, 이하 박중빈으로 칭함)의 1916년 깨달음에서 시작해 저축조합(1917) → 불법연구회기성조합(1919) → 불법연구회(1924) → 원불교(1948)[4]로 이어진다. 이 역사가 말하듯이 원불교는 단순한 조합운동[5]을 넘어 불법을 매개로 종교성을 구축해 왔다. 근대종교의 공공성을 말하기 위해서는 이처럼 불법으로서의 보편성과 근대의 시공간이라는 특수성을 이해해야만 한다. 그러나 이 부분은 기존의 연구로 돌리기로 하고, 여기서는 알려진 연구 성과 위에 불교 개혁의 토착화라는 관점에서 근대문명의 산물인 불법연구회가 식민지의 터널을 지나 근현대의 접점의 시기에 어떻게 현대사회에 안착할 기틀을 마련했는가, 라는 문제의식과 불교의 현실 참여의 의미를 가지고 들여다보기로 한다. 이렇게 볼 때, 근대라는 테두리에서 한국불교의 근대성이라든가, 근대 불교 개혁의 완성도라든가 하는 문제를 파악할 수 있기 때문이다. 먼저 논의의 출발이 되는 전재구호사업을 알아보기로 한다.

II. 귀환전재동포구호사업의 역사

전재구호사업은 일제강점기에서 해방된 후, 자의나 타의로 해외로 갔다가 귀국하는 전재동포를 구호한 사업이다. 1945년 당시 국가의 틀이 전무한 상태에서, 되찾은 나라를 향해 귀국하는 동포들, 즉 귀환동포와 월남동포들이 약 200만 명에 이르렀다. 당시는 미군정이 시작된 혼란의 시기였기 때문에, 이에 대한 대비책이 없어 제대로 된 구제기관조차 정비되지 않은 상황이었다. 전재구호사업은 사실 건국사업[6]이라고도 할 수 있다. 그 내용은 구호사업, 고아사업, 교육사업으로 나눌 수 있다.

먼저 구호사업은 1945년 9월부터 1946년 10월까지 서울구호소, 이리 · 전주 · 부산후생소를 두고 전개하였다. 귀환전재동포를 대상으로 식사와 의복의 공급, 숙박, 응급치료, 분만 보조, 사망자 장례 등의 긴급구호사업을 벌였다. 당시 불법연구회의 모든 인적 · 물적 자원이 동원되었다. 통계[7]로 보면, 다음과 같다.

1) 서울구호소: 서울 남대문통 5정목 70번지의 옛 세브란스병원 앞에 설치하여 1946년 3월 31일까지 활동했다. 임원 46명으로 경성지부의 후원 아래 중앙총부와 교당의 구제금 즉 소요 경비는 50만원, 일용품 27,892명분, 쌀 420가마와 잡곡 240가마로 급식 42만 명, 숙박 11만 명, 의복제공 3천 건, 응급 치료 400명, 사망 치상 78명, 입원 치료 100명, 출산 조력 12명이었다.

2) 이리후생소: 이리역전에서 1946년 10월 20일까지 활동했다. 총부임원 및 학원출동에 105명이 동원되었고, 교단에서 후원하여 당국에 지급한 식량은 890가마로, 급식 제공 485,829명, 출산 조력 20명, 사망 치상 100명이었다.

3) 전주후생부: 교역자 및 교도 45명이 부(府)관할 구호소에 동원되어 5개월간 활동했다.

4) 부산후생부: 경남·초량·당리의 3개 지부 교무 및 교도 15-16명이 부에서 주관하는 후생사업에 출동하여 조력했다. 1945년 12월경에 구제반을 조직하여 시내 각지에서 3만 5천 원의 동정금을 얻어 당국에 기탁했다. 이들을 정리하면 근로동원 인원 약 5백 명, 근로 예산 약 80만 원, 출동 일수 약 1만 수천 일, 기간 중의 차비·물품 등 소비금 약 40만 원이었다.

5) 고아원 운영: 송도성은 황정신행과 뜻을 합하고 교단의 공의를 얻어 1945년 12월, 당시 동대문부인병원(현 이화여대 부속병원)에 서울보화원을 설립, 전쟁고아들을 위한 고아수용시설을 마련하여 이듬해 2월에 한남동 정각사(正覺寺)로 이전했다. 이에 관련한 임원은 20명, 수용 아동 50명, 유아 8명이었다. 한국전쟁 발발 당시에는 500여 명으로 늘어났다. 한국전쟁 이후 한때 수용 인원 3,000여 명이 넘는 한국 최대의 고아원이 되었다. 한국보육원은 한국전쟁이 일어나자 서울보화원의 고아들을 익산으로 철수하고 익산보

화원을 설립했다. 익산보화원은 후에 이리보육원과 합병되었다.

6) 교육사업：지역 사회의 문맹퇴치를 위해 원불교 교무들을 중심으로 한글 교습을 수행한 활동. 한글 보급을 위해 원불교 교단은 각 교당의 교무들에게 한글 강습을 시킨 후 교당으로 돌아가 그 지역사회에서 문맹퇴치운동을 전개하도록 했다. 문맹퇴치를 목적으로 시행된 한글보급운동은 1960년대 초반까지 농촌교당의 야학으로 발전되었다. 각 교당에 야학원이 설치되어 활발하게 교육에 참여하면서 보조적인 교육기관의 역할을 했고, 이들 중 일부는 후에 익산고등공민학교, 도양고등공민학교(현재 해룡중ㆍ고등학교) 등의 정식 교육기관으로 발전했다.

박중빈은 만년에 교화ㆍ교육ㆍ자선을 교단 삼대 사업목표로 설정하여 교단이 사회문제에 깨어나 활동할 것을 주문했다. 이 전재구호사업은 당시 불법연구회가 명실공히 당면한 대사회문제에 주체적으로 참여하여 활동한 최초의 사례이다. 그 결과 종교의 사회적 책임에 눈뜨게 되었고, 원불교가 한국사회에 개혁불교이자 개혁종교로서 적극적인 사회참여를 통해 새롭게 출발하는 계기가 되었다. 오늘날에는 국제적인 원호단체도 거느리고 있다.

이러한 전재구호사업에 대한 평가는 주로 복지학 분야에서 이루어진다. 복지학자 오세영은 이에 대해 "원불교 사회복지의 역사적 관점에서 볼 때, 무엇보다도 전재동포 원호 활동의 가장 큰 의의는 그것이 원불교 사회복지의 원동력이 되었다는 점이다"[8]라고 평가한다. 물론 원석조, 서윤, 이원식 등 여타 복지학 분야의 학자들은 원불교 복지의 원천을 소태산의 초기 교화에서 맥락을 찾고 있다.[9]

그러나 오세영이 평가하는 것처럼 전재구호사업은 원불교가 본격적인 사회복지 영역에 진출하는 데 그 기원이 되었다는 견해가 타당하다고 본다. 박중빈이 제자들과 함께 창립한 불법연구회의 초기 사업은 주로 공동체를 통한 선농일치(禪農一致)의 전통적인 수행공동체를 지향한 것이다. 그리고 그것은 일제의 감시 영역에 놓여 있었으며, 전국 규모의 사회사업을 하기에는 제한적이었다고 할 수 있다.

결국 오늘날 원불교의 본격적인 자선 및 교육사업은 해방 후 사회참여에 기반하여 이루어진 것이다. 2012년 현재 원불교는 교육기관으로 일반대학 3개소, 대학원대학교 2개소, 디지털대학교 1개소, 어린이집 등 보육기관 138개소, 중학교 8개소, 고등학교 9개소, 대안학교 11개소, 자선복지기관으로 사회복지법인 212개소, 교단원로정양시설 5개소, 노인유형시설 102개소, 아동유형시설 48개소, 장애인유형시설 21개소, 청소년유형시설 2개소, 지역복지유형시설 17개소, 기타유형시설 17개소, 종합병원, 한방병원, 보화당한의원 등 의료기관 30개소를 지닌 종교단체로 성장하였다.[10]

양적인 것을 중시하지 않더라도 작은 개혁불교 단체가 한국사회의 하나의 현상이 될 정도로 성장한 것이다. 이러한 현대 복지와 교육 분야의 활동은 이 전재구호사업 이후에 이루어진 것이다. 이러한 성장에 대해서는 더 면밀한 분석이 필요하겠지만, 여기서 다룰 필요는 없다고 본다. 단 개혁불교의 하나인 불법연구회의 정신에 기반하여 현재도 원불교는 부단히 현실에 참여하고 자선과 교육 분야에서 그 나름의 사회적 역할을 하고 있다는 것은 재론의 여지가 없을 것이다. 그렇다면 이러한 현실적 기반을 구축하게 된 그 정신은 무엇인지 구체적으로 살펴볼 필요가 있다.

III. 귀환전재동포 구호사업과 현실정토론

1. 송도성의 사회참여 정신

여기서는 전재구호사업의 핵심 인물인 송도성(宋道性, 1907-1946)[11]을 알아보기로 한다. 그의 현실 참여 정신에서 당시 불법연구회가 추구했던 지향성을 읽을 수 있기 때문이다. 그는 이 사업을 진두지휘했을 뿐만 아니라 사업의 현장에서 순직했다. 오늘날 원불교는 사회참여의 전형적 인물로 그를 내세운다.

송도성은 경북 성주군 초전면 출생으로 부친은 1939년 천황불경사건[12]으로 구속된 송벽조(宋碧照, 1876-1951)이며, 그 형은 박중빈을 이어 교단의 지도자가 된 송규이다. 1919년 일가가 영광으로 이사하여 박중빈의 문하에 귀의했다. 당시 영남의 유학자 송준필(宋浚弼)은 송도성이 장차 대성할 거라고 예언했다. 박중빈이 송도성에게 발심의 이유를 묻자 "마음이라는 것은 지극히 넓고 큰 것이니 정신을 수련하여 지극히 큰마음을 확충하는 것입니다(夫心者는 至廣至大物하고 修練精神하여 擴充其至大之心而耳라)"[13]라고 대답했다. 또한 박중빈에게 "마음은 스승님께 바치고 몸은 이 세계에 바쳐서 법륜을 힘껏 굴려 영겁토록 쉬지 않게 하리라(獻心靈父 許身斯界 常隨法輪 永轉不休)"[14]는 출가시를 바치고 전무출신(專務出身)[15]했다.

이후, 변산 석두암에서 박중빈의 관심입정(觀心入定)과 견성성불(見性成佛)에 대한 법문 기록, 불법연구회 서울출장소 교무, 월간지인 〈월말통신〉 간행, 1929년에는 교단 최고 지도부인 수위단원, 〈월보〉 간행, 영광지부 지부장, 1937년 이후 교정원장, 교무부장, 감찰부장, 1945년에는 총무부장을 역임했다. 전재구호사업 중에 이재민의 전염병 발진티푸스에 감염되어 1946

년 3월 40세에 소태산의 게송[16]을 외고, "진리는 고금을 통하여 변함이 없고, 시방을 두루 해도 다함이 없으니, 우리도 이 진리를 체 받아서 진리적 생활을 하자"[17]라는 최후 법문을 하고 열반했다.

그는 1945년 9월 전재구호사업을 위한 공식 문서인 〈불법연구회 전재동포원호회 설립취지서〉를 작성했다. 전문을 옮기면 다음과 같다.

우리 조선에도 자유해방의 날이 왔다. 조선독립의 커다란 외침이 한번 전하게 되자 권역(權域) 삼천리 방방곡곡에 넘쳐흐르는 환희의 물결은 사뭇 그칠 줄을 모르고 뛰놀고 있다. 더구나 우리 단체인으로서 심경을 말한다면 과거 36년 동안 저들의 식민정책 하에 가진 구속과 압박에 신음해 오다가 이제는 우리도 독립이다 자유다 하는 현실을 생각해 볼 때에 항쇄 족쇄로 창창 얽어 놓았던 몸을 일시에 해방한 듯한 기쁨과 감격을 금할 수 없다. 이는 오로지 해외 각지에서 와신상담(臥薪嘗膽) 희생 노력하신 애국지사 제위 선배의 가져오신 거룩한 선물로서 우리는 오직 심심 경의를 표하는 바이며, 해내(海內) 동지로서는 마땅히 동심합력하여 일사불란한 태도로 이 건국 위업에 공헌하여야 할 것이다.

이제 중앙을 비롯하여 각지의 위원회가 조직되어 치안유지 및 행정감독에 관한 상당한 역할을 하고 있으나, 목하(目下)에 유일한 최급무는 전재동포 원호문제이니, 남에서 일본, 북에서 만주·중국 등지로부터 조수 밀리듯하는 전재동포가 남부여대(男負女戴)하고 피곤함과 굶주림을 견디지 못하여 노지(露地)에 즐비하게 쓰러져 있는 참혹한 현상을 볼 때에 목석이 아닌 사람으로서야 어찌 이에 눈물이 없고 감동이 없을 바이랴. 이에 본회(本會)에서는 전재동포원호회를 설립하고 건국위원회와 연락하여 일대 구호운동을 환기코저 하오니, 각지 동덕(同德)은 이에 진심으로 찬동하시와 열렬한 성

원역조(聲援力助)가 있기를 바라서 마지않는 바이다.[18]

　이 내용은 해방의 감격, 애국지사에 대한 감사를 언급하면서도 해외에서 물밀듯이 밀려드는 전재동포에 대한 연민의 정을 표하고 있다. 그리고 이들의 참상을 구제해 줄 전재동포원호회를 구성하여 각지의 호응을 바라고 있다. 아직 일제강점기에서 벗어난 지 얼마 되지 않아 체제가 정비되지 않은 시기임에도 대사회적인 활동을 기획하고 실천했다. 그가 틈틈이 남긴 글들은 총 80건으로 박중빈의 법문을 기록한 것을 비롯하여 회설(會說), 수행시, 불전번역, 감각감상, 기행문 등 다양한 내용이다.

　그는 해방 직후 전재구호사업의 일환으로 앞에서 열거한 익산의 야학당을 개설, 고아원(보화원) 설립, 교육기관 설립 등의 활동을 했다. 서울에서 활동할 때는 학병으로 끌려간 청년 학생들이 학병연맹을 조직하고 부민관(현재의 세종문화화관 별관)에서 개최한 명사 사상 강연회에 종교계 대표로 나가기도 했다. 또한 해외에서 독립운동을 한 임정 요인들을 만났다. 대표적으로는 김구·김규식·신익희·조소앙·엄항섭 등과 교류하였으며, 송진우·여운형 등과도 왕래가 있었다.[19]

　송도성은 불법연구회의 가르침을 기반으로 "허영의 생활을 안분의 생활로, 원망의 생활을 감사의 생활로"라는 전단 수십 만 장을 전재동포와 시민들에게 돌렸다. 또한 경성방송국에도 나가 방송 설교를 하였다. 불법연구회가 익산에 설립된 1924년에서 1945년까지 20여 년 동안 일제의 통치가 강화된 시기다. 따라서 불법연구회는 총독부로부터 유사종교[20]라는 혹독한 오명을 뒤집어쓰고 늘 해체의 위기 속에 있었다. 개혁불교로서의 위상은 물론 해방 정국에서 활동할 수 있는 사회적 토대 또한 미약했다고 할 수 있다. 그는 그러한 제한된 기반임에도 마음껏 활동하고, 건국사업의 토대 구축에 적극적으로 참여하였다. 그 정신은 어디에서 나온 것일까.

다음 장에서 객관적 견지에서 원불교의 공공성 문제를 다루기로 하고, 여기서는 주도적 활동가였던 송도성의 사상[21]을 간략하게 살펴보기로 한다. 먼저 그의 깨달음 체험에 대한 사상은 〈진경(眞境)〉에 잘 나타나 있다.

> 一, 찼(滿)다면 다북 차고 비엿(虛)다면 텅 비여서
>
>   두렷한 거울 속에 파도(波濤) 없는 잔물결이
>
>   고요히 움즉이나니 眞境인가 하노라.
>
> 二, 닥자니 본래 맑고 길우자니 근본커서
>
>   교교한 둥근 옥(玉)을 아로삭임 병통이라
>
>   아마도 修養心 노음이 참 修養인가 하노라.
>
> 三, 소리로 못 전하고 동작으로 형용 못할
>
>   령보국 가는 길을 누구에게 물엇관대
>
>   남 몰래 찾아오니들 홀로 길거워 하더라.[22]

송도성의 오도송이라고도 할 수 있다. 신수(神秀)와 혜능(慧能)의 오도송과 대비할 수도 있다. 진공과 묘유의 소식, 수행 집착의 도방하, 원적무별한 공성의 성품 등에 관한 표현은 혜능의 돈오에 가깝다고 할 수 있다.[23] 그는 1945년 6월 서신 속에서 "일심상적 광명현전 천리득정(一心常寂 光明現前 踐履得正)"[24]의 마음을 간직하라고 전한다. 또한 돈오점수와 관련한 문헌인 보조국사 지눌의 『수심결(修心訣)』을 역해하기도 했다. 선사상에 대한 관심은 고승전과 같이 여러 고승, 선사, 대덕들의 행적, 수행 방식, 화두 해석, 성리문답 등과 관련한 내용을 고문헌에서 발췌해서 『불해탐주(佛海探珠)』[25]를 불법연구회의 기관지에 연재했다.

이러한 내용을 종합해 보면 선사로서의 면목이 드러난다고 할 수 있다. 그리고 그 행적은 현실 참여에 대한 강한 열망으로 역사와 함께 하는 근현대적 선지식의 면모라고 할 수 있다. 그의 다음 시는 이것을 잘 보여준다.

> 一, 오, 四恩이시여. 거룩하신 四恩이시여.
> 나에게「힘」을 주소서.
> 꿋꿋하고 根氣 있는「힘」을 주소서.
> 아무러한 홀림에도 넘어가지 않이 하고,
> 어떠한 苦難이라도 능히 이겨 갈 만한 꿋꿋하고 根氣 있는 그「힘」을.
> 自我를 完成하고 社會를 개조함에는 오직 그「힘」이 必要하오니
> 아모리 微小한 저의게라도 四恩께서 그「힘」만 밀우어 주신다면
> 奮然히 이러나서 두 팔을 부르겄고 일터로 다름질 하겟나이다.[26]

여기서의 사은(四恩)은 불법연구회의 근본교의인 천지, 부모, 동포, 법률을 말한다. 전통적으로 대승의 사은을 잘 드러낸 『본생심지관경(本生心地觀經)』의 불타, 부모, 국왕, 중생의 사은과는 다소 차이가 있다. 이는 박중빈이 깨달은 일원상(一圓相)의 진리에서 이 세계에 현현한 구체적 현실이자 중중무진의 은혜로 연결된 세계[27]라고 할 수 있다. 우주적, 사회적 연기의 총체인 것이다. 그리고 이에 대한 보은을 통해 기존의 불공을 모든 만물에게 행하는 처처불상 사사불공(處處佛像 事事佛供)의 구체적 신앙의 대상이기도 하다. 이에 대해서는 많은 지면이 필요하지만 여기서는 생략한다. 단 이러한 화엄적인 이사(理事) 및 사사원융(事事圓融)의 세계에 기반한 박중빈의 재해석은 불교의 근대적 해석이라고도 할 수 있다.

앞의 시는 사은에 대한 송도성의 근대적 신앙성을 잘 보여주는 시라고 할

수 있다. 모든 존재에 감사와 보은, 사회의 불의와 정의, 개혁과 개조 등은 불법의 현재화, 불법의 시대와 인간에 대한 대응을 새롭게 주장하고 실천하고자 하는 것이다. 따라서 불교가 역사적 현실에 개입하는 시기상응(時機相應)의 통로를 열어보여 주었다는 데에 큰 의미가 있다.

김성장은 "그는 전무출신으로서 순일무사한 순교적 생애를 교단 창립의 밑거름으로 바쳤다. 정신과 육신을 오로지 공중에 바치고, 개인의 명예와 이욕은 불고(不顧)하는 것이 전무 출신의 본분이라면 그의 생애는 실로 전무 출신의 표상이라고 할 수 있다."[28]고 한다. 그는 이러한 생애를 "사무여한(死無餘恨), 일심합력(一心合力), 멸사봉공(滅私奉公)"의 원불교의 창립 정신을 구현한 교단사적 사표[29]로 내세운다. 이는 대승불교에서 말하는 불석신명(不惜身命), 위법망구(爲法忘軀), 파사현정(破邪顯正)의 정신과도 통한다.

이러한 정신은 박중빈이 깨달음을 얻은 1916년부터 초기 4년간 제자들과 동행하며 교단 정신을 구축했던 것과도 일치한다. 1917년 저축조합 창설을 통해 허례 폐지·미신 타파·근검 저축 등을 실시하여 불법연구회의 창립 기반을 조성하고, 1918년에는 전남 영광군 백수면 길룡리 앞 해안 갯벌을 농토로 만드는 간척사업을 실시하여 영육쌍전(靈肉雙全), 무시선 무처선(無時禪 無處禪), 화합 단결, 공익 정신을 구현하여 가난한 농민들에게 물질적·정신적으로 삶의 희망을 부여한 것이다. 특히 진리와 대중을 위해서는 죽어도 여한이 없다는 '사무여한(死無餘恨)'[30] 정신은 불법연구회가 개혁불교이자 새로운 종교로서의 가능성을 시험한 것으로 사회참여의 근본정신으로 확립되었다.

2. 건국 참여와 현실정토론

건국은 해방 이후 새로운 국가 건설을 향한 언어이기도 했다. 1945년 결성된 조선건국준비위원회는 그 대표적인 형태다. 따라서 사회의 모든 단체는 어떤 방식이든 건국을 향한 노력을 경주하고 있었다. 불법연구회 또한 건국사업이라는 말로 전재구호사업을 필두로 건국에 참여하였다. 그 배경에는 당시 지도자였던 송규가 건국의 방향을 제시하기 위해 직접 저술한 『건국론』의 사상이 있다. 그 내용은 제1장에서 제8장까지 서언, 정신, 정치, 교육, 국방, 건설 경제, 진화의 도, 결론에 이르기까지 구체적으로 논하고 있다.

이것은 박중빈의 가르침을 계승한 송규의 시대 인식과 사회참여, 그리고 그 실천의 방향을 보여주는 것이라고 할 수 있다. 덧붙임을 통해서는 훈련기·정리기·완성기의 건국3기와 함께 요언이자 제언 21조를 첨가했다. 한마디로 '국가의 총체적인 요소를 어떻게 기초부터 쌓아 갈 것인가' 하는 점을 현실적 차원에서부터 종교적·철학적 차원에 이르기까지 제시한 것이다.

송규는 "8월 15일 이후 여러 대표의 선언도 들었고 그 지도 방식도 보았으며 인심의 변천 상태도 대개 관찰한 나머지, 어느 때는 혹 기뻐도 하고 어느 때는 혹 근심도 하며 어느 때는 혹 이렇게 하였으면 좋지 아니할까 하는 생각도 자연 나게 되므로, 그 자연히 발로되는 생각 일면을 간단히 기술하고 이름을 건국론이라"[31] 하고 저술했다. 그리고 그 요지를 "정신으로써 근본을 삼고, 정치와 교육으로써 줄기를 삼고, 국방 건설 경제로써 가지와 잎을 삼고, 진화의 도로써 그 결과를 얻어서 영원한 세상에 뿌리 깊은 국력을 잘 배양하자는 것"[32]이라고 한다.

유학에 정통했던 송규로서는 근본적으로 내성외왕(內聖外王)의 사상을 늘 견지했다고 할 수 있다. 불법연구회는 이처럼 박중빈의 불교적 요소에 송규의 유교적 요소가 공존한다. 이는 불교의 형이상학적 측면과 유교의 현실 질서에 대한 철학이 함께함으로써 오랜 기간 중국에서 전개된 유불습합 사상이 불법연구회의 교의 형성 및 개혁 정신에도 깊이 관여하였음을 알 수 있다.

이러한 『건국론』을 류명원은 남북의 통일 방안의 관점에서 재해석하여 정치·교육·경제 균등을 주장한 조소앙(趙素昻, 1887-1958)의 삼균주의와 비교하기도 한다.[33] 강만길은 당시 좌우파의 중도주의와 관련하여 중도우파적 관점에서 고찰한다.[34] 황인관과 백낙청 역시 건국론이 제시한 중도 정책의 입장에서 남북한 통일 문제의 해법을 도출한다.[35] 그 외에도 정치와 종교, 복지적 관점 등 여러 측면에서 연구되고 있다. 백낙청이 언급하듯 해방된 지 2개월이 지난 시점에서 정당이나 정치인 가운데에도 이처럼 구체적인 논의를 제시한 것은 드물었다[36]고 볼 수 있다. 정산은 『건국론』의 결론에서

어느 계급을 막론하고 평등히 보호하여 각자의 자유와 생활의 안정을 얻게 하자는 것이요, 외부의 혁명을 하기 전에 먼저 마음의 혁명을 하자는 것이요, 유산자의 자발적 선심으로써 공익 기관이 점차 불어나고 그에 따라 국민의 생활이 자연 골라지게 하자는 것이요, 관영과 민영의 사업을 차별하지 아니하여 한 가지 건국에 협력하게 하자는 것이요, 생활의 자유를 좀 구속하는 중에도 공로자의 대우를 분명히 하여 공사 간 진화의 도를 얻게 하자는 것이니라.[37]

라고 언급하는 것처럼 삶의 문제, 특히 경제적 차원에서는 계급의 평등과 자유를 제시한다. 이는 당시의 자본주의나 사회주의 사조가 어떻든 궁극적으로는 국민의 삶의 질을 높이는 것을 목표로 삼아야 한다고 생각한 것이

다. 더 심층적으로는 중도주의에 기반한 건국이다. 이는 불교의 중도주의, 유교의 중용 등에 기반한 사상이다. 이를 마음의 중도에서 시작하여 사회적으로 자유와 평등의 중도, 경제의 중도, 문화·복지의 중도, 국가이념의 중도를 통해 연기(緣起)적인 절대적 은혜의 세계를 구현하고, 마침내 평화를 정착시키자는 데에 이른다.

이러한 사상의 근본에는 불법연구회의 정불국토(淨佛國土)사상이 깔려 있다. 즉 사바세계를 정토화하자는 것이다. 건국사업은 결국 이 땅을 정토로 만들어 가는 것에 의미가 있다. 그런데 불법연구회가 지향하는 정토는 어떠한 정토인지 다루어 볼 필요가 있다. 필자는 이미 원불교 정토론은 상적광토(常寂光土)와 정불국토적 요소가 함께 있음을 제시[38]했다. 물론 불법에 기반한 현재의 원불교가 민중의 신앙성을 흡수하기 위해서는 내세정토에 대한 감성을 흡수할 필요도 있지만 여기서는 논외의 일이다.

그렇다면 불법연구회와 원불교의 정토는 어떠한 형태의 세계인가. 『무량수경』의 정토는 땅을 정화한다는 뜻을, 『칭찬정토불섭수경(稱讚淨土佛攝受經)』이나 『묘법연화경(妙法蓮華經)』의 경우는 깨끗한 땅 혹은 정화된 땅을 의미한다.[39] 원불교가 기본 경전으로 쓰는 『정전』, 『대종경』, 『정산종사법어』에서는 정토 또는 정토극락을 내세운다.[40] 송규 역시 정토와 서방에 대해 "서방은 오행으로는 금에 속하고 금은 가을 기운에 속한다 하나니, 가을은 맑고 서늘한지라 맑고 가라앉은 우리의 마음 기운을 서방으로 상징한 것이니라. 그러므로, 우리의 정신이 온전하여 맑고 서늘하면 시방세계 어디나 다 정토니라."[41]라고 하여 타방정토마저 유심적인 정토로 해석한다.

그런데 여기서 말하는 극락은 극락세계로서 정토삼부경에 나타난다. 『아미타경』에는 "여기서부터 서방 십만 억 불토를 지난 세계이며, 이를 일러 극락이라고 한다"[42]고 하며, 『무량수경』에는 더욱 구체적인 묘사가 나타난다.

『무량수경』에 나타나는 것처럼 법장비구의 서원으로 완성된 정토가 극락 정토인 것이다. 그런데 이러한 극락과 함께 낙원이라는 말을 쓰기도 한다. "광대무량한 낙원세계 건설"[43]이라는 말이 그것이다. 여러 맥락에서 보면, 고락, 죄복을 초월한 경지,[44] 기독교의 에덴동산같이 선악을 초월한 원초적인 세계를 지향한다고도 할 수 있다. 이러한 극락 및 낙원은 결국 견성성불을 통한 유심적인 세계라고 볼 수 있다.

그런데 『정전』의 개교의 동기에서 보는 낙원이라는 말은 현대문명에 대한 비판적 관점, 물질과 정신의 길항 관계 속에서 진정으로 해방된 상태를 말한다. 즉 정신이 물질을 지배하는 세계를 의미하는 것이다. 앞에서 언급한 '사무여한'의 종교성을 확립한 것도 물질의 지배를 받지 않는 세계, 그러한 세계를 구축하고자 하는 열망에 의한 것이다.

이러한 구도는 전통적인 정토론의 현대적 해석이라고 할 수 있다. 물론 인간의 모든 고뇌가 소멸된 정신적, 물질적, 사회적 충족체로서의 정토와는 다소 다른 개념일 수 있다. 그럼에도 이고득락(離苦得樂) 혹은 발고여락(拔苦與樂)은 대승불교사상의 핵심 명제라고 할 수 있다. 정불국토의 의미가 여기에 기반하여 현대문명, 특히 자본주의 폐해 문제를 정면으로 응시한 것으로 볼 수 있을 것이다. 이를 대표적으로 보여주는 것이 정의론이라고 할 수 있다.

오늘날 심각한 정치·경제적 정의론적 관점과는 다소 차이가 있을지라도 원불교의 정의론은 이러한 현실 문제에 깊이 개입할 수 있는 계기를 부여한다. 원불교의 수행론과 신앙론, 수행위계, 솔성요론(率性要論), 무시선 무처선의 일상수행은 모두 "불의는 제거하고 정의를 양성하자."[45]는 실천적 덕목으로 이루어진다. 이에 대한 해석은 다양한 세계만큼이나 다양하겠지만, 해방 시기 전재구호사업을 비롯한 건국사업은 당시 가장 고통 받는 계층에 대한 정의의 실현이며, 그것이 한 사회의 극락 및 낙원정토를 구축하기 위한 근현대 불교의 역사적 자각에서 발현된 행위였음은 재론의 여지가 없을 것이다.

IV. 원불교의 공공성 이념과 사회적 실천

앞에서 살펴보았듯이 불법연구회와 원불교의 종교적 공공성은 사회복지의 발전과도 밀접한 관계를 맺고 있다. 그러나 엄밀히 말해 복지는 공공의 사회이익을 가져다주는 것이지만, 종교적 공공성은 핵심 인물 송도성에게서 본 것처럼 인간의 심성, 불성, 영성의 차원으로까지 확대되는 확장된 개념으로 볼 수 있다. 복지도 단순한 물리적 조건의 조화만을 뜻하지는 않을 것이다. 그러나 물질과 정신의 조화를 주장하는 원불교의 교의에서 볼 때, 종교의 공공성은 사회복지를 포함한 더 넓은 영역에 걸쳐 있음을 인정할 수 있다. 또한 원불교만이 아니라 어떠한 제도적 종교도 각각의 특성을 지닌 공공성[46]을 가지고 있을 것이다.

필자는 원불교의 공공성의 성격을 대승정신의 계승과 참여불교[47]의 성격으로 검토한 바 있다. 전자의 경우는 자각각타(自覺覺他), 성불제중(成佛濟衆), 제생의세(濟生醫世)[48]의 성격에 기반하고 있으며, 후자는 불법승 삼보개혁의 성격이 참여불교의 형태로 나타난다고 주장했다.[49] 원불교가 불교 전통을 계승하고 있으며, 개혁불교의 입장에 서 있음을 드러낸 것이기도 하다.

참여불교는 물론 다양한 형태를 띠고 있다. 근현대 참여불교의 공통분모는 삶의 현장에서 현실 구제의 정신을 실천하는 것이다. 종교학자 맥과이어의 분석은 이러한 점에서 종교의 사회적 역할에 대한 정의와도 통한다. 그는 "종교적 실천은 개개인의 삶에서 중요한 부분을 차지하며, 종교적 가치는 그들의 행위에 영향을 미치며, 종교적 의미는 그들의 경험을 해석할 수 있도록 도와준다."[50]고 하였다. 나아가 종교적 심성에 의거해 삶의 해석에 적극적으로 참여해 이 세계의 변화를 시도하기도 한다. 종교의 존립 기반은 사회이며, 사회생물학적으로도 사회와 함께 번성하고 소멸한다. 종교적 가치가 유지되는 배경은 종교의 실천에 있는 것이다.

불교의 근본을 유지하는 자각, 회심, 각성, 영성 회복은 곧 불교가 자비를 통해 사회적으로 발신하는 에너지가 된다. "회심과 같은 개인의 종교적 체험은 자발적이며 주관적이지만, 그것은 사회적 상황 속에서 발생하며 사회의 관습에 따라 의미를 부여받는다. 한 개인이 그러한 종교체험과 교류할 때 그 체험들을 해석하는 데 사용되는 상징들은 사회적으로 결정된다."[51] 이 말은 개인의 체험은 곧 사회적 체험으로 공유된다는 뜻이다. 불법연구회가 아무리 개인의 깨달음으로 성립되었다고 해도 다양한 활동이나 조직을 통해 사회구성에 편입되는 순간, 그 가르침은 곧 사회적 언어가 되고, 사회적 의미를 부여받는다는 말이다. 대승불교에서 확립된 깨달음과 자비는 이것을 잘 보여준다. 후자의 자비는 곧 주관적 깨달음이 객관적 종교성(宗敎性)인 자비를 통해 발현됨을 말한다. 따라서 불교적 공공성은 자비에 기초한다고 할 수 있다.

일본의 종교학자 시마조노 스스무(島薗進)는 이 자비의 문제를 불교의 사회윤리에 놓았다.[52] 대승불교의 전통을 지닌 일본의 최근의 경험은 한국사회에도 유사한 형태의 재난을 불러일으킬 가능성을 놓고 볼 때, 매우 의미 있는 것이다. 시마조노는 근년에 불교계가 동일본 대지진에 참여하도록 불교학자들을 비롯 불교 교단에 호소하며, 실제로 현실 참여에 동참한다. 2011년 3월 11일 규모 9.0의 동일본 대지진의 여파인 쓰나미로 약 2만 명의 사망자가 발생하고 후쿠시마 제1원자력 발전소 폭발 및 방사능 유출 사고로 수십만 명의 이재민 및 환경 파괴가 발생했다. 재난에 대처한 불교계의 현실 참여를 시마조노는 다음과 같이 말한다.

> 동일본대지진 후, 불교의 활동이 많은 면에서 적극적으로 인식되게 되었
> 다. 수많은 사람들이 죽고, 시신이 발견되지 않거나 시신이 누구인가 알 수
> 없는 예가 적지 않았다. 사망자를 추도하는 의례가 불가결하다고 느끼고,
> 승려가 독경하는 모습이 없어서는 안 된다고 생각했다. … 이와테(岩手), 미
> 야기(宮城), 후쿠시마(福島)[53] 등의 태평양 연안지역의 사원에는 많은 피해자
> 가 피난했다. 그 가운데에는 수백 명의 지역주민이 수개월에 걸쳐 피난생
> 활을 보낸 사원도 있었다. 고난을 당한 사람들이 몸을 의탁하고 기도하는
> 마음을 함께 하는 장소로서 지역의 불교사원은 합당한 장소로서 재인식되
> 었다.[54]

그는 동일본 지진 후 불교계에서 사원 활동을 통해 장례식 등의 독경 봉
사, 마음의 상담실 운영, 고통 경험의 경청 등 다양한 방식을 통해 치유해 가
는 모습을 소개한다.[55] 그리고 타니야마 요조(谷山洋三)의 연구가 보여주듯
여기에는 종파나 교단의 포교나 선교, 교화를 넘어서 현실의 고통을 함께
감당하는 역할이 나타난다.[56] 시마조노는 이러한 불교계의 현실 참여를 통
해 불교의 자비는 사회윤리가 될 수 있는가, 하는 문제를 제기한다. 그는 불
교학자 나카무라 하지메(中村元, 1912-1999)가 저술한 『자비』[57]에 나타난 자
비론에서 공(空)의 이념과 자타불이(自他不二)의 깨달음이 윤리의 기초임을
이해하고, 타 종교·타 전통에 대한 불교의 우위를 주장하고 있다고 보며[58],
자비의 윤리적 가능성을 일본 불교사에서 검증한다. 이를 위해 나카무라가
초기불교 이래 자비가 불교의 윤리성을 기초 짓고 있음과 동시에 일본불교
의 윤리성의 근간을 이룬다고 본 것을 긍정한다.[59]

이러한 자비의 사상은 대승불교권에 속한 불법연구회나 원불교에도 당연히 계승되었다.[60] 최근 원불교는 미국의 전략무기인 사드(THAAD)가 반입된 경상북도 성주군 소성리에서 사드 철폐 운동을 벌이고 있다.[61] 이에 대해서는 다양한 시각이 있지만, 여기에 참여하는 원불교 재가 · 출가 구성원들은 인권, 행복추구권, 평화권 등 국민의 기본권에 제약을 느끼는, 성주와 김천의 지역민들의 아픔에 공감하여 이 운동에 동참하고 있다. 이 또한 넓은 의미에서 종교의 자비심의 발현이라고 할 수 있다.

이처럼 종교의 사회참여 논의가 다양할수록 자비와 사회윤리의 관계가 밀접하다는 것을 알 수 있다. 따라서 불교의 현실 참여는 자비가 사회화된 것을 알 수 있다. 사쿠라이 요시히데(櫻井義秀) 등 일본의 종교 연구자들은 크리스토퍼 퀸과 샐리 킹의 참여불교 논의[62]를 서구의 많은 연구자들이 근대 기독교 문명에서 유래하는 인권이나 사회적 평등이라는 서구 개념에서 촉발된 것으로 보고 있다고 한다. 19세기 스리랑카의 담마팔라의 불교부흥운동을 식민지하의 기독교 영향을 받은 프로테스탄트불교라고 지칭하는 것과 같은 맥락이다.

그리고 이 사회참여불교를 "전통적인 불교에 근대적인 이념이 부여된 것으로 탄생된 새로운 현상이다. 불교는 원래부터 현세를 부정하고, 한결같이 개인의 해탈을 목표로 하는 비사회적인 종교이며, 서구 근대의 종교운동에서 촉발된 것으로 처음에는 사회의 해방을 추구하는 운동 쪽으로의 탈피를 도모한 것이다"[63]라고 간주한다. 그러면서 애초에 이러한 비사회적인 종교적 성격과는 다른 차원의 사회참여에 대해서는 나카무라 하지메가 불타가 인도의 카스트제도 타파를 제시한 것을 예로 들고 있다. 그런데 이러한 서구 종교의 영향으로 빠진 부분은 대승불교의 보살사상과 자비정신이다. 초기불교에서 대승불교에 이르기까지 자비는 면면히 이어져 오는데도 서구

남방불교에서 나타나는 초세속적이라는 이미지를 일반화하는 오류를 범하고 있는 것이다. 근대 이후 동아시아의 대승불교권에서 일어난 사회참여에 대한 연구가 더욱 확산되어야 하는 이유가 여기에 있다.

아무튼 일본 불교계의 현실 참여는 이제 탈원전 문제로까지 나아가고 있다. 적극적으로 문명의 미래에 대한 우려를 발신하고 있다는 점[64]은 지진재해의 고통을 넘어 사회참여가 확대되는 현상이다. 비판과 대안 제시를 통해 재해를 예측, 예방, 대비하는 데에까지 이르렀다.

원불교는 2002-2003년 영광 핵폐기장 반대 투쟁에 참여하여 주축이 되었다. 이후 2012년 10월 영광 핵발전소의 거듭된 사고를 계기로, 원불교환경연대가 중심이 되어 그해 11월 26일 탈핵을 염원하는 순례기도를 시작하여 매주 한 차례씩 거듭하여 2018년 5월 28일 현재 288차를 이어오고 있다.[66] 이를 통해 최근 신규 핵발전소 건설의 백지화라는 정부의 결정을 내리는 데 있어 시민사회단체와 더불어 일조했다고 할 수 있다.

원불교의 안전 사회를 위한 이러한 노력은 중생을 향한 불교 본래 정신의 회복이라고 할 수 있다. 따라서 그 동력의 원천인 불법연구회의 해방 후 공공성의 실천에는 여러 의미를 부여할 수 있다. 한국 내에서의 전형적인 참여불교인 불법연구회는 전재구호사업을 통해 새롭게 변모했으며, 이 사업의 과정에서 원불교로 교명을 바꾸고 종교로서의 제도화 과정을 이루었다. 또한 사요(四要)[66]와 같은 사회교리[67]가 더욱 부각되었다.

필자는 향후 이러한 사회참여 정신을 고취하기 위한 더 적극적이고 구체적인 원불교의 사회교리의 필요성을 세 가지로 내세운다. 첫째, 이미 언급한 성불제중과 제생의세의 가르침이다. 즉 내면의 깨달음과 사회적 깨달음이 일치되어야 한다. 특히 후자는 마음공부(또는 깨달음)와 자비의 정신으로 원불교가 사회 참여에 더욱 활발하게 나서야 한다는 것을 의미한다.

둘째, '물질이 개벽되니 정신을 개벽하자.'는 개교 표어이다. 물질과 정신 개벽은 한 개인만이 아니라 인류 전체의 문제이다. 인류가 물질적으로 공진화(共進化)하는 가운데 정신도 공진화하지 않으면 안 되기 때문이다. 물질문명에 대한 정신문명의 대응은 인류의 사활이 걸린 문제이다.

셋째, 『정전』의 병든 사회와 치료법이다. 여기서는 사회의 병을 치유하여 건전하고 평화한 사회를 만들 것을 가르친다.[68] 원불교의 핵심 가르침인 『정전』[69]은 처음의 '개교의 동기'에서 마지막 '법위등급'에 이르기까지 최종적으로 자신과 사회의 병을 치유하는 과정이다. 불교 개혁의 진정한 의미가 바로 이것이라고 할 수 있다.

V. 맺음말

본론에서 일제강점기의 불안한 시대를 겪고, 해방 후 주체적인 공공성을 구축한 원불교와 그 전신 불법연구회의 사회적 존재의 의미를 필자 나름으로 평가해 보았다. 종교적 공공성은 앞에서도 언급한 것처럼 결국 종교의 사회참여와 다름없다. 여기서는 근대 불교 개혁 현상의 하나로써 불법연구회의 마지막 시기를 든 것이다. 근현대에 걸쳐 있는 불법연구회와 그의 계승자인 원불교를 하나의 사회적 현상으로 볼 때, 이러한 측면에서 적절한 탐구의 대상이 될 수 있다.

넓게 보면 일제강점기의 종교는 부정적 측면이 많은 것도 사실이다. 신사참배를 비롯하여 식민정책에 불교계가 굴복과 굴종을 하고, 민족해방운동에 비교적 소극적으로 참여한 것은 부끄럽고 고통스러운 과거다. 사실 사회의 계층질서를 정당화하는 종교는 역사적으로 비판받을 수밖에 없다. 그리고 그 결과 실제로 유럽에서부터 종교는 해체의 과정을 겪어 왔고, 앞으로

도 그럴 가능성이 높다.

마르크스가 종교는 불평등한 계급 구조를 지속시키는 이데올로기적 힘이라고 본 것이나 베버가 종교는 특권계급과 비특권계급에 각기 다른 기능을 수행한다고 본 것에 대해, 종교사회학자 이원규가 그 나름의 의미를 부여한 것[70]은 이러한 종교의 사회적 역할에 대한 비판이다. 그는 포괄적 의미의 미래 종교는 사적인 영역에서는 '보이지 않는 종교'의 형태로, 사회적 영역에서는 '시민 종교'의 형태로 지속되거나 강화될 것이라고 예견할 수 있다[71]고 한다. 그리고 그것에 대해 다양한 형태의 출현을 예측하며, 제도화된 전통 종교는 그 위세가 사회적 수준에서는 약화될 것으로 본다. 그러면서도 "다시 영적인 것을 강조하고 구원의 문제에 관심을 가지며, 신비와 초월의 의미를 회복하려는 종교적 운동이 반작용으로 확산될 것"[72]이라고 전망한다.

이러한 예측은 한국 근대 불교의 경우에도 적용할 수 있다. 당시 불교계는 신화적인 요소의 불상을 철폐하고, 석가모니불 1불로 돌아가자고 하는 사상이 주류였다고 할 수 있다.[73] 박중빈은 아예 이러한 불상마저도 내려놓고 대승사상의 핵심인 법신불(法身佛)을 상징하는 일원상을 내걸었다.[74] 그러면서도 자신이 깨달은 내용을 이미 석가모니불이 깨달았다고 언명한다.[75] 이러한 사상은 결국 불교가 근대화를 거치면서도 인간의 영적인 세계, 과학적이면서 영성을 추구하는 불교 고유의 사상이 근대적 세계관에 그대로 반영된 것이다.

이 점에서 본다면 수행과 신앙상에서 개혁의 정신이 일치된 선농(禪農)결사, 정토결사, 참선결사 등이 새로운 불교운동으로 발전하고, 이것이 기성 불교계의 개혁으로 발전할 것이라는 전망 또한 자명한 것이다. 따라서 근대 결사체인 불법연구회같이 현실 참여를 통해 현대 종교로 확립되는 과정을 오늘날 우리가 목격하는 것이다. 원불교의 성장 과정은 이러한 불교의 역사적 흐름을 관통하고 있다고 해야 할 것이다. 본 연구가 전통불교적인 관점에서만 보는 불교의 개혁과 변화를 불법연구회와 원불교를 통해 새롭게 바라보는 하나의 계기가 되기를 바란다.

동학과 한살림

: 생명공공성의 차원변화

주요섭　모심과살림연구소 연구위원

I. 머리말: 생명의 지평

"생명의 지평을 바라보면서." 1987년 베를린 장벽이 무너지기 일주일 전 발표된 한살림선언의 부제(副題)이다. 30여 년 전 '계급'의 지평과 '민족'의 지평으로 치열하게 논쟁을 벌이고 있을 때, 그리고 수많은 지식인들이 '인간'의 지평을 설파할 때에, 한살림선언은 '생명'이라는 새로운 지평[1]을 열었다. 당대의 현실을 '죽임의 시대', '생명 위기 시대'로 진단하고, 그 근본 원인을 서구적 근대의 '기계론적 이데올로기'에서 찾았다. 나아가 '전일적 생명의 세계관'을 선언하고, '새로운 생활양식의 창조'를 위한 실천 방향을 제시한다.

그런데 이러한 '생명의 지평'은, 구미 생태주의의 영향도 적지 않았지만, 무엇보다 동학에서 사유의 근거를 얻었다. 한살림연합의 정관에 한살림운동의 핵심 가치로 제시되는 '모심'과 '기름', '살림'도 널리 알려져 있듯이, 동학의 시천(侍天/모심), 양천(養天/기름), 체천(體天/살림)을 우리말로 옮긴 것이다.

120년 전 동학은 각자위심의 욕망 속에서도 그 지평을 생명세계 전체로 확장하였다. 그것은 아마도 수운과 해월을 비롯한 동학하는 사람들의 깊은 체험에서 비롯되었을 것이다. 그렇다. 이름하여 '생명공공성'이다.[2] 그것은 공공성의 범주를 사회나 인간만이 아닌 생명세계 전체로 확장하는 것 이상의 의미가 있었다. 생존, 생활, 생성으로 변주되는 생명세계에 대한 새로운 차원의 질문이자 대답이었다. 이를테면 다시개벽, 즉 세계 재창조였다. 그리고 그것은 생명공공성의 구체적인 실현 과정이기도 했다. 그 과정을 일러 '생명공공성' 운동이라 말하고자 한다.

2018년 오늘, 동학이 광제창생을 선포한 지 150년이 지났고 한살림운동도 30년이 넘었다. 기후변화는 갈수록 심각해지고 인공지능이 눈앞의 현실이 되는 가운데, 삶/생명에 대한 질문은 더욱 깊어진다. 다시 묻는다. 우리는 어디에 서 있는가? (고갱의 질문처럼) 어디에서 와서 어디로 가고 있는가?

한반도와 한국 사회도 극적인 변화를 경험하고 있다. 예사롭지 않다. 생명의 지평에서, 혹은 생명공공성의 프레임에서 오늘의 우리의 삶과 세계, 그리고 미래를 다시 묻는다. 문명사적 대전환의 숨은 뜻을 자문한다. 필자에게는 생명세계의 차원변화로 느껴지기도 하고, 인류사의 양자도약으로 보이기도 한다.

생명 담론이 한 시대를 풍미했다. 그리고 오늘 생명의 지평은 조금은 다른 빛깔로 현재 진행형이다. 그것은 150년 전 다시개벽을 선포하고, 나아가 향아설위(向我設位)의 문명사적 대전환을 천명한 동학사상의 현대적 구현이기도 하다.

이 글의 목적은 오늘의 극적인 생태 사회 문화적 변화를 바라보면서 공공성의 지평을 생명세계로 확장한 한살림운동과 그 원형인 동학을 재조명하고, 나아가 한살림운동 30년의 실천을 바탕으로 생명공공성의 심화 확장의 가능성을 탐색해 보는 것이다. 생명공공성 2.0, 혹은 3.0이라고나 할까. 그리고 그 모티브를 다시 동학에서 얻는다. 다시개벽과 향아설위 등이 그것이다.

II. 동학: 생존의 생명공공성

수운 최제우가 한울님 체험을 한 1860년은 영국과 프랑스 군대가 대(大)청국의 수도 베이징을 함락하던 해였다. 당시 지배층과 지식인들에게는 하늘이 무너지는 충격이었을 것이다. 반면에 당시 민초들은 3가지 생명의 위기에 몰려 있었다. 첫째는 굶주림. 삼정의 문란과 지배층의 무능력으로 보릿고개를 넘기 어려웠다. 둘째, 질병. 괴질, 콜레라 등 전염병으로 마을과 지역이 쑥대밭이 되었다. 셋째, 전쟁. 황제국 중국이 무너지고 서구 열강의 대포 소리가 조선을 위협했다.

동학은 19세 창생의 열망을 대변했다. 선천시대 어느 때인들 그렇지 않은 때가 없었지만, 드디어 삶의 주체로 깨어나기 시작한 민초들에게 생명의 위기는 어느 때보다 치명적으로 받아들여졌고, 그에 대해 응답할 수 없던 지배층을 대신해 다시개벽의 새 세상을 열어 보였다. 새로운 세상의 상징이자 비결이자 척도는 '궁궁'이었다. 필자에게 이를테면 그것은 '생명공공성'이다. 정확히 말하면 '생존'의 생명공공성이다.

1) 궁궁을 찾아서

우리도 이 세상에 이재궁궁 하였다네 매관매작 세도자도 일심은 궁궁이오. 전곡 쌓인 부첨지도 일심은 궁궁이오 유리걸식 패가자도 일심은 궁궁이라. 풍편에 뜨인 자도 혹은 궁궁촌 찾아가고 혹은 만첩산중 들어가고 혹은 서학에 입도해서 각자위심 하는 말이 내 옳고 네 그르지.

- 수운 최제우, 「몽중노소문답가」

궁궁(弓弓=弓乙). 19세기 조선 민초들의 열망도, 수운의 열망도 오로지 궁궁이었다. 궁궁은 무엇보다 실존적인 삶의 욕구였을 것이다. 적서의 차별에서 벗어나고, 고깃국에 쌀밥을 먹고 기와집에 살며 장생하는 삶. 전란과 전염병과 굶주림에서 해방되는 삶. 그것은 죽느냐 사느냐, 생존의 문제였다. 무엇을 먹고 어디에 깃들어 살 것인가?

그렇게 '천하가 분란하고 민심이 효박하여 어찌할 바를 모를 시절', 조선의 어느 봄날에 경상도 경주 땅에서 불출산외(不出山外)를 결심하고 수련 정진하던 수운 최제우는 그 이름이 선약(仙藥)이고 그 모양이 '태극 혹은 궁궁'[3]인 영부(靈符)를 받는다. 새로운 삶과 세계에 대한 열망의 한 끝이었다.

수운의 궁궁은 십승지나 궁궁촌의 어느 깊은 산골이 아니었다. 내 안에, 우리 안에, 온 우주 안에 살아 있는 무궁한 생명의 약동이었다. 지상신선의 궁궁이며 지상천국의 궁궁이었다. 땅 위에 궁궁이니 진화하는 시간적인 궁궁이면서, 또한 지기금지(至氣今至)와 시천주(侍天主)의 무궁한 궁궁이었다. 그것은 깨달음의 한 소식이고 삶의 차원변화이며, 세계의 무궁한 확장이었다. 요컨대 수운의 궁궁은 생존의 궁궁이면서 사회적 궁궁이면서 영성적 궁궁이었다. 지상에서의 장생이면서, 동시에 지상과 천상을 아우르는 영생에 대한 체험적 자각이었다.

수운 최제우의 궁궁에 대한 자각의 과정을 이렇게 정리해 본다.

1단계/개인적 차원: 어머니와 아버지의 죽음과 재가녀의 아들로서의 괴로움

2단계/제도적 차원: 과거제도과 신분제도 등 거대한 사회적 차별에 대한 좌절

3단계/사회적 차원: 삼정 문란과 가렴주구 등 폭압에 대한 저항과 보국

안민의 필요성 인식

　4단계/문명적 차원: 중화(성리학) 질서의 붕괴와 세계관적 맹점의 자각

　5단계/개벽적 차원: 한울님 체험과 삶의 우주성의 깨달음

　이는 개인적인 깨달음의 심화 확장을 의미하기도 하지만, 생명공공성의 차원변화 과정이기도 하다. 개체생명 차원의 자각에서 시작해 사회적 자각을 거쳐, 그해 사월 시천주(侍天主) 체험을 통해 우주생명에 대한 자각에 이르게 된다. 다시 말하면 수운의 열망은 궁극적으로 '생명공공성'으로 표현된다.(결정적인 차원변화는 물론 4단계와 5단계 사이에 있다. 당시 대부분의 지배층들은 1, 2단계에 머물러 있었으나, 적지 않은 지식인들이 3, 4단계 이르기도 하였다.)[4]

2) 다시개벽의 프로세스

　광제창생(廣濟蒼生)의 열망으로 이어졌던 생명 위기의 현실은 훗날 해월 최시형이 절절하게 다시 진술한다.

　　이 세상의 운수는 개벽의 운수라. 천지도 편안치 못하고, 산천초목도 편안치 못하고, 강물의 고기도 편안치 못하고, 나는 새, 기는 짐승도 다 편안치 못하리니, 유독 사람만이 따스하게 입고 배부르게 먹으며 편안하게 도를 구하겠는가. 선천과 후천의 운이 서로 엇갈리어 이치와 기운이 서로 싸우는지라, 만물이 다 싸우니 어찌 사람의 싸움이 없겠느냐.[5]

　그리고 생명공공성의 실현 과정, 다시 말해 '다시개벽의 프로세스'는 수운의 자기 갱신적, '자기 전환(self-transformation)'의 삶을 새로운 척도로 하여, 동

학의 치열한 조직적 실천을 통해 사회적으로 구현된다. '다시개벽의 프로세스'는 이를테면, '전환의 프로세스'다. 앞의 5단계가 개인적인 구도의 과정이었다면, 여기 5단계는 그것의 사회화 과정, 공공화 과정이라고 말할 수 있다.

1단계 각비(覺非): 기존의 질서로는 견딜 수 없다. '아니다'라는 생명감각

2단계 재귀(再歸)[6]: 삶/생명의 자리로 '다시' 돌아옴. 다시개벽의 그 다시[7]이다. 그냥 돌아옴이 아니라 자각적으로 다시 돌아옴. 혹은 재귀의 순간. '나'는 지금여기 새로운 사람으로 새로운 자리에 서 있다.

3단계 깨달음: 시천주(侍天主) 체험과 자기 전환. 그리고 새로운 삶 새로운 세계의 열림.

4단계 새로운 공동체: 접(接)의 구성과 지금여기 지상천국의 실현.

5단계 체제 전환: 생명공공성의 사회화. 보국안민, 광제창생, 포덕천하

이 과정은 직선적 상승의 과정이 아니라 각 단계(정확히 말하면 체계) 및 전체의 재귀적 순환과정이다. 전체가 재귀하면서 각 단계 안에서 동시에 재귀가 이루어진다. 아울러 단계와 단계 사이에 상호작용이 이루어진다. 체제 전환 역시 고정된 것은 아니다. 생명공공성의 사회적 실현 과정에서 어느 때엔 국가가 될 수 있고, 문명이 될 수도 있고, 또 다른 때에는 더 큰 메타 시스템이 될 수도 있을 것이다. 물론 체제 내의 재귀적 과정도 함께.[8]

그런데 생명공공성의 실현이라는 맥락에서 주목해야 할 지점은 '접(接)'이라는 공동체이다. 접은 무위이화로 새로운 세계의 자기 조직을 구현하는 동학의 조직적 촉매였다. 수운을 체포하기 위해 파견된 선전관(宣傳官)의 서계에 이렇게 쓰여 있다고 한다.

귀천과 등위를 차별하지 않으니 백정과 술장사들이 모이고 남녀를 차별하지 아니하고 집회소를 설치하니 홀아비 과부들이 모이고 돈과 재물을 좋아하는 사람과 돈과 재물 없는 사람이 서로 도우니 궁핍한 사람들이 기뻐했다.

보고된 모습 그대로라면 이곳이야말로 지금여기의 궁궁촌이요, 십승지요, 지상천국이다. 그 과정은 수운 당대에 16개의 접의 조직화 과정이 그러했듯이, 처음에는 '신앙공동체'로 시작하였다가 나중에는 유무상자의 '생활공동체'가 되고, 혁명기에 이르러서는 '정치공동체'가 되었다. 동학의 접은 '셋이면서 하나'인 전일적 공동체였던 것이다. 갑오년의 혁명은 수운이 시작하고 해월이 30여 년 동안 전국 곳곳에 거미줄처럼 연결한 생활 속의 궁궁촌이 있어 가능했던 것이다.

3) 동학 생명공공성의 의의

다시 한번 강조하거니와 동학은 이를테면 생명공공성 운동이다. 치명적인 생명의 위기 속에서 생존의 생명공공성 운동이었다. 이런 맥락에서 동학의 의미를 정리해 보자.[9]

첫째, 지금여기 '생존(살아 있음)'의 생명공공성. '살아 있음'이다. 죽어서 가는 천국이 아니라 이 땅에서의 치열한 생존이다. 비운의 생명철학자 윤노빈은 일찍이 '존재(있음)'와 '생존(살아있음)'을 구별하여 생존으로서의 생명을 깨우쳐 주었다.[10] 19세기 조선의 곤고한 민초들의 마음을 사로잡았던 이유이자, 수운의 개벽적 사상운동의 맞상대였던 서학(西學)과 동학의 결정적인 차이 중 하나가 이것이다. 생명의 현재성. 서학의 천국이 '천상천국'이라면 동학의 천국은 '지상천국'이다. 물론 지상으로 끝나는 것이 아니다. 궁궁의 생명은 생존과 영생의 중첩이다.

노비와 주인이 맞절을 하고, 있는 사람과 없는 사람이 서로를 도와 유무상자를 실현하는 생명공공성은 먼 훗날 도래할 공공성이 아니라 지금여기 살아 있는 공공성이다. 향아설위의 공공성이다(4장에서 구체적으로 논술한다.). 동학의 생명공공성은 변화무쌍, 그때그때의 무상(無常)한 공공성이다. 고정된 것이나 절대적인 것이 아니다. 전환 운동의 언어로 말하면, 이행(transition) 중인 공공성이다. 명사형 공공성이 아니라 동사형 공공성이다.

둘째, 새로운 주체성의 탄생. 동학 생명공공성의 또 하나 탁월한 점은 상향/하향이 부분/전체가 위계적이지 않고 수평적이면서 동시에 수직적인 역동적인 체계라는 점이다. 시혜적 공공성이나 위로부터의 공공성이 아니라 자조적 공공성이면서 아래로부터의 공공성이었다. 동학의 새로운 공동체 접포는 자율적이며 자기생산적이고 자기 조직화였다.

그리고 그것은 시민적 주체의 등장으로 이어진다. 그런 점에서 동학을 통해 '자각인민'과 사회가 출현했다고 보는 송호근의 시각과 분석은 적절하다.[11] 송호근에 따르면 동학운동은 자각인민, 즉 '개인적인 것'을 출현케 하고, 나아가 도소(都所)와 자치(自治), 즉 '사회적인 것'을 출현케 하였다.

셋째, 깊은 마음의 약동으로서의 생명공공성. 다시, 핵심은 역시 궁궁이다. 수운과 당시 민초들의 열망이었던 궁궁, 궁궁은 사회적 공공성을 넘어 살아 있는 세계의 공공성, 나아가 우주적 공공성으로 확장된다.

또한 궁궁은 내유신령 외유기화, 드러난 생명 차원과 숨겨진 생명 차원을 함께 품고 있다. 또한 이 땅의 생명, 즉 장생의 열망에 충실하게 응답하면서도 동시에 무궁생명, 영성적 생명을 일깨운다. 다시 말하면 그것은 마음 궁궁이기도 하다. 궁궁의 생명공공성은 오늘날의 '생태공공성' 이상(以上)이다. 서학적 생태 담론에는 마음이 없으나 궁궁의 핵심은 깊은 마음의 약동이다. 해월이 해석했던 우주적 마음의 약동으로서의 궁궁.[12]

19세기 조선의 동학은 한마디로 전일적 생명공공성이되, 생존의 생명공공성으로 특징지을 수 있다. 시대적 요구에 가장 충실한 역사적 응답이었다. 민족과 민중의 참혹한 현실에 직면하여, 안전의 생명, 객관적 생명, 3인칭 생명의 공공성에 집중할 수밖에 없었다. 수운의 깨달음은 생존의 생명에 머물지 않았다. 그러나 '살아 있음(생존)'으로서의 생명공공성은 후천시대의 절대적 필요조건이었을 것이다. 그리고 그것은 120년 후 한살림운동을 통해 또 다른 모습으로 실현된다.

Ⅲ. 한살림: 생활의 생명공공성

"모든 이웃의 벗 최보따리 선생님을 기리며" 1990년 4월 12일 원주 호저 송골, 무위당 장일순과 김지하 시인을 비롯한 원주캠프의 동지들이 한데 모였다. 112년 전 송골에서 붙잡힌 해월 최시형을 기리는 추모비가 세워지는 날이었기 때문이다. 추모비는 무위당과 원주캠프의 오랜 염원이었다. 두 갑자가 흐른 뒤 동학의 생명공공성운동은 생명공동체운동으로, 생활공동체운동으로, 한살림운동으로 되살아났다. 동학의 환생이라고나 할까. 한살림운동의 정신적 스승 무위당 장일순의 '나는 미처 몰랐네 그대는 나였다는 것'이라는 깨달음은 바로 수운 최제우의 '오심즉여심'의 체험과 다르지 않을 것이다.

1) 탁월한 성취

2016년 창립 30년을 맞이한 한살림은 이미 대안적 사회운동의 상징이 되었다. '한살림'이라는 말 자체가 보통명사가 되었다. '생명'을 열쇳말로 하여, 매우 드물게도 의미와 성과를 동시에 성취했다. 무엇보다 한살림은 생명운동을 표방하는 한국 최대의 사회경제 조직이자 사회운동 조직이다.

> 2017년 한살림 64만 4천 세대 조합원이 함께 나눈 생명의 먹을거리 공급액은 4,233억 원, 모인 출자금은 644억 원입니다. 생산농가는 2,220세대, 농지면적은 4,416만 5,000㎡로 2016년에 비해 99만 1,000㎡가 늘어났습니다.

2018년 발간된 홍보물에서 소개하고 있지만, 단순히 수치상의 문제가 아니다. 실제로 활동의 역사와 조합원 수 등에서 한국을 대표하는 소비자생활협동조합으로 받아들여지고 있으며, 국제 유기농업단체와 세계적인 협동조합 연구자 등에 의해 생산자와 소비자가 함께 만들어 가는 새로운 유형의 협동운동으로 인정받고 있다. 특히 도농직거래, 친환경 농산물 중심 등 한국형 생활협동조합의 모델이 되고 있다. 또한 생명, 밥상살림/농업살림, 도농공동체, 직거래 등의 키워드로 한국 사회에 새로운 화두를 던졌다.

생명공공성운동으로서의 한살림의 성취는 생명 담론을 체계적으로 정리하고 그것을 하나의 운동 이념으로 정립하였으며, 나아가 사회적으로 확산시킨 데서 더욱 두드러진다. 1989년 9월 베를린장벽이 무너지기 일주일 전 발표된 '한살림선언'이 모태가 되었다.

2) 한살림운동의 구조와 논리

한살림선언에 따르면, '한살림'은 "생명의 이념과 활동" 그 자체이다. 이때 '한'은 하나이면서 여럿이며, 동시에 모두를 의미하는 다중적인 뜻을 지니고 있다. 또한 '살림'은 '살리다'라는 의미이기도 하고 동시에 '살림살이'의 의미도 있다. 이러한 '생명의 이념과 활동'의 사회화, 이것이 곧 한살림운동이다. 그것은 '전일적 생명의 세계관 확립'과 '새로운 생활양식의 창조'라는 두 가지 사명으로 정리된다. 그리고 이는 다시 각각 세 가지 각성과 세 가지 활동으로 구체화된다.

한살림선언에 따르면, 한살림운동은 세 가지 각성에 기초해 전개된다. ① 사회에 대한 공동체적 각성, ②자연에 대한 생태적 각성, ③생명에 대한 우주적 각성이 그것이다. 또한 한살림운동은 이러한 각성에 기초해 세 가지 활동 영역으로 구체화된다. ①생활수양활동(한살림 정신운동), ②생활문화활동(한살림 생활운동), ③사회실천활동(한살림 사회운동)이 그것이다. 한살림선언이 제시하는 문명 전환의 비전으로서 한살림운동의 구조를 그림으로 그려 보면 다음과 같다.

〈표1〉 한살림운동의 구조

생명의 세계관 확립		
생명에 대한〈우주적 각성〉	자연에 대한〈생태적 각성〉	사회에 대한〈공동체적 각성〉
새로운 생활양식의 창조		
자아실현 위한〈생활〉수양활동〉	새로운 가치·양식을 지향하는〈생활문화활동〉	생명의 질서를 실현하는〈사회실천활동〉
새 세상을 창조하는 생명의 통일		
자아실현·생태적 균형·사회정의의 길		
새로운 차원의 민족 통일		
물질/정신, 개인/사회, 민족/인류의 자아/우주생명의 합일		

한살림운동은 아울러 동학의 접이 그러하듯이, 전일적 사회운동으로서 3원 구조를 가지고 있다. 역시 셋이면서 하나이다. 밥상살림/농업살림의 한살림생활(협동)운동을 중심으로, 지역살림의 사회실천운동으로 확장되고, 마음살림의 자기수양운동으로 깊어지고 있다.

〈표2〉 한살림운동의 3원구조

	한살림운동(생명살림운동)		
운동영역	한살림정신운동	한살림생활운동	한살림사회운동
운동언어	마음살림	밥상살림/농업살림	지역살림
운동내용	자기수양	생활협동	사회실천

그리고 이러한 한살림의 마음과 열망은 매년 연초 총회 때가 되면 전국의 23개 지역생협과 118개의 생산공동체에서 제창하는 '한살림운동의 지향'에 오롯이 담겨 있다.

하나. 우리는 우리 안에 모셔진 거룩한 생명을 느끼고 그것을 실현합니다.

둘. 우리는 우리가 딛고 사는 땅을 내 몸처럼 생각합니다.

셋. 우리는 지역의 이웃과 생산자와 소비자를 가족으로 생각합니다.

넷. 우리는 우주생명의 일원으로서 생태계에 책임지고자 합니다.

다섯. 우리는 더불어 사는 삶을 위해 나부터 시작합니다.

3) 한살림 생명공공성운동의 의의

2016년 12월 30주년 행사를 마치고, 한살림은 '다시 밥'을 슬로건으로 새로운 30년의 도정을 시작하였다. 지금까지의 성과를 바탕으로, 공양(供養)으로서의 밥의 의미를 되살려 '사회의 밥'이 되기를 다짐했다. 한살림 생명공공성운동의 의의와 과제를 몇 가지 정리해 본다.

(1) 동학 생명공공성의 현대적 실현

한살림운동은 동학의 현대적 부활이다. 한살림운동의 이념을 표현하는 핵심적인 언어와 논리는 전부 동학에서 왔다고 해도 과언이 아니다. 앞서 언급한 바와 같이 모심(시천), 기름(양천), 살림(체천)이 대표적이거니와 해월 최시형의 식일완만사지(食一碗萬事知)는 한살림운동의 상징이 되었다. 한살림선언은 동학의 생명사상에서 한살림운동의 생태적 사회적 윤리적 기초를 발견하였음을 명시적으로 밝힌다.[13]

> 한살림은 가치관에 있어서는 한민족의 오랜 전통과 맥을 이어오고 있는 동학의 생명사상에서 그 사회적, 윤리적, 생태적 기초를 발견하고 있다. 동학은 물질과 사람이 다같이 우주생명인 한울을 그 안에 모시고 있는 거룩한 생명임을 깨닫고 이들을 '님'으로 섬기면서(侍) 키우는(養) 사회적, 윤리적 실천을 수행할 것을 우리들에게 촉구하고 있다. 자연과 인간을 자기 안에 통일하면서 모든 생명과 공진화해 가는 한울을 이 세상에 체현시켜야 할 책임이 바로 시천과 양천의 주체인 인간에게 있음을 동학은 오늘 우리에게 가르치고 있다.

(2) 생활(살림살이)의 생명공공성과 새로운 생활양식의 창조

동학이 '생존(살아있음)'의 생명공공성이라면, 한살림의 생명공공성은 일차적으로 '생활(살림살이)'의 생명공공성이다. 그리고 생활의 생명공공성을 위해 두 가지 측면에서 새로운 사회적 모델을 창조했다. '생산-소비 하나'의 도농협동모델과 교환-호혜 융합모델이 그것이다. 이는 한살림운동의 사명 중 하나인 '새로운 생활양식의 창조'의 실현 과정이기도 하다.

'생산-소비 하나'는 아래 그림에서 직관적으로 보이는 것처럼, 밥(물품)을 매개로 생산자와 소비자, 도시와 농촌이 연결되는 모델이다. "생산자는 소비자의 생명을 책임지고, 소비자는 생산자의 생활을 책임진다."라는 말에서 이러한 마음이 극적으로 표현된다. 사실 생산자와 소비자가 함께 만드는 메타 공동체는 전 세계 이상주의자들의 오랜 꿈이었다.

교환-호혜 융합모델은 한살림 매장의 중층적 성격을 두고 하는 말이다. 한살림 매장의 간판을 자세히 들여다보면 융합의 일단을 발견할 수 있다. 간판 왼쪽 위나 아래에는 '생명의 먹을거리 나눔터'라고 적혀 있다. 그런데 같은 간판 오른쪽 끄트머리에는 'ㅇㅇ매장'이라는 글씨가 함께 쓰여 있다. 물론 보통 'ㅇㅇ매장'이라고 부르기는 하지만, 한쪽에 '매장(賣場)'이라고 써 놓고서는 또 다른 쪽에는 '나눔터'라고 명시한다. 바로 여기에 융합의 비밀이 숨어있다. '나눔터'와 '파는 곳'이 만났다. '상품 교환' 아래 숨어 있던 '선물 교환'이 만난 것이다. 다시 말하면 먹을거리와 생활용품을 팔고사는 곳이기도 하지만, 농민들이 정성껏 생산한 채소와 식품 등을 조합원들에게 '공급'하는 곳이기도 하다. 요컨대 팔고사기(매매)와 주고받기(증여와 답례=호혜)가 동시에 이루어지는 곳이라는 말이다. 매매와 호혜, 상품과 선물의 이중성, 혹은 음양론이기도 하다.

(3) '다시 새롭게'의 과제들

생활의 생명공공성을 실현하기 위한 한살림의 노력은 새로운 30년을 향해 발걸음을 재촉한다. 먹을거리 중심의 생활협동의 확장을 위해 어르신돌봄, 아이돌봄 등 돌봄사업을 다양하게 시도하며, 지역살림운동으로 사회적 협동의 범위를 넓혀 가는 한편, 마음살림활동[14]으로 자기 수양 활동과 생활수행의 확산을 꾀하고 있다.

그러나 이러한 성과와 의의에도 30년 한 세대를 지나고 다음 세대를 맞이하는 한살림운동은 내부 체계와 외부 환경의 급격한 변화 속에서 새로운 도전에 직면했다. 30년간 멈출 줄 몰랐던 사업 성장의 흐름이 정체되고 일부 지역에서는 마이너스 성장을 걱정해야 하는 상황이 되었다. 공동체에 대한 기존 세대와 새로운 세대들의 감각에 차이가 드러나고, 협동조합의 조합원 주권의 목소리가 커지면서 무위당의 '계산 없는 협동'의 정신은 희미해지고 있다. 또한 생명운동 단체로서의 한살림보다는 소비자생활협동조합으로서의 한살림, 혹은 유기농산물 판매장으로서의 한살림이 당연하게 느껴지는 안팎의 분위기도 놀라운 변화 중 하나이다. 요컨대 한살림의 생활 공공성운동은 새로운 차원변화를 요구받고 있다.

IV. 다시개벽과 생명공공성의 차원변화

분명 한살림운동은 동학 생명공공성의 현대적 실현이라고 할 수 있다. 그러나 30년의 성과에 버금가는 혁신적인 차원변화가 필요한 때다. 그리고 30년 전의 한살림운동의 첫 세대들이 그랬듯이 동학에서 또 다른 영감을 얻는다. 다시개벽과 향아설위가 그 모티브다.

21세기의 한반도와 지구촌이 경험하는 대전환의 소용돌이 속, 150년 전

수운 최제우의 다시개벽을 떠올린다. 수운의 다시개벽은 어떠함일까? 하늘이 무너지고 땅이 갈라지거나, 혹은 온 세상이 물바다가 되는 물리적인 대변동을 의미하는 것은 아닐 것이다. 괴질 이후의 세계는 어떤 모습일까? 5만 년이라는 시간의 숨은 뜻은 무엇일까?

다시개벽을 다시 묻는다. 필자에게 다시개벽은 무엇보다 마음-개벽이다. '가이아2.0'[15]을 떠올린다. 마음-생명의 작동으로 이루어지는 세계 재창조이다. 생존/살아있음의 생명공공성의 기반이 만들어지고, 생활/살림살이의 생명공공성이 실현되어 가는 조건에서, 새롭게 열리는 생명공공성을 상상해본다.

1) 탈생존과 다시개벽

최근 많은 이들을 환호와 충격으로 몰아넣었던 '북미회담'과 지방선거를 다시 생각해 본다.[16] 필자에게 그것은 '생존'으로부터 자유다. 굶주림과 전염병, 전쟁의 공포라는 생물학적 생존의 위기, 나아가 경제적 정치적 생존의 위기에서 자유로워지는, 드디어 '생존' 시대에서 '탈생존' 시대로의 전환의 입구에 섰다.[17] 먹고사는 문제와 생사의 문제에 대한 무의식적 공포를 배경으로 유지해 온 시장 보수와 안보 보수뿐만 아니라, 경제적 생존과 정치적 생존의 논리였던 산업화와 민주화의 시대도 이제 지나간다.

요컨대, 적어도 한국 사회로 좁혀 보면, 생존의 생명공공성은 어느 정도 기반이 마련되었다는 말이다. 또 다른 식으로 말하면, 생존이라는 객관적인 생명의 조건, 즉 '3인칭 생명'의 공공성은 실현되어 간다고 말할 수 있다. 그리고 이제 생활의 생명공공성이라는 안전판을 만들 수 있게 되었다.

그렇다. 필자에게 탈생존은 선천시대 이후, 즉 후천시대의 문턱을 넘을 수 있는 전제조건이다. 문명사적 함의가 있다는 말이다. 『사피엔스』로 널리 열려진 유발 하라리(Yuval Harari, 1976-)는 후속 저서 『호모데우스』에서 21세기의 인류는 기본적으로 굶주림, 전염병, 전쟁 등의 생존의 생명 문제를 해결할 수 있게 되었다고 말한다. 이는 120년 전 동학혁명의 장생 욕구와 정확히 대응한다. 앞서 언급한 120년 당시의 3가지 생명의 위기가 그것이다.

바야흐로 물리적 생존의 조건뿐만 아니라, 의식적 무의식적 생존의 논리에서 벗어날 수 있는 때가 되었다. 진화심리학적으로도 '파충류 뇌'의 생존 본능(싸우기/도망치기)에 대한 자각과 아울러 생존 본능에서 벗어나려는 다양한 형태의 수행이 확산되고 있다. 이를 명상 이론에서는 '생존 모드'에서 '창조 모드'의 전환이라고 말한다.

다시개벽이다. "후천개벽은 인심개벽", "마음의 약동으로서의 궁궁", "궁을이 문명을 바꾼다" 등의 해월의 메시지가 하나로 꿰어지고, 다시개벽은 '마음-생명' 시대의 도래다.

다시개벽이다. 자연에 구속되고 공동체에 의탁하고 위계적 생존 질서에 몸을 맡길 수밖에 없었던 생존 모드의 선천시대를 지나, 자각적으로 분별하고 자각적으로 상상하고 자각적으로 생성해 내는 창조 모드의 후천시대가 열리고 있다. 켄 윌버(Ken Wilber, 1949) 식으로 말하면, '전 분별의 시대'에서 '분별의 시대'를 지나 '초분별의 시대'가 오고 있다. 생존 수준(1층)에서 존재 수준(2층)으로의 차원변화가 예고된다.

2) 향아설위와 생명공공성의 내면[18]

한국 사회를 비롯해 세계적으로 전개되는 미투운동은 또 다른 맥락에서 생명공동성의 도약이다. 객관적 생명, 3인칭 생명에서, '1인칭 생명'의 출현이라고 말해도 좋을 것 같다. 법적 사회적 판단의 기준이 '객관적 사실' 중심에서 '주관적 마음'으로 이동하기 시작했다. 여권의 신장이라는 점에서도 중요하지만, '마음의 불편함'이 법적 판단의 기준이 될 수 있다는 점에서 새로운 차원으로의 도약이다. 이를테면 생명공공성의 내면을 말할 수 있게 된 것이다. 거꾸로 말해 '마음의 생명공공성'이 요청되고 있다는 것이다

120년 전 해월 최시형은 향벽설위에서 향아설위로 제사법을 대전환하며 수운의 다시개벽을 재확인했다. 이를테면 '향아(向我)'의 생명공공성이라고 말해도 좋을 것이다. 내면의 생명공공성이라고 말해도 좋다. 선천시대의 생명공공성은 객관적 생명, 향벽의 생명, 마음 없는 생명공공성이었다. 그렇다. 궁궁은 생명의 피난처이기도 하지만, 마음의 약동이기도 한 것이다.

보국안민의 안민(安民)은 '안전(安全)'으로 충족되지 않는다. security만으로는 부족하다. 수운과 해월에게 안민은 동시에 안심(安心)의 안민이었을 것이다. 일제강점기와 한국전쟁을 거치고 70년이 넘도록 안심할 수 없었다. 생존의 위협에 대한 무의식적 공포에서 벗어날 수가 없었다. 그러나 세월호를 겪고 미투에 공감하며 안심의 생명공공성을 실현할 수 있는 계기가 마련되었다.[19] 30년 전 한살림선언의 '생명의 지평'은 3인칭 생명의 지평이었는지도 모른다. 이제야 비로소 3인칭과 1인칭이 동시에 실현되는, 3인칭과 1인칭을 아우르며 넘어서는 마음-생명의 지평이 열리고 있는지도 모른다.

수운의 시천주 체험과 오심즉여심을 다시 떠올린다. "개벽 후 오만년에 노이무공 하다가서 너를 만나 성공하니"를 다시 음미한다. 김상일이 지적하는 초학주문 '시천주고아정(侍天主顧我情)'의 고아정, '나의 마음을 돌아봄'의 숨은 뜻을 다시 생각해 본다.[20] 아즉천(我卽天)의 '나'의 의미를 다시 생각해 본다. '나' 없는 다시개벽은 없는 것 아닐까. 인시천(人是天)은 아즉천에서 완성되는 것 아닐까? 집합적 인간, 추상적 인간이 아니라, 외롭고 쓸쓸하고 고

단한 '나-한사람'과 하늘님과의 만남에서 다시개벽이 이루어지는 것 아닐까.

　마음인문학만이 아니다. '마음의 정치학(이득재)', '마음의 사회학(김홍중)'
이 주목받고 있다. 한살림이 5년 전 시작한 '마음살림'도 예사롭지 않다.

3) 생성의 생명공공성

　하나의 결론은 '생성(生成)'의 생명공공성이다. '신생(新生)'의 생명공공성
이다. 윤노빈의 신생철학의 신생처럼, 생성은 곧 신생이다.

　제법 멀리 돌아 다시 왔다. '재귀(再歸)'다. 생명의 강도(强度) 혹은 빛깔을
생존-생활-생성의 흐름으로 나누어 본다. 살아있음-살림살이-살아이룸(=새
로살림)이라고 말해도 좋다. 생활은 생존과 생성 사이 어딘가에 있다. 생활은
안정적 생존의 조건이기도 하고, 창조적 생성, 즉 신생의 조건이기도 하다.

　　　　살아있음의 생명⇔살림살이 생명⇔새로 살림의 생명

　다시개벽의 새로운 생명세계는 어떻게 출현할 것인가? 생존/생활이 생성
적 생명공공성의 조건이라면, 궁궁의 마음-생명은 그것의 보이지 않는 배경
이 된다. 궁궁의 마음-생명은 이를테면 지기(至氣) 혹은 천(天)이다. 한국 생
명사상의 개척자들이자 사상적 맹우인 윤노빈과 김지하는 생명을 일러 '활
동하는 무'라고 말한 바 있다. 생존 · 생활 · 생성의 생명공공성의 원천은
무(無), 공(空), 허(虛), 도(道), '한'이라고 말할 수 있을 것이다. 이런 맥락에
서 생명공공성은 근원적으로 '공공성(空空性)'인지도 모른다. 니클라스 루만
(Niklas Luhmann, 1927-1998)을 빌려 말하면, 새로운 세계는 무구별의 백지상
태에서 자각적인 새로운 구별을 통해 재창조된다. 어쩌면 '무규정성'으로서

의 무궁함에 대한 자각이 '모심(侍天)'의 의미인지도 모른다.[21]

생성은 1인칭 생명과 3인칭 생명의 만남, 부딪힘의 사건이다. 활동하는 무의 드러남이다. 생성의 생명공공성은 세계 재창조로의 사회적 실현이다. 다시, 생명공공성은 초월적 규범이 아니라 차라리 무구별의 무궁함이다. 다시개벽의 시대, 생성의 생명공공성 시대가 열린다. 마음-생명의 시대가 열린다. 신은 구별하지 않는다. 구별은 인간의 몫이다. 새로운 구별이 세계를 재창조한다. 다시개벽한다. 해월의 '밥 한 그릇의 깨달음'을 다시 떠올린다. 사람과 하늘의 유무상생, 사람과 하늘의 색즉시공을 읽는다.

> 사람은 한울을 떠날 수 없고 한울은 사람을 떠날 수 없나니, 그러므로 사람의 한 호흡, 한 동정, 한 의식도 이는 서로 화하는 기틀이니라. 한울은 사람에 의지하고 사람은 먹는 데 의지하나니, 만사를 안다는 것은 밥 한 그릇을 먹는 이치를 아는 데 있느니라. 사람은 밥에 의지하여 그 생성을 돕고 한울은 사람에 의지하여 그 조화를 나타내는 것이니라. 사람의 호흡과 동정과 굴신과 의식은 다 한울님 조화의 힘이니, 한울님과 사람이 서로 화하는 기틀은 잠깐이라도 떨어지지 못할 것이니라.[22]

V. 맺음말: 제로하우스

그렇다면, '생성의 생명공공성' 운동, '마음-생명운동'을 어디서부터 시작할 수 있을까? 수운 최제우가 깨달음 체험 이후 만들었던 16개의 접은 우리 시대에 어떤 모양으로 다시 출현할 수 있을까?

우선 경로. 동학운동의 경로는 신앙공동체에서 시작되었다. 신앙공동체에서 생활공동체로, 다시 정치공동체로. 물론 그 전개 과정은 다기하다. 하나가 셋으로 분화되기도 하고, 새롭게 다시 모이기도 하고(包), 완전히 새로 만들어지기도 했다. 한살림운동의 경우에는 생활공동체에서 시작되었다. 그리고 다시 사회 실천 활동으로 확장하고, 마음살림(생활수양활동)으로 깊어지고 있다. 그렇다면 마음-생명운동은 어디서부터….

모임의 형태는 어떠할까? 동학의 접소와 도소, 혹은 비밀결사. 그것들은 생존을 의탁한 이름 그대로 '생명'공동체였다. 반면 현재 한살림의 기본적 조직 형태는 (아주 느슨해진) 생활협동을 목적으로 하는 경제적 결사체이다. 활동의 플랫폼은 매장과 활동 공간의 이중 구조였다가 최근 매장 중심으로 모아지고 있다. 그렇다면, 다음 시대의 플랫폼은 무엇일까? 물론 이제는 온/오프가 함께 연구되어야 할 것이다. 온라인 중심으로(?).

필자의 아이디어는 '제로하우스(zero-house)'다. 생성의 생명공공성, 그 상상력의 베이스캠프다. 제로의 마음에서 시작하여, 생활과 사회로 확장된다. 그 형태는 생활을 의탁하는 공동체도 아니고 이해관계로 모인 결사체도 아니다. 굳이 말하면 플랫폼이다. 텅 빈 마음의 플랫폼이라는 점에서 다시 수운 시절의 경로(신앙공동체에서 출발하는)로 돌아간다고 말할 수도 있다.

제로하우스는 어떻게 제로하우스가 될 것인가? 동학과 한살림에서 다시 배운다. 제로하우스는 궁궁의 집, 마음의 집이다. 텅 비어 '무궁한 무위의 집', 한살림운동의 정신적 스승 장일순의 호 무위당(无爲堂)의 그 '무위당(無爲堂)'[23]이다. '활동하는 무'의 집이다. 공(空)의 집이다. 생성의 생명공공성을 꿈꾸는 공간이다. 나아가 제로하우스는 깨달음의 장이고, 정신개벽의 도량이며, 궁을회문명(弓乙回文明)의 플랫폼이다. 영점장이다. 빈 집이다.

무엇보다 제로하우스는 안심의 공간이다. 그리고 제로하우스의 중요한 사회적 목표 중 하나가 안민이지만, 안심을 위한 공간만은 아니다. 각심(覺心/깨달음의 마음)의 플랫폼이 되기를 기대한다. 안심만으로 충분치 않다. 기분전환은 약물로도 가능하다. 진정한 안심은 깨달음에서, 탈무명의 만사지(萬事知)와 각지불이(各知不移)에서 오는 것 아닐까.

제로하우스, 무지의 지에서 시작한다. 사회적 깨달음 운동이다. 대각은 아니어도 좋다. 모른다는 것만 알면 된다. 삶과 생명의 무한한 복잡성을 이해하고 인정하면 된다. 큰 깨달음이 있으면 더욱 좋고. 그러고는 무궁한 가능성의 자유로운 선택. 사는 법(know-how)을 나누는 삶의 플랫폼이 된다. 그리고 가끔은 투표로 표현하고, 또 언젠가는 정치사회적 대변혁의 순간에 나설 수도 있을 것이다.

"일을 그만 둘 수 있다는 희망을 어떻게 만들 것인가." 무엇보다 제로하우스는 금기를 허물로 새로운 세계를 창조하는 상상력의 장이다. 혼밥, 혼술하는 탁월한 개인주의자들의 상상력 놀이터이다. 외롭고 높고 쓸쓸한 사람, 자유롭게 살고 싶은 사람, 공동체의 틀과 결사체의 틀에서 벗어나고 싶은 사람이 역설적으로 공동체도 해 보고 결사도 해 보고 네트워크도 해 보는….

필자가 메모장에 적어 놓은 제로하우스에 관련된 핵심어들이다.

"제로의 집, 무의 집, 영의 공간, 제로하우스 땡땡, 영생의 집, 궁궁의 집, 제로하우스 지원 재단, 필드, 무공간의 공간, 모임, 영점장, 솟터, 사회적 성소(聖所), 순수 증여의 집, 무주상보시, 무조건 돌봄의 집, 무료 이용, 서클프로세스, 무권리 무의무, 역설의 철학, 제로아카데미, 제로세미나, 탈무명, 영점탐구, 영점대화, 한사람 워크숍, 사회적 대화, 명상룸, 제로건축, 무상징의 상징, 십자가도 불상도 없는, 공동체도 결사체도 아닌…."

근대한국 개벽종교의 토착적 근대 / 허남진

1) 한국에서도 종교와 근대성에 관한 연구들이 활발하게 진행되고 있다. 주로 근대성의 형성 혹은 수용이 종교 영역에 어떤 변화를 초래하였는지에 초점을 맞추고 있다. 종교와 근대성에 관한 연구 중 주목할 만한 것은 근대성의 수용에 따라 한국 사회에서 새롭게 등장하였거나 혹은 과거에도 존재하였지만 판이한 어의와 용례를 부여받게 된 개념들을 탐구하는 연구들이다. 여기에는 '종교', '정교분리', '종교자유', '종교교육' 등과 같은 개념에 관한 연구가 두드러진다. 종교와 근대성 연구의 성과에 대해서는 조현범, 「'종교와 근대성' 연구의 성과와 과제」(강돈구 외, 『근대한국종교문화의 재구성』, 서울: 한국학중앙연구원, 2006)를 참조하기 바람.

2) 윤승용, 『한국 신종교와 개벽사상』, 서울: 모시는사람들, 2017, 28쪽.

3) 천도교, 대종교, 원불교는 하나의 종단을 지칭하지만, 개신교나 불교는 여러 종단과 교파를 총칭하는 개념이다. 본 논문에서 '증산교'는 증산을 신앙하는 여러 교파를 총칭하는 개념으로 사용했다.

4) 자세한 논의는 나종석, 「전통과 근대: 한국의 유교적 근대성 논의를 중심으로」, 『사회와 철학』 30, 사회와철학연구회, 2015 참조.

5) 송호근, 『인민의 탄생: 공론장의 구조변동』, 서울: 민음사, 2011, 374-375쪽.

6) 위의 책, 375쪽.

7) 박맹수, 「한국근대 민중종교와 비서구적 근대의 길: 동학과 원불교를 중심으로」, 『원불교사상과 종교문화』 33집, 원불교사상연구원, 2006.

8) 조성환, 『한국 근대의 탄생』, 서울: 모시는사람들, 2018; 조성환, 「開闢と近代: 東学の「サリム思想」を中心に」, 正泉寺国際宗教文化研究所・北島義信 編著, 『リーラー(遊): 欧米中心主義的近代の終焉』, 京都: 文理閣, 2018.

9) 고석규, 「1894년 농민전쟁과 '반봉건 근대화'」, 동학농민혁명기념사업회 편, 『동학농민혁명과 사회변동』, 파주: 한울, 1993, 26쪽.

10) 박민철, 「동학・천도교 사상의 '모던적(modern)' 징후」, 『시대와 철학』 28-4, 한국철학사상연구회, 2017.

11) 이희근, 「동학농민봉기는 반봉건 근대적 운동이 아니다」, 『한국사는 없다』, 서울: 사람과사람, 2001, 264쪽.

12) 박규태, 「한국의 자생적 근대성과 종교」, 『종교연구』 35, 한국종교학회, 2004, 136쪽.

13) 도널드 베이커, 김세윤 옮김, 『조선후기 유교와 천주교의 대립』, 서울: 일조각, 1997, 132쪽.

14) 장석만, 「개항기 한국 사회와 근대성의 형성」, 『모더니티란 무엇인가』, 김성기 편, 서울: 민음사, 1994, 263쪽.

15) 장석만, 「개항기 천주교와 근대성」, 『교회사연구』 17, 한국교회사연구소, 2001, 9쪽.

16) 신기욱·마이클 로빈슨 외, 도면회 옮김, 『한국의 식민지 근대성』, 서울: 삼인, 2006, 48-49쪽.

17) 문명론적 관점에서 근대 사회의 성격을 재해석. 재평가해야 한다는 논의는 1949년 칼 야스퍼스(Karl Jaspers)에 의해 제기되었던 '기축 시대'(Axial Age)에 근거하고 있다. 그는 인도에서는 불교와 힌두교가, 중동에서는 일신교가, 유럽에서는 그리스의 합리주의가 등장하여 종교와 도덕적 가치의 형성에 결정적으로 영향을 미치게 되었다는 점을 들어 이 시기를 '기축 시대'라고 칭하였다.

18) 미야지마 히로시, 「유교적 근대로서의 동아시아 근세」, 『나의 한국사 공부』, 서울:너머북스, 2013.

19) 김상준, 「중층근대성. 대안적 근대성 이론의 개요」, 『한국사회학』 41-4, 한국사회학회, 2007, 244-245쪽.

20) 위의 논문, 250쪽.

21) 위의 논문, 258-260쪽.

22) 위의 논문, 272쪽.

23) 신종화, 「현대성과 실학의 '개념적 재구성': 대안적 기획의 이론적 지평 확보를 위하여」, 『사회와 이론』 8, 한국이론사회학회, 2006, 16쪽.

24) 유원종, 「한국 실학과 근대성에 관한 논의」, 『한국민족문화』 39, 부산대 한국민족문화연구소, 2011, 22쪽.

25) 기타지마 기신, 「'토착적 근대'와 평화: 서구중심주의적 근대에서 평화공생(상생)의 근대로, 지역에서의 실천사례」, 『한국종교』 41, 원광대 종교문제연구소, 2017, 52-53쪽.

26) 기타지마 기신, 「한국·일본의 근대화와 민중사상-아프리카의 관점을 중심으로」, 『한국종교』 43, 원광대 종교문제연구소, 2018, 147-149쪽.

27) 조성환, 「한국에서의 전통사상의 근대화: 동학을 중심으로」, 『원광대 종교문제연구소 50주년 기념 한일 국제학술대회 자료집』(2017.10.21); 조성환, 「開闢と近代: 東学の「サリム思想」を中心に」, 앞의 책 참조.

28) 김문용, 「유교적 근대화의 길: 개화파」, 『조선유학의 학파들: 학파의 사상을 찾아서』, 서울: 예문서원, 2000.

29) 홍원식, 「역사 속에 산화해 간 주자학의 최후: 화서학파」, 『조선유학의 학파들』, 서울: 예문서원, 2000, 584쪽.

30) 기타지마 기신, 「한국·일본의 근대화와 민중사상: 아프리카의 관점을 중심으로」, 143-144쪽.

31) 박맹수, 「한국사상사에서 본 대산 김대거 종사: 개벽종교 대사상가로서 대산종사」,

『한국종교』 36, 원광대 종교문제연구소, 2013, 272쪽. 표영삼 역시 동학의 개벽사상은 천지개벽보다 인문개벽의 의미를 지닌다고 주장한 바 있다(표영삼, 「대신사의 개벽관」, 『신인간』 9·10합집호, 신인간사, 1986, 4-9쪽).

32) 조경달, 「갑오농민전쟁의 지도자: 전봉준의 연구」, 『조선사총』 7, 1983.

33) 정창렬, 「동학농민전쟁과 프랑스 혁명의 한 비교」, 미셸 보벨·민석홍 외, 『프랑스 혁명과 한국』, 서울: 일월서각, 1991, 253-254쪽.

34) 배항섭, 「동학농민군의 지향: 근대인가 반근대인가?」, 『내일을 여는 역사』 55, 내일을여는역사재단, 2014, 108-109쪽.

35) 정혜정, 「동학 '시천주(한울)' 사상의 재해석과 해방적 치유」, 『남도문화연구』 32, 순천대 남도문화연구소, 2017, 330-331쪽.

36) 「천도와 유불선」, 『海月神師法說』, "吾道似儒似佛似仙, 實則非儒非佛非仙也.

37) 조극훈, 「동학의 사상적 특성과 흐름 분석: 동학 개벽사상의 역사철학적 의미」, 『동학학보』 27, 동학학회, 2013, 66쪽.

38) 「夢中老少問答歌」, 『龍潭遺詞』.

39) 『東經大全』, 「論學文」, "曰: 與洋道無異者乎? 曰: 洋學如斯而有異, 如呪而無 實, 然而運則一也, 道則同也, 理則非也. 曰: 何爲其然也? 曰: 吾道無爲而化 矣. 守其心正其氣, 率其性受其敎, 化出於自然之中也. 西人, 言無次第, 書無皂白, 而頓無爲天主之端, 只祝自爲身之謀, 身無氣化之神, 學無天主之敎, 有形無迹, 如思無呪, 道近虛無, 學非天主, 豈可謂無異者乎."

40) 『東經大全』, 「論學文」, "曰同道言之 則名其西學也 曰不然 吾亦生於東 受於東 進雖 天道 學則東學 況地分東西 西何謂東 東何謂西."

41) 『東經大全』, 「論學文」.

42) 김용휘, 「동학의 성립과 성격 규정에 대한 일고찰」, 『동학연구』 27, 동학학회, 2009, 65-66쪽.

43) 윤승용, 앞의 책, 274-275쪽.

44) 고건호, 「한말 신종교의 문명론―동학·천도교를 중심으로」, 서울대 박사학위논문, 2002, 124-125쪽.

45) 『독립신문』과 『매일신문』 등 당시 언론에서는 동학과 동학란을 문명과 야만의 틀에서 부정적인 이미지를 생산하여, 동학란 당시의 척왜창의를 근대 문명진보를 반대하는 운동으로 인식하고 있으며, 이를 통해 동학과 동학란은 조선의 근대국가 수립을 위해 배제되어야 할 비문명적인 것으로 표상화하였다. 결국, 천도교로의 개신은 이러한 부정적 인식에서 벗어나려는 시도이다(홍동현, 「1894년 동학농문전쟁에 대한 문명론적 인식의 형성과 성격」, 『역사문제연구』 26, 역사문제연구소, 2011 참조).

46) 이건상, 「일본 메이지 유신기 메이로쿠샤(明六社) 결성과 문명 개화론의 성격」, 『일본의 근대화와 조선의 근대』, 서울: 모시는사람들, 2011, 63-84쪽.

47) 김윤식, 「序一」, 『대동학회월보』 1, 대동학회회관, 1908, 7쪽.

48) 김용휘, 「한말 동학의 천도교 개편과 인내천 교리화의 성격」, 『한국사상사학』 25, 한국사상사학회, 2005, 228-229쪽.

49) 정혜정, 앞의 논문, 333쪽.

50) 정혜정, 「민주 사회를 위한 시민교육과 한국적 인문학: 동학 · 천도교를 중심으로」, 『OUGHTOPIA』 32-1, 경희대 인류사회재건연구원, 2007, 77쪽.

51) 조규태, 「일제의 한국강점과 동학계열의 변화」, 『한국사연구』 114, 한국사연구회, 2001, 190쪽.

52) 『義菴聖師法說』, 「人與物開闢說」.

53) 김용휘, 「동학의 개벽사상과 새로운 문명」, 『한국종교』 35, 원광대 종교문제연구소, 2012, 78쪽.

54) 고건호, 「개항기 신종교의 후천개벽론의 근대적 변용」, 『한국종교연구회회보』 6, 한국종교연구회, 1995, 28쪽.

55) 정혜정, 『동학 · 천도교의 교육사상과 실천의 역사적 의의』, 동국대 박사학위논문, 2001, 276쪽.

56) 서일이 지은 『회심경』에는 "선천과 후천에 오직 내가 가능 크며[…]."라는 구절에서 확인 할 수 있듯이 개벽사상이 내재되어 있다(강돈구 · 고병철, 「대종교의 종교민족주의」, 『고조선단군학』 6, 단군학회, 2002, 185쪽)

57) 윤승용, 앞의 책, 208-209쪽.

58) 박영석, 「대종교의 민족의식과 항일 민족독립운동(상)」, 『한국학보』 31, 일지사, 1983, 124-125쪽.

59) 대종교 오대종지에 나타난 대종교의 공공성에 대한 논의는 김봉곤, 『대종교의 종교성과 공공성연구』(『원불교사상과 종교문화』 72, 원불교사상연구원, 2017)을 참조하기 바람.

60) 「宗旨와 任員」, 『大韓每日申報』, 1910.4.27.

61) 「五大宗旨佈明書」, 『皇城新聞』, 1910.5.25.

62) 정영훈, 「홍암 나철의 종교민족주의」, 『정신문화연구』 25-3, 한국학중앙연구원, 2002, 251-252쪽.

63) 「檀君敎說筆記」, 『皇城新聞』, 1910.5.25.

64) 대종교종경종사편수위원회, 『대종교중광60년사』, 서울: 대종교총본사, 1971, 154쪽.

65) 위의 책, 185-186쪽.

66) 정영훈, 앞의 논문, 249쪽.

67) 위의 논문, 253-254쪽.

1) 세계적으로 약 15억 명이 아직도 전기 혜택을 제대로 받지 못하고 있다는 점을 우리
가 결코 간과해서는 안 된다는 사실을 이 자리에서 강조해 두고자 한다. 〈스미트 그
리드〉(한국전력공사, http://blog.kepco.co.kr/172) 참조.

2) B. Latour, *We have never been modern*, trans. by C. Porter, Cambridge MA: Harvard
University Press, 1993 참조. J.-L. 낭시도 같은 맥락에서 인류가 '이상적 공동체'를 현
실에서 실현한 적이 없다고 못박고 있다. 그런즉 이제 인류공동체에 대한 구상을 새롭
게 '하나의 물음'으로 가질 때라는 것이다. ─ J.-L. Nancy, *La Communauté désœuvrée*,
Paris: Christian Bourgois, 1986(『무위의 공동체』, 박준상 옮김, 인간사랑, 2010) 참조.

3) 이에 대해서는 *Noesis*, n° 18, 2011("Barbarie" 특집호) 참조. 참고로 이 특집호는 프랑스
니스대학의 이념역사연구소(Centre de Recherche en Histoire des Idées)에서 2009년 1
월 28일부터 1월 30일까지 개최한 학술대회 결과를 엮은 것이다.

4) J. Robelin, "Préface: L'inhumanité de l'humanité", *Noesis*, n° 18, 2011, 7쪽.

5) J. Robelin, "Préface: L'inhumanité de l'humanité", 7쪽.

6) E. Saïd, *L'Orientalisme. L'Orient créé par l'Occident,* trad. de C. Malamoud, préface de
T. Todorov, Seuil, 1980 참조.

7) S. Snoussi, "La Barbarie ou l'Orient: critique de certaines idées orientales", *Noesis*, n°
18, 2011, 145쪽.

8) 아프리카에 대한 인류의 편견은 다음 책 참조: 엘렌 달메다 토포르, 『아프리카: 열일곱
개의 편견』, 이규현 · 심재중 옮김, 한울아카데미, 2010.

9) T. Nagel, *The view from nowhere*, New York: Oxford University Press, 1986 참조.

10) V. S. Vellem, "Un-thinking the West: The spirit of doing Black Theology of Liberation
in decolonial times", *HTS Teologiese Studies/Theological Studies*, n° 73, 2017(https://
doi. org/10.4102/hts.v73i3.4737) 참조.

11) 한국에서 중국의 신화를 연구한 한 학자는 자신의 학문하기가 '슬프다'고 술회한 바
있다. '우리'-학문의 정체성이 서구의 동양에 대한 억압구조와 더불어 중화주의에 대한
억압이라는 이중의 억압 때문이라는 것이다. 정재서, 『동양적인 것의 슬픔』, 민음사,
2010 참조.

12) 동학(東學)의 비서구적 · 주체적 근대의 길에 관한 심도 있는 연구는 이미 박맹수 교
수가 여러 편의 논문을 통해 밝혀 놓고 있다. 본고에서 필자는 탈식민적 관점에서 동
학을 어떻게 세계철학계에 소개할 수 있을 것인지를 고민하면서 떠오른 생각들을 시
론적(試論的)으로 정리해본 것임을 밝힌다 - 박맹수, 「韓國近代 民衆宗敎와 非西歐的
近代의 길: 東學와 圓佛敎를 중심으로」, 『원불교사상과 종교문화』 제33호, 원광대 원
불교사상연구원, 2006 참조.

13) V. S. Vellem, "Un-thinking the West", 6쪽.

14) 보편주의에 대한 서구에서의 대대적 비판 작업은 다음 특집호 참조: *Revue de métaphysique et de morale*의 "L'universalisme(보편주의)" 특집호(n° 61, 2009), *Esprit*의 L'universel dans un monde post-occidental(탈식민주의 세계에서 보편적인 것) 특집호(fév. 2009), *Pardès*의 "Face à l'universel: la pensée juive(유대적 사유, 보편적인 것과의 대면)" 특집호(n° 49, 2011), *Revue des sciences philosophiques et théologiques*의 "Singulier, pluriel, universel(특이성, 다수성, 보편성)" 특집호(t. 95, n° 3, 2011), *Insistance*의 "Questions sur l'Universel et la diversité. Psychanalyse et politique(정신분석학과 정치학의 관점에서 보편적인 것과 다양성에 대한 의문들)" 특집호(n° 8, 2012), *Diogène*의 L'universalisme dans un monde multiculturel(다문화 세계에서 보편주의) 특집호(n° 237, 2012) 등.

15) 박치완, 「기술-경제 세계화 시대의 지식과 인간」, 『인문콘텐츠』 제44호, 한국인콘텐츠학회, 2017 참조.

16) 최경섭, 「엄밀한 학이 아닌 지역학으로서 철학」, 『철학』 제103호-104호, 한국철학회, 2010 참조.

17) J. Derrida, *De l'esprit*, Galilée, 1990 참조. 이 책에서 데리다는 헤겔의 정신(Geist)을 '독일 정신', '히틀러의 정신'이라고 비판하고 있다.

18) 나카무라 유지로, 『토포스 - 장소의 철학』, 박철은 옮김, 그린비, 2012 참조.

19) S. Harding, *Whose Science? Whose Knowledge? Thinking from Women's Lives*, Cornell University Press, 1991 참조.

20) 박치완, 「지역과 세계, 상대성과 보편성의 경계에 선 철학」, 『철학과 문화』 제26집, 한국외국어대학교 철학문화연구소, 2013, 41~75쪽 참조.

21) 보편성과 역사의 문제를 심도 있게 다룬 논문으로는 C. G. Ryn, "Universality and History: The Concrete as Normative", *Humanitas*, Vol. 6, n° 1, 1992 참조.

22) 허버트 스피겔버그, 『현상학적 운동 2』, 최경호 옮김, 이론과실천, 1992 참조. '현상학적 운동의 세계지도'는 제8장의 제목임.

23) 필자의 연구·조사에 따르면, 현재 인문학, 철학과 관련해 전 세계적으로 가장 많은 글이 발표되고 있는 것이 바로 '아프리카'에 관한 것이다. 영어권, 불어권에서 활동하는 아프리카 지식인들이 많기 때문일 것으로 추측된다. 물론 그들 간에는 가나나 세네갈 등 아프리카 내에서 활동하는 철학자와 미국, 영국, 프랑스 등 유럽에서 활동하는 아프리카계 철학자로 구분하며 서로 극명한 입장차를 보이기도 한다.

24) 최광식, 『한류로드』, 나남, 2013 참조.

25) 이오성, 「국밥처럼 말아먹은 한식 세계화」, 『시사in』(2018.04.20.) 기사 참조.

26) H. Arendt, *La crise de la culture*, Gallimard, 1972 참조.

27) N. Maldonado-Torres, "On the Coloniality of Being", *Cultural Studies*, Vol. 21, n° 2~3,

2007, 240~270쪽 참조.

28) S. J. Ndlovu-Gatsheni, *Coloniality of Power in Postcolonial Africa: Myths of Decolonization*, Codesria, 2013, 144쪽.

29) 이 표현은 캐나다에서 활동하는 아이티계(Haïti) 출신 작가 조나셍의 것으로, 자신은 "흑인 야만인(Nègre barbare, Negrobarbaricus)으로 문화적 정체성의 혼돈을 심히 겪었다"고 술회하는 장면에 등장한다. — J. Jonassaint, *La Déchirure du (corps) texte et autres brèches*, Montrèal: Éditions Dérives/Nouvelle Optique, 1984, 54쪽.

30) Y. Moulier-Boutang, "Raison métisse", *Multitudes*, n° 6, 2001, 9~14쪽; E. Delruelle, "Le temps des tribus et des ghettos?", *Noesis*, n° 18, 2011(http://journals. openedition.org/noesis/1772), 11~15쪽 참조.

31) F. Jullien, *De l'universel, de l'uniforme, du commun et du dialogue entre les cultures*, Fayard, 2008 참조.

32) 자세한 언급은 C. Maurel, "La World/Global History. Questions et débats", *Vingtième Siécle. Revue d'histoire*, n° 104, 2009, 153~166쪽 참조.

33) 필자는 일찍이 이러한 고민을 다음 글에서 담아 보았다: 「글로컬 공공철학을 위한 문화인식론」, 『동서철학연구』 제75호, 2015.

34) W. Mignolo, *The darker side of western modernity*, Durham: Duke University Press, 2011, 235 참조. 김용규는 〈diversality〉를 '다양한 보편성'이라 번역하고 있다(김용규, 「트랜스모더니티와 문화의 생태학: 식민적 차이와 유럽중심주의적 근대성 비판」, 『코기토』, 제70호, 부산대 인문학연구소, 2011, 127쪽). 하지만 필자는 그 의미를 적극 살린다는 취지로 '다일상보성'이라는 새로운 번역어를 제시해 본다.

35) W. Mignolo, *The darker side of western modernity*, 235쪽.

36) E. Morin, *On Complexity*, Translated by Robin Postel, Hampton Press, 2008. 모랭에 따르면 '복합적 사유(complexe thought)'는 다양한 사건, 행동, 상호작용, 반작용, 결정성과 우연성, 불확실성과 모호성, 질서와 무질서 등을 모두 포괄하며, 현상세계에 대한 설명에서뿐만 아니라 인간-세계에 관한 인식론의 차원에서도 이 '모든 것들을 하나로(Unitas Multiplex)' 담아내는 것이 필요하지 않느냐는 것이다. 요는 그동안 서구의 '단순 사유(pensée simplifiée et simplifiante)'에서는 "사유의 규칙이나 확실성을 추구한다는 미명하에 모호성을 제거하고 위계화에만 몰두했다는 것이다."(E. Morin, *On Complexity*, 5) 한마디로 실체, 원자 등 단순성(simplicité)이 사유의 절대성, 영원성을 전유하며 권좌를 차지하고 있었다는 것이다. 그런데 이 단순성은 모랭에 따르면 '분리환원적인 일차원적 사유 패러다임(the disjunction-reduction-unidimensionality paradigm)'과 다르지 않다. 바로 이 점에 있어서 서구철학은 "여전히 '인간'에 대해 전역사(prehistory)에 머물고" 있는 것이다. 모랭이 "오로지 복합적 사유만이 우리(complex)가 우리의 지식(complex)을 따르게 할 것"(E. Morin, *On Complexity*, 6쪽)이

라고 강조한 이유가 여기에 있다.

37) E. Delruelle, "Le temps des tribus et des ghettos?", 53쪽.

38) In-Suk Cha, "Vers une prise de conscience asiatique de l'identité multiple", Diogène, n° 228, 2009, 5쪽. 결론에서 차인석은 인류공생을 위해서는 국제적 윤리(l'éthique internationale)와 같은 것이 필요한데, 이 윤리는 특수주의(particularismes)의 이해 와 수용이 "보편적으로 수용된 목표"일 때 가능하지 않느냐고 묻고 있다(In-Suk Cha, "Vers une prise de conscience asiatique de l'identité multiple", 25쪽).

39) '생명사상', '다시개벽사상', 유무상자(有無相資)의 정신에 기초한 아래로부터의 혁명 사상, 보국안민 사상 등 동학(東學)에 대한 동아시아사상사적 접근 및 해석은 박맹수, 『개벽의 꿈, 동아시아를 깨우다』, 모시는사람들, 2011 참조.

40) 이런 이유 때문에 우리는 동학을, 기존 연구에서처럼, 동아시아 또는 서구와의 근대적 연관성 하에서 의미를 찾으려는 노력도 중요하지만(조성환, 「한국적 근대의 시작과 동학이 추구한 문명」, 『근대 문명 수용 과정에서 나타난 한국종교의 공공성 재구축 제 2차 년도 연구방향 세미나 자료집』, 2017, 2~3쪽 참조) 세계철학적 의미를 부여하려는 노력도 게을리 해서는 안 될 것이라 생각한다.

41) 이 내용은 미뇰로의 다음 논문에서도 확인할 수 있다: W. Mignolo, "I am where i think: Epistemology and the colonial difference", Journal of Latin American Cultural Studies, Vol. 8, n° 2, 1999.

42) R. Grosfoguel, "The Epistemic Decolonial Turn", Cultural Studies, Vol. 21, n° 2~3, 2007, 211~223쪽 참조.

43) 이에 대한 자세한 설명은 조성환, 「〈天道〉의 탄생: 동학의 사상사적 위치를 중심으로」, 『韓國思想史學』 제44집, 한국사상사학회, 2013, 368쪽 참조.

44) 김용휘, 『우리 학문으로서의 동학』, 책세상, 2007 참조.

45) A. J. Marsella, "'Hegemonic' Globalization and Cultural Diversity. The Risk of Global Monoculturalism", Australian Mosaic, n° 13, issue 11, 2005, 2.

46) W. Mignolo, "Global Coloniality and the world Disorder. Decoloniality after Decolonization and Dewessternization after the Cold War", World Public Forum: "Dialogue of Civilizations"(http://wpfdc.org/images/2016_blog/W.Mignolo_ Decoloniality_after_ Decolonization_Dewesternization_after_the_Cold_War.pdf) 참조.

47) 여기서 '다시개벽'은 동학의 꿈이 이루어지지 않았기 때문에 그 정신을 되살려 '새 문 명(생명살림의 문명) 창조'를 꾀하자는 함의가 포함돼 있다. 박맹수, 「동학의 공공성 실천과 그 현대적 모색」, 『원불교사상과 종교문화』 제72호, 원광대 원불교사상연구 원, 2017, 90~91쪽.

48) 박맹수, 「동학의 공공성 실천과 그 현대적 모색」, 93~98쪽 참조.

49) 이러한 사상은 동학혁명군의 다음 표어에도 잘 나타나 있다: 제폭구민(除暴救民)·축

멸왜이(逐滅倭夷)·진멸권귀(盡滅權貴). 동학운동이 개항·개화기에 갑진개혁운동, 신민회운동, 3·1운동으로 연계되면서 자주독립, 민족(주의)운동의 토대가 된 것은 이런 점에서 것도 결코 우연이랄 수 없다.

50) 조성환, 「동학이 그린 공공세계」, 『근대한국 개벽종교를 공공하다』, 원광대학교 원불교사상연구원 편, 모시는사람들, 2018 참조.

51) 박맹수, 「동학이 꿈꾼 유토피아」, 『조선의 멋진 신세계』, 김양식·박맹수 외, 서해문집, 2017 참조.

52) 동학에 대한 국외의 평가로는 다나카 쇼조의 「朝鮮雜記」(1986); 趙景達『異端の民衆反亂: 東學と甲午農民戰爭』(東京: 岩波書店, 1998) - 직접적 설명은 박맹수, 「동학의 공공성 실천과 그 현대적 모색」, 94~95 참조. 그리고 최근 일본학자가 리(理)와 기(氣)로 한국사회를 해석한 책이 출간돼 세간의 주목을 받고 있다. 오구라 기조, 『한국은 하나의 철학이다: 리와 기로 해석한 한국 사회』, 조성환 옮김, 모시는사람들, 2018.

53) 박맹수, 앞의 「韓國近代 民衆宗敎와 非西歐的 近代의 길: 東學과 圓佛敎를 중심으로」, 170쪽.

54) 오늘날에도 여전히 도시공학(an urban spatial science)은 경제학이 중심이론으로 통하며, 1970년대 마르크스주의적 접근이 시도되었을 때조차도 경제주의적 접근은 계속되었다. 1970년대에 1950년대와 달라진 점은 도시 연구에 '문화'가 포함되었다는 점일 것이다. 물론 1990년부터 본격화된 비교문화연구, 포스트모더니즘과 같은 외부 이론의 부상과 인문지리학, 도시지리학과 같은 새로운 연구 경향의 등장으로 도시공학도 내적 변화를 꾀한 게 사실이다. - T. J. Barnes, "The 90s Show: Culture Leaves the Farm and Hits the Streets", *Urban Geography*, Vol. 24(Issues 6), 2003, 479~492쪽 참조.

55) 박치완, 「지역과 세계, 상대성과 보편성의 경계에 선 철학」, 『철학과 문화』 제26집, 한국외대 철학과 문화연구소, 2013, 41~75쪽 참조.

56) "Can Koreans Think?"는 싱가포르 외무부장관을 역임한 바 있는 현 싱가포르 국립대 교수인 인도계 마부바니가 쓴 다음 책 제목에서 차용한 것임. - K. Mahbubani, *Can Asians Think? Understanding Between East and West*, Steefforth, 2001. 이 책을 통해 마부바니는 스타가 되었는지 모르지만 다음 관련 논쟁에서도 확인할 수 있듯 - "Asians can think: A time for Asian Leadership at the G20"(East Asia Forum, 2010); "Why 'Can Asians think?' is still a relevant question"(*The Nation*, 2014); "Can Asians think? Yes, and no"(*On Twitter worldethics*, 2014); "Asians can and must think strategically, not to be dominated by the West"(*Rightway*, 2014); "'Can Asians Think?', and other nonsense"(*Myanmar TIM*, 2018) - "아시아인도 철학을 하는지?" 묻는 마당에 "한국에서 철학을 한다"는 것은 세계인이 조후(嘲詬)할 일이다. 그 정도로 한국의 인지도(브랜드 가치)는 낮은 편이라 할 수 있고, 한국철학은 더 말할 것도 없다. 해서 필자는 동학을 관례대로 '동아시아(극동아시아, 동북아시아)'라는 지리(지역)에서 해방시키기

위해서는 탈식민주의 연구 그룹과 어깨를 같이해 동학의 세계철학적 가치와 함의를 〈Koreanology〉로서 널리 지구촌에 알리면 어떨까, 감히 제안해 본다.

57) 전봉준의 다음 절명시(絕命詩)에서 인용: "時運이 다하니 영웅도 스스로 어쩔 수 없다/백성을 사랑하고 正義를 위한 길이 무슨 허물이랴/나라를 위한 붉은 마음 그 누가 알아줄까."

58) 이에 대한 자세한 언급은 박맹수, 앞의 「韓國近代 民衆宗教와 非西歐的 近代의 길: 東學과 圓佛教를 중심으로」, 166~167쪽 참조. 특히 동학혁명군의 〈폐정개혁안〉을 '반세계화운동'의 차원에서 평가하고 있는 점이 새로운 해석이라 하겠다.

근대한국 개벽종교의 공공성과 시대정신 / 류성민

1) 이 글에서는 동학/천도교, 증산교, 대종교, 원불교를 '근대한국 개벽종교'로 범주화하고자 한다. 이 종교들은 하나같이 "새로운 세상/하늘을 연다."는 의미의 '개벽'의 이념을 표방하고 있었다는 점에서(대종교는 '개천') '개벽종교'라고 명명할 수 있다. '개벽종교' 개념에 대해서는 원불교사상연구원 편, 『근대한국 개벽종교를 공공하다』, 모시는사람들, 2018년 참조.

2) 종교의 공공성 관련 개념과 의미에 대해서는 염승준, 「종교적 '공공성'의 개념과 의미 고찰」, 『원불교사상과 종교문화』 제72집, 2017, 7-36쪽 참조. 이 글에서 염승준은 '초월성'을 서양 근대 종교의 공공성의 본질로 파악하고, 그러한 공공성을 한국종교의 공공성 재구축에 원용할 수 있음을 밝히고 있다. 이 글에서 제시한 '지향성'의 관점에서는 종교적 신념에서의 초월에의 지향과 구체적 실천에서의 현실 문제에의 지향으로 구분하고자 한다. 말하자면 종교적 공공성은 종교적 신념에서 비롯되어 구체적 실천으로 이어지는 점을 중시해야 한다고 보는 것이다.

3) 『東經大全』에는 '개벽'이란 용어가 사용되지 않았지만 개벽을 암시하는 구절이 있고, 『용담유사』에는 4회 사용('다시 開闢' 2회, '開闢 後'와 '開闢時' 각 1회)되었다. 최제우가 당대를 '다시개벽'의 시대로 인식한 것을 알 수 있다.

4) 박맹수, 「동학의 공공성 실천과 그 현대적 모색: '한일시민이 함께 가는, 동학농민군 전적지를 찾아가는 여행'을 중심으로」, 『원불교사상과 종교문화』 제72집, 원광대학교 원불교사상연구원, 2017, 90쪽 이하 참조.

5) 윤이흠, 「한국민족종교의 역사적 실체」, 『한국종교』 제23집, 원광대학교 종교문제연구소, 1998, 96-98쪽 참조.

6) 『해월신사법설』, 「용시용활」. 최시형(1827-1898)의 원래 이름은 최경상(崔慶翔)이었고 호는 해월(海月)로서 1875년에 최시형으로 개명했다. 최제우에 이어 동학의 제2대 교주를 맡았으며, 『東經大全』과 『용담유사』를 발간했다.

7) 『해월신사법설』, 「포덕」: "神師曰「所謂班常之別 人之所定也 道之職任天主之所使也 人豈可以能天定之任撤回乎 唯天無別班常而賦其氣寵其福也 吾道輪於新運而使新人 更定新制班常也 自此以後 吾道之內一切勿別班常 我國之內 有兩大弊風 一則 嫡庶之 別 次則班常之別 嫡庶之別亡家之本 班常之別亡國之本 此是吾國內痼疾也 吾道頭目之 下 必有百勝之大頭目 諸君愼之 相互以敬爲主 勿爲層節 此世之人 皆是天主生之 以使 天民敬之以後 可謂太平也"

8) 박맹수, 「동학계 종교운동의 역사적 전개와 사상의 시대적 변화: 동학과 천도교를 중심으로」, 『한국종교』 제37집, 원광대학교 종교문제연구소, 2014, 61쪽 이하 참조.

9) 위의 글, 64-66쪽 참조.

10) 이에 대해서는, 위의 글, 78-84쪽; 박세준, 「천도교의 정치사회 활동과 교리」, 『인문사회 21』 제7권 제5호, (사)아시아문화학술원, 2016, 410쪽 이하 참조.

11) 류성민, 「'천지공사'의 종교윤리적 의미에 대한 연구」, 『대순사상논총』 제23집, 대순사상학술원, 2014, 7-8쪽 참조.

12) 대순진리회 교무부 편, 『典經』, 경기: 대순진리회출판부, 1974, 336쪽(「예시」, 81).

13) 이에 대해서는 필자가 별도의 논문으로 정리한 바 있다. 류성민, 위의 논문, 10쪽 이하 참조.

14) 허남진, 「증산사상과 공공성」, 『종교문화연구』 제28호, 한신대학교 종교와문화연구소, 2017. 6, 109-110쪽 참조.

15) 여기서는 '종단 대순진리회'(여주 본부도장)를 중심으로 설명하고자 한다. 주지하다시피 대순진리회는 박한경 도전 사망(1996년) 이후 집단지도체제로 운영되는 과정에서 일부 교리와 권력 문제 등으로 내부 갈등이 있어 왔고, 몇 개의 분파로 분리되어 있으나 종지(宗旨)와 그 실현 방법들에서는 큰 차이가 없다. 대순진리회의 교리와 사상에 대해서는 고병철, 「대순진리회의 전개와 특징」, 강돈구 외, 『한국종교교단 연구 II』, 성남: 한국학중앙연구원 문화와 종교연구소, 2007; 이경원, 『한국신종교와 대순사상』, 서울: 도서출판 문사철, 2011 참조.

16) 1909년의 창립 당시에는 '단군교'(檀君敎)라 칭했고, 1910년에 '대종교'로 개칭했다.

17) 김봉곤, 「대종교(大倧敎)의 종교성과 공공성 연구: 오대종지(五大宗旨)와 『삼일신고(三一神誥)』를 중심으로」, 『원불교사상과 종교문화』 제72집, 원광대학교 원불교사상연구원, 2017, 39쪽 이하 참조.

18) 『三一神誥』, 「三一神誥序」(번역문은 대종교 홈페이지[www.daejonggyo.or.kr]의 '경전자료실'에서 인용).

19) 황선명, 「대종교의 개천사상과 한국의 미래」, 한국민족종교협의회 편, 『민족종교의 개벽사상과 한국의 미래』, 서울: 한국민족종교협의회, 2004, 168쪽 이하 참조.

20) 1923년에 만주지역에 34개의 교당이 설립되었고, 무장투쟁을 포함한 항일독립운동을 활발히 전개하였다. 윤용복, 「대종교의 역사와 특징」, 강돈구 외, 『한국종교교단 연구

IV』, 성남: 한국학중앙연구원 문화와종교연구소, 2008, 177-212쪽 참조.

21) 윤이흠, 『일제의 한국민족종교 말살책: 그 정책의 실상과 자료』, 서울: 고려한림원, 1997, 104-112쪽 참조.

22) 김봉곤, 앞의 글, 57쪽 이하 참조, 이 글에서는 '성통공완'을 "성통은 자신의 참된 마음을 아는 것이며, 공완은 당연히 해야 할 일을 남에게 실천하는 것이다."로 풀이했다.

23) 『대종경』, 「교의품」 34.

24) 『대종경』, 「전망품」 20.

25) 이에 대해서는 김홍철, 「소태산의 개벽사상과 한국의 미래」, 한국민족종교협의회 편, 앞의 책, 228-236쪽 참조.

26) 『대종경』, 「교의품」 22.

27) 『대종경』, 「전망품」 28.

28) 원영상은 원불교의 종교적 공공성을 ① 대승정신의 계승과 참여불교의 성격으로 정리한 바 있다. 전자가 종교적 신념에 주안을 둔 분석이라면 후자는 실천규범에 초점을 맞춘 설명이라 할 수 있다. 원영상, 「원불교의 종교성과 공공성」, 『불교학보』제79집, 동국대학교 불교문화연구원, 2017, 254쪽 이하 참조.

29) 위의 논문, 250쪽 이하 참조.

30) 『원불교교서』, 익산: 원불교출판사, 2012 참조. 이 교서에는 「원불교정전」, 「대종경」, 「정산종사법어」, 「성가」가 포함되어 있다.

31) 『정전』, 「수행편」, 제1장 일상수행의 요법의 일부.

32) 『정전』, 「수행편」, 제11장 계문(戒文). 1. 보통급 십계문.

33) 『정전』, 「수행편」, 제15장 병든 사회와 그 치료법의 일부.

34) 윤이흠은 "민족적 정체감과 문화적 주체의식을 중요한 사상적 내용으로 삼고 있는 한국자생종교"를 '한국민족종교'라 규정하고 있다. 윤이흠, 『한국의 종교와 종교사』(유고집), 서울: 박문사, 2016, 550쪽.

종교없음 시대의 종교성과 동학 시천주 개념의 내재적 초월성 / 염승준

1) 월러스틴은 역사적 자본주의의 체제 메커니즘의 핵심 요소 가운데 하나가 차별, 구별 그리고 그것을 통한 배제라고 말한다. 이에 대해서는 이매뉴얼 월러스틴 지음, 『역사적 자본주의/자본주의 문명』. 나종일·백영경 옮김, 서울: 창비, 81-85쪽 참조. 그는 역사적 자본주의의 가장 중요한 기둥 가운데 하나로 "제도적인 인종차별주의"(racism)을 들었다. "인종차별주의는 노동력의 계서화(階序化)를 위한 그리고 지극히 불평등한 보수의 분배를 위한 이데올로기적 정당화"이며 "경제적 분야에서 수행하는 역할과 관련된 어떤 특성들에서 어떤 집단이 다른 집단보다 '우수하다'는 믿음은, 이들 집단에

대한 노동력 배치가 있기 이전에 나타나기보다는 오히려 언제나 그다음에 나타난 것이었다. 인종차별주의는 언제나 사후의(post hoc) 현상이었다." 같은 책, 82쪽.

2) 「논학문」. 최제우 지음, 『동경대전』, 박맹수 옮김, 서울: 지식을 만드는지식, 2012, 14쪽 참조. 본 논문에서 최제우의 저서를 인용할 때는 1888년에 간행된 무자판 원전 『동경대전』을 참조하고 쪽수는 박맹수의 번역본으로 표시한다.

3) 「교훈가」.

4) 「논학문」.

5) 「논학문」.

6) 카를 슈미트, 『정치신학』, 김항 옮김, 서울: 그린비, 2010, 65쪽. 이에 대해서는 염승준, 「종교적 '공공성'의 개념과 의미고찰」, 『원불교사상과 종교문화』 제72집, 22-26쪽 참조. 칸트 역시 『순수이성비판』에서 당대 형이상학에 대한 무관심을 다음과 같이 말한 바 있다. "얼마 전까지만 해도 만물 중의 최고였고, 수많은 자식을 가진 권력자였건만, 이제 내몰리고 쫓기어 의지할 곳조차 없구나."

7) 형이상학에 대한 무관심은 여전히 한반도에서도 현재 진행형이다. 한자경은 현대의 한국 유학 연구자들조차 유물론 내지 경험주의적 세계관에 젖어 있기 때문에 유학의 형이상학인 미발지각의 경지인 '천지지심'이나 '허령지심'에 대한 감지력, 허령불매의 마음 활동에 대한 감응력, 본각(本覺)에 대한 신뢰 및 자각을 갖고 있지 않다고 진단한다. 이에 대해서는 한자경, 「미발지각(未發知覺)이란 무엇인가?: 현대 한국에서의 미발 논쟁에 관한 고찰을 겸함」, 『철학』 123, 2015, 22쪽 참조.

8) 한자경, 『한국철학의 맥』, 서울: 이화여자대학교출판부, 2009. 한자경은 이 책에서 한국의 무교, 유교, 불교, 동학 그리고 박종홍의 철학사상에 이르기까지 일관된 하나의 맥을 "내재적 초월주의"로 보고 있다.

9) 서양의 유신론과 유물론이 이질적인 주장 같지만 그리 다른 것이 아니다. 신 이외에 일체를 물질적 차원에서 이해하는 유신론의 경우 신이 부재한 곳에서는 오직 유물론 이외에 다른 방식으로 존재를 설명할 수 없기 때문이다.

10) 아르놀트 하우저, 『문학과 예술의 사회사』, 백낙청 옮김, 서울: 창비, 2016, 38-39쪽.

11) Roberto Mangabeira Unger, *The Religion of the Future*, Harvard University Press, Cambridge, 2014, p.1. 인용문 번역은 백낙청, 「문명의 대전환과 종교의 역할」, 『종교·생명의 대전환과 큰 적공』, 원불교사상연구원 편, 서울: 모시는사람들, 2016, 48쪽 참조. 백낙청은 위의 인용문이 "얼핏 보아 세속적인 종교 비판, 특히 무신론적 실존주의와 비슷한 주장"으로 보일 수 있지만, 웅거가 "종교가 예술이나 철학 또는 단순한 정치 운동이 아닌 '종교'로 살아남는 것이 중요함을 거듭 강조"하였다고 판단한다.

12) 『창작과 비평』 171호(2016년 봄), 398-424쪽.

13) 신과 인간의 관계를 시혜와 수혜의 교환관계로 보는 것에 대해서는 유광석, 『종교시장의 이해』, 서울: 다산출판사, 42-47쪽 참고.

14) 로베르토 망가베이라 웅거, 『주체의 각성』, 이재승 옮김, 서울: 앨피, 2012, 412쪽. 웅거가 인간 안에서 무한성과 절대성의 발견하는 것은 한국 불교와 유교의 전통적인 인간관과 다르지 않다. 원효(元曉, 617-686)와 양촌 권근(陽村權近, 1352-1409)이 각각 마음이 갖는 절대성과 무한성 그리고 그러한 특성을 스스로 자각할 수 있는 인간의 마음을 "성자신해(性自神解)"와 "허령통철(虛靈洞徹)"로 이해했다. 한국의 전통적 인간관이 전근대적인 것으로 치부되고 낯선 것이 되어 버린 현 학계의 상황에서 서양 사상가의 주장을 거울삼아 우리의 사상과 철학에 의미부여하고 귀 기울이는 상황을 지적 식민주의라 말할 수 있을 것이다.

15) 천주교회 제8대 조선교구장으로 역임한 뮈텔 주교(Mutel, Gustave Charels Marie, 1854-1933)는 동학에서 사용하는 '천주'라는 명칭이 천주교에서 취한 것이며, 천주교와 마찬가지로 축문(祝文)과 기도문(祈禱文)이 있지만 동학교도 대부분은 교리도 제대로 모르며, 단지 '동학'이라는 이름의 사용만으로 교도로 인정받고 있다고 보고 있다. 선교사 뮈텔이 모든 인간이 천주를 마음에 간직할 수 있다는 동학의 '내유신령'과 '각지불이'의 경지를 이해하지 못했다는 점은 다음의 내용을 통해서 확인할 수 있다. "동학에 관한 개념을 얻는다는 것은 매우 어려운 일입니다. 동학에서 간행한 서적들이나 그 중에서 내가 구해볼 수 있었던 책들은 모호하기 그지없습니다. … 동학에는 서학에서 취한 '천주'라는 명칭과 그 밖의 몇 개의 단편적 진리 외에도 일반적으로 주역과 또한 주역에 관한 몽상적 주해에서 끌어온 求文도 있습니다. 그 위에 동학도의 거의 대부분이 그들이 믿는다고 생각되는 교리를 전혀 모르고 있으며, 다만, 동학이란 이름만이 이 집단에 가입해 있다는 표시입니다. 천주교 명동교회, 『서울교구 연보 I』(1878-1903), 한국교회사연구소, 1984, 27쪽. 박대길, 「동학농민혁명 이전 천주교와 동학의 상호 인식」, 『인문과학연구』 19, 2006, 72쪽.

16) 「논학문」, "侍者, 內有神靈, 外有氣化, 一世之人, 各知不移者也."

17) 「흥비가」. 최제우는 인간을 '무궁한 나'로 이해한다. "무궁히 살펴 내어 무궁히 알았으면, 무궁한 이 울 속에 무궁한 내 아닌가." 한자경, 『한국철학의 맥』, 서울: 이화여자대학교출판부, 2008, 345쪽 재인용.

18) 로베르토 망가베이라 웅거, 『주체의 각성』, 이재승 옮김, 서울: 앨피, 2012, 414쪽.

19) 최제우는 「포덕문」에서 영부의 현상을 '궁궁' 또는 '태극(太極)'이라고 한다. "吾有靈符, 其名仙藥, 其形太極, 又形弓弓"

20) 동학의 종교성과 혁명성의 연관성에 대한 논문들로는 김경재, 「동학농민혁명 과정에서 종교의 역할」, 『동학연구』 9·10합집, 2001; 심재윤, 「동학농민혁명에 대한 종교학적 의의」, 『동학학보』 14, 2007; 심재윤, 「영국 농민반란과 동학농민혁명의 반봉건적 특성에 대한 비교연구」, 『동학연구』 21, 2006; 심재윤, 「영국 농민반란과 동학 농민혁명의 종교 사상적 배경: 존 볼(John Ball)의 천년왕국사상과 崔濟愚의 동학사상 비교연구」, 『한국사상과 문화』, 2007; 허수, 「『개벽』의 종교적 사회운동론과 일본의 '종교철

학」, 『인문논총』제72권 제1호, 2015 등 다수의 논문이 있다. 심재윤은 동학이 동학농민혁명의 사상적 구심점이었다는 데 이론의 여지가 없다고 본다. 그러나 "한울님이 인간의 몸 안에 모셔져 있다는 의미는 한울님이 외재적인 신일 뿐만 아니라 내재적인 신임을 뜻하는 것이다."라는 그의 견해는 외재와 내재라는 상호 이율배반적인 것을 혼동하고 있는 것이다. 외재주의의 관점에서 한울을 읽는 것은 신학계의 입장으로 한국 전통종교와의 내적 연관성을 단절시킬 뿐이다. 정치학이나 역사학계의 종교성과 혁명성의 상호연관성을 부정하는 논의는 여전히 현재까지 지속되고 있다. 예를 들면 김경재나 심재윤이 동학과 동학농민혁명의 내적 연관성을 인정하지만, 허수는 이돈화가 일본 철학자 이노우에 테쓰지로의 "'현상즉실재론'의 철학적 견해를 도입한 후, 그것이 지닌 종교철학적 논의를 천도교의 종교적 사회운동을 위한 실천 담론으로 전유(專有)하였다"고 본다. 현상즉실재의 이론적 차원의 담론을 도입하고 나서야 동학의 종교성이 사회적 실천으로까지 확장된 것은 아닐 것이다. 동학 자체의 "동귀일체"의 평등의 정신은 사회 정치적 계급 타파를 위한 혁명성을 이미 내포하고 있다. 그의 견해대로라면 자칫 동학이나 천도교에 그런 요소가 없기에 타자에게서 담론을 빌려와서야 담론을 형성한 것인 양 해석될 여지가 있다. 남태욱은 「동학농민혁명과 독일농민전쟁의 비교적 고찰: F. 엥겔스의 외피론을 중심으로」(『동학학보』 제19호, 2010)에서 심재윤처럼 내재와 외재를 혼동하지 않으면서 내재적 초월주의의 관점에서 동학과 동학농민혁명의 내적 연관성을 잘 설명한다. 그는 "인간은 초월적 존재인 한울님과 본성을 공유한다"(305쪽)고 봄으로써, 내재적 초월주의의 관점에서 시천주를 이해한다. "동학의 인간론은 초월적인 존재인 한울님을 근거로 하지만 초월자에 의존하거나 종속된 인간이 아니라 이를 창조적, 혁명적으로 극복한 인본주의적 인간론"(306쪽)이며, 이것이 사회적 외연으로 확장하여 평등의 이념이 되고 있음을 강조한다.

21) 로베르트 망가베이라 웅거, 『정치』, 김정오 옮김, 서울: 창비, 2015, 394쪽 참조.

22) 로베르토 망가베이라 웅거, 『주체의 각성』, 이재승 옮김, 서울: 앨피, 2012, 211쪽, 270쪽.

23) 앞의 책, 241쪽.

24) 한자경, 『한국철학의 맥』, 서울: 이화여자대학교, 2008, 34쪽.

25) 앞의 글.

26) 앞의 책, 30쪽.

27) 「논학문」.

28) 한자경, 『한국철학의 맥』, 서울: 이화여자대학교출판부, 2008, 362쪽.

29) 「도덕가」. 한자경, 『한국철학의 맥』, 서울: 이화여자대학교출판부, 2008, 340쪽 재인용.

30) 「논학문」, "侍者, 內有神靈, 外有氣化, 一世之人 各知不移者也." 한자경에 따르면 "자신 안의 한울을 자각하지 못할 경우, 그 한울의 영성을 자신 아닌 다른 어딘가로 옮겨

놓는 이(移)가 발생한다." 자신의 신비로운 영성을 자각하지 못하면 인간은 자신의 신성인 한울을 자신과 무관한 것, 자신 밖의 것으로 간주하게 하게 된다는 것이다. 그는 존재의 근원을 인간 밖의 신으로 타자화하여 설정하여 이해하는 서양의 종교나 철학 그리고 존재의 근원을 물질로 설명하는 유물론, 두 경우 모두 존재의 근원을 인간 자신의 주체 안에서 자각하지 못하고 밖에서 찾았다는 점에서 유신론과 유물론이 상호 통한다고 보고 있다. 한자경, 앞의 『한국철학의 맥』, 366쪽.

31) 吳知泳 저, 이장희 교주, 『동학사』, 박영사, 1974, 22쪽. 한자경, 앞의 『한국철학의 맥』, 341쪽 재인용.

32) 오지영, 『동학사』, 4쪽, 같은 책, 342쪽 재인용.

33) 오지영, 앞의 책, 6쪽, 같은 책, 343쪽 재인용.

34) 신일철, 「최수운의 역사인식」, 이현희 편, 『동학사상과 동학혁명』, 서울: 청아출판사, 1984, 24쪽.

35) 한자경, 앞의 『한국철학의 맥』, 342쪽. 한자경은 신일철의 해석을 다음과 같이 비판하였다. "최제우의 시천주와 동학의 3대 교주인 손병희의 인내천 사상의 관계성에 대한 해석상의 논쟁의 핵심을 다음과 같이 표현하고 있다; '"인내천'이라는 개념 자체는 최제우의 작품에는 등장하지 않는다. 그것은 최제우와 최시형에 이어 3대 교주가 된 손병희(1861-1922)가 1905년 천도교를 확립하면서 천도교의 기본 종지로서 제시한 것이다. 그러나 내용적으로 볼 때 최제우의 깨달음 자체가 이미 강령을 통한 신인합일의 깨달음, 즉 인간이 무궁한 존재, 신이라는 인내천의 깨달음이다. 그러므로 인내천사상이 손병희에 의해 비로서 확립된 것으로 최제우의 사상이 아니라든가, 최제우의 신은 외적 일신론이었는데 손병희가 그것을 범신론화하면서 비로서 인내천을 말하게 되었다는 등의 주장은 최제우의 신비체험을 곡해하는 잘못된 주장이다. 그 점에서 "동학의 근본 교리는 '인내천'이라기보다는 '시천주'다'라는 신일철의 말도 문제가 있다."

36) 최동희, 「해월의 종교사상에 대한 이해」, 동학연구소 편, 『해월 최시형과 동학사상』, 예문서원, 1999, 88쪽. "한울에 주목하지 않고 무심히 지나치게 되면 … 어느덧 정주학 또는 노장학 쪽으로 해석하게 된다."

37) 한자경, 앞의 『한국철학의 맥』, 364-365쪽.

38) 신일철, 앞의 「최수운의 역사의식」, 35쪽 참조.

39) 「논학문」, "氣者, 虛靈蒼蒼, 無事不涉, 無事不明, 然而如形而難狀, 如聞而難見, 是亦渾元之一氣者也."

40) 『주역』, 「계사전 상」, 11장. "易有太極, 是生兩儀, 兩儀生四象, 四象生八卦, 八卦定吉凶, 吉凶生大業." 한자경, 『명상의 철학적 기초』, 서울: 이화여자대학교출판부, 2007, 169쪽 재인용.

41) 이에 대한 자세한 설명은 한자경, 앞의 『명상의 철학적 기초』, 168-172쪽 참조.

42) 앞의 책, 170쪽.

43) 한자경, 앞의 『한국철학의 맥』, 342쪽.

44) 박민철, 「북한 철학계의 동학·천도교의 이해와 그 특징-1990년대 이후를 중심으로」, 『한국학논집』 68, 2017, 281쪽.

45) 량만석, 『동학의 애국애족사상』, 평양: 사회과학출판사, 2004, 31쪽.

46) 이에 대해서는 부르스 커밍스의 『한국현대사』, 서울: 창비, 2016, 27-28쪽 참조.

마음혁명을 통한 독립국가 완성과 국민 만들기 / 김석근

1) 1992년 8월 중국 베이징에서 개최된 제4차 조선학 국제학술토론회 정치, 법률부회에서 「정산 송규의 '건국론' 연구」(김영두) 발표 역시 하나의 계기가 되었던 듯하다. 김영두, 「송정산 건국론 사상의 재조명」, 『원불교학』 창간호, 1996, 196쪽 참조.

2) 류명원, 「송정산의 건국론과 조소앙의 삼균주의에 대한 비교연구」, 원광대 석사논문, 1997; 손광준, 「송정산의 건국론과 정마명의 강력주의 비교연구」, 원광대 석사논문, 1998.

3) 정화진, 「정산 송규의 『건국론』 연구」, 원광대 박사논문, 2012.

4) 박맹수, 「정산 송규 『건국론』 해제」, 『한국독립운동사연구』 53집, 2016.

5) 박상권, 「송정산의 『건국론』에 대한 의의와 그 현대적 조명」, 『원불교사상』 19집, 1995; 류명원, 「정산의 건국론과 조소앙의 통일방안」, 『원불교사상』 23집, 1999; 강만길, 「한국근대사 속에서 본 송정산의 건국론」, 『원불교사상』 22집, 1998; 신순철, 「건국론의 저술배경과 성격」, 『원불교학』 4집, 1999.

6) 솔직히 말하자면 『건국론』에 대한 일종의 격에 맞지 않는 '무례'(無禮)처럼 느껴지기도 했다. 조소앙과 정마명과의 비교가 갖는 적실성 문제라는 것, 비교의 함정, 정말 비교할 만한 걸 서로 비교해야 하지 않을까 하는 생각이 든다.

7) "넷째, 1945년 8월 해방을 맞은 이후 원불교가 보여준 동향에 대해서는 역시 주목할 만하다. 교단에서는 만주와 일본 등에서 들어오는 전재 동포를 구제하기 위해 서울·부산·익산 등에 '귀환 전재동포구호소'를 설치해 식사·의복·숙소·응급치료 등의 활동을 전개했다. 또한 중앙총부 등에 야학원을 개설해 한글을 교육하고, 전국 교당에서 일제히 문맹퇴치운동을 전개하고 있다. 동포를 구제하고 한글 교육을 실시했다는 점이 중요하다. 아울러 필자가 특별히 주목하고 싶은 것은, 그 해 10월 제2대 종법사 정산(鼎山)[송규(宋奎)]이 『건국론』을 저술했다는 사실이다. 정산은 건국의 강령을 밝히고 국력을 배양하는 방법 등을 제시하고 있는데, 종교인의 건국론이라는 점에서도 의의가 크다고 하겠다. 아무튼 '건국'이란 곧 국가건설 State Building 내지 Nation Building을 말한다. 이에 대해서는 필자의 다음 연구과제로 삼고자 한다."(김석근, 「근대한국종교에서의 '민족'(民族)과 '민중'(民衆): Nation, Nation State, 그리고

Nationalism과 관련해서」, 『원불교사상과 종교문화』 74집, 2017 참조).

8) 바야흐로 정산 송규의 『건국론』과 관련해서는 연구의 분화와 심화, 그리고 다각화가 필요하다고 하겠다. 그런 후에야 총체적인 자리매김이 가능하지 않을까 한다.

9) 김석근, 「범부 김정설의 건국철학과 국민윤리론」, 범부학술대회 발표 논문, 2016.

10) 김재준, 『기독교의 건국이념』(1945년 선린형제단 주관 집회 강연 내용) ; 한경직, 『건국과 기독교』, 서울: 보린원, 1949; 이혜정, 「한경직 연구의 관점 : 기독교적 건국론」, 『한국 기독교와 역사』 30호, 2009; 고지수, 「해방 후 장공 김재준의 기독교적 건국론 이해 : 사료 『기독교의 건국이념(建國理念)』을 중심으로」, 『인문과학』 54권 54호, 2014; 함신주, 「해방 후 개신교의 건국이념 연구 : 1945~1948년 김재준과 한경직의 건국이념을 중심으로」, 장로회신학대 석사논문, 2015.

11) 이런 측면에 주목한 선행 연구도 나와 있다. 류병덕, 「少太山이 본 宗敎와 政治의 相關性」, 『원불교사상』 2집, 1977; 이진수, 「소태산의 정교동심관(政敎同心觀) 연구」, 『원불교사상과 종교문화』 46집, 2010; 이성전, 「정산 송규(鼎山 宋奎)의 치교사상(治敎思想)」, 『종교교육학연구』 24권, 2007; 동, 「정산의 치교사상(治敎思想): 정치를 중심으로」, 『원불교사상과 종교문화』 69집, 2016 등.

12) 『建國論』은 총 8장과 부록(2절)으로 구성되어 있다.

　1장 서언

　2장 정신 : 마음단결, 자력확립, 충의봉공, 통제명정, 대국관찰(5개 절)

　3장 정치 : 조선 현시에 적당한 민주국건설, 중도주의의 운용, 시정간명, 헌법엄정, 훈련보급, 실력양성, 종교장려(7개 절)

　4장 교육 : 초등교육의 의무제, 중등전문대학의 확창, 정신교육의 향상, 예의교육의 향상, 근로교육의 실습(5개 절)

　5장 국방 : 국방의 정신, 국방군과 국방의 시설, 국방군의 본분(3개 절)

　6장 건설 경제 : 전기공업의 증강, 지하자원의 개발, 운수교통의 개수, 농지와 산림의 개량, 위생보건의 설비, 국영과 민영, 노동력의 증강, 독선생활의 방지, 각 구역 공익재단건설, 저급생활의 향상, 일산(日産)의 처리, 취사선택, 긴급대책(13개 절)

　7장 진화의 도 : 정치에 관한 공로자 우대, 도덕에 관한 공로자 우대, 사업에 관한 공로자 우대, 발병자 우대, 특별기술자 우대, 영재의 외학장려, 연구원설치, 세습법철폐, 상속법제한(9개 절)

　8장 결론 : 정책의 요지, 동포에게 부탁하는 말(2개 절)

　부록 : 건국 3기, 요언 21조.

13) 박맹수, 앞의 논문.

14) 정화진, 앞의 논문.

15) 정산종사탄생100주년기념사업회편, 『평화통일과 정산종사 건국론』, 익산: 원불교출판사, 1998.

16) 정산종사, 『(문화문고1) 정산종사 건국론』, 익산: 원불교출판사, 1981(수정본).

17) 필자가 『건국론』을 처음 접한 것 역시 이 텍스트를 통해서였다. 2003년 4월쯤 원불교 총부 방문에 이어 찾아간 원불교출판사에서 『건국론』을 발견하고 신기해했던 기억이 있다. 그때 같이 구입한 책은 『조선불교혁신론』(소태산 박중빈)이었다.

18) 한종만, 「정산의 '건국론'고」, 『원불교사상』 15집, 1992, 410쪽.

19) 김귀성, 「정산 종사의 사회교육관: 건국론을 중심으로」, 『원불교사상』 15집, 1992, 642-643쪽.

20) 김영두, 앞의 논문, 199쪽.

21) 김영두, 앞의 논문, 232쪽.

22) 신순철, 앞의 논문, 504쪽.

23) 『건국론』문고판(정산종사, 『(문화문고1) 정산종사 건국론』, 익산: 원불교출판사, 1981), 〈간행의 말씀〉.

24) 위의 책, 이공전, 해제.

25) 위의 책, 해제, 7쪽.

26) 김귀성, 앞의 논문, 644쪽.

27) 강만길, 「한국근대사 속에서 본 송정산의 건국론」, 정산종사탄생100주년기념사업회 편, 『평화통일과 정산종사 건국론』, 익산: 원불교출판사, 1998, 59쪽.

28) 강만길, 위의 논문, 67쪽.

29) 신순철, 앞의 논문, 498쪽.

30) 신순철, 앞의 논문, 527쪽.

31) 박맹수, 앞의 논문, 257쪽.

32) 이하에서 " " 부분은 정산 『건국론』에서 인용한 것이며, 또한 정산이 구사한 용어와 개념을 거의 그대로 쓰고자 한다. ' '로 표시.

33) 강조는 인용자. 이하 마찬가지.

34) 『건국론』 제1장 서언, 11-12쪽. 이하 페이지 표기는 참고의 편의를 위해서 〈문고판〉의 그것을 적기로 한다. 영인 필사본과 차이가 있지만 가장 접근성이 높기 때문이다. 다만 특별히 차이가 있는 부분은 지적해 두고자 한다.

35) 문고판에는 '중도주의(中道主義)'로 되어 있어 쓸데없는 오해를 불러올 수 있다. 실은 필자 역시 그 같은 엄청난(!) 시행착오를 겪었다.

36) "2. 국내 단결이 있는 후에야 국제 신용이 나타나고 국제 신용이 나타난 후에야 외교의 성공을 얻게 되고 외교의 성공을 얻은 후에야 국가의 주권이 서게 되고 국가의 주권이 선 후에야 평등과 자유가 다 우리에게 있나니 만약 평등과 자유를 희망하는 자로서 국내 단결을 파괴하는 것은 살기를 원하면서 스스로 죽을 일을 하는 것과 같은 것이다."(47쪽)

37) "우리는 오랫동안 외국의 압정을 받아왔으므로 우리끼리는 통제 있는 생활을 단련한

바가 적어서 조선 사람이 조선 사람을 쉽게 아는 습관이 없지 아니한 듯하나니 독립을
완성하려는 이때에 먼저 이 정신을 고쳐서….".(18쪽)

38) 『中庸章句』에서는 이렇게 적고 있다. "中者, 不偏不倚無過不及之名, 庸平常也." "子
程子曰: 不偏之謂中, 不易之胃庸, 中者天下之正道, 庸者天下之定理."

39) '민족'이 '국가'를 이루게 되면 '민족국가'가 되고, '민족국가'에서 '민족'은 '국민'이 된다.
국가를 매개로 해서 민족은 국민이 된다. 역시 '국가'가 중요한 계기가 된다.

40) "그것은 국가발달사의 표준으로 보면 국민과 민족을 구별하기가 대단히 명료합니다.
다만 국민이라고 할 때는 정녕 국가 없는 국민은 없을 것이요, 국가가 없으면 국민은
없을 것입니다."(김범부) 김석근, 「범부 김정설의 건국철학과 국민윤리론」, 범부학술
대회 발표 논문, 2016 참조.

41) 『정산종사법어』 제1부 세전. 1 국가.

42) 『정산종사법어』 제1부 세전(世典)을 보면 제3장 가정, 제5장 사회, 제6장 국가, 제7장
세계로 되어 있다.

43) "대세계주의자(大世界主義者)이신 정산 종사께서도 조국은 있는지라 나라 위해 외쳐
주셨던 이 큰 경륜(經綸)의 서(書)….".(문고판 1981, 해제, 7쪽)

44) "국민이란 스스로 국민이 되고자 하는 사람들의 집합체라 할 수 있을 것이다(It has
been said that a nation is something that wants to be a nation). 단순히 하나의 국가적
공동체에 소속되어 공통의 정치적 제도 하에 놓여 있다는 객관적 사실은 아직 근대적
의미에 있어서의 「국민」을 성립시키기에는 충분하지 않다. 거기에 있는 것은 기껏해
야 인민(人民, a people) 내지는 국가에 소속된 구성원이지 「국민」(nation)이 아니다.
그것이 「국민」으로 되기 위해서는 그들이 그런 같은 귀속감〈共屬感〉을 적극적으로
원하거나 적어도 바람직한 것으로 의식하지 않으면 안 된다. … 국민국가를 떠받쳐주
고 있는 것은 바로 그런 의미에 있어서의 국민의식에 다름아니다. 그리고 그런 국민의
식을 배경으로 하여 성장하는 국민적 통일과 국가적 독립의 주장을 폭넓게 국민주의
(Nationalism: Principle of nationality)라고 부른다면, 국민주의야말로 근대국가가 근대
국가로서 존립해가기 위해서 없어서는 안될 정신적인 추진력이다." 마루야마 마사오
저, 『일본정치사상사연구』, 김석근 옮김, 서울: 통나무, 1995, 465-466쪽 참조.

45) 다음의 문장이 이어지고 있다. "국민의 도는 첫째 국법을 존중함이니, 다스리는 이나
다스림을 받는 이를 막론하고 나라의 법을 엄정하게 지키며 정당하게 복종할 것이요,
둘째는 국민의 의무를 이행함이니, 교육과 경제와 국방과 근로 등에 관한 모든 의무를
국민이 다 같이 이행할 것이요, 셋째는 직업 영역 안에서 봉공함이니, 모든 국민이 각
자의 직업 영역 안에서 항상 자리 이타와 봉공 정신으로써 활동하여 자기의 생활을 건
실히 향상시키는 것으로 나라의 생산과 문화에도 봉공이 되게 할 것이요, 넷째는 합심
단결이니, 나라의 발전과 나라의 이익을 위하여는 모든 국민이 삿된 욕심과 삿된 이익
을 도모하지 말고 크게 뭉치어 나아갈 것이니라."(『정산종사법어』 제 1부 세전 제 6장

국가(國家) 3. 국민의 도")

46) 기존 연구에서는 이진수(2010)가 'state builing'과 'nation building'이란 용어를 사용하고 있다. "정산은 국가형성(state builing)과 국민형성(nation building)에 있어서 종교의 참여방향을 다음과 같이 밝히고 있다."(이진수, 앞의 논문, 131쪽)

47) 비슷한 맥락에서 김귀성은 '사회교육' 측면에서 『건국론』을 분석하고 있다. 김귀성, 앞의 논문 참조.

48) 국민의례는 2010년 7월 27일 대통령훈령 제272호에 따라 진행된다. 국민의례는 각종 공식적인 의식이나 회의 또는 행사에 있어 대한민국 국민으로서 국기에 대한 예를 표하고, 애국가를 제창하며 순국선열 및 호국영령들의 숭고한 뜻을 기리기 위하여 예를 갖추는 일련의 격식을 말한다.

49) "범부 자신의 표현을 빌리자면, 건국이라는 것은 '해체된 국가'와 '해체된 국민'으로부터 다시금 '완전한 국가'를 만들고 '완전한 국민'이 되는 것이라 할 수 있겠다. 그러니까 범부가 생각하는 건국은 그 내역을 보자면 크게 두 가지 범주로 구성되어 있다고 할 수 있겠다. 이른바 (1)'해체된 국가'에서 '완전한 국가'로 나아가는 'state-building(국가 만들기)'과 (2)'해체된 국민'에서 '완전한 국민'으로 나아가는 'nation-building(국민 만들기)'가 그들이다. 그러니까 건국은 그들 두 과제를 동시에 포괄하는 것이라 하겠다. 그 시대의 과제에 대한 범부의 정확한 인식이라 할 수 있겠다." 김석근, 앞의 논문 참조.

50) 김범부, 『國民倫理特講』, 189쪽. 김석근, 앞의 논문 참조.

51) 『정산종사법어』 제1부 세전. 1 국가.

52) 정산은 '국가' 만들기와 '국민' 만들기[State Building과 Nation Building] 과정에서 정치와 종교가 제대로 된 역할을 해야 한다고 보았다고 할 수 있겠다.

53) "국민의 종교에 대한 신념이 박약하면 정신 통제와 양심 배양의 힘이 부족하므로 순역 경계에 꺼림 없이 자행자지하여 범죄율이 높아지며, 종교를 믿는 이 중에도 혹은 미신에 빠지고 혹은 한 편에 집착하여 국민의 참다운 생활과 대중의 원만한 도덕을 널리 발휘하지 못하는 예가 적지 않나니, 국가에서는 국민 지도에 적당한 종교를 장려하여 각지에 행정 사법 교육 종교 등 네 가지 기관이 각각 그 임무를 분담 진행하게 한다면 이것이 또한 국가의 만년 대계에 하나가 될 것이니라."『정산종사법어』 국운편 제11장.

54) 정치와 종교가 표리병진하게 할 것. "정치에 대하여 말씀하시기를 "정치는 어느 한편에 권리편중이 없고 각자의 권리를 정당히 잘 운용하게 할 것이요, 모든 시정은 간이하고 민속히 하되 중요한 일은 법률과 공론을 아울러 들어서 해결할 것이요, 법은 상하가 다 엄정히 지키며 국가의 정론을 세운 후에는 국민 총 훈련을 실시하여 애국 정신과 공중 도덕을 보급시킬 것이요, 모든 지도는 신의에 근본하여 민중이 지도자를 신뢰하게 하며 인물의 양성과 경제의 개발을 조금도 게을리 아니하여 자립 자위하고 자

작 자급하는 실력을 기를 것이요, 국민의 정신 지도에는 정치와 종교가 표리 병진하게 할 것이니라."『정산종사법어』국운편 제10장.

55) 『정산종사법어』제2부 법어(法語) 제15 유촉편(遺囑編) 36장.

56) 『정산종사법어』제2부 법어(法語) 국운편.

57) "종교와 정치가 비록 분야(分野)는 다르나 그 이면에는 서로 떠나지 못할 연관이 있어서 한 가지 세상의 선불선(善不善)을 좌우하게 되나니라."(『大宗經』제2 교의품(敎義品) 37장)

58) 유병덕, 앞의 논문과 이진수, 앞의 논문 참조.

59) 『大宗經』제2 교의품(敎義品) 37장.

60) 『大宗經』제2 교의품(敎義品) 38장.

61) 『大宗經』제2 교의품(敎義品) 36장.

62) "우리는 먼저 우리의 교의(敎義)를 충분히 알아야 할 것이요, 안 후에는 이 교의를 세상에 널리 베풀어서 참다운 도덕에 근본한 선정 덕치(善政德治)를 베풀어 모든 생령과 한 가지 낙원의 생활을 하여야 우리의 책임을 다하였다 하리라."(『大宗經』제2 교의품(敎義品) 36장)

63) "나는 선중(禪中) 삼개월 동안에 바람 불리는 법을 그대들에게 가르쳤노니, 그대들은 바람의 뜻을 아는가. 무릇, 천지에는 동남과 서북의 바람이 있고 세상에는 도덕과 법률의 바람이 있나니, 도덕은 곧 동남풍이요 법률은 곧 서북풍이라, 이 두 바람이 한 가지 세상을 다스리는 강령이 되는 바, 서북풍은 상벌을 주재하는 법률가에서 담당하였거니와 동남풍은 교화를 주재하는 도가에서 직접 담당하였나니, 그대들은 마땅히 동남풍 불리는 법을 잘 배워서 천지의 상생상화(相生相和)하는 도를 널리 실행하여야 할 것이니라."(『大宗經』제2 교의품(敎義品) 37장)

64) 송도성수필, 「법회록」, 『월말통신』제4호(『교고총간』제1권, 익산: 원불교정화사), 1968, 26쪽.

65) 송도성수필, 「법회록」, 위의 책, 26쪽.

66) 송도성수필, 「법회록」, 위의 책, 28쪽.

67) 『정산종사법어』제2부 법어(法語) 제10 근실편(勤實編).

68) Nationalism은 민족주의, 국가주의, 국민주의로 번역되곤 하는데, 내셔널리즘에는 그들 세 측면이 동시에 담겨 있다고 할 수 있다. 한국이나 일본처럼 예로부터 민족적 순수성을 지녀 민족 문제가 없는 국가도 있다. 내셔널리즘은 대외적인 문제임과 동시에 내부적인 문제라 하겠다. 국가주의는 흔히 개인주의의 반대 개념으로 사용되고 있다. 내셔널리즘은 일정한 단계에서 개인적 자주성의 주장과 불가분으로 결합되어 있다. 그래서 '국민주의' 내지 내셔널리즘이라 하는 것이 좋겠다.

69) "1) 각자의 주의에 편착(偏着)하고 중도(中道)의 의견을 받지 아니해서 서로 조화하는 정신이 없는 것이요, 2) 각자의 영예와 아상(我相)에 사로잡혀서 사기존인(捨己尊人)

하는 마음을 가지지 못한 것이요, 3) 불같은 정권야욕(政權野慾)에 침혹(沈惑)하여 대의정론(大義正論)을 무시하는 것이요, 4) 그에 따라 시기와 투쟁을 일으키며 간교한 수단으로써 대중의 마음을 현란하게 하는 것이요, 5) 사체의 본말을 알지 못하고 일편의 충동에 끌려서 공정한 비판력을 가지지 못하는 것이요, 6) 지방성과 파벌 관념에 집착하여 대동의 정신을 가지지 못한 것이요, 7) 남의 세과(細過)를 적발하고 사혐(私嫌)과 숙원을 생각하여 널리 포용하는 아량이 없는 것이요, 8) 사심과 이욕이 앞을 서고 독립에 대한 정성이 사실 철저하지 못한 것이요, 9) 그에 따라 진정한 애국지사의 충정(衷情)을 잘 받들지 못하는 것이요, 10) 단결의 책임을 남에게 미루고 각자의 마음에는 반성이 없는 것"(13~14쪽)

70) "우리 건국에 있어서는 충의봉공의 참된 정신이 그 얼마나한 힘을 가졌는가? 물론 철수철골(徹髓徹骨)하신 애국의 선배가 많이 계시기도 하나 그 반면에 건국 기회를 이용하여 자기의 사적(私的) 세력과 이욕을 도모하는 데 몰두하는 거짓사람도 또한 적지 아니한 듯하니 이것이 어찌 건국전도에 큰 우려가 아니리오."(16쪽)

동학의 생명사상과 원주의 생명학파 / 조성환

1) 김지하는 목포 태생이지만 어려서 원주에서 자라서 윤노빈과 원주중학교를 같이 다녔다.

2) 가령 윤노빈과 김지하는 서울대학교에 다닐 때(윤노빈은 철학과, 김지하는 미학과), 방학 때마다 원주에 돌아와서 헤겔을 같이 읽었다고 한다. 그리고 장일순은 1980년대 중반부터 도시와 농촌을 잇는 '한살림운동'을 전개하는데, 그때 발표한 「한살림선언문」에는 김지하도 필자로 참여하였다.

3) 이 표는 2019년 1월 5일에 수운회관에서 있었던 〈한국학포럼〉 발제문 조성환, 「윤노빈의 신생철학」에서 재인용.

4) 윤노빈은 부산대학교 철학과 교수였던 1982년 무렵에 가족을 데리고 월북했다.

5) 다만 이돈화가 주로 서양철학을 수용하는 입장에 있었다고 한다면, 윤노빈은 비판하는 입장에 있었다고 할 수 있다.

6) "오늘날 인류가 겪는 고통은 민족들의 고통이다. … 현실적으로 '가장 큰 고통'인 민족적 고통에 관하여 인식하며 그것을 해결하는 방도를 찾는데 철학적 관심이 경주되지 않을 수 없다."(115쪽) 이 책에서 인용하는 『신생철학』의 쪽수는 학민사에서 나온 2003년 증보판에 의한다.

7) "도대체 한국철학이 있는지조차 의심하는 사람들도 있다."(115쪽)

9) "Fallacy of Misplaced Concreteness"(잘못 놓여진 구체성의 오류)

9) Ngugi wa Thiong'o, *Decolonising the Mind: The Politics of Language in African*

Literature, 1986

10) 吾亦生於東 受於東. 道雖天道 學則東学. 況地分東西 西何謂東 東何謂西! 孔子 生於魯 風於鄒 鄒魯之風 傳遺於斯世. 吾道 受於斯 布於斯. 豈可謂以西名之者乎!(『東經大全』 「論學文」)

11) 나중에 증산도와 증산교에서 교조로 숭배한 증산 강일순(1871~1909). 다만 강일순 자신은 교단 조직을 만든 것은 아니다. 그가 죽고 나서 그에게 배운 사람들에 의해 증산교가 시작된다. 그래서 이 글에서는 강일순의 사상을 '증산학'이라고 칭하고, '증산도'나 '증산교'와 구별하고자 한다.

12) 이 글의 존재는 2018년 가을에 원광대학교 교학대학 불교학과에서 있었던 박맹수 교수의 대학원수업을 통해서 알게 되었다.

13) 이 글에서 인용하는 「인간의 사회적 성화」의 쪽수는 김지하, 『남조선 뱃노래』, 자음과모음, 2012년 개정판(초판은 1985년)에 의한다. 밑줄은 인용자의 것.

14) "민중주체의 생명운동은 민중 자신이 민중 자신을 스스로 인식하고…해방하는 민중생명의 진정한 자기회복, 창조적인 주체회복운동입니다."(135쪽)

15) "그것은 또한 전중생계의 평화와 친교의 고향인 근원적인 생명의 본성에로, 활동적인 생명의 본성에로 인위적으로 복귀하는 운동이며, 그런 의미에서 그것은 후천개벽 운동인 것입니다. 이제까지의 모든 역사, 이른바 선천시대의 역사는…한마디로 죽임이 지배하는 역사였습니다. … 제3세계 중심의 새로운 세계문화 및 새로운 세계문명 건설, 그리고 전우주생명의 보편적 평화와 친교 및 화해의 성취 등은 모두 다 생명운동으로 수렴되어야 하며…민중생명의 사회적 성화, 즉 인내천운동으로부터 출발되어야만 할 것입니다."(137~138쪽)

16) 이상은 趙晟桓, 「東学の現代的解釈 ― 尹老彬の『新生哲学』と金芝河の「人間の社会的聖化」を中心に―」, 『リーラー「遊」〈Vol.11〉』, 文理閣, 2019 참조.

17) 동학·천도교, 증산교, 원불교 등을 '개벽종교'라는 개념으로 명명한 연구서로는 원불교사상연구원 편, 『근대한국 개벽종교를 공공하다』(모시는사람들, 2018)가 처음이다.

18) 여기에서 김지하가 말하는 '동세개벽'이란 "왕조변혁에 의한 중생해방이나 민중구원"을 말하는데, 김지하는 이것을 "선천적인 방편"이라고 하고 있다. 김지하는 동학에는 아직 이러한 선천적인 요소가 남아 있다고 보고 있다(김지하, 「구릿골에서―강증산 사상의 창조적 재해석」, 『남조선 뱃노래』, 258~259쪽).

19) 그중에서도 특히 강증산의 개벽사상을 중시하는데, 가령 『남조선 뱃노래』의 '남조선'이라는 개념도 강증산이 사용한 사상용어이다.

20) 김지하, 앞의 「구릿골에서―강증산 사상의 창조적 재해석」, 253쪽.

21) 西洋之武器世人無比対敵者 武器謂之殺人器, 道德謂之活人機. 『海月神師法説』「吾道之運」.

22) 김지하, 앞의 「구릿골에서―강증산 사상의 창조적 재해석」, 258~259쪽.

23) 〈김지하 회고록 「나의 회상, 모로 누운 돌부처」(132)―청강〉,《프레시안》, 2002. 09.07. (http://www.pressian.com/news/article.html?no=111956#09T0) 밑줄은 인용자의 것.

24) 이병한, 「성/속 합작: 지구적 근대의 여명, 토착적 근대의 환생」, 원불교사상연구원 주최, 《근대한국종교의 토착적 근대화 운동》, 학술대회자료집, 2018.08.15~16.

25) 주요섭, 〈무위당과 전환의 사회운동〉,《무위당 20주기 기념 생명운동대화마당》; 김재익, 〈공공하는 장일순의 생명살림〉,《공공정책》154호, 2018년 8월호에서 재인용.

26) 최시형의 '천지부모'사상에 대해서는 조성환, 「원주 동학을 계승한 장일순의 생명사상」,『강원도 원주 동학농민혁명』, 모시는사람들, 2019 참조.

27) 萬物莫非侍天主. 『海月神師法說』,「待人接物」.

근대한국 공공성의 전개와 연대 / 야규 마코토

1) '한국적 공공성'에 대해서는 야규 마코토, 「동서양 공공성 연구와 한국적 공공성 탐구」, 『退溪學論集』20호, 2017, 518-535쪽 참조.

2) 金泰昌, 「発題IV 一つの公共哲学試論」, 板垣久和・金泰昌 편, 『公共哲学16 宗教から考える公共性』, 東京: 東京大學出版會, 2006, 107-108쪽.

3) 조성환, 「한국 근대와 공공성」, 『개벽신문』 60호, 서울: 개벽신문사, 2016.11.

4) 조성환, 「개벽과 근대-동학의 '살림사상'을 중심으로」, 『リーラー(遊)』 Vol.9, 京都: 文理閣, 2018.

5) 鄭允愚・柳厚祚, 「玉山書院 癸亥十二月初一日 通文」 "然而傳說之來. 槩乎有聞. 伊其所以誦呪天主之法. 依附乎西洋. 符水療病之設. 踏襲乎黃巾. 一貴賤而等威無別. 則屠沽者往焉. 混男女以帷薄爲設. 則怨曠者就焉. 好貨財而有無相資. 則貧窮者悅焉. 一以廣收徒黨. 爲第一功業. 居一村而欲盡一村之人. 居一鄕而欲盡一鄕之人. 次次傳及. 勢成滔天. 有似乎張角之排布三十六方. 而敎主之尊. 隱若渠帥. 則是將擴司牧之權. 以行一己之私者耳." 표영삼, 『동학 1 : 수운의 삶과 생각』, 271-276쪽 참조.

6) 申淳鐵・李眞榮 著, 安宇植 譯, 『実録 東学農民革命史』, 全州: 東學農民革命記念事業會, 32-35쪽.

7) 吳知泳 저, 梶村秀樹 역, 『東学史』, 東京: 平凡社, 138쪽.

8) 四大名義 : 동도대장이 각 부대장에게 명령을 내려 약속하였다.(東道大將下令於各部隊長約束曰) [1]매번 적을 상대할 때 우리 동학농민군은 칼에 피를 묻히지 아니하고 이기는 것을 으뜸의 공으로 삼을 것이며(每於対敵之時兵不血刃而勝者爲首功) [2]어쩔 수 없이 싸울 때라도 간절히 그 목숨을 해치지 않는 것을 귀하게 여길 것이며(雖不得已戰功勿傷命爲貴) [3]매번 행진하며 지나갈 때에도 남의 것을 해치지 말 것을 공으로 삼을

것이며(每於行陣所過之時功勿害人之物) [4]효제충신으로 이름난 사람이 사는 동네 10
리 안으로는 주둔하지 말 것이다(孝悌忠信人所居村十里內勿爲屯住)

9) 十二箇条紀律 : [1]항복하는 자는 사랑으로 대하라(降者愛對), [2]곤궁한 자는 구제하라
(困者救濟), [3]탐욕스런 벼슬아치는 추방하라(貪官逐之), [4]따르는 자는 공경하라(順
者敬服), [5]굶주린 자는 먹이라(飢者饋之), [6]간사하고 교활한 자는 (악행을) 그만두게
하라(姦猾息之), [7]도망가는 자는 쫓지 말라(走者勿追), [8]가난한 자는 나누어 주라(貧
者賑恤), [9]충성스럽지 못한 자는 제거하라(不忠除之), [10]거스르는 자는 잘 타이르라
(逆者曉喩), [11]병자에게는 약을 주라(病者給藥) [12]불효하는 자는 벌을 주라(不孝刑
之).

10) 폐정개혁안 : [1]전운소(轉運所)를 폐지시킬 것(轉運所革罷事), [2]단결(團結)에 다른
세를 부과하지 말 것(團結不爲加事), [3]보부상의 폐해를 금단할 것(禁斷步負商人作
弊事), [4]도내의 환전(還錢)은 옛 감사(伯)가 이미 징수한 것을 다시 민간에서 징수하
지 말 것(道內還錢舊伯旣爲捧去則不得再徵於民間事), [5]대동미(大同米)를 거두기 전
에 각 포구에서 암상인(潛商)이 쌀을 거래하는 것을 금지시킬 것(大同上納前各浦口
潛商貿米禁斷事), [6]동포전(洞布錢)은 한 호(戶)마다 봄과 가을에 2냥씩으로 정할 것
(洞布錢每戶春秋二兩式定錢事), [7]탐관오리를 모조리 파직시킬 것(貪官汚吏齊罷黜
事), [8]왕의 총명을 가리고 매관매작(賣官賣爵)하고 국권을 농단하는 이를 모조리 쫓
아낼 것(壅蔽上總賣官賣爵操弄國權之人逐出事), [9]관장(官長)이 된 자는 관할 구역
안에 매장하지 말 것. 또 논을 사지 말 것(爲官長者不得入葬於該境內且不爲買畓事),
[10]세금은 전례(前例)를 따를 것(稅依前事), [11]연호잡세(烟戶雜稅)는 줄여 없앨 것
(烟戶雜稅減省事), [12]포구의 어염세(魚鹽稅)를 폐지할 것(浦口魚鹽稅革罷事), [13]
보세(洑稅) 및 궁답(宮畓)의 세를 부담시키지 말 것(洑稅及宮畓勿施事), [14]각 마을
의 군수[倅]가 내려와서 억지로 계약을 맺고 몰래 매장하지 말 것(各邑倅下來民人山
地勒標偸葬勿施事) 등. 여기서는 한국사데이터베이스시스템, 「三十七 全琫準(泰仁)」
http://db.history.go.kr/item/bookViewer.do?levelId=prd_125_0010_0340을 참조했다.

11) 「內亂地方의 實況」, "公州의 模樣ハ民擾의 爲め差したる騷ぎもなく居民等悸怖の念も
なく至て無頓着なるが如き有樣なりしも時恰も同地藥會市開市の時に際せしかバ民
擾の爲め妨害せられ開市に至らずとて同地商估等迷惑し居れり"(『都新聞』, 東京 : 都
新聞社, 1894[明治27].07.14)

12) 위의 기사, "十三日電報局を參禮に移せりと云ふを以て公州出發同地に向ふ途中黃山
に立寄れり日本人十六人在留し居れり右等ハ一時商業を休みしのみにて別に被害の
模樣もなく一時ハ仁川に引揚んとして準備をなせしも追々に賊勢退縮に付引續在留
せりとの事なり (……)"

13) 위의 기사, "全州附近及び途上農業ハ民擾の爲め別段被害の樣子もなく植付已に濟み
農民等ハ經過の宜しきを喜び居れり又聞く所に據るに各地とも民擾の爲め農作をな

さゝりし等の模様なし"

14) 渡邊鐵太郎,「東學黨銓聞」"本月二日竜山ヲ發シ廣州利川竹山鎭川淸州等ヲ經テ九日全州ニ着シ東學黨ノ首領ヲ以テ世ニ聞エタル金鳳均ヲ全羅監營ニ訪フテ翌日晩金ノ使人ニ導カレ布政局ノ後房ニ於テ面會シ三時乃余ノ筆談ヲナス金鳳均一名ヲ全明叔ト云フ余面會ノトキハ金ト稱ス盖シ金ハ實姓ニシテ全ハ僞姓ナランカ"(『乙種第十號 戰史編纂準備書類 東學黨 全 (暴民)』, 防衛省防衛研究所, JACAR Ref. C08040504100, 1894[明治27].

15) 위의 글, "故アリテ路ヲ轉シ報恩化寧等ヲ過キテ吾尙州綾巖里ニ崔時亨ヲ訪ノ在ラス金ノ紹介狀ト一簡ヲ遺シ去ル"

16) 남북접 대립설의 허구성에 대해서는 朴孟洙,「東学農民革命における南北接の問題と研究状況―120周年を過ぎて―」(京都大學人文科學研究所,『人文學報』, 111호, 京都: 京都大學, 118쪽)에서 詳論되어 있다.

17) 第2章「三・一運動(経過)」, 金正明 편,『明治百年史叢書 朝鮮独立運動 I 民族主義運動篇』, 東京: 原書房, 790쪽.

18) 조선에도 '統領'이라는 관직이 있었으나 그것은 조운선 10척을 거느리는 벼슬이었다. 따라서 이것과 별로 관계가 없는 듯하다.

19) 吳知泳, 앞의 책, 287쪽.

20) 李敦化 편술,『天道教創建史』「第三篇 義菴聖師」, 서울: 天道教中央宗理院, 27-31쪽.

21) 孫秉熙,「三戰論」, "相敵戰功無益, 此所謂五獸不動也"(李敦化, 위의 책, 83쪽).

22) 李敦化, 위의 책, 43쪽.

23) 위의 책, 50쪽.

24) 위의 책, 51쪽.

25) 위의 책, 52-53쪽.

26) 金正明 편, 앞의 책, 790쪽.

27) 위의 책, 792쪽.

28) 위의 책, 793쪽.

29) 위의 책, 802쪽.

30) 川瀬貴也,「天道教幹部「民族代表」について」,『植民地朝鮮の宗教と学知―帝国日本の眼差しの構築』, 東京: 靑弓社, 137쪽.

31)「諭告」,『朝鮮總督府官報』第一號, 1910年 8月 29日, "信教ノ自由ハ文明列国ノ均シク認ムル所ナリ各人其ノ崇拜スル教旨ニ倚リ以テ安心立命ノ地ヲ求ムトスルハ固ヨリ其ノ所ナリト雖(……)又ハ信教ニ藉リテ明ニ政事ヲ議シ若ハ異図ヲ企テムトスルカ如キハ即チ良俗ヲ荼毒シ安寧ヲ妨害スルモノナルヲ以テ当ニ法ヲ案シテ処断セサルヘカラス然レトモ儒仏諸教ト基督教トヲ問ハズ其ノ本旨ハ畢竟人心世態ノ改善ニ在ルカ故ニ固ヨリ施政ノ目的ト背馳セサルノミナラス却テ之ヲ裨補スヘキモノタル

ヲ疑ハス" 조선총독부관보활용시스템, http://gb.nl.go.kr/detail.aspx#top

32) 金敬宰, 特論 II「韓国キリスト教会における公共信仰と私的信仰」, 金泰昌ほか 編, 『公共哲学16 宗教から考える公共性』, 東京: 東京大學出版會, 419쪽.

비서구적 근대의 길로서의 동학과 원불교의 공동체운동 / 박맹수

1) 학계에서는 일반적으로 '신종교' 또는 '민중종교', '민족종교' 등으로 부르지만. 이 글에서는 동학, 증산교, 원불교 등 근대한국 신종교가 모두 '개벽(開闢)'을 표방한다는 점에 주목하여 '개벽종교'로 부르기로 한다.

2) 백낙청,『문명의 대전환과 후천개벽』, 서울: 모시는사람들, 2016, 263쪽.

3) 이 시대를 일반적으로 '전근대' 또는 '전통시대'라고 부르기도 한다.

4) 이 같은 초기 천주교의 제국주의적 성격에 대해 문규현 신부(전 전북 부안성당 주임신부)는『민족과 함께 쓰는 한국천주교회사』(전 3권, 빛두레, 1994-1997) 속에서 통렬한 자기비판과 함께 한국 천주교가 19세기에 이 땅에서 저질렀던 제국주의적 행태에 대한 진실한 자기반성을 촉구하고 있다.

5) 19세기에 서양 열강들이 동아시아에 대해 보여 주었던 침략적 행태는 21세기 오늘에 와서도 변함없이 지속되고 있다. 후세인이 다스리던 이라크를 독재국가로 간주하고, 그 독재국가 이라크를 민주주의국가 이라크로 만들겠다는 명분을 내세워 이라크 침략전쟁을 일으킨 미국의 부시정권은 그 대표적 사례라 아니할 수 없다.

6) 아편전쟁의 경과와 그것이 낳은 영향에 대해서는《아사히신문》취재반 지음,『동아시아를 만든 열 가지 사건』, 백영서, 김항 옮김, 서울: 창비, 2008, 12-42쪽 참조.

7) 정창렬,「동학교문과 전봉준의 관계」,『19세기 한국전통사회의 변모와 민중의식』, 고려대 민족문화연구소, 1982; 조경달,「갑오농민전쟁 지도자=전봉준의 연구」,『조선사총』7, 청구문고, 1983 참조.

8)『동경대전』,「논학문」.

9) 최승희,「서원(유림)세력의 동학배척운동 소고」,『한우근박사 정년기념 사학논총』, 서울: 지식산업사, 1981, 554쪽.

10)「무자통문(1888)」,『해월문집』(필사본) 참조.『해월문집』은 1996년 6월에 한국정신문화연구원(현 한국학중앙연구원)에서 간행한『한국학자료총서』9에 전문이 수록되어 있다는 것, 그리고 2017년에 원광대 원불교사상연구원 수요공부모임에서 원문 전체를 번역하고 해설을 붙여《개벽신문》에 연재하였음을 밝힌다.

11)「임진통문(1892년 8월)」,『해월문집』.

12)「임진통문(1892년 1월)」,『해월문집』.

13) 임순호,「해월선생의 은도시대」,『천도교회월보』, 1931년 8-9월호.

14) 서울대학교 규장각 소장, 「각도동학유생 의송단자(各道東學儒生 議送單子)」, 『동학서』 참조.

15) 《도쿄아사히신문(東京朝日新聞)》, 메이지(明治) 27(1894)년 7월 24일, 「동학당의 소식」.

16) 천도교중앙총부, 『신사성사법설』, 서울: 천도교중앙총부 출판부, 1986, 165-168쪽.

17) "앞으로 우리 회상이 세상에 드러난 뒤에는 수운 선생과 함께 길이 받들고 기념하게 되리라." 『대종경』 「변의품(辨疑品)」 31장.

18) 『조선불교혁신론』(불법연구회, 1935).

19) 위의 책, 24-33쪽.

20) 「대종경」 「교의품」 12장 (『원불교전서』, 익산: 원불교출판사, 1977), 118쪽.

21) 「교리도」, 위의 책.

22) 송규, 「불법연구회창건사」(『한울안 한 이치에』, 익산: 원불교출판사, 1987, 증보판), 270쪽.

23) 송규, 위의 글, 257쪽.

24) 송규, 위의 글, 262-263쪽.

25) 송규, 위의 글, 274쪽.

26) 송규, 위의 글, 276쪽의 각주 20) 참조.

27) 송규, 위의 글, 275쪽.

28) '초기교서'란 원불교가 '불법연구회'라는 임시 교명으로 교화활동을 전개했던 1924년부터 1943년 사이에 간행된 국한문 혼용의 각종 교서를 지칭한다.

29) 『불법연구회규약』(불법연구회, 쇼와 2년=1927년 3월).

30) 「기침식사 급 청결규약」, 위의 책, 30-31쪽.

31) 위의 책, 17-20쪽.

32) 『조선의 유사종교』(조선총독부, 1935), 354쪽.

33) 「원불교교사」(『원불교전서』, 익산: 원불교출판사, 1977), 1090쪽.

34) 趙景達, 『朝鮮民衆運動の展開―士の論理と救済思想』, 東京: 岩波書店, 2002, 272-273쪽 ; 340-341쪽.

35) 1943년 9월 간행의 『불법연구회요람』(일본어판)에는 1928년의 동아일보 기사에서부터 시작하여 1943년에 이르기까지 각종 언론에 보도된 불법연구회 관련기사 총 18건의 제목이 실려 있다.

36) 《동아일보》 1936년 4월 22일 자, 「무료의원 설치」. 이 기사에서는 장래 무료의원을 설치하는 것이 불법연구회의 포부라고 전하고 있다.

37) 《조선일보》 1934년 8월 7일 자, 「이재민대회의 결의」.

38) 《조선일보》 1934년 8월 3일 자, 「지방단체의 궐기」.

39) 불법연구회 익산본관에서는 1935년 5월에 '수도학원'이라는 이름으로 야학을 개설한

바 있다.(불법연구회, 『회보』 17호, 1935년 5월호, 「각지상황」 참조.)

40)《조선일보》 1937년 8월 1일자, 「불교 핵심실천가 불법연구회 박중빈 씨」.

41) 불법연구회, 『월말통신』 35호, 1932년 4월호 참조.

42) 불법연구회, 『월보』 45호, 1933년 2-3월호, 「각지상황: 영광지부」 참조.

43) 박맹수, 『원불교학 워크북』, 익산: 원광대학교출판국, 2006 참조.

전남 영광 지역의 종교 지형과 민족사회 · 경제운동 / 김민영

1) 여기에서 말하는 민족운동과 사회운동은 반드시 민족주의운동과 사회주의운동을 일
   컫는 것은 아니다. 우선 민족운동은 민족의 독립과 민족문화 수호를 위한 운동을 의미
   한다. 또한 사회운동은 청년, 노동, 농민운동 등과 같이 전근대적 사회의식으로부터의
   해방과 노동자, 농민의 권익옹호를 위한 운동을 의미한다. 더욱이 사회운동 가운데에
   는 항일농민운동처럼 민족운동의 성격을 띠는 경우도 있어 명확한 구분이 어려운 당
   시 현실의 반영이 필요하다. 박찬승, 「일제하 영광지방의 민족운동과 사회운동」, 한국
   민족운동사학회, 『한국민족운동사연구』 30권, 2002, 344-345쪽 참조. 아울러 이 시기
   대중적 경제운동의 범주에는 물산장려운동과 협동조합운동 등이 중심을 이루지만, 여
   기에서는 '근대한국종교의 공공성 재구축'이라는 논지에 맞추어 국채보상운동, 절제
   와 일상생활개선운동, 저축조합운동 등에 한정하고자 했다. 일제강점기 경제운동에
   대해서는 다음을 참고. 오미일, 『경제운동』, 경인문화사, 2008.

2) 이와 관련하여 동학 이후 근대한국종교가 한국사회의 대전환의 시대를 맞이하면서 사
   상, 종교, 정치사회, 문화, 교육의 전 부문에서 추동해 간 역사적 과정을 '공공하다'라
   는 측면에서 재조명하기 위해 공공성의 의미, 종교와 공공성의 관계, 그리고 그 공공
   성의 특징을 논구하는 작업으로는 다음이 참고로 된다. 원불교사상연구원 편, 『근대
   한국 개벽종교를 공공하다』, 도서출판 모시는사람들, 2018.

3) 이에 대해서는 각 개별 종교 영역을 중심으로 많은 연구가 진행되었다. 불법연구회
   와 관련해서는 방언사업, 저축조합 등을 중심으로 많은 부분이 정리되어 있다. 더욱이
   '근대한국종교의 경제적 공공성 구축'이라는 측면에서 이루어진 연구도 있다. 다만 여
   기에서는 지면관계상 그 자세한 소개는 생략하기로 한다.

4) 이와 관련하여 다음의 기사가 참고로 된다.《경향신문》, 2017년 9월 22일 자 「붉게 물
   든 꽃무릇 천지, 곳곳에 서린 동학과 의병이야기」, "눈으로 본 영광은 풍요와 평화보다
   는 새 시대로 건너가기 위해 몸부림쳤던 근대한국의 역동성이 새겨진 땅이었다. 동시
   에 낡은 시대와 싸우다 스러진 사람들의 피와 눈물이 스며 있는 곳이기도 하다. (중략)
   100여 년 전 영광은 '동학의 소굴'이었으며 '의병항쟁의 주무대'였다."

5) 우리의 삶은 언제나 우리가 살아가고 있는 〈땅〉에 의해 형성돼 왔다. 오늘날 거의 모

든 지역에 사는 인간이 거둔 사회적 발전은 지리적 특성에 따라 이뤄졌다 해도 과언이 아닐 것이다. 이는 산맥과 하천망 같은 물리적 지형뿐 아니라, 기후, 인구, 문화, 그리고 자원에 대한 접근성까지 포함된다. 이러한 요인들은 정치경제는 물론 언어, 교역, 종교 등을 포괄하는 인류의 사회적 발전에 이르기까지 결정적인 영향을 미쳐왔다. 때로는 그것이 지역의 발전을 가로막는 장애물이 되기도 하지만, 때론 새로운 힘이 되기도 한다. 팀 마샬 지음, 김미선 옮김, 『지리의 힘』, 사이, 2016, 9쪽.

6) 당시 영광에는 60여 개의 섬이 있었다. 그 가운데 10여 개가 유인도이고 50여 개가 무인도서였다. 그만큼 영광은 섬과 바다와 산, 그리고 들이 넉넉한 곳이었다. 그중 위도는 고종 33년인 1896년, 전라도를 전라남북도로 개편할 때 고군산군도와 더불어 전남 지도군에 편입되었지만, 1914년 지도군이 없어지자 영광군에 편입되었다. 이후 1963년 행정구역이 개편되면서 전북 부안군에 편입되어 현재에 이르고 있다. 이재언, 『한국의 섬』 4, 지리와 역사, 2015, 254쪽.

7) 박찬승, 앞의 논문 참조.

8) 당시 광흥학교의 1회 졸업생 가운데에는 뒤에 영광에서 3·1운동과 청년운동, 노농운동 등을 주도하는 정인영(鄭仁瑛)·김은환(金澱煥) 등이 있어 주목된다.

9) 이는 1910-1912년의 평균 수치임. 정승진, 『한국근세지역경제사-전라도 영광군 일대의 사례』, 경인문화사, 2003, 21쪽.

10) 영광수리조합은 1924년 창설된 산미증식계획기의 산물로 몽리면적 2,600정보의 저수 지형 조합이다. 그 설립과 관련해서는 극심한 수리조합반대운동이 전개되기도 했다. 이에 대해서는 정승진, 앞의 책 참조.

11) 김민영, 「1920, 30年代 全南 靈光地域 民族運動의 社會經濟的 基盤」, 국제문화학회, 『역사와 사회』 16권 16호, 1996.

12) 법성향지편찬위원회, 『법성향지』, 삼남교육문화사, 1988, 128-131쪽.

13) 변남주, 「영광 법성포 조창과 수군진의 변화」, 『도서문화』 44, 2014, 91-131쪽. 이와 관련하여 조창에 관한 자세한 연구는 향후 별도의 연구과제로 넘기기로 한다.

14) 조창 관련 주요시설로서 동조정, 세곡고, 제월정, 선소, 해안 석축 등이 그 자취로서 확인되고 있다. 또한 수군진 관련 주요시설로 법성진의 남문, 객사, 동헌, 군기고 등도 조사되고 있다. 하지만 이러한 시설들은 1807년의 대화재 발생, 1895년 수군진 혁파 등으로 황폐화되며 오늘에 이르고 있다.

15) 이를 반영하여 이후 법성포의 항구의 기능마저 9km 북쪽에 있는 계마항으로 옮겨지게 된다. 이재은, 『한국의 섬』 4 참조.

16) 칠산어장과 법성포는 소기의 산란지이며 굴비의 생산지로 유명하다. 특히 조기처럼 짧은 어기에 높은 어획고를 올리는 어종들은 일시에 어장이나 인근 지역에 어선과 운반선이 밀집했다. 이를 파시라 하는데, 바다 위에서 고기를 잡는 어부와 상인(객주)들 사이에 이루어지는 시장을 말한다. 칠산어장의 대표적인 파시로는 법성포 인근의 목

맥파시와 위도파시가 있으며, 낙월도와 송이도와 안마도에도 크고 작은 파시들이 형성되었다. 김준, 「칠산어장과 조기파시에 대한 연구」, 목포대학교 도서문화연구원, 『도서문화』 34, 2009, 179-200쪽.

17) 이에 대해서는 영광군/동국대학교 부설 사찰조경연구소, 『백제불교 전파경로 고증을 위한 연구』(1998) 속에 포함된 김복순, 「백제불교 초전 도래지 고증을 위한 연구」; 이혜은, 「백제불교 전파경로에 대한 역사지리적 고찰」; 홍광표, 「문화경관론적 측면에서 고찰한 영광불교 도래지설」 참조.

18) 영광군 불갑면에 위치한 불갑사는 충남 공주의 갑사, 전남 영암의 도갑사와 함께 한국불교의 삼갑사 가운데 하나로 불리운다. 절의 이름인 '불갑'이란 절 가운데 으뜸이라는 의미로 해석된다.

19) 이혜은, 「불교전래를 통해 본 문화확산-전남 영광 지역을 예로-」, 한국사진지리학회, 『사진지리』 7, 1998, 54쪽.

20) 윤선자, 「영광군의 종교지형」, 한국기독교역사연구소, 『한국기독교와 역사』 31호 2009.

21) 신정일, 『갑오동학농민혁명 답사기 신정일의 우리땅 걷기』, 2014, 푸른영토, 384쪽.

22) 윤선자, 앞의 논문 참조.

23) 윤선자, 위의 논문 참조.

24) 영광군에는 1918년 영광교당 설립을 시작으로 14개의 원불교 교당이 설립되었다. 이에 대해서는 다음 글을 참고할 수 있다. 박맹수, 「한국 근현대사에서 본 원불교 신흥교당의 문화적 위상」, 원광대학교 원불교사상연구원, 제217차 월례발표회, 2017.

25) 영광에는 1880년대 말이나 1890년대 초에 동학이 전파된 것으로 추정된다. 『동학란기록』 「취어(聚語)」에 보면 '1893년 음력 3월 27일 아침에 호남의 영광 등지에서 100여 인이 (보은 장내리에-인용자) 도착했다'라는 내용이 있다. 박찬승, 앞의 논문 참조.

26) 이상식·박맹수·홍영기, 『전남 동학농민 혁명사』, 전라남도, 1996 ; 영광군지편찬위원회, 『영광군지』, 2013(영광군홈페이지 참조).

27) 영광군의 의병과 관련해서는 영광군지편찬위원회, 『영광군지』 참조.

28) 박찬승, 앞의 논문 참조.

29) 이 시위 과정에 대해서는 판결문이 정부기록관에 남아 있다. 이는 모두 대구복심법원 판결문이다. 이상 박찬승, 앞의 논문, 366-367쪽 참조.

30) 박찬승, 앞의 논문 참조.

31) 박찬승, 『한국근대 정치사상사연구』, 역사비평사, 1992.

32) 『동아일보』, 1922년 7월 31일 자, 「영광청년회 활동 호남지방의 이상향」.

33) 특히 한글로 간행된 동아·조선일보도 언론을 통하여 다양한 활동을 전개하였던 것으로 알려진다. 따라서 당시 영광보통학교 학생으로 3·1운동을 주도한 후 평생 항일운동에 섰던 조철현(曺喆鉉)과 정헌모가 동아일보 영광지국의 기자였던 사실로 미루

어 영광의 사회운동에서 언론 활동도 주목할 필요가 있을 것이다. 박찬승, 앞의 논문 참조.

34) 한편 이와 관련하여 1920년대에서 1930년대에 이르는 시기 영광 지역에서 전개된 일련의 경제운동을 '산업운동'이라 하여 소개된 자료도 있어 참고로 된다. 특히 이는 식산조합, 목공상회, 산업조합, 신용조합, 삼림조합, 금융조합 등을 비롯하여 제조업 등을 포괄하고 있다. 이에 대해서는 다른 기회로 넘기고자 한다. 이에 대해서는 다음이 참고로 된다. 이기태, 「일제시기 영광 지역의 사회운동-신문기사를 통한 향토사 연구 사례-」, 영광향토문화연구회, 『향맥』 제10호, 1997.

35) 김기주, 「광주, 전남 지역의 애국운동 - 광주, 전남지방의 국채보상운동」, 『역사학연구』 10, 1996.

36) 김기주, 위의 논문 참조.

37) 김기주, 위의 논문 참조.

38) 홍성찬, 「1920년대의 농촌 저축조합 연구-전남 보성군 득량면 '송곡저축조합'의 운영 사례-」, 『동방학지』, 2006.

39) 한국향토문화전자대전(충남 서산)에 따르면 그 밖에 특별한 사례로 1921년 부석사 주지와 사하촌 유지들의 발의로 부석사 저축계가 조직되기도 했는데, 조직의 목적은 지주와 소작인의 화합이었고 회장, 재무, 서기, 찬성(贊成) 등이 두어졌다고 한다.

40) 한국향토문화전자대전, 한국학중앙연구원(충남 서산 저축조합편).

41) 한국향토문화전자대전, 한국학중앙연구원(경기도 포천 근검저축조합 편).

42) 홍성찬, 「1920년대의 농촌 저축조합 연구-전남 보성군 득량면 '송곡저축조합'의 운영 사례-」 참조.

43) 홍성찬, 위의 논문 참조.

44) 홍성찬, 위의 논문 참조.

45) 물론 이 시기 영광 지역의 저축조합활동은 불법연구회에만 국한된 것은 아니었다. 예컨대 영광청년회의 경우에도 1920년 저축계를 조직하여 절검과 저축의 미풍을 조장한다는 활동이 포착되는데 계원수도 42명에 달하고 있었다. 이에 대해서는 다음의 기사가 참고로 된다. 『동아일보』, 1920년 6월 16일 자, 「영광의 저축계」.

46) 이와 함께 1918년 전남 영광 지역에서 '불법연구회'에 의해 이루어진 방언공사 또한 주목된다. 즉 저축조합을 통해 형성된 자금이 그 공사에 활용되는 계기가 된 것이다. 이에 대해서는 신순철, 「신흥저축조합 연구」, 원불교학회, 『원불교학』 제5집, 2000 참조.

47) 일반적으로 3.1운동 이후 전개된 대중적 경제운동으로는 조선물산장려운동을 들고 있나. 또한 물산상려운동이 소수 한국인 자본가의 혜택으로 귀속되면서 대중이 운동에서 탈락하자, 1920년대 후반에는 대중적 자주경제 수립을 지향하는 협동조합운동이 전개된 것으로 이해한다. 이에 대해서는 오미일, 앞의 책 참조.

48) 신순철, 앞의 논문 참조.

49) 박찬승, 앞의 논문 참조.

50) 박찬승, 위의 논문 참조. 하지만 이 시기 영광 지역의 기독교 계열 종교사회운동에 대해서도 아직 연구가 부족한 상황이다. 앞으로의 과제라 할 수 있을 것이다.

51) 조경달·박맹수, 「식민지 조선에 있어 불법연구회의 교리와 활동」, 원광대학교 원불교사상연구원, 『원불교사상과 종교문화』 67, 2016, 283-284쪽.

52) 조경달·박맹수, 위의 논문 참조.

53) 조경달·박맹수, 위의 논문 참조.

54) 조경달·박맹수, 위의 논문 참조.

55) 예컨대 불법연구회 창립자가 1919년 봄 영광경찰서에 연행되어 약 일주일간 조사를 받았고 특히 저축조합과 교단 조직활동에 대한 상당한 압력과 감시를 피하는 방안의 하나로 전북 부안 내변산으로 거처를 옮긴 것으로 알려지고 있다. 이에 대해서는 신순철, 앞의 논문 참조.

56) 이와 관련하여 다음 기사가 참고가 된다. 『동아일보』, 2018년 3월 6일 자. "전남 영광군은 전국에서 유일하게 4대종교 문화유적지를 보유하고 있다. 법성면 진내리 좌우 두 일대 백제불교 최초 도래지는 인도승 마라난타가 384년 중국 동진을 거쳐 백제에 불교를 전하면서 최초로 발을 디딘 곳이다. 백수읍 길용리 원불교 영산성지는 원불교 창시자인 소태산 박중빈 대종사가 태어나 원불교를 세운 곳이다. 염산면 설도항에는 6·25전쟁 당시 인민군의 교회 탄압에 저항한 신자 194명의 순교기념탑이 세워져 있다. 영광읍 영광성당 옆에는 조선시대 신유박해 당시 순교한 신자들을 추모하는 천주교 순교기념관이 자리하고 있다."

57) 『동아일보』, 1925년 1월 23일 자 「신천 훔치는 멸망」.

58) 이에 대해서는 근래 영광군이 4대종교가 공존하는 역사문화를 강조하고 있으므로 관련하여 그 기초적인 조사 연구가 선행되어져야 할 것이다. 그 가운데 특히 불법연구회의 종교문화유사 활용에 대해서는 다음이 참조로 된다. 박맹수, 「원불교 종교문화유산의 보존 및 활용방안: 전남 영광의 원불교 영산성지를 중심으로」, 『원불교사상과 종교문화』 31권, 2005.

근대한국 개벽종교의 민족자결주의 수용과 대한민국임시정부 수립 / 김봉곤

1) 오문환, 「의암 손병희의 '교정쌍전'의 국가건설 사상 : 문명계몽, 민회운동, 3. 1독립운동」, 『정치사상연구』 10-2, 한국정치사상학회, 2004. 78-83쪽.

2) 박맹수, 「동학계 종교운동의 역사적 전개와 사상의 시대적 변화- 동학과 천도교를 중심으로」, 『한국종교』 37, 원광대학교종교문제연구소, 2014.

3) 정영훈, 「한국사 속에서의 '檀君民族主義'와 그 정치적 성격」, 『한국정치학회보』 28, 한

국정치학회, 1995.

4) 김동환, 「大倧敎 抗日運動의 精神的 背景」, 『國學研究』6, 국학연구소, 2001, 57-59쪽.

5) 노길명, 「日帝下의 甑山敎運動 :普天敎를 중심으로 한 序說的 研究」, 『(崇山朴吉眞博士古稀記念論集)韓國近代宗敎思想史』, 원광대학교출판국, 1984.

6) 김재영, 「普天敎의 天子登極說의 實體」, 『한국종교사연구』9, 한국종교사학회, 2001 ; 안후상, 「日帝下 普天敎運動 :교주 차경석을 중심으로(下)」, 『남민』5, 서해문집, 1995.

7) 박맹수, 앞의 논문, 69-73쪽.

8) 위의 논문, 72쪽.

9) 위의 논문, 69-73쪽.

10) "故 人成君子 學成道德 道則天道 德則天德 明其道而修其德 故 乃成君子 至於至聖 豈不欽歎哉", 『東經大全』「布德文」; "道雖天道 學則東學", 『東經大全』「論學文」.

11) 義菴孫秉熙先生記念事業會, 「天道敎宣布와 歸國」, 『義菴孫秉熙先生傳記』, 1967, 203쪽.

12) 최기영, 「韓末 東學의 天道敎로의 개편에 관한 검토」, 『韓國學報』20, 일지사, 1994, 117-120쪽.

13) 성미운동은 교인 1인당 매 식사 때마다 쌀 한 숟갈씩 거두는 것이다. 이 성미운동으로 천도교가 다시 성장할 수 있었고, 1919년 3.1독립운동 직전에는 100만 원의 거금이 모아져, 3.1독립운동을 추진할 수 있었던 물질적 토대가 되었다. 박맹수, 위의 논문, 79-80쪽.

14) 윤선자, 「일제의 종교정책과 新宗敎」, 『한국근현대사연구』13, 한국근현대사학회, 2000, 72-73쪽.

15) 강효숙, 「일제의 종교탄압- 통감부 시기까지의 동학, 천도교를 중심으로」, 『한국종교』38, 원광대학교 종교문제연구소, 2015, 15쪽.

16) 박맹수, 앞의 논문, 80쪽.

17) 「倧報」1, 1909년 2월 10일.

18) "且近日에 各立其門之內外國諸宗敎가 或包含政略於敎門하며 或樹植黨與於敎門 하며 或有依賴勢力而行敎者하며 或有聯絡社會而行敎者하며 或有區別種類而行敎者하니 皆非敎家正門也라.", 『倧報』1, 1909년 12월 30일.

19) "有何添附一物於敎中乎아 所以로 宗敎與政治로 不相關涉하고 而嚴正分離者는 自是正論也라 向日本敎之頒來한 五大宗旨中에 有日本敎之中葉에 六次悲運과 及幾百年의 全廢原因이 皆由治國治政之關係故也라 則敎門與政治로 嚴正分立한 然後에야 敎之眞理가 著發하고 人之眞誠이 益深이라云云한 것은 誠敎家達論이로다.", 위의 책.

20) "四愼 1. 敎는 時局에 無關하니 安心立命함. 2. 新法에 注意하여 犯科가 無케 함. 3. 財産保管은 所有權과 法律을 信賴함. 4. 혹 冤枉을 被하면 誠心으로 解決함.", 대종교종경편수위원회, 『대종교중광60년사』, 대종교총본사, 1971, 159쪽.

21) 김봉곤, 「대종교(大倧教)의 종교성과 공공성 연구 : 오대종지(五大宗旨)와 『삼일신고(三一神誥)』를 중심으로」, 『원불교사상과 종교문화』72, 원광대학교 원불교사상연구원, 2017.

22) 대종교종경종사편수위원회, 위의 책, 176-186쪽.

23) 위의 책, "嗚呼 閣下 其錮廢我倧教門也 喆身可粉 四千三百年之 大道 不可滅矣 閣下其虐待我倧教人耶 喆 頃可斷 三十餘萬衆之神族信心 不可奪也 猶太亡而倻蘇之道漸振印度殘而釋迦之道益起矣 若以韓國舊教 不許自由則公法必拒之 不亦惜乎."

24) 위의 책, "因喆之不肖 而辱我天帝 汚我倧門 一至於此 喆爲天帝教一死 死固其所也喆將陪侍於 天帝壇祖之側 必點衆生之善惡簿 又俟萬世之公正論."

25) 대종교본사편, 『대종교중광60년사』, 대종교종경종사편수위원회, 1971, 335-336쪽.

26) 국사편찬위원회, 「대한독립선언서」, 『사료로 본 한국사』(http://contents.history.go.kr), 최종검색일 : 2018. 12. 5.

27) 국사편찬위원회, 「독립선언서」, 『사료로 본 한국사』(http://contents.history.go.kr), 최종검색일 : 2018. 12. 5.

28) 조준희, 「박은식의 서간도 망명기 저술소고」, 『仙道文化』14, 선도문화연구원, 2113, 318쪽.

29) 박은식은 민족문제 해결이나 세계를 위해서 평등주의를 주장하였다. 김기승, 「박은식의 민족과 세계인식」, 『韓國史學報』39, 고려사학회, 2010, 206-207쪽.

30) 박은식, 「夢拜今太祖」, 『朴殷植全集』中, 단국대학교출판부, 1975.

31) 국사편찬위원회편, 「일제의 무단통치와 3・1운동」, 『신편한국사』47, 국사편찬위원회, 2000, 231쪽.

32) 대동단결선언에는 신규식・조소앙・신석우・박용만・한홍・홍명희・박은식・신채호・윤세복・조성환・박기준・신빈・김규식・이용혁 등 14명이 서명하였다. 조동걸, 「臨時政府樹立을 위한 1917년의 「大同團結宣言」「부록」, 『한국학논총』9, 국민대한국학연구소, 1987, 11쪽.

33) 조동걸, 위의 논문, 150-151쪽.

34) 국사편찬위원회편, 위의 책, 231쪽.

35) 조동걸, 위의 논문, 10-11쪽.

36) 田上俶, 「파리강화회의와 약소민족의 독립문제」, 『한국근현대사연구』50, 한국근현대사학회, 2009, 18-20쪽.

37) 박걸순, 『이종일 생애와 민족운동』, 독립기념관 한국독립운동사연구소, 1997, 248쪽.

38) 대한독립선언서에 서명한 인물은 金教獻, 金奎植, 金東三, 金躍淵, 金佐鎭, 金學萬, 鄭在寬, 趙鏞殷, 呂準, 柳東說, 李光, 李大爲, 李東寧, 李東輝, 李範允, 李奉雨, 李相龍, 李世永, 李承晚, 李始榮, 李鍾倬, 李沰, 文昌範, 朴性泰, 朴容萬, 朴殷植, 朴贊翊, 孫一民, 申檉, 申采浩, 安定根, 安昌浩, 任邦, 尹世復, 曹煜, 崔炳學, 韓興, 許爀, 黃尙奎 등 총 39

명이다. 대부분의 인물들이 대종교의 지도급 중진이다(김동환, 「무오독립선언의 역사적 의의」, 『국학연구』2, 1988, 169쪽). 다만, 중광단장이자 대종교 교리의 최고 권위자인 백포 서일이 보이지 않고 있다. 이에 대해 서일이 무장투쟁에 주력하였다고 하는 견해가 있다(이동언, 「서일의 대종교에서의 활동과 항일투쟁」, 『한국독립운동사연구』38, 독립기념관 한국독립운동사연구소, 2011. 61-62쪽).

39) 국사편찬위원회, 「대한독립선언서」, 『사료로 본 한국사』(http://contents.history.go.kr), 최종검색일 : 2018. 12. 5.

40) 국사편찬위원회편, 『일제의 무단통치와 3 · 1운동』, 『신편한국사』 47, 2000, 301-302쪽.

41) 조동걸, 「종교계의 반성」, 『3.1운동』, 『한민족독립운동사』3, 1989, 국사편찬위원회.

42) 金正明編, 「孫秉熙警察取調書」, 『朝鮮獨立運動』 I (民族主義運動編), 原書房, 1967, 795쪽.

43) 손병희는 경찰조서에서 "(민족의 독립을) 조선의 민족대표자로서 일본정부와 협의하여 평화적으로 목적을 이루고자 함에 있다. 불행하게 일본정부가 그것을 용납하지 않더라도 끝까지 계속해서 그 목적을 완수할 결심이다."라고 하여 손병희는 3.1운동이 일본의 식민지 지배체제에서 벗어나고자 한 것임을 명백히 밝히고 있다. 위의 글.

44) 국사편찬위원회편, 「III. 3.1운동」, 『신편한국사』47, 2000, 320쪽.

45) 위의 논문, 320쪽.

46) 金正明 編, 위의 책, 795쪽.

47) 의암손병희선생기념사업회 편, 위의 책, 356쪽.

48) 김탁, 「公事思想의 구조와 특성」, 위의 논문, 『증산 강일순』, 한국학술정보(주), 2006, 250-251쪽.

49) 이영호, 『普天教沿革史』上 , 普天教中央總正院, 1948, 2-3쪽.

50) 이강오, 「普天教 : 韓國 新興宗教 資料篇 第一部 甑山教係 各論에서」, 『全北大論文集』8, 전북대학교, 1966, 9쪽.

51) 위의 책, 4쪽, 고령에서는 金正坤, 金炳熙, 합천군에서는 李英兆 등이 찾아와서 경상남북도 교인이 많기 때문에 간부를 파견할 것을 부탁하자 채규일을 보내서 지도하게 하였다. 이영호, 위의 책, 3-4쪽.

52) '그리스도 관계자의 항일문서 압수의 건', 1919년 12월 26일, 高警 제3611호 : 윤선자, 「일제의 종교정책과 新宗教」, 『한국근현대사연구』13, 한국근현대사학회, 2000.6, 84쪽, 주)40에서 재인용.

53) 이영호, 위의 책, 7쪽.

54) 신용하, 「대한민국임시정부의 수립과 활동의 역사적 의의」, 『 대한민국임시정부의 현대사적 성찰』, 나남, 2010, 15-22쪽.

55) 대한민국임시정부 수립일에 대해서 현재 대한민국에서는 실제 수립일인 9월 11일이

아니라 대한민국임시정부 선포일인 4월 11일을 채택하고 있다.

56) 신용하, 위의 논문, 26쪽.

57) 당시 산둥반도나 연해주는 일본군의 지배하에 있었다. 일본은 연합국 측에 가담하여 독일이 점령하고 있었던 산둥반도 남단과 태평양상의 독일령의 여러 섬을 점령하였다. 그리고 1917년 10월 러시아에서 볼셰비키 혁명이 일어나자, 이를 와해시키려는 자본주의 열강들의 노력으로 극동지역의 공산주의를 막아낼 책임이 일본에 부여되었다. 이 때문에 일본은 1918년 8월 시베리아에 11개 사단을 파견하여 1922년까지 4년간 자바이칼·아무르·연해주를 아우르는 바이칼호 동쪽 지역을 실질적으로 점거하였다. (李萬烈 編, 「상해임시정부의 議政院과 기관」, 『獨立運動之血史』(朴殷植, 『韓國近代思想家選集』4, 서울: 한길사, 1980) 301-302쪽) 이에 시베리아와 연해주, 산둥반도 사이의 간도 지역에서 독립운동을 전개하고 있었던 독립군들이 일촉즉발의 긴장상태에 놓이게 된 것이다.

58) 李萬烈 編, 「상해임시정부의 議政院과 기관」, 『獨立運動之血史』(朴殷植, 『韓國近代思想家選集』4, 서울: 한길사, 1980) 312쪽.

59) 오영섭, 「대한민국임시정부 요인들의 단군인식」, 『한국민족운동사연구』47, 한국민족운동사학회, 2006, 195-198쪽.

60) 姜英心, 「申圭植의 생애와 독립운동」, 『한국독립운동사연구』1, 독립기념관 한국독립운동사연구소, 1987, 233쪽.

61) 사사 미츠아키(佐佐充昭), 「韓末·日帝時期 檀君信仰運動의 전개 : 大倧敎·檀君敎의 活動을 中心으로」, 서울大博士論文, 2003. 6. 95-96쪽.

62) 박은식은 1912년 5, 6월경에 만주에서 상해에 도착하였다. 김희곤, 「同濟社의 結成과 活動」, 『한국사연구』48집, 한국사연구회, 1985, 174쪽.

63) 김희곤, 위의 논문, 187-189쪽.

64) 신규식, 「한중외교사화」, 『한국혼』, 박영사, 1975, 70-185쪽.

65) 김희곤, 위의 논문, 187-188쪽.

66) 오영섭, 위의 논문, 193-204쪽.

67) 이동언, 「서일의 생애와 항일무장투쟁」, 『한국독립운동사연구』38집, 독립기념관 한국독립운동사연구소, 2011, 69-70쪽.

68) '대한민간정부'는 이종일(李鍾一)의 『묵암비망록(黙庵備忘錄)』을 통해 알려진 정부이다. 고정휴, 「3·1운동과 天道敎團의 臨時政府 수립 구상」, 『한국사학보』3·4집, 고려사학회, 1998, 214-218쪽.

69) 고정휴, 같은 논문, 214-218쪽과 224-235쪽.

70) 이현주, 「임시정부의 수립과 초기활동」, 『신편한국사』48집, 2013, 113쪽.

71) 이현주, 같은 논문, 124쪽.

72) 조규태, 「天道敎團과 大韓民國臨時政府」, 『한국민족운동사연구』23집, 한국민족운동

73) 같은 논문, 386-387쪽.

74) 안후상, 「한국 민족종교 지식지도 : 보천교」, 『일제강점기 보천교의 민족운동』, 서울: 기억, 2010, 284쪽.

75) 안후상, 「식민지시기 보천교의 '공개'와 공개 배경」, 『신종교연구』26집, 신종교학회, 2012, 166쪽.

76) 안후상, 위의 논문, 167쪽.

77) 김철수, 「1920년대 보천교의 고민과 활로개척: 식민지 권력의 보고서를 중심으로」, 『신종교연구』38집, 신종교학회, 2018, 94-95쪽.

78) 김정인, 「1920년대 전반기 보천교의 부침과 민족운동」, 『한국민족운동사연구』29, 한국민족운동사학회, 2001, 183쪽; 김재영, 「1920년대 보천교의 민족운동에 대한 경향성」, 『전북사학』31집, 전북사학회, 2007, 149쪽.

79) 鄭鳳陽, 『普天敎誌』, 普天敎中央總政院, 1963, 404-405쪽.

80) 村山智順, 『朝鮮の類似宗敎』, 朝鮮總督府編, 1935, 531-537쪽.

81) 장원아, 「1920년대 보천교의 활동과 조선사회의 대응」, 서울대석사논문, 2013, 11쪽.

82) 같은 논문, 18-19쪽.

83) 조선후기 이후 민간에서 지내는 천제는 최종성에 의하면 대체로 세 가지 의미가 있다. 첫째는 황제의 독점권적인 의례권을 훼손하는 음사라는 것이다. 조선의 국왕도천제를 지낼 수 없었으므로, 민간의 천제는 음사중의 음사라는 것이다. 둘째는 민간에서 거행된 천제는 황제의 권위를 훼손시키는 의례적인 반란 행위라는 것이다. 민중의 숨은 천제는 사회의 질서와 규범을 어지럽히는 일탈 행위로서, 의례적인 차원의 반란이며, 반왕조적, 반체제적 거사라는 것이다. 셋째는 민중의 천제는 철저하게 은폐된 비밀의례로 남을 수밖에 없었다는 것이다. 이러한 비밀스런 정치의례는 추국이나 혹은 내부자의 기록에 의해서 겨우 일부가 세상에 노출될 뿐이라는 것이다. 최종성, 「숨은 천제(天祭): 조선후기 산천제천 자료를 중심으로」, 『종교연구』53, 한국종교학회, 2009, 67-68쪽.

84) 이강오, 위의 논문, 20-25쪽.

85) 조규태, 위의 논문, 390-395쪽.

근대 개혁불교의 사회적 공공성 / 원영상

1) 3·1독립운동이야말로 오늘날 다종교 상황의 한국사회에서 통일과 평화 등 다양한 사회문제를 극복하기 위해 다시 복원해야 할 종교연합운동이라고 할 수 있다.

2) 설립된 해는 1924년으로 익산(당시에는 이리) 신룡동이다. 현재는 원불교의 행정기관

주석 | **363**

을 중심으로 대학, 복지기관들이 들어서 있다.

3) 이는 박중빈이 "우리의 사업 목표는 교화 · 교육 · 자선의 세 가지니 앞으로 이를 늘 병진하여야 우리의 사업에 결함이 없으리라."고 하는 것에 유래하고 있다. 『大宗經』 제15附囑品 15장, 원불교정화사 교서편수위원회 편, 『圓佛敎全書』, 원불교출판사, 1977, 407쪽.

4) 원불교는 1947년 군정당국에 재단법인 등록을 신청하여 인가를 받게 된다.

5) 근대의 조합운동은 유럽의 사회운동의 흐름이 반영된 것이다. 유럽에서 상호부조를 통한 사회공동체 운동이 풍미했던 시기가 바로 근대 신종교의 운동과도 겹친다.

6) 건국사업이라는 말은 박중빈을 이어 교단을 이끈 지도자 송규(宋奎, 1900-1962)가 1945년 10월에 저술한 『建國論』에서 유래한 것이다. 1946년 원불교의 〈사업보고서〉에도(圓佛敎正化社 編, 「1946년 사업보고서」, 『圓佛敎故叢刊』 5권(基本史料篇), 圓佛敎正化社, 1970, 169쪽) 건국사업이라는 명칭이 나온다. 당시의 건국은 문자 그대로 나라를 세운다는 의미이다. 해방 후 어떠한 나라를 세울 것인지에 대한 고민에서 나온 것이다.

7) 圓佛敎正化社 編, 앞의 책, 169-176쪽.

8) 오세영, 「원불교사회복지의 형성, 그 특징과 의의」, 『원불교사상과 종교문화』 61호, 원광대학교 원불교사상연구원, 2014.9, 234쪽.

9) 이원식, 「원불교 사회복지의 시원(始原)에 관한 연구」, 『원불교사상과 종교문화』 50호, 원광대학교 원불교사상연구원, 2011.12. ; 원석조, 「圓佛敎와 社會福祉理論」, 『원불교사상과 종교문화』 9호, 원광대학교 원불교사상연구원, 1986.2. ; 서윤, 「社會救援의 次元에서 본 開敎의 動機: 廣大無量한 樂園世界와 福祉社會」, 『원불교사상과 종교문화』 13호, 원광대학교 원불교사상연구원, 1990.11.

10) 원불교중앙총부 기획실 편, 「2012년 원불교 중앙총부 통계」, 2013.

11) 본명은 道悅, 호는 直養, 법호는 主山, 법훈은 종사(宗師, 원불교의 6단계 법위등급 중 5번째 위).

12) 마령교당 교무로 재직하던 1939년 일왕에게 "지금 조선민중이 도탄에 빠졌으니 정신을 차려 새로운 정책을 세우라."는 투서를 보내는 중에 발각되었다. 천황불경죄로 1년의 6개월의 형을 언도받고 복역하였다.

13) 先進文集編纂委員會 編, 『主山宗師文集』, 圓佛敎出版社, 1980, 329쪽.

14) 같은 책, 331쪽.

15) 불법연구회 초기의 언어로 출가자를 일컫는 말. 1941년 발행의 『불법연구회회규』 제128조에는 "출가회원을 전무출신자라 칭한다", 제129조에는 "전무출신자는 정신 · 육신 양 방면으로 오로지 본회를 창립하기 위해 출가한 자"로 한다고 기록되어 있다. 현재도 이 용어는 쓰이고 있다.

16) "유(有)는 무(無)로 무는 유로 돌고 돌아 지극(至極)하면, 유와 무가 구공(俱空)이나 구

공 역시 구족(具足)이라."『正典』제2敎義編 제1장 一圓相 제6절 偈頌, 원불교정화사 교서편수위원회 편, 앞의 책.

17) 先進文集編纂委員會 編, 앞의 책, 420-421쪽.

18) 圓佛敎正化社 編, 앞의 책, 217쪽. 발기인은 유허일(柳虛一)·최병제(崔炳濟)·송도성(宋道性)·황정신행(黃淨信行)·박제봉(朴濟奉)·성의철(成義徹)·박창기(朴昌基)·박해운(朴海運)·성성원(成聖願).

19) 先進文集編纂委員會 編, 앞의 책, 409-411쪽.

20) 『朝鮮の類似宗敎』(朝鮮總督府 編, 1935)의 유사종교 항목의 제일 첫 번째가 불법연구회이다.

21) 한정석은 송도성의 사상을 사은론(四恩論)과 돈수론(頓修論)으로 나누어 설명하고 있다. 원광대학교원불교 사상연구원 편, 『원불교대사전』, 원불교100년기념성업회, 2013, 〈송도성〉 항목.

22) 圓佛敎正化社 編, 〈회보〉 제24호(1936년 4·5월호), 『圓佛敎敎故叢刊』2권(會報篇1), 圓佛敎正化社, 1969, 372쪽.

23) 한종만, 『원불교대사전』 앞의 항목. 이 점을 한종만 또한 언급하고 있다. 필자의 견해로는 송도성의 돈오적 사상은 사회참여를 위한 사상의 토대를 이루고 있다는 것에 의미가 있다고 본다. 단순한 깨달음의 문제를 넘어 대승정신에 의한 사회구제에 삶의 지향성이 있는 것이다.

24) 先進文集編纂委員會 編, 앞의 책, 154쪽.

25) 같은 책, 157-220쪽. 각각의 주제는 우바국다, 마명대사, 달마대사, 바라제존자, 혜가대사, 달마전법, 향거사, 승찬대사, 도신대사, 홍인대사, 도신대사와 법융선사, 도림선사와 백낙천, 육조선사와 회양선사, 회양선사와 마조선사, 본정선사, 혜충국사, 희천선사, 마조선사와 등은봉, 혜해선사, 선사와 법사, 율사와 선사, 삼장법사와 혜해선사, 원율사와 혜해선사, 회해선사, 지장선사, 법상선사, 유관선사, 은봉화상과 방거사, 위산과 앙산의 문답, 신찬선사와 스님, 소 길들이기, 천척정저(千尺井底), 황벽과 배휴, 홍변선사와 당 선종, 심색본래동, 위산선사와 지한선사, 천룡화상과 구지화상, 임제선사이다.

26) 圓佛敎正化社 編, 〈회보〉 제24호(1936년 4·5월호), 같은 책, 373쪽.

27) "일원상의 내역을 말하자면 곧 사은이요, 사은의 내역을 말하자면 곧 우주 만유로서 천지 만물 허공 법계가 다 부처 아님이 없나니…."『大宗經』제2敎義品 4장, 원불교정화사 교서편수위원회 편, 앞의 책.

28) 김성장, 「주산 송도성의 생애에 대한 원불교적 조명」, 『원불교학』5호, 원광대학교 원불교사상연구원, 2000.12, 133-159쪽.

29) 같은 논문, 158쪽.

30) 박중빈이 1919년 9인 제자와 더불어 창생(蒼生)의 구원을 위해 신명을 바쳐 기도한

일. 이적이 일어났으며, 이를 계기로 하늘로부터 인증을 받은 것으로 보고, 8월 21일 (음력 7월 26일)을 법인절(法認節)로 기념하고 있다.

31) 『鼎山宗師法語』제3국운편(國運編) 4장, 원불교정화사 교서편수위원회 편, 앞의 책.

32) 같은 글.

33) 류명원, 「정산의 건국론과 조소앙의 통일방안」, 『원불교사상과 종교문화』23호, 원광대학교 원불교사상연구원, 1999.12.

34) 강만길, 「韓國 近代史 속에서 본 宋鼎山의 『建國論』」, 『원불교사상과 종교문화』22호, 원광대학교 원불교사상연구원, 1998.12.

35) 黃仁寬, 「中立化 統一과 『建國論』」, 『원불교학』2호, 원광대학교 원불교사상연구원, 1997.12. ; 白樂晴, 「統一思想으로서의 『建國論』」, 『원불교학』2호, 원광대학교 원불교사상연구원, 1997.12.

36) 백낙청, 같은 논문, 587쪽.

37) 『鼎山宗師法語』제3국운편(國運編) 14장, 원불교정화사 교서편수위원회 편, 앞의 책.

38) 원영상, 「정토사상을 통한 원불교의 신앙성 제고(提高) 모색」, 『원불교사상과 종교문화』59집, 원광대학교 원불교사상연구원 2014.3.

39) 藤田宏達, 「極楽浄土の名義」, 『印度學佛教學研究』14-1호, 日本印度学仏教学会, 1952, 60-61쪽.

40) 『正典』 염불법에서는 서방정토의 극락(極樂)보다는 현재의 자성극락을 내세운다.

41) 『鼎山宗師法語』제6경의편 54장, 원불교정화사 교서편수위원회 편, 앞의 책.

42) 『佛說阿彌陀經』卷1(大正藏12, c10-11), "從是西方過十萬億佛土, 有世界名曰極樂"

43) 『正典』제2총서편 제1장 개교의 동기, 원불교정화사 교서편수위원회 편, 앞의 책.

44) "네 마음이 죄복과 고락을 초월한 자리에 그쳐 있으면 그 자리가 곧 극락이요…성품의 본래 이치를 오득하여 마음이 항상 자성을 떠나지 아니하면 길이 극락생활을 하게 되고…."(『大宗經』제6변의품 10장, 원불교정화사 교서편수위원회 편, 앞의 책)

45) "이 무시선의 강령을 들어 말하면 아래와 같나니라. '육근(六根)이 무사(無事)하면 잡념을 제거하고 일심을 양성하며, 육근이 유사하면 불의를 제거하고 정의를 양성하라.'" 『正典』제3修行編 제7장 無時禪法, 원불교정화사 교서편수위원회 편, 앞의 책.

46) 특히 시대적인 고통이나 전환기, 사회적 아노미의 상태에서 종교의 공공성은 더욱 드러난다고 할 수 있다. 그리고 이는 종교의 발생과도 밀접한 관계가 있을 것이다.

47) 한국에서는 이 분야에 대해서는 유승무가 참여불교와 다중적 근대성의 차원에서 연구하고 있다. 유승무, 『불교사회학: 불교와 사회의 연기법적 접근을 위하여』, 박종철출판사, 2010.

48) 나를 구제하고 세상을 고친다는 뜻. 박중빈은 이 말을 성불제중과 함께 사용했다.

49) 원영상, 「원불교의 종교성과 공공성」, 『佛教學報』79호, 동국대학교 불교문화연구원, 2017.

50) M. B. 맥과이어 지음, 김기대·최종렬 옮김, 『종교사회학』, 민족사, 1994, 15쪽.

51) 같은 책, 16쪽.

52) 島薗進, 『日本仏教の社会倫理: 「正法」理念から考える』, 東京: 岩波書店, 2013.

53) 이 세 현(縣)이 동일본지진으로 가장 많은 피해를 입었다. 폭발된 원전은 후쿠시마현 내에 있다.

54) 島薗進, 앞의 책, 15-17쪽.

55) 원불교 또한 이 재난에 공식적인 봉사단체인 원불교봉공회가 구호활동에 참여했다.

56) 谷山洋三, 『災害時のチャプレンの働き: その可能性と課題』, 『宗教研究』 86(2)호, 日本宗教学会, 2012.9. 참조할 것.

57) 中村元, 『慈悲』, 東京: 講談社, 2010.

58) 島薗進, 앞의 책, 122쪽. 필자는 자비의 불교적 가치가 타 종교와의 우열 문제로써 검증할 수 있는 것이라고 보지는 않는다. 상대적인 가치로 존중할 필요가 있다.

59) 같은 책, 124쪽.

60) "대자(大慈)라 하는 것은 저 천진난만한 어린 자녀가 몸이 건강하고 충실하여 그 부모를 괴롭게도 아니하고, …빈병인(貧病人)을 구제하며, 대도를 수행하여 반야지(般若智)를 얻어 가며, 응용에 무념하여 무루의 공덕을 짓는 사람이 있으면 크게 기뻐하시고 사랑하시사 더욱 선도로 인도하여 주시는 것이요, 대비(大悲)라 하는 것은 저 천지분간 못 하는 어린 자녀가 제 눈을 제 손으로 찔러서 아프게 하며, …제가 지은 그대로 죄를 받건마는 천지와 선령을 원망하며, 동포와 법률을 원망하는 것을 보시면 크게 슬퍼하시고 불쌍히 여기사 천만 방편으로 제도하여 주시는 것이니, 이것이 곧 부처님의 대자와 대비니라."라고 한다. (『大宗經』 제8불지품 3장, 원불교정화사 교서편수위원회 편, 앞의 책)

61) THAAD는 Terminal High Altitude Area Defense(종말 고고도 미사일 방어체계)의 약자로 북한의 핵무기와 탄도미사일 개발을 빌미로 배치되었다. 그러나 이것은 미국의 MD(중국과 소련을 향한 미국의 미사일방어망)체계와 깊은 관계가 있다. 현 시점에서 남북정상회담(2018년 4월 27일), 북미정상회담(6월 12일)이 이루어져 한반도의 평화 구축이 진행되고 있다. 따라서 이 전략무기는 원점으로 돌아가야만 할 필연성이 제기된다. 소성리는 송규와 송도성의 고향이며, 따라서 원불교의 성지이기도 하다.

62) Christopher S. Gueen·Sallie B. King 저, 박경준 역, 『평화와 행복을 위한 불교지성들의 위대한 도전: 아시아의 참여불교(원제: Engaged Buddhism: Buddhist liberation movements in Asia)』, 초록마을, 2003.5.

63) 櫻井義秀·外川昌彦·矢野秀武 編著, 『アジアの社会参加仏教: 政教関係の視座から』, 北海道大学出版会, 2015, 3쪽.

64) 島薗進, 앞의 책, 15-17쪽. "불교계가 탈원전을 위해 목소리를 높이는 것을 주목할 필요가 있었다. 진종 오오타니(大谷)파, 임제종 묘심사(妙心寺)파와 같이 종문(宗門)이

일치하여 탈원전의 방향을 향해 움직인 경우도 있는가 하면, 정토진종 본원사(本願寺)파나 창가학회(創價學會)와 같이 리더가 탈원전의 방향을 제언하는 발언을 하는 예도 있었다. 또한 개개의 사원이나 종교인들이 탈원전의 발언을 하거나 원전재해피해자를 위해 지원활동을 행하는 경우도 적지 않았다. 그리고 2011년 12월 1일에는 전일본 불교회가 선언문「원자력발전에 의지하지 않는 삶의 방식을 요구하며」를 발표했다."

65) 이 순례기도의 목표는 노후 핵발전소 수명연장금지, 신규 핵발전소 건설중지, 기존에 운영되는 핵발전소 안전성 확보다. 〈영광핵발전소 안전성확보를 위한 원불교대책위 뉴스레터〉, 2018년 5월 28일.

66) 원불교의 대표적인 사회교의로서 자력양성 · 지자본위 · 타자녀교육 · 공도자숭배를 말한다

67) 원영상, 〈원불교신문〉 2017년 10월 27일 자. "사회교리는 천주교가 19세기 후반 자본주의와 공산주의의 한계, 노동자와 자본가의 관계, 국가의 의무와 권리 등 인류가 직면한 새로운 사태에 대한 자신의 입장을 제시한 것으로부터 출발한다. 그 이후 1960년대 제2차 바티칸 공의회를 통해 세상에 대한 교회의 역할을 강조하며, 인류가 직면한 문제들에 대해 적극적으로 응답해야 한다고 보고 신앙적, 윤리적 기준들을 정하는 것으로 이어진다."

68) 같은 글. "사요는 고통을 동반하는 사회의 모든 현실문제에 대해 마땅히 진리세계에 입각한 사회교의를 제정해야 함을 보여주고 있다. 한 가지 예를 든다면, 생명의 존엄과 직결된 생명윤리를 들 수 있다. 특히 생명의 죽음과 관련해서는 낙태, 자살, 존엄사, 연명치료중단, 사후 장기이식, 고독사 등 많은 문제가 있다. 이 외에도 세계적으로는 국가와 정의, 신자본주의, 노동과 삶, 지구환경, 핵발전소, 핵무기, 분쟁과 전쟁, 사회적 소수자 등 광범위한 분야에서 사회교리를 제시해야 한다. 사회교리는 곧 진리적 종교와 사실적 도덕을 지향하는 우리 삶의 지침이기 때문이다."

69) 불교개혁의 핵심인 總序編, 教義編, 修行編으로 총 27장으로 구성되어 있다.

70) 이원규, 『종교사회학의 이해』, 나남출판, 1997, 426쪽.

71) 같은 책, 598쪽.

72) 같은 책.

73) 한국에서는 한용운과 백용성, 일본에서는 참여불교자 세노오 기로(妹尾義郎) 또한 석가모니 1불을 주장했다.

74) 『大宗經』 제2교의품 3장. "우리 회상에서 일원상을 모시는 것은 과거 불가에서 불상을 모시는 것과 같으나, 불상은 부처님의 형체(形體)를 나타낸 것이요, 일원상은 부처님의 심체(心體)를 나타낸 것이므로…."

75) 『大宗經』 제1서품 2장, 원불교정화사 교서편수위원회 편, 앞의 책. "내가 스승의 지도 없이 도를 얻었으나 발심한 동기로부터 도 얻은 경로를 돌아본다면 과거 부처님의 행적과 말씀에 부합되는 바 많으므로 나의 연원(淵源)을 부처님에게 정하노라."

1) 지평은 현상학의 주요개념으로 의식의 배경을 가리키는 개념으로 이해된다. 그런데 대표집필자인 최혜성에 따르면, 한살림선언에서는 현상학적 개념으로 사용되지는 않았다고 한다. 새로운 전망, 프레임, 관점 등으로 볼 수 있을 것 같다. 이 글에서도 그 개념을 벗어나지 않는다. 조대엽(2012)의 '생활공공성 프레임'과도 맥을 같이 한다.

2) 공공성 개념과 관련해서 필자는 '사회 일반의 여러 사람, 또는 여러 단체에 두루 관련되거나 영향을 미치는 성질'이라는 사전적인 정의에 따른다. 단 공공성이 고정되어 있거나 절대적인 기준이 있는 것이 아니라, 사회적으로 구성된다고 보는 사회구성주의적 관점에 동의한다(조대엽). 또한 작동적 구성주의에 의거해 사회이론을 펼치는 니클라스 루만의 체계이론적 관점도 참고하였다(노진철).

3) '태극 혹은 궁궁'과 관련하여 필자는 김지하의 코스모스/카오스 해석에 공감하는 입장이다. 지기(至氣)/천(天)은 생명의 본원적 근원으로서의 혼돈(카오스)이다. 반면에 태극은 성리학적 질서의 근본을 이르는 것 아닐까. 물리학자 데이비드 봄의 '숨겨진 질서'와 '드러난 질서'라는 비유도 나쁘지 않다고 본다. 그러나 질서를 고정하면 그것은 반생명이 된다. 억압이 된다. 때문에 성리학적 질서는 수운에게 불연기연이다. 그런 점에서 새로운 도는 태극의 도이기도 하지만, 한마디로 말하면 무극의 도이다. 윤노빈과 김지하를 빌려 말하면, '활동하는 무'로서의 생명의 재발견이다.

4) "첫째는 위정척사(衛正斥邪)의 길입니다. 이들에게 살 길은 옛 것을 지키는 데 있었습니다. 문을 닫고 조선을 500년 동안 지탱해온 성리학적 질서, 중화적(中華的) 질서를 지키고자 하였습니다. 둘째는 개화(開化)의 길입니다. 살길은 밖에 있다고 주장합니다. 서구의 문물을 받아들여 부국강병을 꿈꿉니다. 일본이 역할 모델이 됩니다. 동학혁명이 일어났던 그 해 일본의 힘을 빌려 이른바 '갑오경장'이 실시됩니다. 셋째, 후천개벽(後天開闢)의 길입니다. 동학은 19세기적 제3의 길을 대표합니다. 살길은 나와 우리 안에 있다고 생각합니다. 새 하늘 새 땅을 열망합니다. 지금 여기 새로운 삶과 사회가 왔다고 믿습니다." 19세기 조선의 살길과 관련하여 필자가 2014년 동학혁명 2주갑에 즈음하여 썼던 글의 일부이다.

5) 『해월신사법설』, 「개벽운수」.

6) 필자의 책 『전환이야기』(모시는사람들, 2015)와 다른 곳이 한 군데 있다. 2단계, '재귀'이다. 책에서는 그냥 '귀(歸)'였다. 그런데 이번엔 '재귀'다. 단순한 돌아옴이 아니다. 회귀적 돌아옴과 다시 돌아옴, 재귀적 돌아옴의 차이이다. 이 부분에 대한 새로운 해석이 4장 '다시개벽 다시읽기'의 주제이기도 하다. 일단 한마디만 보태면, 다시 돌아옴은 항상 새로운 자리로의 돌아옴이다. 그리고 깨달음과 함께 자기전환에 의거한 자기준거(self-reference)의 새로운 출발점이 된다. 삶의 트랙(선로)이 바뀐다. 갈아탄다. 양자도약에 버금가는 이를테면 '트랙전환'이다.

7) 다시개벽의 '다시'에는 사전적으로도 여러 가지 뜻이 있다. 1. 하던 것을 되풀이해서. 2. 방법이나 방향을 고쳐서 새로이. 3. 하다가 그친 것을 계속하여. 4. 다음에 또. 5. 이전 상태로 또. 나는 이중에서 두 번째, '고쳐서 새로이'에 주목한다. 더불어서 후술한 구성된 현실, 2차적 현실의 재창조, 혹은 2차적 현실의 구성을 빗대어 보려 한다.

8) 이를 그림으로 보여주는 이론이 있다. 파나키(Pan-archy) 개념(그림 왼쪽)이 그것이다. 캐나다의 생태학자 홀링에 의해 제안됐다고 한다. www.resalliance.org/panarchy. 아래 그림 오른쪽은 이를 참조해 필자가 자기/타자의 재귀적 상호작용과 동시발생을 표현한 나름의 그림이다.

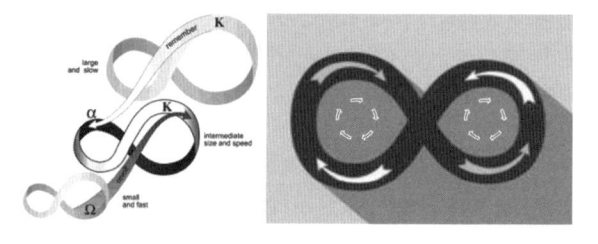

9) 조대엽(2013)은 공공성의 3대 지표를 제안한다. 공민성(公民性), 공익성, 공개성이 그 것이다.

10) 윤노빈(2003).

11) 송호근(2014).

12) "궁을은 우리 도의 부도니, 대선생 각도의 처음에 세상 사람이 다만 한울만 알고 한울이 곧 나의 마음인 것을 알지 못함을 근심하시어, 궁을을 부도로 그려내어 심령의 약동 불식하는 형용을 표상하여 시천주의 뜻을 가르치셨도다." 『해월신사법설』, 「기타」.

13) 한살림선언 5장.

14) 마음살림은 한살림선언의 생활수양 활동에 의거에 2013년부터 준비해 진행하고 있는 한살림 수행의 이름이다. 한살림연수원 내에 마음살림위원회와 마음살림팀을 두고 여러 가지 형태의 몸마음돌봄 및 깨어나기 프로그램과 생활문화운동을 진행하고 있다.

15) 1960년대 러브록 등이 제기한 시스템이론에 의거한 지구모델인 가이아 가설에 대해 행위자네트워크이론으로 유명한 라투르 등이 제시한 새로운 단계의 가이아. 초점은 "의식 없이 자동으로 이뤄지는 가이아의 자기조절에 인간에 의해 자기인식의 피드백이 더해지는 새로운 가이아".

16) 이 글의 초고가 쓰여진 시점은 2018년 5월 지방선거 직후였다. 그 뒤 정세의 변화도 적지 않고, 극우의 득세가 우려되는 상황이지만, 큰 흐름의 변화는 없다고 본다.

17) '마음의 사회학'을 주창하는 김홍중(2016)은 '생존주의'와 '탈존주의' 사이를 섬세하게 관찰한다. 물론 필자가 말하는 생존과 의미가 다르다. '생존'과 '탈존'의 경계에 있는 청

년들에게 생존은 탈보리고개가 아니다.

18) 생명공공성의 내면이라는 말은 체계이론의 '체계의 내면' 개념에서 배웠다. 미국의 저명한 평화운동가이자 전환운동가이며, 불교학자인 조안나 메이시로부터 많이 배운다. 『불교와 일반시스템이론』.

19) 세월호 이전에도 안심의 결사체에 대한 관심은 있었다(권명아). 그러나 안심의 논리만으로는 충분치 않다. 감정, 정서, 느낌과 같은 정동적 측면도 중요하지만, 그런 점에서는 1인칭적 고려가 필요하지만, 그것만으로 부족하다. 기분전환은 약물로도 가능하다. 진정한 안심은 '각심(覺心)'으로 가능하지 않을까.

20) 김상일(2000).

21) 그런 점에서 한살림선언의 핵심 개념인 '궁극적 실재'의 모심은 사실 '없음의 자각으로서의 모심', 즉 시무(侍無)가 아닐까. 다시 말해 시무를 통한 다시개벽.

22) 『해월신사법설』, 「천지부모」.

23) 한자 무(无)와 무(無)는 같이 '없다'의 뜻으로 쓰인다.

참고문헌

근대한국 개벽종교의 토착적 근대 / 허남진

1. 1차 사료
『海月神師法說』
『龍潭遺詞』
『東經大全』
『義菴聖師法說』

2. 논문 및 저서
강돈구 · 고병철, 「대종교의 종교민족주의」, 『고조선단군학』 6, 단군학회, 2002.
고건호, 「개항기 신종교의 후천개벽론의 근대적 변용」, 『한국종교연구회회보』 6, 한국종
　　교연구회, 1995.
＿＿＿, 「한말 신종교의 문명론—동학 · 천도교를 중심으로」, 서울대 박사학위논문, 2002.
고석규, 「1894년 농민전쟁과 '반봉건 근대화'」, 동학농민혁명기념사업회 편, 『동학농민혁
　　명과 사회변동』, 파주: 한울, 1993.
기타지마 기신, 「'토착적 근대'와 평화: 서구중심주의적 근대에서 평화공생(상생)의 근대
　　로, 지역에서의 실천사례」, 『한국종교』 41, 원광대 종교문제연구소, 2017.
＿＿＿＿＿＿, 「한국 · 일본의 근대화와 민중사상-아프리카의 관점을 중심으로」, 『한국
　　종교』 43, 원광대 종교문제연구소, 2018.
김문용, 「유교적 근대화의 길: 개화파」, 『조선유학의 학파들: 학파의 사상을 찾아서』, 서
　　울: 예문서원, 2000.
김봉곤, 『대종교의 종교성과 공공성연구」, 『원불교사상과 종교문화』 72, 원불교사상연구
　　원, 2017.
김상준, 「중층근대성. 대안적 근대성 이론의 개요」, 『한국사회학』 41-4, 한국사회학회,
　　2007.
김용휘, 「동학의 성립과 성격 규정에 대한 일고찰」, 『동학연구』 27, 동학학회, 2009.
＿＿＿, 「한말 동학의 천도교 개편과 인내천 교리화의 성격」, 『한국사상사학』 25, 한국사
　　상사학회, 2005.
＿＿＿, 「동학의 개벽사상과 새로운 문명」, 『한국종교』 35, 원광대 종교문제연구소, 2012
김윤식, 「序一」, 『대동학회월보』 1, 대동학회회관, 1908.
나종석, 「전통과 근대: 한국의 유교적 근대성 논의를 중심으로」, 『사회와 철학』 30, 사회
　　와철학연구회, 2015.

대종교종경종사편수위원회, 『대종교중광60년사』, 서울: 대종교총본사, 1971.

도널드 베이커, 김세윤 옮김, 『조선후기 유교와 천주교의 대립』, 서울: 일조각, 1997.

미야지마 히로시, 「유교적 근대로서의 동아시아 근세」, 『나의 한국사 공부』, 서울:너머북
　　스, 2013.

박규태, 「한국의 자생적 근대성과 종교」, 『종교연구』 35, 한국종교학회, 2004.

＿＿＿, 「한국근대 민중종교와 비서구적 근대의 길: 동학과 원불교를 중심으로」, 『원불교
　　사상과 종교문화』 33집, 원불교사상연구원, 2006.

＿＿＿, 「한국사상사에서 본 대산 김대거 종사: 개벽종교 대사상가로서 대산종사」, 『한국
　　종교』 36, 원광대 종교문제연구소, 2013.

박민철, 「동학·천도교 사상의 '모던적(modern)' 징후」, 『시대와 철학』 28-4, 한국철학사
　　상연구회, 2017.

박영석, 「대종교의 민족의식과 항일 민족독립운동(상)」, 『한국학보』 31, 일지사, 1983.

배항섭, 「동학농민군의 지향: 근대인가 반근대인가?」, 『내일을 여는 역사』 55, 내일을여
　　는역사재단, 2014.

송호근, 『인민의 탄생: 공론장의 구조변동』, 서울: 민음사, 2011.

신기욱·마이클 로빈슨 외, 도면회 옮김, 『한국의 식민지 근대성』, 서울: 삼인, 2006.

신종화, 「현대성과 실학의 '개념적 재구성': 대안적 기획의 이론적 지평 확보를 위하여」,
　　『사회와 이론』 8, 한국이론사회학회, 2006.

유원종, 「한국 실학과 근대성에 관한 논의」, 『한국민족문화』 39, 부산대 한국민족문화연
　　구소, 2011.

윤승용, 『한국 신종교와 개벽사상』, 모시는사람들, 2017.

이건상, 「일본 메이지 유신기 메이로쿠샤(明六社) 결성과 문명 개화론의 성격」, 『일본의
　　근대화와 조선의 근대』, 서울: 모시는사람들, 2011.

이희근, 「동학농민봉기는 반봉건 근대적 운동이 아니다」, 『한국사는 없다』, 서울: 사람과
　　사람, 2001, 264쪽.

장석만, 「개항기 천주교와 근대성」, 『교회사연구』 17, 한국교회사연구소, 2001.

＿＿＿, 「개항기 한국 사회와 근대성의 형성」, 『모더니티란 무엇인가』, 김성기 편, 서울:
　　민음사, 1994.

정영훈, 「홍암 나철의 종교민족주의」, 『정신문화연구』 25-3, 한국학중앙연구원, 2002.

정창렬, 「동학농민전쟁과 프랑스 혁명의 한 비교」, 미셸 보벨·민석홍 외, 『프랑스 혁명
　　과 한국』, 서울: 일월서각, 1991.

징혜징, 「동학·천도교의 교육사상과 실천의 역사적 의의」, 동국대 빅사학위논문, 2001.

＿＿＿, 「동학 '시천주(한울)' 사상의 재해석과 해방적 치유」, 『남도문화연구』 32, 순천대
　　남도문화연구소, 2017.

＿＿＿, 「민주 사회를 위한 시민교육과 한국적 인문학: 동학·천도교를 중심으로」,

『OUGHTOPIA』32-1, 경희대 인류사회재건연구원, 2007.

조경달, 「갑오농민전쟁의 지도자: 전봉준의 연구」, 『조선사총』 7, 1983.

조규태, 「일제의 한국강점과 동학계열의 변화」, 『한국사연구』 114, 한국사연구회, 2001.

조극훈, 「동학의 사상적 특성과 흐름분석: 동학 개벽사상의 역사철학적 의미」, 『동학학보』 27, 동학학회, 2013.

조성환, 「한국에서의 전통사상의 근대화: 동학을 중심으로」, 『원광대 종교문제연구소 50주년 기념 한일 국제학술대회 자료집』(2017.10.21).

_____, 『한국 근대의 탄생』, 서울: 모시는사람들, 2018.

_____, 「開闢と近代: 東学の「サリム思想」を中心に」, 正泉寺国際宗教文化研究所・北島義信 編著, 『リーラー(遊): 欧米中心主義的近代の終焉』, 京都: 文理閣, 2018.

조현범, '종교와 근대성' 연구의 성과와 과제」, 강돈구 외, 『근대한국종교문화의 재구성』, 서울: 한국학중앙연구원, 2006).

표영삼, 「대신사의 개벽관」, 『신인간』 통권443호, 신인간사, 1986, 9・10합병.

홍동현, 「1894년 동학농문전쟁에 대한 문명론적 인식의 형성과 성격, 『역사문제연구』 26, 역사문제연구소, 2011.

홍원식, 「역사 속에 산화해 간 주자학의 최후: 화서학파」, 『조선유학의 학파들』, 서울: 예문서원, 2000.

3. 신문자료

『大韓每日申報』

『皇城新聞』

탈식민적 관점에서 본 동학의 현대적 의미 / 박치완

김양식・박맹수 외, 『조선의 멋진 신세계』, 서해문집, 2017.

김용휘, 『우리 학문으로서의 동학』, 책세상, 2007.

렐프(E.), 『장소와 장소상실』, 김덕현 옮김, 2005.

박맹수, 「韓國近代 民衆宗敎와 非西歐的 近代의 길: 東學과 圓佛敎를 중심으로」, 『원불교사상과 종교문화』 제33호, 원광대 원불교사상연구원, 2006.

_____, 『개벽의 꿈, 동아시아를 깨우다』, 모시는사람들, 2011.

_____, 「동학의 공공성 실천과 그 현대적 모색」, 『원불교사상과 종교문화』 제72호, 원광대 원불교사상연구원, 2017.

박치완, 「지역과 세계, 상대성과 보편성의 경계에 선 철학」, 『철학과 문화』 제26집, 한국외국어대학교 철학문화연구소, 2013.

_____,「기술-경제 세계화 시대의 지식과 인간」,『인문콘텐츠』제44호, 한국인문콘텐츠
학회, 2017.

스피겔버그(H.),『현상학적 운동 2』, 최경호 옮김, 이론과실천, 1992.

오구라 기조,『한국은 하나의 철학이다: 리와 기로 해석한 한국 사회』, 조성환 옮김, 모시
는사람들, 2018.

원광대학교 원불교사상연구원,『근대한국 개벽종교를 공공하다』, 모시는사람들, 2018.

정재서,『동양적인 것의 슬픔』, 민음사, 2010.

조성환,「〈天道〉의 탄생: 동학의 사상사적 위치를 중심으로」,『韓國思想史學』제44집, 한
국사상사학회, 2013.

_____,「한국적 근대의 시작과 동학이 추구한 문명」,『근대 문명 수용 과정에서 나타난
한국종교의 공공성 재구축 제2차 년도 연구방향 세미나 자료집』, 2017.

최경섭,「엄밀한 학이 아닌 지역학으로서 철학」,『철학』제103~104호, 한국철학회, 2010.

최광식,『한류로드』, 나남, 2013.

Arendt, H., *La crise de la culture*, Gallimard, 1972.

Barnes, T. J., "The 90s Show: Culture Leaves the Farm and Hits the Streets", *Urban Geography*, Vol. 24(Issues 6), 2003.

Bhabha, H., *The Location of Culture*, Routledge, 1994.

Delruelle, E., "Le temps des tribus et des ghettos?", *Noesis*, n° 18, 2011.

Derrida, J., *De l'esprit*, Galilée, 1990.

Grosfoguel, R., "The Epistemic Decolonial Turn", *Cultural Studies*, Vol. 21, n° 2~3, 2007.

Harding, S., *Whose Science? Whose Knowledge? Thinking from Women's Lives*, Cornell University Press, 1991.

In-Suk Cha, "Vers une prise de conscience asiatique de l'identité multiple", *Diogène*, n° 228, 2009.

Jullien, F., *De l'universel, de l'uniforme, du commun et du dialogue entre les cultures*, Fayard, 2008.

Latour, B., *We have never been modern*, trans. by C. Porter, Cambridge MA: Harvard University Press, 1993.

Mahbubani, K., *Can Asians Think? Understanding Between East and West*, Steefforth, 2001.

Marsella, A. J., "'Hegemonic' Globalization and Cultural Diversity. The Risk of Global Monoculturalism", *Australian Mosaic*, n° 13, issue 11, 2005.

Mattéi, J.-F., "La barbarie de la culture et la culture de la barbarie", *Noesis*, n° 18, 2011.

Mignolo, W., "I am where I think: Epistemology and the colonial difference", *Journal of*

Latin American Cultural Studies, Vol. 8, n° 2, 1999

_____, The darker side of western modernity, Durham: Duke University Press, 2011.

_____, "Global Coloniality and the world Disorder. Decoloniality after Decolonization and Dewessternization after the Cold War", World Public Forum: "Dialogue of Civilizations"(http://wpfdc.org/images/2016_blog/W.Mignolo_Decoloniality_after_Decolonization_Dewesternization_after_the_Cold_War.pdf).

Moulier-Boutang, Y., "Raison métisse", Multitudes, n° 6, 2001.

Nagel, T., The view from nowhere, New York: Oxford University Press, 1986.

Ndlovu-Gatsheni, S. J., Coloniality of Power in Postcolonial Africa: Myths of Decolonization, Codesria, 2013.

Robelin, J., "Préface: L'inhumanité de l'humanité", Noesis, n° 18, 2011.

Ryn, C. G., "Universality and History: The Concrete as Normative", Humanitas, Vol. 6, n° 1, 1992.

Saïd, E., L'Orientalisme. L'Orient créé par l'Occident, trad. de C. Malamoud, préface de T. Todorov, Le Seuil, 1980.

Snoussi, S., "La Barbarie ou l'Orient : critique de certaines idées orientales", Noesis, n° 18, 2011.

Vellem, V. S., "Un-thinking the West: The spirit of doing Black Theology of Liberation in decolonial times", HTS Teologiese Studies/Theological Studies, n° 73, 2017.

Wallerstein, I., L'universalisme européen: de la colonisation au droit d'ingérence, Demopolis, 2008.

Zhao Tingyang, "Ontologie de la coexistence: du Cogito au Facio", Diogène, n° 228, 2009.

근대한국 개벽종교의 공공성과 시대정신 / 류성민

1. 원전

『대종경』(주석자문판. 원불교 100년 기념성업회 교서주석위원회)

『정전』(주석자문판, 원불교 100년 기념성업회 교서주석위원회)

『典經』(대순진리회 교무부 편, 1989)

『東經大全』(윤석산 주해, 서울: 동학사, 1996)

『東經大全』(최제우 저, 박맹수 역, 서울: 지식을 만드는 지식, 2009)

『三一神誥』, [www.daejonggyo.or.kr]의 '경전자료실'

2. 단행본 및 논문류

강돈구 외, 『근대성의 형성과 종교지형의 변동 I』, 성남: 한국학중앙연구원 종교문화연구소, 2005.

고병철, 「대순진리회의 전개와 특징」, 강돈구 외, 『한국종교교단 연구II』, 성남: 한국학중앙연구원 종교와문화연구소, 2007.

김봉곤, 「대종교(大倧教)의 종교성과 공공성 연구: 오대종지(五大宗旨)와 『삼일신고(三一神誥)』를 중심으로」, 『원불교사상과 종교문화』 제72집, 원광대학교 원불교사상연구원, 2017.

노길명, 『한국의 종교운동』, 서울: 고려대학교출판부, 2005.

류병덕, 『근·현대 한국종교사상 연구』, 서울: 마당기획, 2000.

류성민, 「'천지공사'의 종교윤리적 의미에 대한 연구」, 『대순사상논총』 제23집, 대순사상학술원, 2014.

박맹수, 「동학의 공공성 실천과 그 현대적 모색: '한일 시민이 함께 가는, 동학농민군 전적지를 찾아가는 여행'을 중심으로」, 『원불교사상과 종교문화』 제72집, 원광대학교 원불교사상연구원, 2017.

_____, 「동학계 종교운동의 역사적 전개와 사상의 시대적 변화: 동학과 천도교를 중심으로」, 『한국종교』 제37집, 원광대학교 종교문제연구소, 2014.

박세준, 「천도교의 정치사회 활동과 교리」, 『인문사회 21』 제7권 제5호, (사)아시아문화학술원, 2016.

염승준, 「종교적 '공공성'의 개념과 의미 고찰」, 『원불교사상과 종교문화』 제72집, 원광대학교 원불교사상연구원, 2017.

원영상, 「원불교의 종교성과 공공성」, 『불교학보』 제79집, 동국대학교 불교문화연구원, 2017.

윤이흠, 「"한국민족종교의 역사적 실체」, 『한국종교』 제23집, 원광대학교 종교문제연구소, 1998.

_____, 『한국의 종교와 종교사』(유고집), 서울: 박문사, 2016.

_____, 『일제의 한국민족종교 말살책: 그 정책의 실상과 자료』, 서울: 고려한림원, 1997.

이경원, 『한국 신종교와 대순사상』, 서울: 도서출판 문사철, 2011.

정규훈, 『한국의 신종교: 동학, 증산교, 대종교, 원불교의 형성과 발전』, 서울: 서광사, 2001.

한국민족종교협의회 편, 『민족종교의 개벽사상과 한국의 미래』, 서울: 사단법인 한국민족종교협의회, 2004.

_____, 『한국민족종교운동사』, 서울: 사단법인 한국민족종교협의회, 2003.

허남진, 「증산사상과 공공성」, 『종교문화연구』 제28호, 한신대학교 종교와 문화연구소, 2017.

1. 단행본

량만석,『동학의 애국애족사상』, 평양: 사회과학출판사, 2004.

로베르토 망가베이라 웅거 지음,『주체의 각성』, 이재승 옮김, 서울: 앨피, 2012.

_____,『정치』, 추이 즈위안 엮음, 김정오 옮김, 서울: 창비, 2015.

아르놀트 하우저,『문학과 예술의 사회사』, 백낙청 옮김, 서울: 창비, 2016.

유광석,『종교시장의 이해』, 서울: 다산출판사, 2014.

원불교사상연구원 편,『종교·생명의 대전환과 큰 적공』, 서울: 모시는사람들, 2015.

이매뉴얼 월러스틴 지음,『역사적 자본주의/자본주의 문명』, 나종일·백영경 옮김, 서울: 창비, 2017.

이매뉴얼 월러스틴 외 지음,『자본주의는 미래가 있는가』, 성백용 옮김, 서울: 창비, 2014.

천주교 명동교회,『서울교구연보 I』(1878-1903), 한국교회사연구소, 1984.

최제우,『동경대전』, 박맹수 옮김, 서울: 지식을만드는 지식, 2012.

카를 슈미트 지음,『정치신학』, 김항 옮김, 서울: 그린비, 2010.

한자경,『한국철학의 맥』, 서울: 이화여자대학교출판부, 2008.

_____,『명상의 철학적 기초』, 서울: 이화여자대학교출판부, 2008.

_____,『헤겔 정신현상학의 이해』, 서울: 서광사, 2009.

Roberto Mangabeira Unger, *The Religion of the Future*, Harvard University Press, Cambridge, 2014.

2. 논문류

김경재,「동학농민혁명 과정에서 종교의 역할」,『동학연구』9·10합집, 2001.

남태욱,「동학농민혁명과 독일농민전쟁의 비교적 고찰: F. 엥겔스의 외피론을 중심으로」,『동학학보』제19호, 2010.

박대길,「동학농민혁명 이전 천주교와 동학의 상호 인식」,『인문과학연구』19집, 2008.

박맹수,「전봉준의 평화사상」,『통일과 평화』9집, 2017.

박민철,「북한 철학계의 동학·천도교의 이해와 그 특징-1990년대 이후를 중심으로」,『한국학논집』68, 2017.

백낙청,「문명의 대전환과 종교의 역할」,『원불교사상과 종교문화』69집, 2016.

브루스 커밍스,『한국현대사』, 김동노, 이교선, 이진준, 한기욱 옮김, 서울: 창비, 2003.

신일철,「최수운의 역사인식」, 이현희 편,『동학사상과 동학혁명』, 청아출판사, 1984.

심재윤,「동학농민혁명에 대한 종교학적 의의」,『동학학보』14, 2007.

_____,「영국 농민반란과 동학농민혁명의 반봉건적 특성에 대한 비교연구」,『동학연구』21, 2006.

_____,「영국 농민반란과 동학 농민혁명의 종교사상적 배경-존 볼(John Ball)의 천년왕
국사상과 崔濟愚의 동학사상의 비교연구」,『한국사상과 문화』, 2007.

염승준,「종교적 '공공성'의 개념과 의미 고찰」,『원불교사상과 종교문화』제72집, 2017.

한자경,「미발지각(未發知覺)이란 무엇인가?: 현대 한국에서의 미발 논쟁에 관한 고찰을
겸함,『철학』 123, 2015.

허수,「『개벽』의 종교적 사회운동론과 일본의 '종교철학'」,『인문논총』제72권 제1호,
2015.

마음혁명을 통한 독립국가 완성과 국민 만들기 / 김석근

1. 원전

『大宗經』

『정산종사법어』

『中庸章句』

2. 단행본

김재준,『기독교의 건국이념』(1945년 선린형제단 주관 집회 강연 내용).

마루야마 마사오 저,『일본정치사상사연구』, 김석근 옮김, 서울: 통나무, 1995.

정산종사,『(문화문고1) 정산종사 건국론』, 익산: 원불교출판사, 1981.

정산종사탄생100주년기념사업회편,『평화통일과 정산종사 건국론』, 익산: 원불교출판
사, 1998.

한경직,『건국과 기독교』, 서울: 보린원, 1949.

3. 논문류

강만길,「한국근대사 속에서 본 송정산의 건국론」,『원불교사상』 22집, 1998.

고지수,「해방 후 장공 김재준의 '기독교적 건국론' 이해 : 사료『기독교의 건국이념(基督
敎의 建國理念)』을 중심으로」,『인문과학』 54권 54호, 2014.

김귀성,「정산 종사의 사회교육관: 건국론을 중심으로」,『원불교사상』 15집, 1992.

김석근,「범부 김정설의 건국철학과 국민윤리론」, 범부학술대회 발표 논문, 2016.

_____,「근대한국종교에서의 '민족'(民族)과 '민중'(民衆): Nation, Nation State, 그리고
Nationalism과 관련해서」,『원불교사상과 종교문화』 74집, 2017.

김영두,「송정산 건국론 사상의 재조명」,『원불교학』 창간호, 1996.

류명원,「정산의 건국론과 조소앙의 통일방안」,『원불교사상』 23집, 1999.

_____,「송정산의 건국론과 조소앙의 삼균주의에 대한 비교연구」, 원광대 석사논문,

1997.

류병덕, 「少太山이 본 宗敎와 政治의 相關性」, 『원불교사상』 2집, 1977.

박맹수, 「정산 송규 『건국론』 해제」, 『한국독립운동사연구』 53집, 2016.

박상권, 「송정산의 『건국론』에 대한 의의와 그 현대적 조명」, 『원불교사상』 19집, 1995.

손광준, 「송정산의 건국론과 정마명의 강력주의 비교연구」, 원광대 석사논문, 1998.

신순철, 「건국론의 저술배경과 성격」, 『원불교학』 4집, 1999.

이성전, 「정산 송규(鼎山 宋奎)의 치교사상(治敎思想)」, 『종교교육학연구』 24권, 2007.

_____, 「정산의 치교사상(治敎思想):정치를 중심으로」, 『원불교사상과 종교문화』 69집, 2016.

이진수, 「소태산의 정교동심관(政敎同心觀) 연구」, 『원불교사상과 종교문화』 46집, 2010.

이혜정, 「한경직 연구의 관점 : 기독교적 건국론」, 『한국 기독교와 역사』 30호, 2009.

정화진, 「정산 송규의 『건국론』 연구」, 원광대 박사논문, 2012.

한종만, 「정산의 '건국론'고」, 『원불교사상』 15집, 1992.

함신주, 「해방 후 개신교의 건국이념 연구 : 1945~1948년 김재준과 한경직의 건국이념을 중심으로」, 장로회신학대 석사논문, 2015.

4. 기타

송도성수필, 「법회록」, 『월말통신』 제4호(『교고총간』 제1권, 익산: 원불교정화사), 1968.

광복 70년 특별기획 Ⅰ 대한민국 설계자들 ⑮김재준과 '한신' 그룹의 탄생(http://weekly.donga.com/3/all/11/152536/1)

해방 정국과 기독교 건국운동(상)(http://www.christiantoday.co.kr/news/201195)

해방 정국과 기독교 건국운동(하)(http://www.christiantoday.co.kr/news/201252)

근대한국 공공성의 전개와 연대 / 야규 마코토

『월간 개벽신문』 제60호, 서울: 개벽신문사, 2016.11.

김삼웅, 『녹두 전봉준 평전』, 서울: 시대의 창, 2007.

김양식·박맹수 외, 『조선의 멋진 신세계』, 서울: 서해문집, 2017.

金允植·愼鏞廈 編輯委員, 『韓國學報』 第三十九輯, 서울: 一志社, 1985.

金正明 편, 『明治百年史叢書 朝鮮独立運動 I 民族主義運動篇』, 東京: 原書房, 1967.

나카츠카 아키라(中塚明)·이노우에 가쓰오(井上勝生)·박맹수 지음, 『동학농민전쟁과 일본』, 한혜인 옮김, 서울: 모시는사람들, 2016.

동북아역사재단 편, 『3.1운동과 1919년의 세계사적 의의』, 서울: 동북아역사재단, 2010.

佐々木毅·金泰昌 편, 『公共哲学 1 公と私の思想史』, 東京: 東京大學出版會, 2001.

板垣久和・金泰昌 편, 『公共哲学16 宗教から考える公共性』, 東京: 東京大學出版會, 2006.

申淳鐵・李眞榮 著, 安宇植 譯, 『実録 東学農民革命史』 全州: 東學農民革命記念事業會, 2008.

小倉紀蔵, 『朝鮮思想全史』, 東京: ちくま新書, 2017.

呉知泳 저, 『東学史』, 梶村秀樹 역, 東京: 平凡社, 1970.

원불교학교재연구회 편, 『종교와 원불교』, 익산: 원광대학교출판국, 2007.

월간 원광편집실, 『진리는 하나, 세계도 하나』, 익산: 月刊圓光, 1992.

윤병석, 『증보 3·1 운동사』, 서울: 국학자료원, 2004.

윤석산 주해, 『주해 東學經典』, 서울: 동학사, 2009.

윤해동・이소마에 준이치 엮음, 『종교와 식민지 근대』, 서울: 책과함께, 2013.

眞宗高田派正泉寺 편, 『リーラー(遊)』, Vol.9, 京都: 文理閣, 2018.01.

천도교중앙총부, 『天道敎經典』, 서울: 천도교중앙총부출판부, 2006.

李敦化 편술, 『天道敎創建史 第三篇 義菴聖師』, 서울: 天道敎中央宗理院, 1933(昭和8).

崔東熙・金用天 공저, 『韓國宗敎大系Ⅶ 天道敎』, 익산: 원광대학교 종교문제연구소, 1976.

川瀬貴也, 『植民地朝鮮の宗教と学知』, 東京: 靑弓社, 2009.

京都大學人文科學研究所, 『人文學報』, CXI(111호), 京都: 京都大學, 2018.

표영삼, 『동학 1』, 서울: 통나무, 2004.

_____, 『동학 2』, 서울: 통나무, 2005.

하승우, 『공공성』(비타 악티바 30), 서울: 책세상, 2014.

『都新聞』, 東京: 都新聞社, 1894(明治27) 07.14차.

防衛省防衛研究所, 『乙種第十號 戰史編纂準備書類 東學黨 全(暴民)』, JACAR Ref. C08040504100, 1894(明治27).

한국사데이터베이스시스템, http://db.history.go.kr/item/bookViewer.do?levelId=prd_125_0010_0340 (「三十七 全琫準(泰仁)」)

조선총독부 관보활용시스템, http://gb.nl.go.kr/detail.aspx#top (『朝鮮總督府官報』, 第一號, 1910. 08.29.)

비서구적 근대의 길로서의 동학과 원불교의 공동체운동 / 박맹수

1. 원전

『동경대전』(1888)

『불법연구회규약』(불법연구회, 1927)

『불법연구회요람』(일본어판, 불법연구회, 1943)

『원불교전서』(익산: 원불교출판사, 1977)

『월말통신』(불법연구회, 1928)

『조선불교혁신론』(불법연구회, 1935)

『천도교회월보』(천도교중앙총부, 1910-1935)

『해월문집』(1885-1892)

2. 단행본

문규현, 『민족과 함께 쓰는 한국천주교회사』 전3권, 서울: 빛두레, 1994-1997.

박맹수, 『원불교학 워크북』, 익산: 원광대출판국, 2006.

박정훈, 『한울안 한 이치에』, 익산: 원불교출판사, 1987.

백낙청, 『문명의 대전환과 후천개벽』, 서울: 모시는사람들, 2016.

아사히신문 취재반 지음, 『동아시아를 만든 열 가지 사건』, 백영서, 김항 옮김, 서울: 창
     비, 2008.

유동종 · 박맹수, 『백년의 유산』, 서울: 모시는사람들, 2017.

정창렬 외, 『19세기 한국전통사회의 변모와 민중의식』, 서울: 고려대 민족문화연구소,
     1982.

조선총독부, 『조선의 유사종교』, 1935.

최제우 지음, 『동경대전』, 박맹수 옮김, 서울: 지만지, 2009.

趙景達, 『朝鮮民衆運動の展開―士の論理と救済思想』, 東京: 岩波書店, 2002.

전남 영광 지역의 종교지형과 민족사회 · 경제운동 / 김민영

1. 단행본

김광식 · 김동환 · 윤선자 · 윤정란 · 조규태, 『종교계의 민족운동』, 경인문화사, 2008.

김진호 · 박이준 · 박철규, 『국내 3.1운동 II - 남부』, 경인문화사, 2009.

박찬승, 『한국근대 정치사상사연구』, 역사비평사, 1992.

법성향지편찬위원회, 『법성향지』, 영광군, 1988.

신정일, 『갑오동학농민혁명 답사기 신정일의 우리땅 걷기』, 푸른영토, 2014.

영광군지편찬위원회, 『영광군지』, 영광군, 2013.

오미일, 『경제운동』, 경인문화사, 2008.

원광대학교 종교문제연구소, 『한국 신종교 지형과 문화』, 집문당, 2015.

원불교사상연구원 편, 『근대한국 개벽종교를 공공하다』, 모시는사람들, 2018.

이상식 · 박맹수 · 홍영기, 『전남 동학농민혁명사』, 전라남도, 1996.

이재언, 『한국의 섬』 4, 지리와 역사, 2015.

정승진, 『한국근세지역경제사-전라도 영광군 일대의 사례』, 경인문화사, 2003,

팀 마샬 지음, 김미선 옮김, 『지리의 힘』, 사이, 2016.

染川覺太郎, 『全南事情誌』, 京城:全羅南道事情誌刊行委員會, 1930.

2. 논문

김기주, 「광주, 전남 지역의 애국운동 - 광주, 전남지방의 국채보상운동」, 『역사학연구』 10, 1996.

김민영, 「1920, 30年代 全南 靈光地域 民族運動의 社會經濟的 基盤」, 국제문화학회, 『역사와 사회』 16권 16호, 1996.

김복순, 「백제불교 초전 도래지 고증을 위한 연구」 영광군/동국대학교 부설 사찰조경연구소, 『백제불교 전파경로 고증을 위한 연구』, 1998.

김준, 「칠산어장과 조기파시에 대한 연구」, 목포대학교 도서문화연구원, 『도서문화』 34, 2009.

박맹수, 「원불교 종교문화유산의 보존 및 활용방안 : 전남 영광의 원불교 영산성지를 중심으로」, 「원불교사상과 종교문화」 31권, 2005.

_____, 「한국 근현대사에서 본 원불교 신흥교당의 문화적 위상」, 원광대학교 원불교사상연구원, 제217차 월례발표회, 2017.

박찬승, 「일제하 영광지방의 민족운동과 사회운동」, 한국민족운동사학회, 『한국민족운동사연구』 30권, 2002.

변남주, 「영광 법성포 조창과 수군진의 변화」, 『도서문화』 44, 2014.

신순철, 「신흥저축조합 연구」, 원불교학회, 『원불교학』 제5집, 2000.

윤선자, 「영광군의 종교지형」, 한국기독교역사연구소, 『한국기독교와 역사』 31호 2009.

이기태, 「일제시기 영광 지역의 사회운동-신문기사를 통한 향토사 연구사례-」, 영광향토문화연구회, 『향맥』 제10호, 1997.

이혜은, 「백제불교 전파경로에 대한 역사지리적 고찰」, 영광군/동국대학교 부설 사찰조경연구소, 『백제불교 전파경로 고증을 위한 연구』, 1998.

이혜은, 「불교전래를 통해 본 문화확산-전남 영광 지역을 예로-」, 한국사진지리학회, 『사진지리』 7, 1998.

조경달 박맹수, 「식민지 조선에 있어 불법연구회의 교리와 활동」, 원광대학교 원불교사상연구원, 『원불교사상과 종교문화』 67, 2016.

홍광표, 「문화경관론적 측면에서 고찰한 영광불교 도래지실」, 영광군/동국대학교 부실 사찰조경연구소, 『백제불교 전파경로 고증을 위한 연구』, 1998.

홍성찬, 「1920년대의 농촌 저축조합 연구-전남 보성군 득량면 '송곡저축조합'의 운영사례-」, 『동방학지』, 2006.

3. 자료

『경향신문』, 2017년 9월 22일 자, 「붉게 물든 꽃무릇 천지, 곳곳에 서린 동학과 의병이야기」.

『동아일보』, 1925년 1월 23일 자, 「신천 훔치는 멸망」.

『동아일보』, 1920년 6월 16일 자, 「영광의 저축계」.

『동아일보』, 1922년 7월 31일 자, 「영광청년회 활동 호남지방의 이상향」.

근대한국 개벽종교의 민족자결주의 수용과 대한민국임시정부 수립 / 김봉곤

1. 자료

국사편찬위원회, 『사료로 본 한국사』(http://contents.history.go.kr).

『大倧教重光六十年史』(大倧教總本部, 1971年 刊).

『朴殷植全集』(檀國大學校出版部, 1975) 中, 「夢拜今太祖」.

金正明編, 『朝鮮獨立運動』Ⅰ(民族主義運動編), 原書房. 1967.

李萬烈編, 『朴殷植』(『韓國近代思想家選集』4), 서울: 한길사, 1980.

이영호, 『普天教沿革史』, 普天教中央總政院, 1948.

鄭鳳陽, 『普天教誌』, 普天教中央總政院, 1963.

『종보』 1(倧史編輯部, 1909. 11).

村山智順, 『朝鮮の類似宗敎』, 朝鮮總督府編, 1935.

2. 단행본

국사편찬위원회편, 『3.1운동』(『한민족독립운동사』3), 1989.

_____, 『일제의 무단통치와 3·1운동』(『신편한국사』47), 2000.

_____, 『임시정부 수립과 독립전쟁』(『신편한국사』48), 2015.

의암손병희선생기념사업회 편, 『의암손병희전기』, 1967.

박걸순, 『이종일 생애와 민족운동』, 독립기념관 한국독립운동사연구소, 1997.

3. 논문류

姜英心, 「申圭植의 생애와 독립운동」, 『한국독립운동사연구』1, 독립기념관 한국독립운동사연구소, 1987.

강효숙, 「일제의 종교탄압- 통감부 시기까지의 동학, 천도교를 중심으로」, 『한국종교』38, 원광대학교 종교문제연구소, 2015.

고정휴, 「3·1운동과 天道教團의 臨時政府 수립구상」, 『한국사학보』3·4, 고려사학회, 1998.

김기승,「박은식의 민족과 세계인식」,『한국사학보』39, 고려사학회, 2010.

김동환,「무오독립선언의 역사적 의의」,『국학연구』2, 국학연구소, 1988.

_____,「大倧敎 抗日運動의 精神的 背景」,『國學硏究』6, 국학연구소, 2001.

김봉곤,「대종교의 종교성과 공공성 연구 : 오대종지(五大宗旨)와『삼일신고(三一神誥)』를 중심으로」,『원불교사상과 종교문화』72, 원광대학교 원불교사상연구원. 2017.06.

김재영,「1920년대 보천교의 민족운동에 대한 경향성」,『전북사학』31, 전북사학회, 2007.

김정인,「1920년대 전반기 보천교의 부침과 민족운동」,『한국민족운동사연구』29, 한국민족운동사학회, 2001.

김철수,「1920년대 보천교의 고민과 활로개척-식민지 권력의 보고서를 중심으로」,『신종교연구』38, 신종교학회, 2018.

김희곤,「同濟社의 結成과 活動」,『한국사연구』48, 한국사연구회, 1985.

노길명,「日帝下의 甑山敎運動-普天敎를 중심으로 한 序說的 硏究-」,『崇山朴吉眞博士古稀記念論集 韓國近代宗敎思想史』, 원광대출판국, 1984.

박맹수,「동학계 종교운동의 역사적 전개와 사상의 시대적 변화-동학과 천도교를 중심으로」,『한국종교』37집, 원광대학교 종교문제연구소, 2014.

사사 미츠아키(佐佐充昭),「韓末・日帝時期 檀君信仰運動의 전개-大倧敎・檀君敎의 活動을 中心으로-」, 서울大學校大學院博士學位論文, 2003. 6.

오문환,「의암 손병희의 '교정쌍전'의 국가건설 사상 : 문명계몽, 민회운동, 3. 1독립운동」,『정치사상연구』10집 2호, 한국정치사상학회, 2004.

오영섭,「대한민국임시정부 요인들의 단군인식」,『한국민족운동사연구』47, 한국민족운동사학회, 2006.

안후상,「식민지시기 보천교의 '공개'와 공개배경」,『신종교연구』26, 신종교학회, 2012.

_____,「한국 민족종교 지식지도 : 보천교」,『일제강점기 보천교의 민족운동』, 기역, 2010.

윤선자,「일제의 종교정책과 新宗敎」,『한국근현대사연구』13, 한국근현대사학회, 2000.

이강오,『普天敎 : 韓國 新興宗敎 資料篇 第一部 甑山敎係 各論에서」,『全北大學校論文集』8집, 1966.

이동언,「서일의 생애와 항일무장투쟁」,『한국독립운동사연구』38, 독립기념관 한국독립운동사연구소, 2011.

이현주,「임시정부의 수립과 초기활동」,『임시정부의 수립과 독립전쟁』(『신편한국사』48), 국사편찬위원회편, 2013.

장원아,「1920년대 보천교의 활동과 조선사회의 대응」, 서울대학교 석사논문, 2013.12

田上俶,「파리강화회의와 약소민족의 독립문제」,『한국근현대사연구』50, 2009.

조규태,「天道敎團과 大韓民國臨時政府」,『한국민족운동사연구』23, 한국민족운동사학회, 1999.

조동걸, 「臨時政府樹立을 위한 1917년의 「大同團結宣言」」, 『한국학논총』 9, 국민대학교 한국학연구소, 1987.

조준희, 「박은식의 서간도 망명기 저술소고」, 『仙道文化』 14, 선도문화연구원, 2113.

최기영, 「韓末 東學의 天道敎로의 개편에 관한 검토」, 『韓國學報』 20, 일지사, 1994.

최종성, 「숨은 천제(天祭)-조선후기 산천제천 자료를 중심으로」, 『종교연구』 53, 한국종교학회, 2009.

근대 개혁불교의 사회적 공공성 / 원영상

『鼎山宗師法語』, 원불교정화사 교서편수위원회 편, 『圓佛敎全書』, 원불교출판사, 1977.

『正典』, 원불교정화사 교서편수위원회 편, 『圓佛敎全書』, 원불교출판사, 1977.

『大宗經』, 원불교정화사 교서편수위원회 편, 『圓佛敎全書』, 원불교출판사, 1977.

『佛說阿彌陀經』 卷1(大正藏12).

Christopher S. Gueen·Sallie B. King 저, 박경준 역, 『평화와 행복을 위한 불교지성들의 위대한 도전: 아시아의 참여불교(원제: Engaged Buddhism: Buddhist liberation movements in Asia)』, 초록마을, 2003.5.

M. B. 맥과이어 지음, 김기대·최종렬 옮김, 『종교사회학』, 민족사, 1994.

강만길, 「韓國 近代史 속에서 본 宋鼎山의 『建國論』」, 『원불교사상과 종교문화』 22호, 원광대학교 원불교사상연구원, 1998.12.

谷山洋三, 『災害時のチャプレンの働き: その可能性と課題』, 『宗教研究』 86(2)호, 日本宗教学会, 2012.9.

김성장, 「주산 송도성의 생애에 대한 원불교적 조명」, 『원불교학』 5호, 원광대학교 원불교사상연구원, 2000.12.

島薗進, 『日本仏教の社会倫理: 「正法」理念から考える』, 東京: 岩波書店, 2013.

藤田宏達, 「極楽浄土の名義」, 『印度學佛教學研究』 14-1호, 日本印度学仏教学会, 1952.

류명원, 「정산의 건국론과 조소앙의 통일방안」, 『원불교사상과 종교문화』 23호, 원광대학교 원불교사상연구원, 1999.12.

白樂晴, 「統一思想으로서의 『建國論』」, 『원불교학』 2호, 원광대학교 원불교사상연구원, 1997.

서윤, 「社會救援의 次元에서 본 開敎의 動機: 廣大無量한 樂園世界와 福祉社會」, 『원불교사상과 종교문화』 13호, 원광대학교 원불교사상연구원, 1990.11.

先進文集編纂委員會 編, 『主山宗師文集』, 圓佛敎出版社, 1980.

櫻井義秀·外川昌彦·矢野秀武 編著, 『アジアの社会参加仏教: 政教関係の視座から』, 北海道大学出版会, 2015.

오세영, 「원불교사회복지의 형성, 그 특징과 의의」, 『원불교사상과 종교문화』61호, 원광대학교 원불교사상연구원, 2014.9.

원광대학교원불교 사상연구원 편, 『원불교대사전』, 원불교100년기념성업회, 2013.

圓佛教正化社 編, 『圓佛教教故叢刊』2권(會報篇1), 圓佛教正化社, 1969.

圓佛教正化社 編, 『圓佛教教故叢刊』5권(基本史料篇), 圓佛教正化社, 1970.

원석조, 「圓佛教와 社會福祉理論」, 『원불교사상과 종교문화』9호, 원광대학교 원불교사상연구원, 1986.2.

원영상, 「원불교의 종교성과 공공성」, 『佛教學報』79호, 동국대학교 불교문화연구원, 2017.

원영상, 「정토사상을 통한 원불교의 신앙성 제고(提高) 모색」, 『원불교사상과 종교문화』59집, 원광대학교 원불교사상연구원, 2014.3.

유승무, 『불교사회학: 불교와 사회의 연기법적 접근을 위하여』, 박종철출판사, 2010.

이원규, 『종교사회학의 이해』, 나남출판, 1997.

이원식, 「원불교 사회복지의 시원(始原)에 관한 연구」, 『원불교사상과 종교문화』50호, 원광대학교 원불교사상연구원, 2011.12.

中村元, 『慈悲』, 東京: 講談社, 2010.

黃仁寬, 『中立化 統一과 『建國論』』, 『원불교학』2호, 원광대학교 원불교사상연구원, 1997.12.

동학과 한살림: 생명공공성의 차원변화 / 주요섭

권명아, 「마음을 놓다: 안심의 어소시에이션을 위하여」, 『石堂論叢』59호, 2014.

김상일, 『동학과 신서학』, 지식산업사, 2000.

김원섭, 「다중맥락사회에서 사회통합과 공공성」, 『한국사회』13집 1호, 2013.

김지하, 『생명학1, 2』, 회남출판사, 2003.

김홍중, 『사회학적 파상력』, 문학동네, 2016.

노진철, 「루만의 자기생산적 체계이론으로 본 공공성」, 『한국사회』14집 2호, 2013.

니클라스 루만, 『체계이론입문』, 민음사, 2014.

박맹수, 『생명의 눈으로 본 동학』, 모시는사람들, 2014.

송호근, 『시민의 탄생』, 민음사, 2013.

원광대학교 원불교사상연구원 편, 『근대한국 개벽종교를 공공하다』, 모시는사람들, 2018.

윤노빈, 『신생철학』, 학민사, 2003.

이득재·이규환,『오토포이에시스와 통섭』, 써네스트, 2010.

조대협,「현대성의 전환과 사회 구성적 공공성의 재구성」,『한국사회』13집 1호, 2012.

조안나 메이시,『불교와 일반시스템이론』, 불교시대사, 2004.

주요섭,「루만과 생명사상」, 2018년 한국사회체계이론학회 발표문, 2018.

주요섭,『전환이야기』, 모시는사람들, 2014.

천도교중앙총부,『천도교경전』, 천도교중앙총부출판부.

한살림모임,「한살림선언」, 1989.

출전

* 근대한국 개벽종교의 토착적 근대 / 허남진
  허남진, 「한국 개벽종교와 토착적 근대」(『종교문화연구』 30호, 2018)

* 탈식민적 관점에서 본 동학의 현대적 의미 / 박치완
  박치완, 「탈식민지 관점에서 본 동학의 현대적 의미」(『철학논집』 56집, 2018)

* 근대한국 개벽종교의 공공성과 시대정신 / 류성민
  류성민, 「종교의 공공성과 시대정신: 근대 한국 신종교의 공공성이 지닌 종교 ·
  윤리적 의미를 중심으로」(『원불교사상과 종교문화』 76집, 2018)

* 종교없음 시대의 종교성과 동학 시천주 개념의 내재적 초월성 / 염승준
  염승준, 「종교없음 시대의 종교성과 동학 '시천주' 개념의 내재적 초월성」(『원
  불교사상과 종교문화』 76집, 2018)

* 마음혁명을 통한 독립국가 완성과 국민 만들기 / 김석근
  김석근, 「마음혁명을 통한 독립국가 완성과 국민 만들기」(『원불교사상과 종교
  문화』 78집, 2018)

* 동학의 생명사상과 원주의 생명학파 / 조성환
  조성환, 「생명과 근대: 원주의 생명학파를 중심으로」(『한국종교』 45호, 2019)

* 근대한국 공공성의 전개와 연대 / 야규 마코토
  야규 마코토, 「한국 근대 공공성의 전개와 연대: 동학-천도교를 중심으로」(『동
  학학보』 47호, 2018)

*   비서구적 근대의 길로서의 동학과 원불교의 공동체운동 / 박맹수
    박맹수, 「'비서구적 근대'의 길로써 동학과 원불교의 공동체 운동」(『원불교사상
    과 종교문화』76집, 2018)

*   전남 영광지역의 종교 지형과 민족사회 · 경제운동 / 김민영
    김민영, 「1910년대 전후 전남 영광지역의 종교지형과 민족사회 · 경제운동」
    (『한일민족문제연구』34권, 2018)

*   근대한국 개벽종교의 민족자결주의 수용과 대한민국임시정부 수립 / 김봉곤
    김봉곤, 「근대 한국종교의 공공성과 대한민국인시정부 수립」(『원불교사상과
    종교문화』76집, 2018)

*   근대 개혁불교의 사회적 공공성 / 원영상
    원영상, 「근대 개혁불교의 사회적 공공성: 불법연구회의 귀환전재동포구호사
    업을 중심으로」(『선문화연구』24호, 2018)

찾아보기

종교와 공공성 총서 02

근대한국 개벽사상을 실천하다

등록 1994.7.1 제1-1071
1쇄 발행 2019년 6월 15일
2쇄 발행 2019년 12월 25일

기 획 원광대학교 원불교사상연구원
지은이 허남진 박치완 류성민 염승준 김석근 조성환 야규 마코토
       박맹수 김민영 김봉곤 원영상 주요섭
펴낸이 박길수
편집장 소경희
편 집 조영준
관 리 위현정
디자인 이주향
펴낸곳 도서출판 모시는사람들
       03147 서울시 종로구 삼일대로 457(경운동 88번지) 수운회관 1207호
전 화 02-735-7173, 02-737-7173 / 팩스 02-730-7173
홈페이지 http://www.mosinsaram.com/

인 쇄 천일문화사(031-955-8100)
배 본 문화유통북스(031-937-6100)

값은 뒤표지에 있습니다.
ISBN 979-11-88765-36-2   94210
세트 979-11-88765-07-2   94210

* 잘못된 책은 바꿔 드립니다.
* 이 책의 전부 또는 일부 내용을 재사용하려면 사전에 저작권자와 도서출판 모시
는사람들의 동의를 받아야 합니다.

이 도서의 국립중앙도서관 출판예정도서목록(CIP)은 서지정보유통지원시스템 홈
페이지(http://seoji.nl.go.kr)와 국가자료공동목록시스템(http://www.nl.go.kr/
kolisnet)에서 이용하실 수 있습니다. (CIP제어번호: CIP2019005150)

이 책은 2016년 대한민국 교육부와 한국연구재단의 지원을 받아 발간되었음
(NRF-2016S1A5B8914400)